Gerhard Ammerer · Thomas Weidenholzer (Hg.)

RATHAUS · KIRCHE · WIRT

Öffentliche Räume in der Stadt Salzburg

Gerhard Ammerer · Thomas Weidenholzer (Hg.)

RATHAUS · KIRCHE · WIRT

Öffentliche Räume in der Stadt Salzburg

Schriftenreihe des Archivs der Stadt Salzburg 26

Bibliografische Information Der Deutschen Bibliothek
Die Deutsche Bibliothek verzeichnet diese Publikation in der Deutschen Nationalbibliografie; detaillierte bibliografische Daten sind im Internet über http://dnb.ddb.de abrufbar.

ISBN 978-3-900213-11-4

SCHRIFTENREIHE DES ARCHIVS DER STADT SALZBURG

Herausgeber:
Stadtarchiv und Statistik Salzburg

Schriftleitung:
Peter F. Kramml

Layout und Satz:
Herbert Moser, CCM Salzburg

Lektorat:
Silvia Moherndl

Druck:
Neumarkter Druckerei Gesellschaft m. b. H.

Copyright © by Stadtgemeinde Salzburg
Salzburg 2009

Titelbild:
Blick auf den Waagplatz mit Gasthaus „Zum Erzherzog Karl“, anonymes Aquarell, erste Hälfte 19. Jahrhundert (Salzburg Museum)

INHALT

Gerhard Ammerer und Thomas Weidenholzer
Öffentliche Räume · Vorwort 9

Peter F. Kramml
Das Rathaus · Zentrales Bauwerk, Symbol der Stadtobrigkeit und Sitz der Stadtverwaltung 11

Thomas Weidenholzer
Das „alte" Gerichtshaus · Gericht, Waage, Niederlege, Lötsche und Trinkstube 35

Katharina Karin Mühlbacher
Die Residenz · Regierungs- und Wohnsitz des Landes- und Stadtherrn 45

Gerhard Plasser
Der Residenzplatz · Vom Domfriedhof zur Eventkulisse 61

Gerhard Ammerer
Das Hochgericht · Öffentlichkeit als konstitutiver Bestandteil von Urteil und Strafvollzug 79

Peter Keller
Der Dom · Kanzel, Taufbecken und Bestattungen in der Bischofskirche 91

Alfred Rinnerthaler
Die Stadtpfarrkirche · „Zu Unserer Lieben Frau" (heute Franziskanerkirche) als öffentlicher Raum 103

Gerald Hirtner
Stift St. Peter in Salzburg · Kulinarische Öffentlichkeit(en) in St. Peter 117

Alfred Stefan Weiß
Das Bürgerspital · Öffentlichkeit, öffentlicher Ort und „kasernierter Raum" 133

Alfred Stefan Weiß
Das St.-Johanns-Spital · Salzburgs erstes öffentliches Krankenhaus an der Schwelle zur Moderne? 143

Michael Skotschek
Der Sebastiansfriedhof · Tote und Lebende im Stadtraum 157

Birgit Wiedl
Wirtshaus und Brauerei · Aspekte von Öffentlichkeit am Beispiel des Stieglbräus 167

Gerhard Ammerer
Das Kaffeehaus · Ort des Gesprächs, des Streites, des Spiels, der Lektüre und des Konsums 179

Thomas Weidenholzer
Bibliotheken · Über Sakrales, Arkanes, Aufgeklärtes und das Lesen 193

Wilfried Schaber
Gärten und Parks · Hohe Mauern und offene Zugänge – exklusive und öffentliche Orte 211

Gerhard Ammerer und Thomas Weidenholzer
Rathaus, Kirche, Wirt · Stadtraum zwischen stadtherrlicher, geistlicher, kommunaler und privater Nutzung 225

Abkürzungsverzeichnis 238

Autorinnen und Autoren 239

Vorstadt Mühlen
Festungswerke
Mirabel Platz
Hanibal Platz
Klausen Thor
Salzach Fluss
Mönchsberg
Untere Gries Gasse
Collegien Platz
Markt Platz
Residenz Platz
Michaels Platz
Dom Platz
Kapitel Platz
Ofenlochwirthshaus
Neu Thor
Riedenburg
Riedenburg Baraque
V
Rhein Berg
im Bauerngut Bugelreit
1
2
3
4
5
6
7
8
9
10
11
12
13
14
15
16
17

Franziszäischer Kataster, Stadt Salzburg, 1830 (Salzburger Landesarchiv).

ÖFFENTLICHE RÄUME

Vorwort

Als die Herausgeber dieses Bandes 2007 gemeinsam mit dem Leiter des Salzburger Stadtarchivs die Autorinnen und Autoren zu einem Brainstorming-Brunch einluden, war dem Workshop bereits eine gut besuchte Vortragsreihe mit themenspezifischen Referaten vorausgegangen. Die Beantwortung der Fragen „was ist Öffentlichkeit?" bzw. wie kann man sich forschungsstrategisch „öffentlichen Räumen" nähern, fiel trotz definitorischer Markierungen sehr unterschiedlich aus. Bei einem Teil der Themen überwogen repräsentierende und Herrschaft legitimierende Funktionen der Öffentlichkeit, wie bei der Residenz, dem Residenzplatz oder beim Hochgericht, bei anderen wiederum Aspekte der „klassischen" bürgerlichen Öffentlichkeit und des räsonierenden Diskurses, so beim Kaffeehaus oder der Bibliothek.

Doch unterlagen Strukturen und Funktionen der Öffentlichkeit ständigen Wandlungen. In der Frühen Neuzeit näherte sich „öffentlich" der Bedeutung von „staatlich" an, während die Substantivierung „Öffentlichkeit", die „Publicität", im 18. Jahrhundert auf die Entstehung der bürgerlichen Gesellschaft deutete, als „Gegengesellschaft" zum feudalen Staat, so wie sie etwa Jürgen Habermas emphatisch beschrieben hat. Öffentlichkeit vor der Aufklärung ist aber kaum mit dieser Zuspitzung beschreibbar. Die vormoderne Stadt bildete den Rahmen für gemeinschaftliche Rituale, die mit „Kommunikation unter Anwesenden" beschrieben worden sind.

Die Ergebnisse unserer Bemühungen verweisen – nach wie vor – auf die unterschiedlichen Aspekte von Öffentlichkeit(en), sie zeigen aber auch deutlich, dass es sich nur um eine Auswahl von Themen handeln kann. Für manche Bereiche, die uns ebenfalls wichtig erschienen, waren zu unserem Bedauern keine Autor/innen zu finden. So müssen die Leser auf die reinigende Wirkung des Bades, den festlichen Theaterbesuch, den mit Hausmusik und wohl gewählten Worten erfüllten Salon aber auch auf das Gerede in den Straßen verzichten. Die Stadtöffentlichkeit des späten Mittelalters und der Frühen Neuzeit wird den Rezipienten dieses Bandes also nicht an allen möglichen Orten erfahrbar, dennoch wird er über öffentliche Herrschaftsvermittlung oder machtvolle Raumaneignung ebenso einiges erfahren wie über Herrschaftskritik, er wird den bürgerlichen Kaffeehausbesucher genauso kennen lernen wie den Beamten in seiner zeremoniell-höfischen Selbstdarstellung oder den einfachen plebejischen Kegelbruder.

Kommunikation ist in den folgenden Ausführungen allgegenwärtig, auf allen öffentlichen Plätzen und Orten, wenn nicht durch die Publizistik, das Gespräch oder den obrigkeitlichen Befehl, dann durch Handeln oder die gegenständliche Symbolik, vom Wappen bis zum Grabstein. Ganz im Sinne der 1965 unter dem Titel „Wir alle spielen Theater" erschienenen Untersuchung der alltäglichen Selbstdarstellung durch Erving Goffman war es für uns vor allem die Analyse der alltäglichen Interaktionsrituale, die das Rollenverhalten des Einzelnen oder dasjenige von Korporationen aufzuspüren vermochte. Der Raum, das zeigte sich wiederholt, ist als soziale Konstruktion vielfach sozialen Veränderungen und historischem Wandel unterworfen. Bei der Lektüre sollte das Gerüst einer sich verändernden städtischen Ordnung und deren Zusammenhang mit den öffentlichen, den herrschaftlichen, sakralen, gastronomischen, fürsorgerischen Räumen und anderen Brenn- und Kristallisationspunkten des gesellschaftlichen und politischen Lebens der Stadt Salzburg deutlich werden.

Gerhard Ammerer und Thomas Weidenholzer

Peter F. Kramml

DAS RATHAUS

Zentrales Bauwerk der Bürger, Symbol der Stadtobrigkeit und Sitz der Stadtverwaltung

1291	Der Stadtturm am Waagplatz wird vom Erzbischof abgebrochen
1407	Erwerb von Keutzlturm und Rathausareal durch die Stadtgemeinde
1482	Umbenennung des Rats- bzw. Stadtturms in „Rathaus"
1512–1523	Errichtung des Amtshauses und Ausbau des Rathauses
1616–1618, 1675	Großzügige Umbauten und neue Ausstattung
1772–1775	Adaptierung der Räumlichkeiten für Bälle und Redouten
1870	Erste Gemeinderatssitzung im neuen Sitzungssaal

In den Beständen des Salzburger Stadtarchivs hat sich jene Kaufurkunde der Stadtgemeinde erhalten, die im Jahr 2007 Anlass dafür war, unter dem Generalthema „600 Jahre Rathaus" öffentliche Räume in der Stadt Salzburg in einer Vortragsreihe und nun auch in Buchform vorzustellen. Terminologisch völlig korrekt hätte man eigentlich „600 Jahre Stadtturm" und – lediglich – „525 Jahre Rathaus" begehen dürfen, denn die Pergamenturkunde von 1407 steht erst am Beginn der langen Geschichte eines eigenen kommunalen Rathauses. Die Kaufurkunde gibt auch nicht die gesamte Geschichte des Hauses preis und eröffnet bei näherer Untersuchung viele Fragen. Die Quellen des Stadtarchivs bieten Hinweise für zahlreiche Antworten und ermöglichen neue – über die ältere Forschung[1] weit hinausgehende – Feststellungen, die in Verbindung mit den Ergebnissen der archäologischen Untersuchungen[2] und der noch nicht vollständig abgeschlossenen baugeschichtlichen Analyse[3] auch gesondert publiziert werden. Im Folgenden sollen die neuen Erkenntnisse und ein Überblick zur Geschichte des Rathauses geboten werden und dabei die Funktion als „öffentlicher Ort"[4] im Mittelpunkt der Ausführungen stehen.

Die Kaufurkunde von 1407

Jene Pergamenturkunde, mit der die Geschichte des Salzburger Rathauses einsetzt, trägt den prägnanten, späteren Rückenvermerk: *khaufbrieff umb ain thaill des Rathhauß alhie, bei den Turnlehchen* und datiert vom 22. März 1407[5]. Das Dokument war einst die 42. Urkunde des alten Stadtarchivs, das früher als „Urkundengewölbe" im Rathaus situiert war[6]. Als Aussteller fungierte Meister Bartholomäus Keutzl, damals Salzburgischer Propst zu Maria Saal auf dem Zollfeld. Er verkaufte um eine nicht genannte Geldsumme und mit ausdrücklicher Zustimmung seines Bruders Jakob Keutzl und einiger seiner „besten und nächsten Freunde" an die Stadt und die Bürger von Salzburg folgende Liegenschaften: Das von seinem Vater Peter Präntlein, dem Keutzl, geerbte Burgrechtshaus und Hofstatt, genannt „der Turen", mit samt einem halben Haus, das sich an diesem Turm befand, und von Georg von Lefen gekauft worden

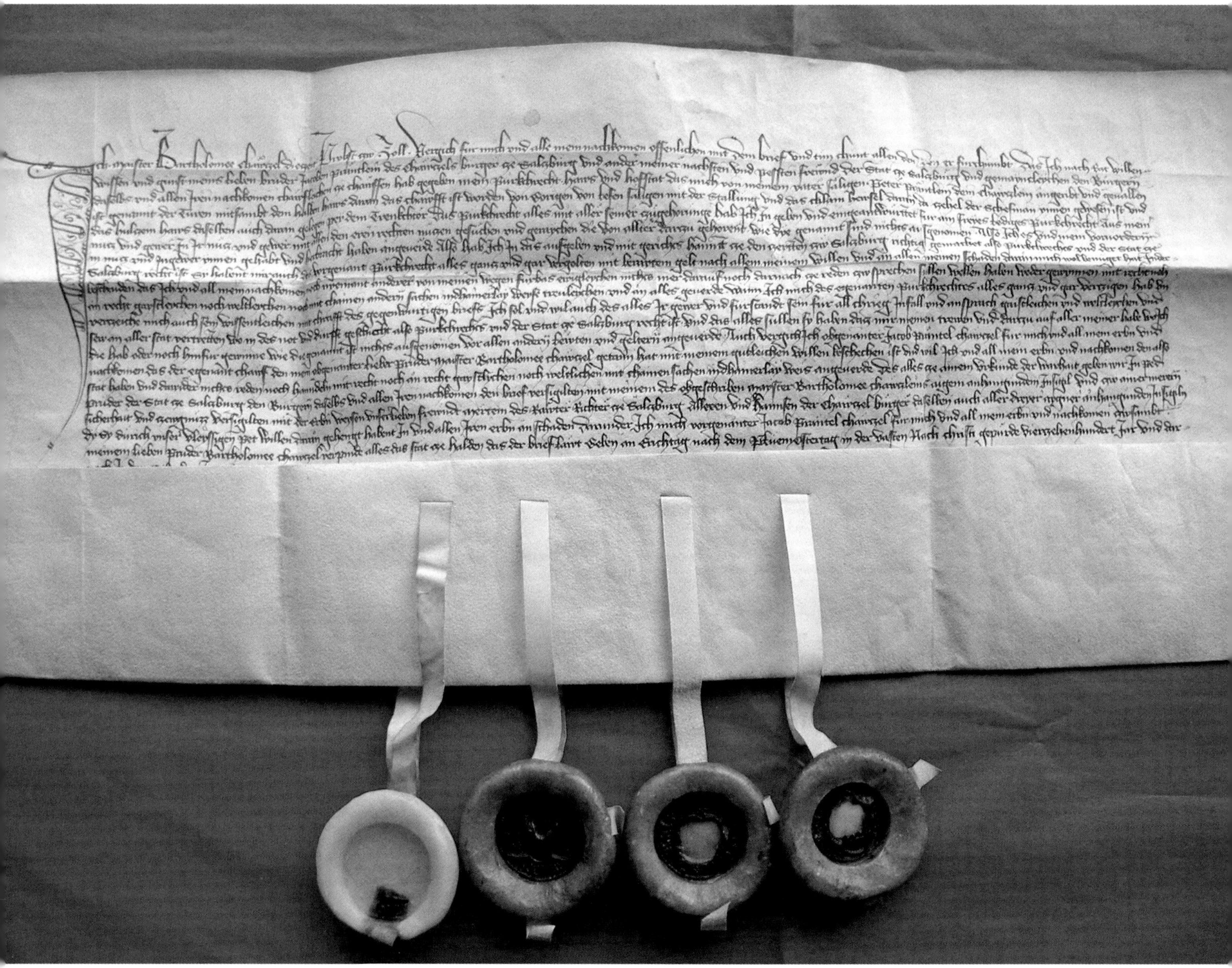

Kaufurkunde vom 22. März 1407 (Archiv der Stadt Salzburg).

war. Des Weiteren verkaufte er der Stadt die dazu gehörenden Stallungen, das anliegende kleine Häusl, in dem der Schiffer Zahel gelebt hatte und ein ebenfalls in diesem Areal situiertes Holzhaus beim so genannten Trenktor. Dieses Trenktor war nicht der spätere „Löchelbogen“ (Hagenauerplatz), sondern ein Vorläufer des heutigen Rathausbogens, da die Stadtbrücke damals nicht hier, sondern flussaufwärts beim Klampferergäßchen einmündete. Dieses alte, nunmehr von Wilfried Schaber im Keller des Rathauses (Fa. Mayer) nach seiner Lage bestimmte Trenktor fügte sich in die damalige – über den heutigen Rathausplatz verlaufende – Stadtmauer ein und wurde um 1500 durch einen neuen, in Richtung Salzach versetzten Torturm mit dem Amtshaus abgelöst.

Es war ein kleinteilig bebautes, aber durchaus geräumiges Areal, das im März 1407 den Besitzer wechselte. Es umfasste nicht nur den „Keutzlturm“ mit einem angebauten Wohntrakt, wohl einem Saalgeschoßbau, und einige kleinere Nebengebäude, sondern auch den späteren Rathausplatz und Teile des Areals des Hauses Rathausplatz 4[7]. Keutzl verkaufte diesen Besitz als „freies lediges Burgrecht“ an die Stadt Salzburg, übergab also sein erbliches, veräußerbares Recht an diesen Grundstücken, für die als Abgabe der Burgrechtspfennig (Grundsteuer) zu leisten war.

Meister (Magister artium) Bartholomäus Keutzl siegelte den Brief für sich und seinen Bruder Jakob. Mitsiegler waren die Salzburger Bürger Alexander (Allexen) und Hans Keutzl sowie der Stadtrichter Martin Reuter. Noch heute trägt der Kaufvertrag die vier an Pergamentstreifen befestigten Wachssiegel der Aussteller.

Die Familie Keutzl

Die Verkäufer, die Familie Keutzl – der Name kommt in den verschiedensten Schreibweisen vor (Käutzl, Keuzl, Keuczl, Chäutzl, Chawczel, Käutzlein u. a.) –, waren zur damaligen Zeit eine der bedeutendsten Salzburger Geschlechter[8]. Sie gehörten bereits im 13. Jahrhundert zum Stadtpatriziat, waren Lehensleute und besaßen Grablegen in Nonnberg und St. Peter. Die Keutzl standen in Geldgeschäften mit dem Erzbischof, waren in der Bergbauregion Gastein begütert und zählten zu den alten 40 Ausfergengeschlechtern, die nach der Schifferordnung von 1278 die Halleiner Salzausfuhr innehatten.

In der Stadt Salzburg hatten sie umfangreichen Besitz[9], wie die Häuser am Marktplatz (Nr. 1 u. 8), an der Getreidegasse (Nr. 3), Sigmund-Haffner-Gasse (Nr. 14), Goldgasse, am Waagplatz (Nr. 3, die spätere Schranne), am Residenzplatz und in der Nähe der Stadtbrücke. Es kann daher angenommen werden, dass auch das nachmalige große Rathausareal länger in Familienbesitz stand. Die spätere Bezeichnung „Turm-Lehen“[10] könnte auf eine Belehnung mit diesem Areal unterhalb der Stadtbrücke, noch innerhalb der ersten Stadtmauer und nahe der Schiffslende hindeuten. Dem Turm – der kein Teil der Stadtmauer war – kann eine ähnliche Bedeutung als Grenzpunkt zukommen wie dem gegenüber liegenden St. Petrischen Turmhaus im Objekt Getreidegasse 3, das den Eckpunkt der St. Petrischen Grundherrschaft in der Stadt bildete[11] und sich dann vom 14. bis ins beginnende 16. Jahrhundert ebenfalls im Besitz eines Zweiges der Keutzl befand[12].

Die jüngsten archäologischen Grabungen am Rathausareal haben Mauern und einen Pflasterboden aus dem 12. Jahrhundert zu Tage gebracht, der Turm selbst

Stadtsiegel von 1249 (Archiv St. Peter).

stammt ebenfalls aus dem 12. Jahrhundert[13]. Das Nachbarhaus, Kranzlmarkt 3, gilt als Salzburgs ältestes erhaltenes Patrizierhaus – ein Wohnturm mit bemerkenswerten gotischen Bauteilen, der möglicherweise bis in das Hochmittelalter zurückreicht[14].

Einen urkundlichen Beleg dafür, dass der spätere Ratsturm einst ein Geschlechterturm der Patrizierfamilie Keutzl gewesen ist[15], gibt es nicht. Auch die Bezeichnung „Keutzlturm“ ist nicht historisch, sondern wurde 1885 von Franz V. Zillner erstmals verwendet und später von Franz Martin wieder aufgegriffen[16]. Dem Typus nach entspricht der Keutzlturm aber auf jeden Fall einem an der Hauptverkehrsstraße errichteten Patrizierturm mit angebautem Wohntrakt – ein Steinbau mit Turm als Statussymbol der Oberschicht[17] – der somit zurecht seit mehr als einhundert Jahren den Namen der Patrizierfamilie trägt.

Das Geschlecht der Keutzl teilte sich im 14. Jahrhundert in zwei Zweige, die die Zunamen Prantlein (Präntl) bzw. Pöfflein (Pöffel) erhielten, die als erzbischöfliche

Stadtturm mit Nebengebäuden und dem Trenktor, Holzschnitt von Michael Wolgemut aus der Schedelschen Weltchronik, um 1460, gedruckt 1493, Ausschnitt.

Stadtrichter und Bürgermeister maßgebliche Funktionen innehatten. Der Leitname Peter begegnet mehrfach und wurde auch von Brüdern getragen[18]. Peter Präntlein Keutzl erscheint um 1352/53 als erster belegbarer Spitalmeister des Bürgerspitals St. Blasius[19]. Peter der Weiße Keutzl war in den Jahren 1375/76 der zweite namentlich bekannte Salzburger Bürgermeister. Christoph Keutzl der Ältere muss vor allem im Handel mit Ungarn eine bedeutende Position eingenommen haben, denn er verwahrte, wie ein Nachtrag zum Salzburger Stadtrecht von 1368 belegt, jenes Privileg, in dem der ungarische König den Salzburger Bürgern freien Tuchhandel gewährte[20]. Sein Vetter Peter Präntlein Keutzl (gest. um 1390)[21], der Besitzer des späteren Rathausareals, begegnet ebenfalls sehr oft als Urkundenzeuge. Peter Präntlein Keutzls Sohn und Erbe Bartholomäus „Pränntl“ Keutzl ist urkundlich mehrfach als Propst von Maria Saal belegt[22]. Er war Magister artium und wurde 1399 von König Wenzel auf eine Präbende in Aquileia präsentiert. Er starb vor dem 20. April 1414[23]. Sein Bruder Jakob, der in der Verkaufsurkunde ebenfalls genannt wird, war 1385/87 angesehener Spitalmeister[24] und 1392 Salzburger Bürgermeister – er starb vor 1413. Auch Jakobs Sohn Otto Keutzl avancierte zum Bürgermeister (1414/15). Der Mitsiegler der Kaufurkunde von 1407 Alex(ander) Keutzl, ein Sohn von Bürgermeister Peter dem Weißen Keutzl und Vetter von Peter Präntlein Keutzl[25], war in den achtziger Jahren des 14. Jahrhunderts Stadtrichter[26]. Hans Keutzl[27] begegnet 1416/17 als Salzburger Bürgermeister und mit Paul und Sigmund sind weitere Keutzl als Bürgermeister (1428–30/1438) und mit Hans auch ein Stadtrichter (bis 1456) belegt[28].

Das Geschlecht, das im Wappen einen Kleeblattschnitt führte, stieg in den landständischen Adel auf und stellte erzbischöfliche Lehensträger und Pfleger. Die reichen Bergherren in Gastein und Rauris gingen Heiratsverbindungen mit anderen Adelsgeschlechtern ein. Ab 1466 stellte die Familie mit Rupert Keutzl[29] für drei Jahrzehnte den Abt von St. Peter (1466–1495), der bedeutende Kunstschätze hinterließ. Er baute die Margarethenkapelle als Grablege für sein Geschlecht[30]. Über dem Haupteingang ist sein Familienwappen angebracht und mehrere Keutzl-Epitaphien zieren die Kirchenwand. In Bayern erwarb Maximilian Keutzl, der Schloss Bürglstein – den Vorläufer von Schloss Arenberg – als Sitz innehatte, nach dem Aussterben der Ameranger die halbe Hofmark. Mit seinem Enkel Max Keutzl zu Bürglstein und Amerang, Pfleger zu Neuhaus, starb das Geschlecht 1574 im Mannesstamm aus[31].

Die Keutzl zählten zu den ökonomischen und sozialen Aufsteigern des Spätmittelalters in Salzburg und jenen Geschlechtern, die als erzbischöfliche Lehensträger und Beamte Mittler zwischen dem geistlichen Stadtherrn und der Bürgergemeinde waren. Als Vertrauensmänner des Erzbischofs wurden sie mit so wichtigen Aufgaben, wie jener des erzbischöflichen Stadtrichters und des Bürgermeisters betraut. Der Anteil der Bürgergemeinde an der Stadtverwaltung war auch noch im Jahr des Erwerbs des späteren Rathauses gering. Die Anfänge einer organisierten Stadtgemeinde lagen damals 150 Jahre zurück, einen Bürgermeister gab es erst seit drei Dezennien und einen frei gewählten Stadtrat kannte man wohl lediglich aus fernen Reichsstädten, mit denen man in Handelskontakten stand. Dennoch war die Zeit um 1400 eine entscheidende Phase – die Kommune strebte nach vermehrter Autonomie und Beteiligung an der Stadtherrschaft.

Stadtturm und erstes Rathaus

Der erste Nachweis für eine organisierte Stadtgemeinde stammt aus dem Jahr 1249. Es ist dies das älteste Siegel der „Bürger von Salzburg", das – der Typologie von Stadtsiegeln folgend – wehrhafte Stadtmauern und auch einen Stadtturm als Zeichen kommunaler Macht zeigt[32].

Als Vertreter der organisierten Stadtgemeinde werden 1287 erstmals die „Genannten", also Geschworene des Stadtgerichts, fassbar[33]. Diese bürgerlichen Gerichtsbeisitzer aus der reichen Oberschicht waren dem Stadtrichter als Vertreter des erzbischöflichen Stadtherrn untergeordnet und nahmen auch Führungsfunktionen administrativer Art in der Stadt wahr. Das Stadtgericht tagte damals, so nachweislich 1323[34], im Gerichtshaus Waagplatz Nr. 1, später als Stadttrinkstube bzw. „Ankerhaus" bekannt[35]. Es lag im Norden des Waagplatzes, des ältesten Marktplatzes der Stadt. An dieser Keimzelle der Bürgerstadt standen die älteste Pfarrkirche der Stadt und auch der am Stadtsiegel symbolisch dargestellte Stadtturm. Es war dies wohl jener Turm, der von den Bürgern 1291 gemeinsam mit der „Porta" dem Herzog von Bayern übergeben und danach vom siegreichen erzbischöflichen Stadtherrn abgebrochen worden ist[36].

Das Gerichtshaus (Waagplatz 1) mit seinem nach der Zerstörung wieder errichteten Turm[37] gilt als Salzburgs erstes Rathaus. Wann genau sich die Umbildung von Genannten als reine Gerichtsbeisitzer zu „Ratsgenannten", also zum Stadtrat, vollzogen hat und wir daher auch terminologisch korrekt überhaupt erst von einem „Rathaus" sprechen können, wissen wir nicht. Jedenfalls konnte das aufstrebende, durch den Fernhandel reich gewordene Bürgertum seine Rechte im 14. Jahrhundert deutlich ausweiten. Das um 1368/71 niedergeschriebene Salzburger Stadtrecht belegt bereits eine relative städtische Autonomie und auch bürgerliche Freiheitsrechte[38]. Erstmals wird nun neben dem Stadtgericht auch der Stadtrat erwähnt. Die zwölf Genannten sollten wöchentlich zu Ratssitzungen zusammentreten und den Bürgern wurde die Anstellung eigener Amtleute gestattet. Der erste, dem erzbischöflichen Stadtrichter noch nachgeordnete Salzburger Bürgermeister Konrad Taufkind ist um 1370 belegt[39]: Sein Grabstein hat sich in St. Peter erhalten. Kurz danach, als zeitlich zweiter namentlich bekannter Amtsträger, war ab 1375 Peter Keutzl Bürgermeister.

Die Schranne am Waagplatz, Salzburg vom Kapuzinerberg, Ausschnitt, 1553, anonyme Federzeichnung (Erzabtei St. Peter).

Die „Schranne" am Waagplatz

Das alte Gerichtshaus, die spätere Stadttrinkstube (Waagplatz 1), gilt – wie ausgeführt – als erstes Salzburger „Rathaus" und es wird angenommen, dass es bis zum Erwerb des „Keutzlturms" im Jahr 1407 als solches genutzt worden ist[40]. Wie lange man hier die Ratssitzungen abgehalten hat, ist aber nicht bekannt und wir wissen auch nicht, ob diese bereits ab dem Erwerbsjahr in den markanten „Keutzlturm" verlegt worden sind. Es fehlen dazu jegliche Quellenbelege. Lorenz Hübner wusste im 18. Jahrhundert noch davon zu berichten, dass das an der Michaelskirche und der „Porta" gelegene Haus Waagplatz 3, die spätere Schranne, „wie einige behaupten, in den ältesten Zeiten auch das Rathaus" gewesen sei[41].

Rathausglocke aus dem 14. Jahrhundert (Foto Peter F. Kramml).

Die Schranne (Waagplatz 3) und das gegenüberliegende Gerichtshaus (Waagplatz 1) hatten jedenfalls stets mehrere kommunale Nutzungsformen aufzuweisen und die beiden Objekte wechselten auch mehrfach miteinander ihre Funktionen. Außer diesem Umstand können weitere Fakten einen wahren Kern der Notiz bei Lorenz Hübner vermuten lassen. Das Haus Waagplatz 3 entspricht von Lage und Bautyp frühen Rathäusern. Es lag an der Randbebauung des Marktplatzes und am Eingang zur alten bischöflichen Kernsiedlung[42]. Es verfügte über eine markante, für Rathäuser typische Freitreppe zur Verkündung von Verordnungen und Urteilen sowie für die Huldigung bzw. Ablegung des Treueschwurs[43], und gehörte 1366 niemand anderem als dem späteren Bürgermeister Peter Keutzl dem Weißen[44] und wurde offensichtlich schon vor dem Ankauf[45] durch die Stadtgemeinde kommunal verwendet. Vornehme Bürgerhäuser wurden nicht selten für Ratszwecke genutzt und später angekauft, wie etwa das Haus des Haimo in Wien im Jahr 1316 beweist. Der Erwerb des ehemaligen Sitzes eines Beamten des Stadtherrn, etwa des Vogts oder des Schultheiß, ist keine singuläre Salzburger Erscheinung. Diese Vorgangsweise lässt sich auch in zahlreichen deutschen Städten nachweisen[46]. Eine der möglichen Typologien und Ableitungen des deutschen Rathauses ist daher auch jene vom Wohnturm bzw. Saalgeschoßbau eines Richters bzw. stadtherrlichen Beamten.

Das Haus Peter Keutzls am Waagplatz (Waagplatz 3) könnte daher vor dem Ankauf des Stadtturms im Jahr 1407 und dem Abschluss nötiger Adaptierungsarbeiten zeitweilig – das somit zweite – Salzburger Rathaus gewesen sein. Danach wurde es städtische Schranne und Gerichtshaus für das Malefizgericht[47], also für todeswürdige Verbrechen. Vom Balkon des Hauses wurden daher auch die Todesurteile verkündet. Hier versammelten sich, wie Franz V. Zillner erwähnt[48], aber auch nach dem Erwerb des „Keutzlturms" die Wahlmänner für die Bürgermeisterwahl und hier traf noch im 16. Jahrhundert die Gemeinde („Gemain") zusammen, um etwa, wie 1519, die Nachfolge Erzbischof Leonhards von Keutschach zu beraten[49].

Der Glockenturm aus dem 14. Jahrhundert

Interessant sind im bereits angesprochenen Salzburger Stadtrecht von 1368 auch jene beiden Paragrafen, die die Existenz von zwei städtischen Glocken belegen und nach ihrem Standort fragen lassen: Die Stadt besaß eine Sturmglocke[50], die man bei Bränden und anderen Unglücksfällen läuten sollte und die bei Aufruhr die Bürger zu den Waffen rief. Zudem besaß sie eine so genannte Bierglocke[51], nach deren Läuten niemand „heimlich" auf den Straßen gehen sollte, außer – so besagt es die Quelle – er sang oder er ging mit einem Nachtlicht. Das Läuten der Bierglocke war Zeichen, das Zechen in den Wirtshäusern zu beenden und das Feuer in Schmieden und Bäckereien zu löschen[52].

Derartige Glocken mussten weit hörbar angebracht sein und letztendlich benötigte man insbesondere zur Kontrolle von Aufruhr oder Feuer einen markanten Aussichtspunkt, der auch dem neuen, flussabwärts erfolgten Wachstum der Stadt und der Verlegung des Hauptmarktes vom Waagplatz auf den heutigen Alten Markt Rechnung trug. Durch die mögliche Blickkontrolle der Hauptverkehrsrouten und der Stadtbrücke war der Turm des Peter Keutzl als Glocken- und Uhrturm und als Sitz der Feuerwache prädestiniert. Zudem ragte er aus dem Bild der romanischen Stadt charakteristisch heraus und konnte so auch als Denkmal und Abzeichen der Stadtgemeinde dienen.

Der Turm stammt aus dem 12. Jahrhundert. Die aufwendige spitzbogige Tragekonstruktion für das sechseckige Türmchen, die im unteren Teil den Glockenstuhl trägt, ist nach italienischen Vorbildern geschaffen und in das 14. Jahrhundert zu datieren[53]. Im Glockenstuhl hängt noch heute eine 700 Kilogramm schwere Stadtglocke, die von Hans Ralb gegossen wurde. Sie stammt aus dem 14. Jahrhundert[54], also ebenso wie das Glockentürmchen noch aus der Zeit vor (!) dem Ankauf des Keutzlturmes durch die Stadtgemeinde. Demnach ist es wahrscheinlich, dass der auffällige Turm bereits vor 1407 für kommunale Zwecke genutzt worden ist und sein Glockenturm vermutlich auch bereits die im Stadtrecht genannten beiden städtischen Glocken beherbergt hat.

Vom Ratsturm zum Rathaus

Der Erwerb des „Keutzlturms" in den Jahren nach 1400 fügt sich für Salzburg auch in den zeitlichen Kontext gut ein. Das Bürgertum erlebte damals eine wirtschaftliche Blüte, die sich vor allem in einem großzügigen Ausbau des Bürgerspitals[55] und der um 1408 begonnenen Modernisierung der Stadtpfarrkirche manifestierte[56]. Man beanspruchte eine vermehrte städtische Autonomie und wurde auch politisch aktiv. 1403 beteiligte sich die Stadtgemeinde führend am so genannten Igelbund, einem Schutzbündnis der Landstände gegen die Willkür des Erzbischofs, und erwarb 1407 das Rathausareal und den markanten Turm inmitten der Bürgerstadt. Pfarrkirche und Rathaus waren Träger kommunaler Selbstdarstellung und in bemerkenswert vielen Städten fielen – so wie auch in Salzburg – die Erneuerung der Pfarrkirche und der Bau des Rathauses zeitlich zusammen[57]. Die Inbesitznahme des symbolträchtigen Stadtturms drückte das neue Selbstverständnis des Bürgertums ebenso aus wie „die nur einen kräftigen Steinwurf vor der altehrwürdigen Domkirche eingerichtete Baustelle" bei der Stadtpfarrkirche, „aus der das modernste hervorgehen sollte, was Salzburg am Ausgang des Mittelalters zu leisten imstande war und was auch bis Wolf Dietrich durch kein anderes Bauvorhaben übertroffen werden sollte"[58].

So wie bis zur Fertigstellung der Stadtpfarrkirche war es auch bis zur Adaptierung der Keutzl-Liegenschaften als stattliches kommunales Rathaus noch ein langer Weg, der parallel zum Ausbau der städtischen Agenden und der Stadtverwaltung verlief. Nun wurde ein Stadtschreiber angestellt. Mit dem Jahr 1415 beginnen die erhaltenen „Sendbriefe" der Stadt, also Kopialbücher mit den ausgehenden Schriftstücken[59], und es wurden Bürger- und Gerichtsbücher geführt[60]. Richter, Bürgermeister und Stadtschreiber fertigten ihre Urkunden nun *ze Salczburg im Turn*, also im Stadtturm, und 1428/29 wurden Gerichtssitzungen hier abgehalten: *Das recht ist gewesen in dem Turn*[61], womit der „Keutzlturm" und auch die direkt anliegenden ersten Verwaltungsgebäude gemeint waren.

Die Baulichkeiten waren damals noch bescheiden. Das erworbene Areal wurde offensichtlich noch nicht für eine Erweiterung ins Auge gefasst. Die Stadt verkaufte 1419 sogar ein Haus im Bereich von Rathausplatz 4 an Konrad Schlosser aus Hallein und 1477 verlieh der Bürgermeister ein *in der Statturen* gelegenes Haus dem Riemer Jörg Hesel zu Erbrecht[62]. Die älteste Stadtansicht in der Schedelschen Weltchronik hat den sehr markanten Stadtturm und die eher bescheidenen umliegenden Häuser um 1460 bildlich festgehalten.

Eine Änderung in den rechtlichen und realpolitischen Rahmenbedingungen ermöglichte dann erst der Versuch Kaiser Friedrichs III., im Erzstift Salzburg einen Parteigänger zu installieren. Er unterstützte die Stadt Salzburg massiv gegen den regierenden erzbischöflichen Stadtherrn, um sie auf seine Seite zu ziehen. Der Kaiser gewährte der Stadt vierzehn Privilegien und gestattete der Bürgergemeinde 1481 im „Ratsbrief" – dem Kernstück des Privilegienbündels[63] – die freie Wahl eines zwölfköpfigen Stadtrates und eines Bürgermeisters aus dessen Mitte. Für eine Bischofsstadt konnte dies zweifelsohne ein sehr bedeutendes, ja wegweisendes Privileg bedeuten.

Am 25. Jänner 1482 wurde daraufhin eine neue Ratsordnung erlassen, die drei Ratssitzungen pro Woche vorsah. Der erste Absatz dieser Ratsordnung besagte auch, *der Statthurn sol furbaser daz Rathaws und nichtmer der Turn genenet werden*[64]. Aus dem Stadtturm[65] wurde erstmals terminologisch das Salzburger Rathaus, seine bauliche Ausgestaltung und vermehrte Nutzung als öffentliches Gebäude sollte umgehend folgen. Dennoch blieb das Salzburger Rathaus – so wie im Mittelalter allgemein üblich – zunächst ein bescheidenes Bauwerk. Größer dimensionierte Rathäuser entstammen zumeist nachmittelalterlicher Zeit[66].

Rathaus und Amtshaus, Ausschnitt aus Salzburg vom Kapuzinerberg, 1553, anonyme Federzeichnung (Erzabtei St. Peter).

Sitz der städtischen Obrigkeit

Der frei gewählte, vom Stadtherrn unabhängige Stadtrat, begann mit dem Ausbau der Liegenschaft zum Rathaus und man sah sich nun berechtigt, auch städtische Symbole anzubringen. Die Fassadengestaltung dokumentierte die Stadtherrschaft und verwies auf den Gerichtsort. Vielfach zierten auch religiöse Bilder die Außenwände[67].

Man erwarb 1486 eine neue Uhr für den Turm[68], kaufte Trompeten für den Türmer und brachte 1487 die sogenannte „Judensau", „ein derbes Spottbild" (Hans Widmann), am Rathausturm Richtung Kranzlmarkt an[69]. Diese – nicht erhaltene – Marmortafel des Bildhauers Hans Valkenauer und des Malers Heinrich zeigte ein „Schwein, an dessen Zitzen einige Juden saugen"[70]. Die Darstellung war seit dem Mittelalter in Reliefs – belegt für Frankfurt, Magdeburg und Wittenberg – und auch auf Holzschnitt-Flugblättern verbreitet[71]. In Salzburg war die Tafel, wie ein Reisebericht belegt, noch 1784 angebracht[72], danach ließ sie der aufgeklärte Erzbischof Hieronymus Graf Colloredo entfernen.

Der Stadtrat erließ nun obrigkeitliche Ordnungen in Markt- und Wirtschaftsangelegenheiten sowie für städtische Bedienstete, begann mit dem Ausbau der Stadtkanzlei und führte das Ratsamt des Stadtkämmerers ein[73]. Kommunale Großprojekte wie der Bau der Gersbergwasserleitung und des Zwingers am Mönchsberg datieren in diese Jahre[74]. 1484 wurde der bekannte Bildhauer Michael Pacher mit der Schaffung des Hochaltars der Stadtpfarrkirche beauftragt und in den Jahren 1486 bis 1498 der markante Turm der Stadtpfarrkirche vollendet[75]. 1496 erfolgte die Stiftung des städtischen Bruderhauses an der Linzer Gasse als ausschließlich kommunale Pilger- und Armenherberge[76].

Die Stadt erlebte einen Bevölkerungsanstieg und einen Bauboom. Die Häuser wurden zu Zeilen zusammengebaut und nun vier- bis fünfgeschoßig[77]. Für drei Jahrzehnte, von 1481 bis zum Gewaltstreich des Erzbischofs 1511, hatte man einen Höchststand städtischer Autonomie erreicht. Im Rathaus herrschte, wie die Rechnungsbücher ab 1486 belegen[78], reges kommunales und öffentliches Leben. Es war nun nicht nur Verwaltungsmittelpunkt, sondern für drei Dezennien Sitz der städtischen Obrigkeit, also zugleich Regierungsgebäude. Das Rathaus war aber auch Gerichts- und Wirtschaftsgebäude und diente als Zeug- und Festhaus.

Mit wachsenden Aufgaben und zunehmender Macht der Kommune begann sich die Verwaltungs- und Behördenstruktur sowie die innere Verwaltung der Stadt mehr und mehr zu differenzieren. Das Rathaus wurde als Statussymbol zur Zeit der massivsten Auseinandersetzungen mit dem erzbischöflichen Stadtherrn nach 1500 entsprechend ausgebaut. Dadurch erhielt es jene Gestalt, die uns die Stadtansicht von 1553 überliefert.

Zunächst wurden dem Rathaus nächstgelegene Häuser von der Stadt angekauft. Ein Inventar von 1680 nennt insgesamt 15 Urkunden über die zum Rathaus „erkauften" Häuser[79]. 1509 erwarb die Stadt das Haus vor dem Trenktor, das vorher dem Schmied Leonhard Spitzer gehörte hatte[80]. Ein Jahr später, 1510, kaufte sie das Haus zwischen Rathaus und ehemaligem „Schmied-Spitzerhaus", das so genannte „Häsel Riemer Haus", zurück[81]. Beide Objekte lagen im salzachseitigen Erweiterungsgebiet in Richtung des heutigen Rathausplatzes, der damals den Fischmarkt mit einem entsprechenden Brunnen mit Fischkaltern beherbergte.

Die Stadt errichtete einen neuen Turm (1512 „Neuer Turm gegenüber der Wasserstube")[82], der „Amtshaus" genannt wurde und wo auch das Trenktor situiert war. Man begann mit dem Ausbau des Rathauses, und setzte diesen auch nach dem Gewaltstreich Leonhards von Keutschach und der Annullierung des Ratsbriefs durch den Stadtherrn im Jahr 1511 fort – offensichtlich war der Wille zu kommunaler Autonomie noch nicht völlig gebrochen. Den Stand des Ausbaus, die Gebäudenutzung und seine Bewohner dokumentieren die Stadturbare von 1512 und 1515[83], die sämtliche kommunal genutzten und vermieteten Räumlichkeiten des dreigeschoßigen Objektes – damals *Gemainer Stat Turn und Rathaws* genannt – verzeichnen.

Ein multifunktionales öffentliches Gebäude

Eine Auswertung der ältesten erhaltenen Stadturbare[84] vermittelt für das Salzburger Rathaus im frühen 16. Jahrhundert das Bild eines multifunktional genutzten öffentlichen Gebäudes und lässt folgendes Raumprogramm erkennen: Im ersten Stock befand sich salzachseitig die große Ratsstube. Hier gab es zwei weitere Säle, ein kleines (Schreib-)Stüberl, eine Kuchl und eine lange Kammer. Ein weiterer Saal – wohl für Festbankette und bürgerliche Feiern – befand sich im zweiten Stock. Auch die Zeugkammer für die Harnische und die „Wehr", also die Waffen, sowie ein Marstall für drei Pferde sind in den Urbaren aufgelistet[85]. Die städtische Rüstkammer hatte sich drei Jahre zuvor noch in der späteren Stadttrinkstube am Waagplatz („Zeugkeller" im Haus Waagplatz 1) befunden und war nun in den ersten Stock des Rathauses übersiedelt. Sogar ein *Behaltnus Gewölb darin gemainer Stadt Brief*, also eine Gewölbe für die städtischen Urkunden und damit Vorläufer des Stadtarchivs, ist eigens genannt.

Die Ratsherren trafen sich im ersten Stock des Rathauses zur Abhaltung ihrer Sitzungen. Die „öffentliche Funktion" des Hauses wird hier durch die Verschwiegenheitspflicht der Ratsherren bzw. das Amtsgeheimnis über den Inhalt der Ratssitzungen konterkariert[86]. In manchen Städten wurden daher die Mitglieder des engeren, geheimen Rates, dem die Leitung der Stadtpolitik oblag, auch als die „Heimlicher" tituliert[87]. Viele wichtige, „geheime Anbringen" wurden „zunächst zum Zweck der Sondierung an sie herangetragen; sie führten im Vorfeld Verhandlungen", bevor sich der Rat damit befasste[88]. In der Salzburger Ratsstube wurde ab 1491 die Ratswahl durchgeführt[89] und vor dem Stadtrat der Bürgereid geleistet. Auch die städtischen Bediensteten, vom Stadtschreiber bis zur Stadthebamme, legten hier ihre Diensteide ab – daher titulierte man letztere auch als „Geschworene Stadthebamme". Vielfach haben sich daher auch in Rathäusern Reliquiare zum Eidschwören erhalten[90] und es gehörte – nicht so in Salzburg mit seiner eigenen Stadtpfarrkirche – die Ratskapelle zum Bauprogramm eines Rathauses.

Auch das Stadtgericht trat im Rathaus zusammen, und daher wurden 1524 durch die Stadt- und Polizeiordnung die Sitzungen entsprechend abgestimmt[91]. Der Stadtrat tagte hinkünftig am Dienstag, Donnerstag und Samstag und das Gericht am Montag, Mittwoch und Freitag im Rathaus, das noch 1524 als *gemain Rat hauß, das man sonnst der Stat Thurn nennet* bezeichnet wird[92]. Das damals vom Stadtgericht getrennte Blutgericht, also das Malefizgericht, trat im Gegensatz dazu nicht im Rathaus, sondern – so wie schon 1515 – ausschließlich im Gerichtshaus oder der Schranne, dem Haus Waagplatz 3, zusammen. Hier stand im ersten Stock ein großer Saal für das Gericht zur Verfügung. Am Waagplatz, und nicht vor dem Rathaus wie in vielen anderen Städten, stand auch der städtische Pranger[93].

Das „Wachterstüberl" im Rathausturm (Foto Peter F. Kramml).

Für Rat und Gericht gleichsam wichtig war der Stadtschreiber, der als Vorsteher der städtischen Kanzlei, als Gerichtsschreiber und Rechtsberater eine besondere Vertrauensposition in der Stadt innehatte[94]. Er wurde auch von anderen Bürgern in Rechtsfragen konsultiert und fertigte Urkunden aus, was ihm erhebliche Zusatzeinkünfte einbrachte. Mehrere Schreiber unterstützten ihn bei seiner Arbeit[95] und machten das Rathaus – modern ausgedrückt – auch zu einem frühen „Copyshop". Der Stadtschreiber hatte aber nicht nur sein Büro im Rathaus, sondern hier – nachweislich ab 1486 – auch seine Dienstwohnung. Stadtschreiber Hans Stengel verfügte 1515 über zwei Stuben, eine Küche, eine Speis, einen Schlafkeller sowie eine Kammer und ein Gewölbe[96].

Das Rathaus war zentraler Ort in der Stadt. Hier trafen sich die Helfer aus den vier Stadtvierteln bei Brandkatastrophen (1524) und wurden die zum Löschen benötigten Ledereimer aufbewahrt[97]. Am Rathaus brachte man die „Anschläge", also Ankündigungen, die sich an die gesamte Bevölkerung richteten, an – heute würden wir sagen, an der „Amtstafel" ausgehängt.

Ganz zentral lag der Stadtturm, der noch als „alter Ratturn" bezeichnet wird, und Funktionen bei der Stadtbewachung und auch bei der Übermittlung von optischen und akustischen Mitteilungen an alle Stadtbewohner besaß. Die Aufgabe der beiden Stadtglocken wurde bereits angesprochen, hinzu kam ab 1486 die Rathausuhr, die von einem Uhrmeister betreut wurde und unter Tags die Zeiteinteilung vermittelte[98]. Der Turm verfügte über das Wachterstüberl (eine Turmstube) sowie eine Kammer und wurde von Turmwächtern bewohnt. Zwei Turmwächter hatten die Aufgabe von Nachtwächtern[99]. Der eine rief vor, der andere nach Mitternacht die Stunden aus (schon 1487 belegt). Damals waren so genannte Schlaguhren in Verwendung, „Türmeruhren", die durch ein Weckzeichen die Türmer alle Stunden mahnten, die Stunde auf der Glocke anzuschlagen oder auszurufen. Noch 1811 hatten zwei betagte Turmwächter im Rathaus ihre Freiwohnung, ihnen oblag auch die Feuerwache. Bei Bränden hatten sie die Feuerglocke zu läuten und eine rote Fahne in Richtung des Brandplatzes auszustecken[100]. 1862 gab es die Beschwerde, dass sich der damalige Turmwächter ein Bett im Turm aufgestellt hatte und die Stunden von dort aus mit einer langen Schnur an der Glocke anschlug, sich aber nicht um die Feuerwache kümmerte[101].

Im Rathaus lebten auch zwei Turner, also Turmbläser, die die Tageszeiten anzublasen und mit dem Signalhorn vor Feuer und anderen Gefahren zu warnen hatten[102]. Bereits 1486 sind Ausgaben für den Ankauf einer Posaune und eines Turnerhornes belegt. Der beeidete Stadtturnermeister und seine Gesellen avancierten im Verlauf des 16. Jahrhunderts zu privilegierten Stadtmusikanten und stilisierten das „Abblasen" vom Rathausturm zu einer künstlerischen Form. Der Stadtturner „blies von Amtswegen lustige und traurige Weisen, je nach Umständen immer auf Befehl und nach den Läufen der Zeit". Er war der musikalische Faktor im Stadtregiment[103]. Das so genannte Abblasen erfolgte zu genau festgesetzten Zeiten nach zwei Richtungen, gegen die Pfarrkirche bzw. gegen die Stadtbrücke hin, und durfte bei schlechtem Wetter im Inneren, durch das Wachtfenster, verrichtet werden[104].

Zum Dienstpersonal im Rathaus gehörte auch der Ratsknecht, der im Rathaus über eine Dienstwohnung mit mehreren Räumen verfügte[105]. Er hatte die Ratsstube zu heizen und zu kehren und bei Feuer und Aufruhr Beistand zu leisten – die Sturm- und Feuerglocke stand daher unter seiner Obhut. In Personalunion war er mehrfach auch Stadtmautner. Ab 1540 oblag ihm auch die Betreuung nächtlich durchgehender Postboten und die Obsorge über die eingehende Post[106] – das Rathaus war damals auch Poststelle.

Schon 1486/1515 hatte zudem noch der Weinrufer von Amts wegen eine Freiwohnung im Rathaus[107]. Ihm oblag die Qualitätskontrolle des Weines. Mit Mautner und Weinrufer war die städtische Finanzverwaltung im Rathaus präsent. Beide zählten zum Dienstpersonal der Stadt, während das verantwortungsvolle Amt des Stadtkämmerers als Ratsamt einem Ratsherrn vorbehalten blieb[108].

Das Rathaus war – noch vor Anstellung eines Stadtarztes – auch das medizinische Zentrum der Stadt. Die „Geschworene Stadthebamme" hatte hier bereits 1486 und auch 1515 ihre Freiwohnung, diese befand sich direkt unter der Ratsstube[109]. Sie hatte als Geburtshelferin Tag und Nacht für arme und reiche Stadtbewohnerinnen in gleicher Weise unverzüglich zur Verfügung zu stehen. 1486 war auch eine Barbierin im Rathaus eingemietet. Später waren bis zu drei Stadthebammen und ab dem 16. Jahrhundert auch ein eigener Stadtarzt bestellt[110].

Im Rathaus hatte der Lesemeister, also der Prediger in der Stadtpfarrkirche, 1486 und 1515 nicht von Amts wegen, sondern „gnadenhalber" eine Freiwohnung. Die Stadtpfarrkirche, die heutige Franziskanerkirche, wurde damals von einem städtischen Zechmeister verwaltet und der Stadt oblag auch die Besoldung des Organisten, des Mesners sowie des Geistlichen. Dreißig Jahre wirkte der Predigermönch Bruder Kaspar aus Friesach dort als Lesemeister, also als Salzburger Stadtprediger[111]. Das Benefizium der Stiftsprädikatur mit einer täglichen Messe in der Annakapelle der Stadtpfarrkirche wurde bis zur Zeit Erzbischof Wolf Dietrichs vom Stadtmagistrat verliehen[112].

Außer Naturalwohnungen für den Stadtschreiber, die Wächter und Turner, den Ratsknecht, die Stadthebamme und den Prediger gab es im Rathaus noch einige Wohnparteien, die für ihre Gemächer Zins zahlten, sowie Lagerräume und Verkaufsläden. Die städtischen Zugwerker und Fasszieher hatten hier ihren „Geschirrgaden“[113]. Die Zugwerker waren für Verpackung und Verladung der Kaufmannsgüter zuständig, die Fasszieher besorgten den Transport der Weinfässer in die Keller bzw. auf die Transportfahrzeuge. Zudem hatten die Parchanter und Weber im Rathaus ihre Beschaustube (im dritten Stock des neuen Turms)[114] und später stellten auch Kürschner, Goldschmiede, Zinngießer und Hosenmacher ihre Erzeugnisse dort für die Beschaumeister aus.

In den Urbaren wird auch ein Bäckergässlein im Rathausbereich erwähnt. Früh siedelten hier Bäcker[115] an und schließlich übersiedelte die Brotschranne 1643 vom Waagplatz in ein ebenerdiges Gewölbe des Rathauses[116]. Ebenfalls von der hier verkauften Ware, den Salzstöcken, hatte das Salzgässchen zwischen dem Rathaus und dem Haus Kranzlmarkt 3 seinen Namen.

Zum Rathauskomplex gehörte auch das Amtshaus, in dem sich die Dienstwohnung des Amtmannes[117], aber auch das Gefängnis mit Ketten, Fuß- und Halseisen sowie Steinen und Gewichten für die Folter („peinliche Frag“) befand[118]. Unter dem Amtshaus an der Stelle des heutigen Rathausbogens war das Trenktor und neben dem Amtshaus – Richtung Rathaus – das Narrenhäusl, in das offensichtlich nächtliche Ruhestörer, Betrunkene und Raufbolde gesteckt wurden[119].

Der Amtmann unterstützte den Stadtrichter im Stadtgericht und hielt die Gefangenen im städtischen Gefängnis in Gewahrsam. Er hatte auch die Marktaufsicht inne, setzte die Marktfahne und vergab die Verkaufstische. Durch ihn war eine Verbindung des Rathauses mit dem Marktleben gegeben. Maße und Gewichte, die oft an Rathäusern angebracht waren[120], fehlen am Salzburger Rathaus. Diese waren am Marktplatz bzw. beim Waaghaus am ehemaligen Brotmarkt situiert.

Im Urbar von 1515 begegnet Jörg Fuchs als Amtmann, der im Jahr 1500 in dieser Funktion in das Salzburger Bürgerrecht eingetreten war[121]. Als sein direkter Vorgänger (ab 1485) ist Michael Tugentlich belegt. Tugentlich bewohnte 1515 das zum Rathaus gehörige Riemerhäusl und vertrat nun als gewerbsmäßiger Vorsprecher („gelehrter Vorsprech“), also juristischer Beistand, Parteien

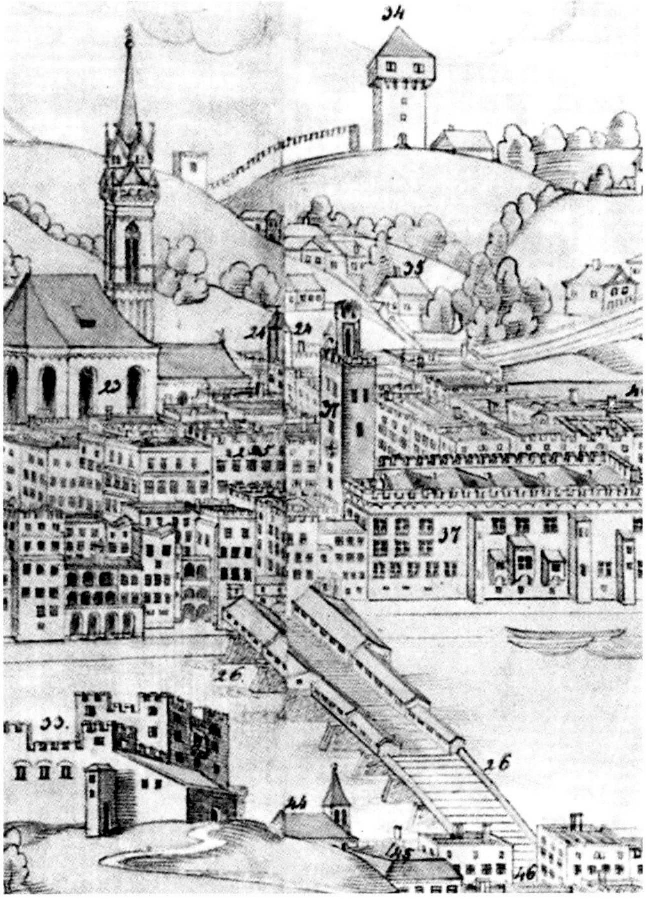

Zinnenbekröntes Rathaus, Detail aus Stadtansicht von 1565, Kopie von Georg Pezolt (Kunstsammlungen St. Peter).

vor Gericht[122]. Ein – wenn man so will – Vorläufer einer ersten „Anwaltskanzlei“ war somit auch im Rathauskomplex vertreten.

Wie schnell selbst ein Amtmann mit dem Gesetz in Konflikt und um seine Stelle kommen konnte, ist im Ratsbuch des Jahres 1576 nachzulesen: Leonhard Ambtmann verfolgte im Rathaus den Ratsschreiber Hans Vaschung mit einer „blossen wehr“, also einer blanken Waffe, bis zur Stiege und schlug ihm nach. Er wurde daraufhin für zehn Tage in das Narrenhäusl gesperrt und seines Amtes enthoben. Sein Nachfolger als Stadtamtmann wurde der bisherige Gerichtsdiener Wolf Schmidt[123].

Der Ausbau des Rathauses im 16. Jahrhundert

Das Salzburger Rathaus hatte also wehr- und sicherheitstechnische, politische, administrative und ökono-

Fassade des Rathauses, Architekturzeichnung von Mathias Karlstorffer, 1799 (Salzburg Museum).

mische Funktionen, aber auch die Stellung als zentrales Bauwerk der Bürgerschaft schlechthin, und es wurde daher in den Jahren nach 1510 entsprechend ausgebaut.

1515 zählte zum Rathaus auch das ehemalige Spitzer-Schmied Haus, wo sich noch eine Schmiede befand, es gab bereits 1512 einen Ausbau im zweiten Stock des Rathauses Richtung Salzach. Man konnte über einen „Boden" an der Salzach entlang über das Spitzerhaus in das Amtshaus gehen[124]. Das angekaufte Riemer-Häusl am Fischmarkt hatte vermietete Verkaufsläden und wurde ebenfalls in die Bebauung einbezogen[125]. Ausdrücklich wird 1515 erwähnt, dass im Rathaus mehrere nicht ausgebaute Gemächer vorhanden seien (besonders gegen den Fischmarkt hin[126]). Besonders interessant ist der Hinweis im Urbar von 1515, dass der dritte Verkaufsladen Richtung Fischmarkt (heute Rathausplatz) nicht vermietet, sondern von der Stadt selbst genutzt wurde, um hier Kalk und Mörtel anzurühren. Der Laden wurde benötigt, *bis daz paw gar vorbracht wirt*[127], bis also der Rathausausbau vollendet war – ein Quelleneintrag, der einen wichtigen Hinweis zur Baugeschichte bietet.

Von 1519 datiert die neue, kleine Ratsglocke, die Maria-Hilf-Glocke von Christof Sesselschreiber am alten Rathausturm[128]. Ab 1523 sind für den besagten Laden beim Fischmarkt wieder Mieteinnahmen verzeichnet[129], der Rathausausbau war also um 1523 vollendet. Dies fällt mit jenem Jahr zusammen, in dem im so genannten Lateinischen Krieg die letzten Freiheitsregungen der Bürger eine mehr als deutliche Abfuhr erhielten. Sie mussten die Stadtschlüssel feierlich Kardinal Matthäus Lang übergeben und konnten auch im Bauernkrieg seine Stadtherrschaft nicht mehr abschütteln.

In dieser Form ausgebaut begegnen uns Rathaus und Amtshaus auf den bekannten Salzburger Stadtansichten der Jahre 1553 und 1565. Es war ein eher schmuckloser dreigeschoßiger Bau, an dessen Hausfronten und den Grabendächern noch zu erkennen war, dass das Objekt aus mehreren Gebäuden gewachsen war. Durch die gemeinsame Zinnenbekrönung waren Rathaus und städtisches Amthaus zu einem einheitlichen Baukomplex zusammengefasst worden, der markant vom viereckigen Ratsturm mit dem aufgesetzten Glockentürmchen überragt wurde. Dieser Rathausturm trug ebenso wie der Pfarrkirchenturm Storchennester, die der Stadtzimmermeister 1574 erneuerte[130]. Zwei Jahre später, 1576, wurde das Rathausdach neu gedeckt und der Maler Christoph Grueber erhielt den mit 50 Gulden dotierten Auftrag, das Rathaus neu zu streichen[131]. In der Ratssitzung vom 8. Oktober 1576 wurde darüber *votirt, khain Wappen an das Rathaus zu malen*[132]. Man verzichtete offensichtlich mit Rücksicht auf den erzbischöflichen Stadtherrn auf die Anbringung dieses Herrschaftssymbols. Der damalige Regent, Johann Jakob von Kuen-Belasy (1560–1586), hatte nicht nur Bauernrevolten blutig niedergeschlagen, sondern war massiv gegen die Verbreitung des Protestantismus eingeschritten. Um ein weiteres Vordringen des neuen Glaubens in der städtischen Oberschicht zu unterbinden, wurde eine Bürgeraufnahme ab 1565 von der Zustimmung des erzbischöflichen Stadtherrn abhängig gemacht[133].

Vom drittwichtigsten Profangebäude zum Sitz des Stadtsyndikus

Das Rathaus begegnet auf den Stadtansichten des 16. Jahrhunderts nach Festung und Residenz als drittwichtigstes Profangebäude der Stadt. Diese Bedeutung ging

– auch optisch – durch die baulichen Veränderungen in der Stadt durch Erzbischof Wolf Dietrich (1587–1612) verloren. Der Raitenauer schuf nicht nur neue Plätze und große Paläste, denen 60 Bürgerhäuser weichen mussten, sondern er hat auch die Rolle der Stadtgemeinde und der Bürgerschaft nochmals und ganz entscheidend beschnitten. Dies zeigte sich in der Einflussnahme auf die reichen städtischen Stiftungen Bürgerspital und Bruderhaus[134] ebenso wie bei der Übergabe der symbolträchtigen Stadtpfarrkirche[135] an die Franziskaner. Als erste Kapelle ließ er hier 1588 die Annakapelle beseitigen, also jenes Benefizium mit der Stadtprädikatur, das bis dahin vom Magistrat verliehen worden war[136]. Durch die Verlegung der Stadtbrücke verlor die Stadtgemeinde ihre traditionellen Fleischbänke auf der Brücke und der neue, auf städtische Kosten errichtete Fleischbankstock am Gries trug dann nicht ihr, sondern das erzbischöfliche Wappen. *Den Herrn von gemainer Statt* gereichte es 1609 *zu ainem sonderlichen Spott*, als das bereits angebrachte Steinwappen *gemainer Statt* auf Befehl des Erzbischofs wieder abgenommen werden musste[137]. Die neue Brückenführung machte es zudem notwendig, den Fischmarkt, der sich bis 1599 am Rathausplatz befunden hatte, zu verlegen und das städtische Amtshaus abzubrechen. Auch dieses Symbol der Bürgerschaft, um dessen Verfügungsgewalt es immer wieder Auseinandersetzungen mit Erzbischof Leonhard von Keutschach gegeben hatte[138], war nun beseitigt. Es wurde flussabwärts in das Haus Griesgasse 3 verlegt und das neue einfache, niedere Tor zum Rathausplatz erst später wieder überbaut und so zum „Rathausbogen".

Wolf Dietrich vertrieb die protestantische städtische Oberschicht und damit die alte Stadtelite. Er setzte anstelle von Stadtrichter und Stadtschreiber Bürgermeister und Stadtrat den Stadthauptmann und Stadtsyndikus als Aufsichtsorgane vor. Es waren dies nun nicht mehr Stadtbürger, sondern gelehrte Doktoren und landfremde Adelige, denen die bisherigen Bindungen zur einheimischen Bevölkerung fehlten[139]. Das Stadtsyndikat, das bis 1810 bestand, war im Rathaus situiert. Der jeweilige Stadtsyndikus wohnte in einer Dienstwohnung im zweiten Stock. Nach den großen Umbauten des Rathauses zierten daher ab 1616 die Justitia, das Symbol des Stadtgerichts unter Vorsitz des erzbischöflichen Syndikus, und das Wappen von Erzbischof Markus Sittikus das Portal des Rathauses, während sich die beiden kleinen seitlichen Stadtwappen eher unbedeutend ausmachten.

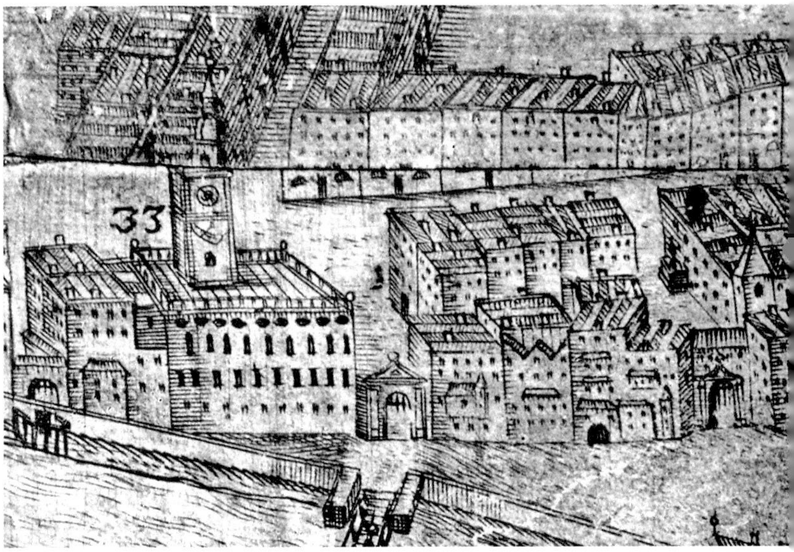

Detail der Stadtansicht von Philipp Harpff, 1643 (Archiv der Stadt Salzburg, Foto Richard Schlegel).

Die heutige Eingangsgestaltung mit dem markanten Stadtwappen über dem Portal entspricht – wie die Beschreibung bei Lorenz Hübner 1792 und eine Zeichnung von 1799 belegen[140] – nicht dem Erscheinungsbild der erzbischöflichen Zeit.

Ort der Repräsentation und Unterhaltung

Unter den absolutistischen Salzburger Erzbischöfen war die städtische Autonomie beseitigt worden und die Auftritte der Bürgergemeinde und ihrer Vorsteher beschränkten sich in den folgenden Jahrhunderten auf Repräsentationsaufgaben und die Mitwirkung bei kirchlichen Festen. Der im Rathaus untergebrachte Magistrat – dieser Begriff wurde erst in der Zeit Erzbischof Paris Graf Lodrons allgemein üblich[141] – nahm zwar wesentliche und zunehmend mehr administrative Aufgaben wahr, politisch konnte man aber nicht mehr partizipieren[142]. Selbst jede Neubestellung eines Ratsherrn bedurfte der erzbischöflichen Zustimmung. Dies spiegelt sich auch in der Rolle des Rathauses wieder, das nun vermehrt der Repräsentation und Geselligkeit diente. Dazu wurde das salzachseitig baufällig gewordene Gebäude in den Jahren 1616 bis 1618 um die beachtliche Summe von über 10.000 Gulden umgebaut und modernisiert[143]. Nun verschwanden die wehrhaften Zinnen und das Gebäude erhielt hohe Rundbogenfenster und Ochsenaugen. Der Turmaufsatz wurde kuppelförmig eingedacht.

Justitia über dem Rathausportal, Plastik von Hans Waldburger, aufgenommen 1996 (Archiv der Stadt Salzburg, Foto Gustav Helpferer).

Das heutige Aussehen des Rathauses geht weitgehend auf diesen Umbau zurück[144]. Im Hausinneren wurden die Ratsstube, eine neue Rüstkammer und ein großer repräsentativer Tanzsaal geschaffen. Die Ausstattung mit venezianischen Ledertapeten, Gemälden, Leuchtern und neuen Sesseln ist belegt. Nun wurden auch die Wappen der Ratsherren am Tanzboden und an den vier Seiten des Ratsturms angebracht. Das gesamte Rathaus wurde vom Maler Wilhem Weissenkircher mit allegorischen Figuren und Bildern aus der altrömischen Geschichte freskiert. Dies „entsprach dem lehrhaften Charakter des Humanismus" und die Bürgerschaft „dokumentierte damit ihre Gerechtigkeit und Weisheit"[145]. Der Bildhauer Johann Waldburger schuf 1616 die Statue der Justitia aus weißem Marmor für den Eingang zum Rathaus, Schwert und Waage stammen vom Salzburger Messerschmied Paul Step. Bildhauer Matthias Murmann war der Meister des Wappens der Stadt und des Landesfürsten. Auch die Mondphasenuhr am Turm wurde damals, 1618, angebracht.

Auch in früheren Zeiten war der Ratssaal im zweiten Stock für Festbankette und als Tanzboden genutzt worden, nach dem Umbau verfügte man aber über einen repräsentativen Tanzsaal mit einer eigens geschaffenen Musikempore für die Musikanten. Bis 1729 war es Brauch, dass jedes Brautpaar nach dem Kirchgang mit den Spielleuten auf das Rathaus zog, um hier den so genannten Ehrentanz zu tun[146]. Auch bei Wolf Dietrich wird vermutet, dass er bei einem derartigen Hochzeitstanz im Rathaus oder aber bei dessen an Bedeutung gewinnender Konkurrenz, der Stadttrinkstube am Waagplatz, die Bürgerstochter Salome Alt – später Mutter seiner 15 Kinder – kennen gelernt habe. Die Stadttrinkstube am Waagplatz wurde nach dem Brand von 1635 stattlich ausgebaut. Matthäus Merian rühmt in seiner bekannten Topografie ihre schönen Zimmer, die römischer Kaiser würdig seien. Das Rathaus selbst verfügte außer dem Festsaal über keine Trinkstube und auch keinen Ratskeller, die in vielen anderen Rathäusern üblich waren[147].

Junge Domherren kamen mehrfach zu Tanzveranstaltungen oder zum Mummenschanz auf das Rathaus, so etwa im Februar 1655, als Beamte, Adel und Stadtpatriziat einen Maskenball in bäuerlichen Kostümen veranstalteten[148]. Unter ihnen befanden sich auch fünf Domherren, darunter der spätere Erzbischof Max Gandolf von Kuenburg. Unter seiner Regentschaft erfolgte 1675 ein neuerlicher Umbau des Rathauses. Die inzwischen verwitterten Fresken wurden wieder übertüncht und der noch heute bestehende Dachstuhl geschaffen[149]. Die Ratsstube erhielt Tapeten aus Verona und eine hölzerne Decke mit dem Wappen des Landesherrn und vier Stadtwappen[150]. Auch eine neue Turmglocke wurde 1680 angeschafft.

In der Mitte des 18. Jahrhunderts ließ der Bürgermeister in der Ratsstube moralisierende Darstellungen anbringen, die Strafen für einen Meineid thematisierten. Im Vorhaus wurde zudem für die zahlreichen in Konkurs gehenden Kaufleute ein marmorner Pranger aufgestellt[151].

Redouten und bürgerliche Geselligkeit

In den Jahren 1772 bis 1775 erfolgte unter Erzbischof Hieronymus Graf Colloredo ein neuerlicher Umbau. Das Rathaus erhielt seine heutige Rokokofassade und

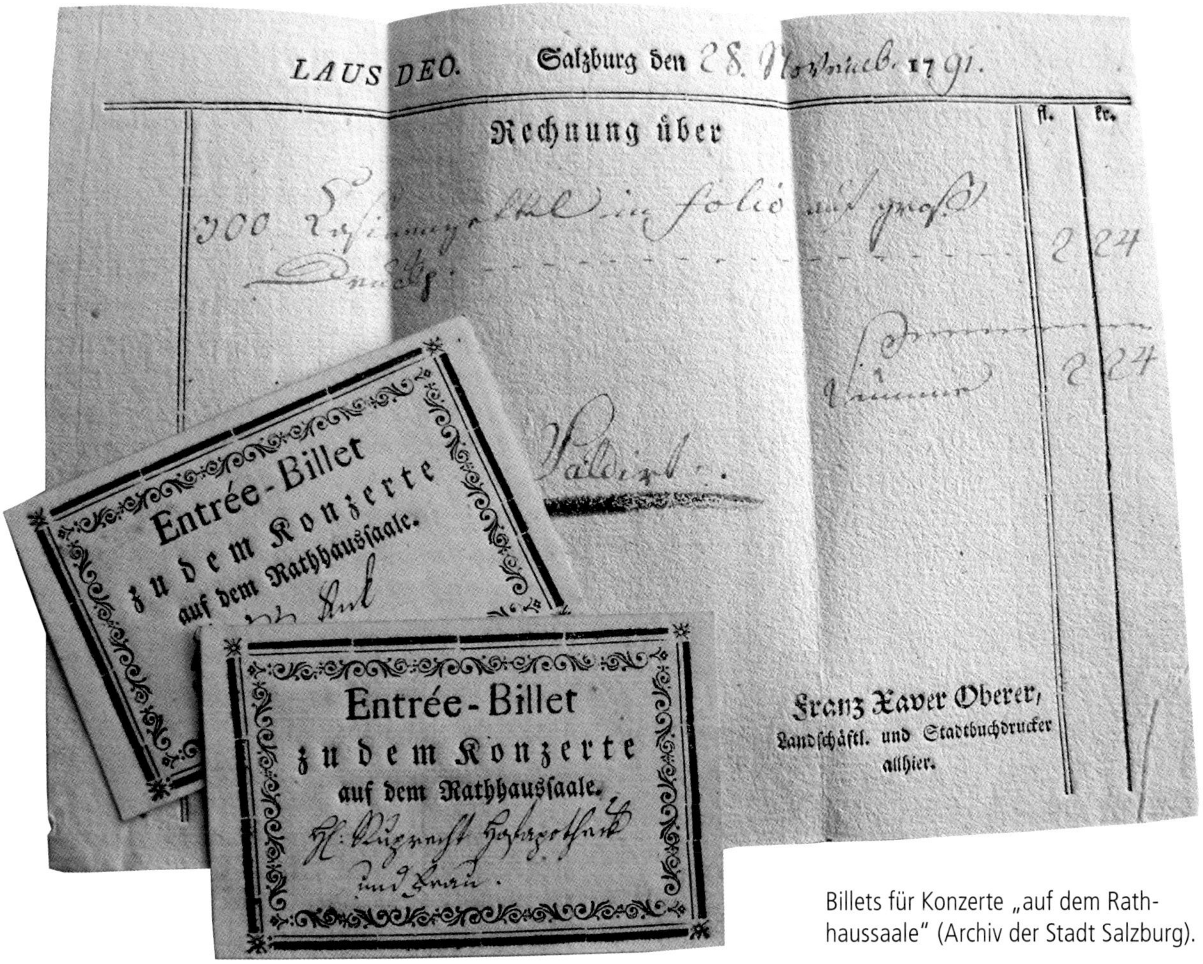

Billets für Konzerte „auf dem Rathhaussaale" (Archiv der Stadt Salzburg).

der alte Tanzsaal wurde in einen Redoutensaal zur Abhaltung von Bällen, Redouten, Casinos und Konzerten umgewandelt. Die öffentlichen Räumlichkeiten wurden mit Malereien, venezianischen Spiegeln, Lustern und Wandleuchten, Bildern und Mobiliar sowie einem Porträtgemälde des Fürsterzbischofs völlig neu gestaltet[152]. Der Stadtherr erteilte der Stadtgemeinde eine zehnjährige Ballkonzession für die Abhaltung von Veranstaltungen[153]. In der ersten Ballsaison, im Januar und Februar 1782, fanden sich jeweils 200 bis 300 Personen ein. Der Redoutensaal wurde auch zum Bölzelschießen genutzt[154].

Das Rathaus wurde zehn Jahre später, 1792, von Lorenz Hübner in seiner Topografie als „ungleiches, und wie man sieht, aus mehreren Häusern zusammengesetztes" viergeschoßiges Gebäude beschrieben[155]. Es hatte im Erdgeschoß kleine Budengewölbe, die an Bestandgeber vermietet waren. Insgesamt waren es damals zehn Verkaufsläden. Beim Rathausbogen befand sich dort, wo noch heute eine Bäckerei besteht, das Brotgewölbe der Weißbäcker. In einem Gewölbe an der Rathausstiege verkaufte man Salzstöcke. Einige Kellerräumlichkeiten konnten wegen Wassergefahr nicht genutzt werden. Im Erdgeschoß des Rathausturmes befand sich eine Wachstube für eine kleine militärische Wacheinheit. Das Stadtwachelokal im Turm diente später Polizeisoldaten und dann bis 1894 als Polizeiwachstube der Sicherheitswache, die dann an den Rudolfskai verlegt wurde. Im Erdgeschoß des Rathauses stand noch der Pranger, und links und rechts am Tor befanden sich Tafeln für öffentliche Anschläge[156], Verrufe sowie die Getreide-, Brot- und Mehlpreise.

Im ersten Stock waren die Stadtgerichtskanzlei, die Wohnung des Stadtsyndikus und das Ratszimmer situiert. Ein Großteil der Registratur war in schlecht versperrten Kästen im Vorhaus untergebracht. Die alte

Registratur im Keller war über eine kleine Stiege zu erreichen – die Bestände hatten durch Hochwässer bereits sehr gelitten. Im zweiten Stock befand sich der Redoutensaal mit Nebenräumen. Außer dem Stadtsyndikus im ersten und zweiten Stock wohnte damals – und auch noch 1811 – im dritten Stock nur mehr der Ratsdiener sowie 1792 der Getreideschreiber. Der Turm beherbergte die beiden Turmwächter und das Amtshaus auch die Wohnung des Stadtamtmanns[157]. Die Bewohner hatten sich damit auf die Bereiche Gericht und Bewachung reduziert.

Durch das Ende des Erzstiftes 1803, den Verlust der Eigenstaatlichkeit 1805 und den mehrfachen Besitzwechsel des Landes änderte sich auch die Stellung der ehemaligen Landeshauptstadt und damit die Rolle von Magistrat und Stadtverwaltung. Das durch Verkäufe (wie des Amtshauses)[158] auf den jetzigen Bestand reduzierte Rathaus[159] wurde – insbesondere nach der Auflösung des Stadtmagistrats in bayerischer Zeit – heute weitgehend vergessenen Nutzungen zugeführt. Ab 1812 war es, mit Unterbrechungen, für mehrere Jahrzehnte Sitz des „Museums"[160]. Es war dies eine literarisch-gesellschaftliche Vereinigung, die das zweite Obergeschoß des Rathauses nutzte und hier ein Lese-, aber auch ein Rauch- und Speisezimmer sowie Toiletten für die Damen einrichtete. Wöchentlich wurde „bürgerliche Geselligkeit" mit Bällen, Konzerten oder Gesellschaften zelebriert[161]. Die Räumlichkeiten verwendete man auch für Musterungen oder Pockenschutzimpfungen. In österreichischer Zeit wurde der Magistrat wieder eingeführt (1818).

Festplatz der Vereine und Sparkassenlokal

Im 19. Jahrhundert erinnerte man sich historisierend und idealisierend an die einstige Stellung des Salzburger Bürgertums und verglich daher die Ereignisse des Revolutionsjahres 1848 mit dem Kampf gegen den erzbischöflichen Stadtherrn: „Und so blieb das Haus wenig verändert bis zum Jahre 1848 [...]. Als aber damals der große Geist des Bürgerthums wieder erwachte [...] belebte es sich in nie dagewesener Art, und was es seit dem großen Bauernkriege anno 1525 nie mehr gesehen hatte, erblickte es wieder; Bürger, die in Waffen in die Rathsstube traten, Fahnen, die von seinen Fenstern im Winde flatterten, der Saal wiederhallte von den Zurufen der Männer und den Reden der Volksvertreter [...]" (Leopold Spatzenegger)[162]. Die schwarz-rot-goldene Wetterfahne am Rathausturm erinnerte – wie einem Zeitungsbericht zu entnehmen ist – noch Jahre später an die Revolution des Jahres 1848[163].

„Als aber die Wellen des Achtundvierziger-Jahres sich gelegt hatten, zogen die Vereine in die Halle des Hauses und wählten sie zu ihrem Festplatz"[164], so etwa die 1847 als Männergesangverein gegründete Salzburger Liedertafel. 1855 eröffnete die neu gegründete kommunale Salzburger Sparkasse im ersten Stock des Rathauses in unmittelbarer Nähe der Amtsräume des Bürgermeisters ihren Schalterbetrieb[165]. Erst 1875 verließ man die beengten Räumlichkeiten und übersiedelte in das eigene Sparkassengebäude am Alten Markt. 1863 wurde im Rathaussaal die Salzburger „Evangelische Gemeinde" gegründet, die sich hier mit ihrem ersten Pfarrer Heinrich Aumüller bis zum Bezug der Christuskirche im Jahr 1867 zur Religionsausübung zusammenfand[166].

Sitz des Magistrats, neuer Gemeinderatssitzungssaal

Mit der Erlangung der Gemeindeautonomie in der Mitte des 19. Jahrhunderts kamen auch Gemeinderat und Bürgermeister neue politische Bedeutung zu. Nach 1858 wurden Räume im Rathaus für den Magistrat adaptiert. Durch die Erlassung des Gemeindestatuts wurden der Stadtgemeinde 1869 die Agenden einer Bezirkshauptmannschaft übertragen und der Tanzsaal wieder in einen Sitzungssaal umgewandelt. Die erste Gemeinderatssitzung in den neuen Räumlichkeiten fand am 17. Mai 1870 statt. In der liberalen Ära der Stadtverwaltung wurden bis heute nachwirkende kommunale Großprojekte verwirklicht. Das Rathaus avancierte damit zum Ausgangspunkt für Salzburgs Aufbruch in eine neue Zeit.

1903 wurde der Sitzungssaal renoviert und das elektrische Licht ersetzte die bisherige Gasbeleuchtung. Das Haus war damals „ein chaotisches Durcheinander von Sitzungszimmern, Kanzleien, Kassen, Schreibstuben, Gängen und Stiegen". Die Läden im Erdgeschoß blieben, wie 400 Jahre zuvor und noch heute, vermietet[167].

1928 schließlich erfolgte eine nicht unumstrittene Adaptierung des Gebäudes[168], dessen Nordtrakt Richtung Salzach aufgestockt wurde. Das Rathaus blieb Sitz eines Teiles der Kommunalverwaltung, deren Wandel und Ausbau sich in vermehrtem Platzbedarf und daher in Umbauten des Altbestandes aber auch in Planungen für ein neues kommunales Zentrum[169] widerspiegeln.

Blicke vom Rathausturm auf die zentralen Verkehrsachsen (Fotos Peter F. Kramml).

Bis 1947 blieb das Rathaus auch Sitz des Stadtoberhauptes, des gewählten Bürgermeisters, der danach in das Schloss Mirabell übersiedelte. Die Gemeinderatssitzungssäle verblieben aber in der Altstadt und das Rathaus ist daher, wenn auch nicht mehr Sitz des Bürgermeisters, seit mehr als 525 Jahren Tagungsort der frei gewählten Ratsherren bzw. GemeinderätInnen.

Resümee: Zentrales Bauwerk und öffentlicher Ort

Der Erwerb des Keutzlturms durch die Stadtgemeinde im Jahr 1407 bedeutete einen Markstein für die Bürgergemeinde. Der nunmehrige „Stadtturm" hatte nicht nur militärische und Aufsichtsfunktionen, etwa bei Feuer und Aufruhr, gebot mit seinen Glocken die Nachtruhe und vermittelte mit der Turmuhr, den Turmbläsern (Turnern) sowie den die Stunden ausrufenden Nachtwächtern den Faktor „Zeit" an die Stadtbewohner. In jenen 30 Jahren, in denen die Stadt nach Verleihung des Ratsbriefes (1481) eine weitgehende Autonomie erlangte, wurde der Stadtturm, dem natürlich auch symbolische Bedeutung zukam, zum Rathaus, dies sowohl in der offiziellen Bezeichnung durch die Stadtväter (1482) als auch durch seine bauliche Ausgestaltung und kommunale Nutzung. Das nunmehrige Rathaus war Sitz der Stadtobrigkeit, von Bürgermeister und Stadtrat. Hier tagte das Stadtgericht, wohnte ein Rechtsbeistand, arbeite und wohnte der Stadtschreiber. Das Rathaus war auch Boten- und Postzentrale, beherbergte den Stadtprediger und hatte mit der hier wohnenden Stadthebamme auch eine zentrale medizinische Funktion. Dienstwohnungen von Marktaufsichtspersonen, Verkaufsläden, Beschau- und Lagerräume verweisen auf die wirtschaftliche Komponente des Objektes.

Unter den absolut herrschenden Erzbischöfen der Frühen Neuzeit wurden Bürgermeister und Stadtrat auf rein administrative und Repräsentationsaufgaben beschränkt und das Rathaus – u. a. durch den neuen Tanzsaal – für diese Nutzung entsprechend adaptiert. Der Magistrat war äußerst beengt untergebracht und die Funktion des Rathauses als Sitz des erzbischöflichen Stadtgerichts trat in den Vordergrund. Daher grüßt noch heute die lebensgroße Statue der „Justitia" mit einem vergoldeten Schwert in der erhobenen rechten und einer Waage in der gesenkten linken Hand als Symbol des Stadtgerichts dominant über dem Hauptportal. Lediglich dem Ratsturm kamen auch weiterhin Sicherheitsaufgaben hinsichtlich der Vermeidung von Feuersbrünsten zu.

Erst mit der Gemeindeautonomie erlangten Gemeinderat und Bürgermeister in der zweiten Hälfte des 19. Jahrhunderts neue politische Bedeutung, ein Faktum, das auch in der baulichen Ausgestaltung des Rathauses seine Spuren hinterließ.

Anmerkungen

1 Zum Rathaus vgl. bisher: Leopold Spatzenegger, Zur Geschichte des Rathauses in Salzburg (Separatabdruck aus der Salzburger Zeitung), Salzburg 1872 (unpaginiert); Hans Widmann, Das Rathaus in Salzburg, in: Unterhaltungsbeilage der Linzer Tages-Post 1910, Nr. 26, S. 1 f., wiederabgedruckt bei: Hans Widmann (1847–1928). Der Geschichtsschreiber Salzburgs. Historische, landeskundliche und biographische Texte, ausgewählt und eingeleitet von Christoph Mayrhofer (Salzburg Archiv 31), Salzburg 2006, S. 143–148; Hans Tietze, Die profanen Denkmale der Stadt Salzburg. Mit archivalischen Beiträgen von Franz Martin (Österreichische Kunsttopographie 13), Wien 1914, S. 159; Friedrich Breitinger, Das Rathaus in Salzburg, in: Demokratisches Volksblatt, 18. 6. 1949, S. 5 f.; Hans Widmann, Das Rathausportal in Salzburg, in: Unterhaltungsbeilage der Linzer Tages-Post, Nr. 17, 1905; Lorenz Hübner, Beschreibung der hochfürstlich-erzbischöflichen Haupt- und Residenzstadt Salzburg und ihrer Gegenden, 1. T., Topographie, Salzburg 1792, S. 19–25; Gerhard Ammerer, Artikel Rathaus, in: Salzburger Mozart Lexikon, Bad Honnef 2005, S. 380 f.; vgl. auch die Quellensammlung in AStS, Datenbank Salzburger Altstadt-Informationssystem (künftig: SAIS), Objekt Rathausplatz 1.

2 Wilfried K. Kovacsovics, Die archäologische Untersuchung im Rathaus 2006 (in Vorbereitung).

3 Durchgeführt von Wilfried Schaber, der darüber 2007 referierte und – unter Einbeziehung von 2009 noch anstehenden Untersuchungen – einen eigenen Beitrag vorbereitet.

4 Zum Rathaus vgl. Stephan Albrecht, Mittelalterliche Rathäuser in Deutschland. Architektur und Funktion, Darmstadt 2004 (mit Literatur); Günther Binding, Artikel „Rathaus", in: Lexikon des Mittelalters 7 (1995), Sp. 455–457; Hartmut Boockmann, Die Stadt im späten Mittelalter, München 1986, S. 125–149; Cord Meckseper, Kleine Kunstgeschichte der deutschen Stadt im Mittelalter, Darmstadt 1982, S. 186–196.

5 AStS, Städtische Urkundenreihe, 22. 3. 1407; Abschrift im Privilegienbuch der Stadt Salzburg: AStS, BU 1; danach abgedruckt bei Leopold Spatzenegger, Privilegienbuch der Stadt Salzburg, verschiedene Rechte und Freiheiten der Stadt betreffend. 1327–1506, in: MGSL 5 (1865), S. 146–240, hier S. 177 f.; Franz Martin, Die archivalischen Bestände des städtischen Museums Carolino-Augusteum in Salzburg, Salzburg 1916, S. 13, Regest Nr. 68.

6 Urkundliche Belege für einen Ankauf des Turmes durch die Stadt im Jahr 1399, der bei älteren Historikern begegnet, existieren nicht. Das Ankaufsjahr 1399 findet sich erstmals bei Franz V. Zillner, Geschichte der Stadt Salzburg, Bd. 1, Salzburg 1885, S. 42 u. 80 und Bd. 2, Salzburg 1890, S. 746. Hier werden Verkäufe von Bartholomäus und Jakob Keutzl in der Gastein im Jahr 1399 angeführt und danach – ohne Jahreszahl – vom Verkauf des Rathausturmes berichtet. Offensichtlich wurde dann das Gasteiner Verkaufsjahr auch auf das Rathaus bezogen. So findet sich das angebliche Kaufjahr 1399 im Jahr 1910 bei Widmann, Rathaus (wie Anm. 1), S. 143 sowie 1914 bei Tietze, Die profanen Denkmale der Stadt Salzburg (wie Anm. 1). Auf das richtige Ankaufsjahr 1407 hat bereits Breitinger (Rathaus, wie Anm. 1, S. 5) hingewiesen. – Das älteste Inventar des Rathauses ist abgedruckt bei Leopold Spatzenegger, Inventarium yeber Alle in Gemainer Statt Saltzburg …

Archivio ... Von Neuen Registrirte Raths Sachen, und Acta. Anno 1680, in: MGSL 10 (1870), Misc. S. 17–24.

7 Vgl. die Verkaufsurkunde vom 22. 7. 1419 und 19. 5. 1438 (AStS, Bürgerspitalurkunden).

8 Zur Familie Keutzl: ZILLNER, Geschichte der Stadt Salzburg, Bd. 2 (wie Anm. 6), S. 744–748; HEINZ DOPSCH, Die Entwicklung der Stadt Salzburg. Die wirtschaftliche Entwicklung, in: DOPSCH/SPATZENEGGER I/2, S. 757–835, hier S. 821 f.; vgl. auch Monumenta Germaniae Historica (MGH), Necrologia Germaniae. 5 Bde., 1886–1920, hier Bd. 2 und die zahlreichen Nennungen in den Urkunden des AStS; FRIEDERIKE ZAISBERGER, Die Salzburger Landtafeln, Salzburg 1990, S. 53; MORIZ MARIA EDLER VON WEITTENHILLER, Der Salzburgische Adel, Nürnberg 1883, S. 30 u. Tafel 12; Grabsteine bei HANS TIETZE, Die Denkmale des Benediktinerstiftes St. Peter in Salzburg (Österreichische Kunsttopographie 12), Wien 1913, S. 183 und MICHAEL WALZ, Die Grabdenkmäler von St. Peter und Nonnberg in Salzburg, Sonderabdruck aus MGSL 7–15 (1867–1875), hier S. 508.

9 DOPSCH, Die wirtschaftliche Entwicklung (wie Anm. 8), S. 822; ZILLNER, Geschichte der Stadt Salzburg, Bd. 2 (wie Anm. 6), S. 744–748. Hinzu kam Besitz in der Linzer Gasse, in der Steingasse, am Bürglstein sowie am Mönchsberg (Vorläufer des St.-Johanns-Schlösschens).

10 So im Rückenvermerk der Kaufurkunde von 1407.

11 Zum St. Petrischen Turmhaus an der Ecke des Frauengartens vgl. WILFRIED SCHABER, Ein St. Petrisches Turmhaus, in: EVA MARIA FELDINGER (Red.), Das Schatz-Haus in Salzburg. Archäologie und Geschichte eines Salzburger Bürgerhauses (Archäologie in Salzburg 5/1), München 2008, S. 27–42; DERSELBE, Das mittelalterliche Salzburg, in: PETER F. KRAMML, ERICH MARX und THOMAS WEIDENHOLZER, Historischer Atlas der Stadt Salzburg (Schriftenreihe des Archivs der Stadt Salzburg 11), Salzburg 1999, Bl. I/3.

12 AStS, SAIS, Besitzer von Getreidegasse 3: 1363 Peter der alt Chewczel, 1379 Christoph Chewczel, 1384 Hans Chäwtzl, 1434 Hans Keuzel, 1447 Paul Keuzel, 1458 Hanns Keuzel und 1503 Jörg Keuzel.

13 Vgl. dazu künftig KOVACSOVICS, Die archäologische Untersuchung im Rathaus 2006 (wie Anm. 2).

14 Zu Kranzlmarkt 3 vgl. CHRISTIANE KREJS, Die Fassaden der Bürgerhäuser mit besonderer Berücksichtigung des 19. Jahrhunderts und der Zwischenkriegszeit (Bauformen der Salzburger Altstadt 2), Salzburg 1994, S. 19; RICHARD SCHLEGEL, Die Funde am Duschlhaus, in: Salzburger Volksblatt 1937, Nr. 267.

15 So in „Salzburg-Wiki": www.salzburg.com/wiki/ (Abruf 25. 4. 2009).

16 SPATZENEGGER, Rathaus (wie Anm. 1), kennt 1872 noch keinen „Keutzlturm". Der Erstbeleg findet sich 1885 bei ZILLNER, Geschichte der Stadt Salzburg, Bd. 1 (wie Anm. 6), S. 41: Keuzlturn; WIDMANN, Rathaus (wie Anm. 1) spricht vom „Turm der Stadtmauer" und TIETZE, Die profanen Denkmale der Stadt Salzburg (wie Anm. 1) 1914 lediglich vom „Thurn". 1918 nahm Franz Martin die Bezeichnung „Keutzlturm" wieder auf: FRANZ MARTIN, Die alte „Stadttrinkstube", Salzburg um 1919, S. 2.

17 FRANZ WAGNER, „Spätgotik" in der Stadt Salzburg. Zu einigen Problemen der kunstgeschichtlichen Forschung, in: Salzburg Archiv 32, Salzburg 2007, S. 51–104, hier S. 86 f.; zu bisher bekannten Wohntürmen und einer möglichen Wohnnutzung von Stadtmauertürmen vgl. auch KREJS, Die Fassaden der Bürgerhäuser (wie Anm. 14), S. 24, bes. Anm. 24.

18 Vgl. AStS, Bürgerspitalurkunden, 24. 3. 1333, 22. 1. 1341, 2. 4. 1341, 7. 1. 1343 u. 12. 2. 1345.

19 ZILLNER, Geschichte der Stadt Salzburg, Bd. 2 (wie Anm. 6), S. 290 u. 745; GEORG STADLER, Das Bürgerspital St. Blasius in Salzburg, Salzburg 1985, S. 244. Peter Keutzl ist auch belegt in AStS, Bürgerspitalurkunden, 21. 3. 1358 u. 14. 2. 1362.

20 DOPSCH, Die wirtschaftliche Entwicklung (wie Anm. 8), S. 821; JOSEF KLEMENS STADLER, Beiträge zur Rechtsgeschichte der Stadt Salzburg, Hirschhausen 1934.

21 Als Vetter bezeichnet in AStS, Bürgerspitalurkunden, 24. 2. 1375; seine Witwe Katharina begegnet erstmals in einem Bürgerspital-Regest zum Jahr 1390.

22 Repertorium Germanicum, Bd. 2: Urban VI., Innozenz VII. und Gregor XII. 1378–1415. Bearb. von GERD TELLENBACH, Berlin 1933/1938/1961 (Reprint 1961), S. 107 (zu 1399, Dispens 1401); vgl. auch. AStS, Bürgerspitalurkunden, 27. 3. 1395, 3. 3. 1396, 27. 4. 1397, 6. 1. 1400.

23 Präsentation seines Nachfolgers für Maria Saal: Repertorium Germanicum, Bd. 3: Alexander V., Johann XXIII. und das Konstanzer Konzil 1409–1417, bearb. von ULRICH KÜHNE, Berlin 1935 (Reprint Hildesheim 1991), S. 238; vgl. auch seine Nennung in den MGH, Necrologia I (wie Anm. 8).

24 Liste der Spitalmeister bei STADLER, Das Bürgerspital St. Blasius (wie Anm. 19), S. 244; ZILLNER, Geschichte der Stadt Salzburg, Bd. 2 (wie Anm. 6), S. 290–292; vgl. auch die Regesten zu den Bürgerspitalurkunden im AStS.

25 Familienzusammenhänge nach AStS, Bürgerspitalurkunden, 24. 8. 1374.

26 Etwa AStS, Bürgerspitalurkunden 29. 9. 1382, 20. 3. 1384, 14. 7. 1385.

27 Ob es sich um den Mitsiegler und Bruder von Alexander Keutzl handelt, ist ungewiss, da ein Hans Keutzl im Jahr 1408 verstorben ist. Vgl. WALZ, Grabdenkmäler (wie Anm. 8), S. 459.

28 Vgl. DOPSCH, Die wirtschaftliche Entwicklung (wie Anm. 8), S. 821 f. u. ZILLNER, Geschichte der Stadt Salzburg, Bd. 2 (wie Anm. 6), S. 744–748; zahlreiche Nennungen in AStS, Urkundensammlung und Bürgerspitalurkunden.

29 ZILLNER, Geschichte der Stadt Salzburg, Bd. 2 (wie Anm. 6), S. 747 f.

30 TIETZE, Die Denkmale des Benediktinerstiftes St. Peter (wie Anm. 8), S. 171–185; Zu den hier begrabenen Keutzl vgl. WALZ, Grabdenkmäler (wie Anm. 8), S. 448–450.

31 DOPSCH, Die wirtschaftliche Entwicklung (wie Anm. 8), S. 822; HANS BAYR, Die Personal- und Familienpolitik des Erzbischofs Matthäus Lang von Wellenburg (1519 bis 1540) im Erzstift Salzburg unter Einbeziehung des Zeitraumes von 1495 bis 1519, Phil. Diss., Salzburg 1990, S. 184.

32 Zum Stadtturm vgl. HEINRICH WANDERWITZ, Artikel „Stadtturm", in: Lexikon des Mittelalters 8 (1997), Sp. 28 f. (mit weiterer Literatur).

33 Zur rechtsgeschichtlichen Entwicklung: HEINZ DOPSCH und PETER M. LIPBURGER, Die Entwicklung der Stadt Salzburg. Die rechtliche und soziale Entwicklung, in: DOPSCH/SPATZENEGGER I/2, S. 675–746; PETER MICHAEL LIPBURGER, Bürgerschaft und Stadtherr – Vom Salzburger Stadtrecht des

14. Jahrhunderts zur Stadt- und Polizeiordnung des Kardinals Matthäus Lang (1524), in: Vom Stadtrecht zur Bürgerbeteiligung – Festschrift 700 Jahre Stadtrecht von Salzburg, hg. von Heinz Dopsch (Jahresschrift des Salzburger Museums Carolino Augusteum 33), Salzburg 1987, S. 40–63; Peter F. Kramml, Römerstadt – Herzogliche Residenz und Bischofssitz – Erzbischöfliche Haupt- und Residenzstadt – Universitätsstadt. Stationen in der Geschichte der Stadt Salzburg bis 1803, in: Die Bürgergarde der Stadt Salzburg (MGSL. Erg.-Bd. 21), Salzburg 2005, S. 13–58; Derselbe, Der Erzbischof und seine Residenzstadt Salzburg, in: Heinz Dopsch, Peter F. Kramml und Alfred Stefan Weiss (Hg.), 1200 Jahre Erzbistum Salzburg. Die älteste Metropole im deutschen Sprachraum (MGSL. Erg.-Bd. 18) (Salzburg Studien 1), Salzburg 1999, S. 103–130; Karl Lackerbauer, Der Kampf der Stadt Salzburg gegen die Erzbischöfe 1481–1524, Phil. Diss., Salzburg 1973 (Freunde der Salzburger Geschichte Heft 2–3/1981–1982), Salzburg 1982; zusammenfassend auch bei Peter F. Kramml, Sabine Veits-Falk und Thomas Weidenholzer, Stadt Salzburg. Geschichte in Bildern und Dokumenten (Schriftenreihe des Archivs der Stadt Salzburg 16), Salzburg 2002, bes. S. 10–32.

34 AStS, Bürgerspitalurkunden, 14. 7. 1323 (Gerichtshaus erwähnt in der Bestätigung der Verlegung des kommunalen Spitals). Vgl. Alfred Stefan Weiss und Peter F. Kramml, Das Bürgerspital. Lebensbedingungen in einem bürgerlichen Versorgungshaus und „Altenheim“, in: Thomas Weidenholzer und Erich Marx, Hundert Jahre „Versorgungshaus Nonntal“. Zur Geschichte der Alters- und Armenversorgung der Stadt Salzburg (Schriftenreihe des Archivs der Stadt Salzburg 9), Salzburg 1998, S. 67–110, hier S. 68.

35 Wilfried Schaber, Neue Funde am Waagplatz – Das Gebäude des Stadtgerichts im 12. und 13. Jahrhundert, in: Salzburg Archiv 26, Salzburg 1999, S. 7–18; dazu zuletzt Wagner, „Spätgotik“ in der Stadt Salzburg (wie Anm. 17), S. 84–86.

36 Wagner, „Spätgotik“ in der Stadt Salzburg (wie Anm. 17), S. 85 f.; Franz Pagitz, Der Pfalzbesitz um St. Michael in Salzburg, in: MGSL 115 (1975), S. 175–241, bes. S. 214 f. („Turn“ = Stadtturm).

37 Martin, Die alte „Stadttrinkstube“ (wie Anm. 16), S. 2 f.; Wagner, „Spätgotik“ in der Stadt Salzburg (wie Anm. 17), S. 86.

38 Kramml, Stationen in der Geschichte der Stadt Salzburg bis 1803 (wie Anm. 33), S. 27; Derselbe, Die Stadt Salzburg als Dienstgeber um 1500, in: Bericht über den 23. Österreichischen Historikertag in Salzburg 2002 (Veröffentlichungen des Verbandes Österreichischer Historiker und Geschichtsvereine 32), Salzburg 2003, S. 601–614, hier S. 601; Kramml/Veits-Falk/Weidenholzer, Stadt Salzburg (wie Anm. 33), S. 14 f.

39 Vgl. dazu die Abbildung der Erstnennung bei Kramml/Veits-Falk/Weidenholzer, Stadt Salzburg (wie Anm. 33), S. 14 (AStS, Bürgerspitalurkunden, 30. 7. 1378).

40 So zuletzt Wagner, „Spätgotik“ in der Stadt Salzburg (wie Anm. 17), S. 84.

41 Hübner, Beschreibung, Bd. 1 (wie Anm. 1), S. 177.

42 Albrecht, Mittelalterliche Rathäuser (wie Anm. 4), S. 29 f.

43 Ebenda, S. 35.

44 AStS, Bürgerspitalurkunde 1366 (Waginger-Regest): *des weissen Petrein's Haus gelegen an der Porten ...*, danach bei AStS, SAIS, Objekt Waagplatz 3; Zillner, Geschichte der Stadt Salzburg, Bd. 1 (wie Anm. 6), S. 271 f.

45 Der Zeitpunkt des Ankaufs ist nicht bekannt.

46 Albrecht, Mittelalterliche Rathäuser (wie Anm. 4) S. 29.

47 In AStS, Bürgerspitalurkunde vom 12. 12. 1457 wird die Schranne gegenüber dem Gerichtshaus genannt. In den Urbaren von 1512/1515 (AStS, BU 256 und 257) heißt das Haus Waagplatz 3 schon ausdrücklich Gerichtshaus oder Schranne! Das Haus Waagplatz 1, das alte Gerichtshaus, hatte inzwischen die Stadtwaage und Stadttrinkstube übernommen und auch seine alte Funktion als Zeughaus zwischen 1512 und 1515 an das Rathaus abgegeben.

48 Zillner, Geschichte der Stadt Salzburg, Bd. 1 (wie Anm. 6), S. 271. 1487 bestimmte die Gemeinde (Gemain) – wohl in der Schranne – ihre Wahlmänner für die Ratswahl, die im Rathaus stattfand. Vgl. Peter Michael Lipburger, Das sogenannte Cristan Reutter'sche Stadtbuch. Beiträge zur Geschichte der Stadt Salzburg zwischen dem Ratsbrief Kaiser Friedrichs III. von 1481 und der Stadt- und Polizeiordnung von 1524. Masch., Salzburg-Wien 1983, S. 67; 1498 fand die Spitalmeisterwahl durch Rat und Gemain wohl ebenfalls in der Schranne statt. Denn als der Stadtrichter unter Protest diese Wahl verlässt, schickt man *zu im herab fur das Rathaus* und bittet ihn wieder zu kommen (ebenda, S. 108 f.).

49 Lackerbauer, Der Kampf der Stadt Salzburg (wie Anm. 33), S. 92.

50 Heinz Dopsch und Robert Hoffmann, Geschichte der Stadt Salzburg, Salzburg-München 1996, S. 628, Punkt 6.

51 Ebenda, S. 630, Punkt 45.

52 Spatzenegger, Rathaus (wie Anm. 1).

53 Laut Mitteilung von Wilfried Schaber, Salzburg.

54 Andreas Weissenbäck und Josef Pfundner, Tönendes Erz. Die abendländische Glocke als Toninstrument und die historischen Glocken in Österreich, Wien-Graz-Köln 1961, S. 141, 189, 190 u. bes. 467.

55 Weiss/Kramml, Das Bürgerspital (wie Anm. 34), S. 73 f.

56 Erwähnung des Baus 1408 und des Chorbaus 1429, vermutlich 1452 vollendet. Hans Tietze, Die kirchlichen Denkmale der Stadt Salzburg (mit Ausnahme von Nonnberg und St. Peter) (Österreichische Kunsttopographie 9), Wien 1912, S. 73 f.

57 Albrecht, Mittelalterliche Rathäuser (wie Anm. 4), S. 27.

58 Albin Rohrmoser, Das Salzburger Bürgertum als Auftraggeber in der Kunst, in: Dopsch, Vom Stadtrecht zur Bürgerbeteiligung (wie Anm. 33), S. 75–91, hier S. 80.

59 Vgl. AStS, BU 6; Kramml, Die Stadt Salzburg als Dienstgeber (wie Anm. 38), S. 604 f.

60 AStS, BU 6–9 u. BU 14. Bereits 1415 wird neben dem „anhangenden Siegel“, dem großen Stadtsiegel von 1249, auch ein „aufgedrucktes Sekretsiegel“ der Stadt genannt (BU 6). 1427 führte man ein „Stadtbuch“ (ebenda) und 1428 gab es bereits ein eigenes städtisches Gefängnis (ebenda, fol. 210).

61 AStS, BU 6, fol. 157, 232 u. 248; vgl. Spatzenegger, Rathaus (wie Anm. 1).

62 AStS, Städtische Urkundenreihe, 22. 7. 1419; Druck nach dem städtischen Priviliegenbuch bei Spatzenegger, Privilegienbuch (wie Anm. 5), S. 180–182; AStS, Städtische Urkundenreihe, 13. 11. 1477.

63 Lipburger, Bürgerschaft und Stadtherr (wie Anm. 33), S. 50.

64 AStS, BU 2, fol. 1v (Stadtbuch des Stadtschreibers Christian Reuter); siehe LIPBURGER, Das sogenannte Cristan Reutter'sche Stadtbuch (wie Anm. 48), S. 6; SPATZENEGGER, Rathaus (wie Anm. 1).

65 „in der Statturn" heißt es auch in einer Verkaufsurkunde vom 13. 11. 1477 (AStS, Städtische Urkundenreihe) und dann im Eintrag von 1482 (wie Anm. 64). Nachdem das Haus als Rathaus tituliert wurde, hieß der Turm nun Ratsturm („Ratturn"), so 1487 beim Eintrag über die so genannte „Judensau" Valkenauers (siehe Anm. 69).

66 BOOCKMANN, Die Stadt im späten Mittelalter (wie Anm. 4), S. 125.

67 Ebenda, S. 126.

68 Nach AStS, Kammeramtsrechnung von 1486 bei BREITINGER, Rathaus (wie Anm. 1), S. 5.

69 AStS, BU 263, Rechnungsbuch 1486–1488, fol. 30 („umb den Juden und saw Ratturn"); FRANZ MARTIN, Aus den alten Rechnungsbüchern der Stadt Salzburg, in: MGSL 74 (1934), S. 109–124, hier S. 111. Die „Judensau" steht in keinem Zusammenhang mit dem späteren Erzbischof Leonhard von Keutschach. So aber BREITINGER, Das Rathaus (wie Anm. 1), S. 5 und WIDMANN, Rathaus (wie Anm. 1), S. 147 mit der falschen Jahresangabe 1498, jenem Jahr in dem die Juden von Leonhard von Keutschach ausgewiesen worden sind. Auch Heinz Dopsch schreibt von der Anbringung der Tafel im Jahr 1498 (!), obwohl die Stelle aus dem Rechnungsbuch von 1487 als Illustration abdruckt ist: HEINZ DOPSCH, Die Salzburger Juden im Mittelalter bis zur ihrer Ausweisung 1498, in: HELGA EMBACHER (Hg.), Juden in Salzburg, Salzburg 2002, S. 23–37, hier S. 34 f.

70 Schilderung bei JOHANN PEZZL, Reise durch den baierischen Kreis, Salzburg-Leipzig 1784, S. 236, danach WIDMANN, Rathaus (wie Anm. 1), S. 148 mit Abb. der ähnlich aussehenden „Judensau" aus Wittenberg auf S. 147 (nach JOHANNES PRAETORIUS, Saturnalia, Leipzig 1663). Vgl. auch die bei FRANZ MARTIN, Vom Salzburger Fürstenhof um die Mitte des 18. Jahrhunderts, in: MGSL 78 (1938), S. 115 f. abgedruckte Beschreibung des Rathausturms: *Auch ist in disen Thurn mitten an eim Eck das Stattzeichen zu sehen, und ist dises ein Jud, welcher eine Schwein auf der Schoß hat, von dero Dutten die andern gleinen Juden saugen.*

71 FRANZ ERNST BRÜCKMANN, De signis urbium mnemonicis, Wolfenbüttel 1737/39 mit zwei Kupferstichen von „Judensau"-Darstellungen.

72 PEZZL, Reise durch den baierischen Kreis (wie Anm. 70), S. 236.

73 KRAMML, Die Stadt Salzburg als Dienstgeber (wie Anm. 38), S. 602.

74 Vgl. KRAMML, Stationen in der Geschichte der Stadt Salzburg bis 1803 (wie Anm. 33), S. 31.

75 TIETZE, Die kirchlichen Denkmale der Stadt Salzburg (wie Anm. 56), S. 74; ROHRMOSER, Das Salzburger Bürgertum als Auftraggeber (wie Anm. 58), S. 80 f.

76 PETER F. KRAMML, Der Bruderhaus zu St. Sebastian. Vom spätmittelalterlichen Armenhaus und Hospital zum Versorgungs- und Altenheim des 19. Jahrhunderts, in: MARX/WEIDENHOLZER, Hundert Jahre „Versorgungshaus" Nonntal (wie Anm. 34), S. 111–160, bes. S. 111–115.

77 WILFRIED SCHABER, Salzburg im Jahr 1565, in: KRAMML/MARX/WEIDENHOLZER, Historischer Atlas der Stadt Salzburg (wie Anm. 11), Bl. I/5.

78 AStS, BU 263 u. 264 (1486–1489).

79 SPATZENEGGER, Rathaus (wie Anm. 1); DERSELBE, Inventarium (wie Anm. 6), S. 19: „In dem Paget Nro. 6. Fünfzehn Brief wegen der zum Rathhaus erkhaufften Heusern".

80 AStS, Städtische Urkundenreihe, 3. 3. 1508 (Haus noch im Besitz des Bürgers Neumüllers) u. 18. 1. 1514 (im Besitz der Stadt, im Regest Ankauf 1509 erwähnt). Vgl. auch die Nennungen in den Urbaren 1512/15: AStS, BU 256 u. 257.

81 AStS, Städtische Urkundenreihe, 11. 5. 1510; vgl. auch AStS, Bürgerspitalurkunden, 19. 5. 1438.

82 AStS, BU 256, Urbar 1512.

83 AStS, BU 256 und 257.

84 Ebenda; vgl. auch die ältesten Rechnungsbücher ab 1486 und die Angaben der Stadt- und Polizeiordnung von 1524, danach bei KRAMML, Die Stadt Salzburg als Dienstgeber (wie Anm. 38).

85 AStS, BU 257 (1515), fol. 120.

86 Ratsordnung 1482: LIPBURGER, Das sogenannte Cristan Reutter'sche Stadtbuch (wie Anm. 48), S. 19; LACKERBAUER, Der Kampf der Stadt Salzburg (wie Anm. 33), S. 96 f.; FRANZ VIKTOR SPECHTLER und RUDOLF UMINSKY (Hg.), Die Salzburger Stadt- und Polizeiordnung von 1524 (Göppinger Arbeiten zur Germanistik 222), Göppingen 1978, S. 25.

87 Zu der bedeutenden Rolle der „Heimlicher" in der Reichsstadt Konstanz vgl. PETER F. KRAMML, Kaiser Friedrich III. und die Reichsstadt Konstanz (1440–1493). Die Bodenseemetropole am Ausgang des Mittelalters (Konstanzer Geschichts- und Rechtsquellen 29), Konstanz 1985, S. 500; vgl. auch EBERHARD ISENMANN, Die deutsche Stadt im Spätmittelalter 1250–1500, Stuttgart 1988, S. 131, 195 u. 280.

88 ISENMANN, ebenda, S. 141.

89 LIPBURGER, Das sogenannte Cristan Reutter'sche Stadtbuch (wie Anm. 48), S. 17, 21, 25 u. 66.

90 BOOCKMANN, Die Stadt im späten Mittelalter (wie Anm. 4), S. 126.

91 SPECHTLER/UMINSKY, Salzburger Stadt- und Polizeiordnung (wie Anm. 86), S. 27.

92 Ebenda, S. 21.

93 ZILLNER, Geschichte der Stadt Salzburg, Bd. 1 (wie Anm. 6), S. 274, am Haus Waagplatz 1 noch 1590.

94 Zusammenfassend mit Literatur KRAMML, Die Stadt Salzburg als Dienstgeber (wie Anm. 38), S. 604 f.; Diensteide: AStS, BU 2, fol. 2r–2v; LIPBURGER, Das sogenannte Cristan Reutter'sche Stadtbuch (wie Anm. 48), S. 14–16; SPECHTLER/UMINSKY, Salzburger Stadt- und Polizeiordnung (wie Anm. 86), S. 18–21.

95 KRAMML, Die Stadt Salzburg als Dienstgeber (wie Anm. 38), S. 605.

96 AStS, BU 257, fol. 123.

97 SPATZENEGGER, Rathaus (wie Anm. 1); SPECHTLER/UMINSKY, Salzburger Stadt- und Polizeiordnung (wie Anm. 86), S. 56.

98 Dazu bereits SPATZENEGGER, Rathaus (wie Anm. 1).

99 Zu diesen KRAMML, Die Stadt Salzburg als Dienstgeber (wie Anm. 38), S. 604.

100 BREITINGER, Rathaus (wie Anm. 1), S. 5.

101 Ebenda, S. 5.

102 Vgl. zusammenfassend aus den Rechnungsbüchern, Stadtordnungen (Reuter und 1524), den Urbaren und dem Eidbuch

der Stadt: Kramml, Die Stadt Salzburg als Dienstgeber (wie Anm. 38), S. 601–614, bes. S. 604 (mit entsprechenden Quellenbelegen).

103 Spatzenegger, Rathaus (wie Anm. 1).

104 Kramml, Die Stadt Salzburg als Dienstgeber (wie Anm. 38), S. 605; AStS, BU 2a (Eidbuch), fol. 99–105 u. 123–136 (aus 1697); vgl. auch Kurt Birsak, Frühe Blasmusik in Salzburg (Ausstellungskatalog Salzburger Museum Carolino Augusteum), Salzburg 1984, S. 6.

105 AStS, BU 257, fol. 126; Kramml, Die Stadt Salzburg als Dienstgeber (wie Anm. 38), S. 605.

106 Ratsknechtsordnung von 1540: AStS, BU 4 (Kopie der Stadt- und Polizeiordnung 1524 von ca. 1540), fol. 85.

107 AStS, BU 257, fol. 129.

108 Ausführlicher bei Kramml, Die Stadt Salzburg als Dienstgeber (wie Anm. 38), S. 605–607 u. 602 f.

109 AStS, BU 257, fol. 144.

110 Ausführlicher mit Quellen und Literatur bei Kramml, Die Stadt Salzburg als Dienstgeber (wie Anm. 38), S. 607.

111 AStS, BU 257, fol. 132; Kramml, Die Stadt Salzburg als Dienstgeber (wie Anm. 38), S. 608 f.

112 Christian Greinz, Die fürsterzbischöfliche Kurie und das Stadtdekanat zu Salzburg, Salzburg 1929, S. 188.

113 AStS BU 257, fol. 130, 133, 147; Kramml, Die Stadt Salzburg als Dienstgeber (wie Anm. 38), S. 606.

114 AStS, BU 257, fol. 129 u. 138.

115 AStS, BU 257, fol. 138^{v}: Brotschranne 1528.

116 AStS, SAIS (nach dem Stadt Gilt und Zinsbuch 1639).

117 Zum folgenden Kramml, Die Stadt Salzburg als Dienstgeber (wie Anm. 38), S. 608.

118 AStS, BU 257, fol. 174.

119 Ebenda, zwischen Amtshaus und Spitzerhaus gelegen. Zum Narrenhäusl in anderen Städten Albrecht, Mittelalterliche Rathäuser (wie Anm. 4) S. 16. Geistig behinderte Personen wurden vorrangig im Bruderhaus untergebracht. Vgl. dazu Kramml, Das Bruderhaus zu St. Sebastian (wie Anm. 76), S. 119 f.

120 Vgl. auch Harald Witthöft, Städtisches Gewicht – Ordnung, Amt, Zeichen, in: Visualisierung städtischer Ordnung. Zeichen – Abzeichen – Hoheitszeichen, in: Anzeiger des Germanischen Nationalmuseums 1993, S. 117–131.

121 Christine E. Janotta, Das älteste Salzburger Bürgerbuch 1441–1541, in: Jahresschrift des Salzburger Museums Carolino Augusteum 32 (1986), Salzburg 1987, S. 6–192, hier S. 116.

122 Ebenda, S. 100 (Eintritt ins Bürgerrecht als Amtmann 1485); AStS, BU 257, fol. 168; Isenmann, Die deutsche Stadt im Spätmittelalter (wie Anm. 87), S. 161.

123 AStS, BU 30, Ratsprotokoll 1576/77, unpag., Eintragungen zum 1. 6. und 6. 7. 1576.

124 AStS, BU 256, Urbar 1512.

125 AStS, BU 257, fol. 168.

126 AStS, BU 257, fol. 133.

127 AStS, BU 257, fol. 162.

128 Tietze, Die profanen Denkmale der Stadt Salzburg (wie Anm. 1), S. 158; Weissenbäck/Pfundner, Tönendes Erz (wie Anm. 54), S. 143 u. 467.

129 AStS BU 257, fol. 162

130 Greinz, Die fürsterzbischöfliche Kurie und das Stadtdekanat (wie Anm. 112), S. 188.

131 AStS, BU 30, Ratsprotokoll 1576/77, unpag., Eintragungen zum 7. 2. und 29. 8. 1576; vgl. auch Martin, Aus den alten Rechnungsbüchern (wie Anm. 69), S. 112 f. (weitere Aufträge für Grueber).

132 Ebenda, Eintrag zum 8. 10. 1576; danach Zillner, Geschichte der Stadt Salzburg, Bd. 2 (wie Anm. 6), S. 494 u. Breitinger, Rathaus (wie Anm. 1), S. 5 f.

133 Kramml, Der Erzbischof und seine Residenzstadt (wie Anm. 33), S. 116.

134 Weiss/Kramml, Das Bürgerspital (wie Anm. 34), S. 81; Kramml, Das Bruderhaus zu St. Sebastian (wie Anm. 76), S. 131 f.

135 Der Stadtpfarrkirche war zuvor auch beim Einritt eines neuen Erzbischofs eine zentrale Rolle zugekommen: Nach dem Empfang an der Stadtmauer begab sich der neue Stadtherr feierlich zur Pfarrkirche und erst später in den Dom, so etwa im Jahr 1494: Lipburger, Das sogenannte Cristan Reutter'sche Stadtbuch (wie Anm. 48), S. 72; zum Einritt von 1540 vgl. Blasius Huemer, Einritt des Erzbischofs Herzog Ernst von Bayern, in: MGSL 55 (1915), S. 45–70, hier S. 54 u. 58.

136 Greinz, Die fürsterzbischöfliche Kurie und das Stadtdekanat (wie Anm. 112), S. 188.

137 Kramml, Der Erzbischof und seine Residenzstadt (wie Anm. 33), S. 117 (mit Zitat). Unter Wolf Dietrichs Nachfolger Markus Sittikus wurden dann aber steinerne Stadtwappen am neu erbauten Linzertor und auch am Klausentor angebracht. Martin, Aus den alten Rechnungsbüchern (wie Anm. 69), S. 116.

138 Es ging in den Jahren ab 1503 immer wieder darum, wer das Stadtgefängnis betreten und beim Verhör anwesend sein durfte bzw. wer das Einlieferungsrecht hatte. Der Streit führte sogar zum Austausch der Schlösser durch den erzbischöflichen Stadtrichter. Vgl. Lackerbauer, Der Kampf der Stadt Salzburg (wie Anm. 33), S. 44, 69, 74.

139 Kramml, Der Erzbischof und seine Residenzstadt (wie Anm. 33), S. 116 f.

140 Fassadenplan des Rathaus von Mathias Karlstorffer, 1799: Salzburg Museum, Inv.-Nr. 14033-49_h (Portal ohne Wappen); vgl. auch die Schilderung des Portals mit Markus-Sittikus-Wappen bei Hübner 1792: Hübner, Beschreibung, Bd. 1 (wie Anm. 1), S. 20.

141 Peter F. Kramml, Die Stadt Salzburg, in: Peter Keller und Johannes Neuhardt (Hg.), Erzbischof Paris Graf Lodron (1619–1653). Staatsmann zwischen Krieg und Frieden, Salzburg 2003, S. 24–32, hier S. 26.

142 Kramml, Der Erzbischof und seine Residenzstadt (wie Anm. 33), S. 117 f. (mit Literatur).

143 Ausführlich Spatzenegger, Rathaus (wie Anm. 1); Breitinger, Rathaus (wie Anm. 1); vgl. AStS, Pezoltakten 177, Rechnung des Stadtbaumeisters über den Rathausumbau.

144 Vgl. AStS, SAIS, Schilderung im Stadturbar von 1639.

145 Krejs, Die Fassaden der Bürgerhäuser (wie Anm. 14), S. 108: ausführlich zur Neugestaltung des Rathauses auch: Widmann, Rathaus (wie Anm. 1), S. 144 f.; Willibald Hauthaler, Stainhausers Leben und Regierung des Erzbischofs Wolf

Dietrich, in: MGSL 13 (1873), S. 3–140; vgl. auch Hübner, Beschreibung, Bd. 1 (wie Anm. 1), S. 24.

146 Karl Roll, Eine Salzburger Hochzeit im Jahre 1581, in: MGSL 52 (1912), S. 161–180, hier S. 176.

147 Albrecht, Mittelalterliche Rathäuser (wie Anm. 4), S. 21 f.

148 August Prinzinger, Miscelle, in: MGSL 38 (1898), S. 278–280.

149 Zum Folgenden zusammenfassend Spatzenegger, Rathaus (wie Anm. 1); Widmann, Rathaus (wie Anm. 1), S. 146; Breitinger, Rathaus (wie Anm. 1), S. 6; vgl. auch Martin, Aus den alten Rechnungsbüchern (wie Anm. 69), S. 120 f.; zum Dachstuhl des Rathauses Guido Friedl, Die Grabendächer (Bauformen der Salzburger Altstadt 1), Salzburg 1993, S. 20–23.

150 Zum heutigen Standort der Kassettendecke vgl. Eva B. Ottillinger, Die Holz-Spolien der Franzensburg in Laxenburg, in: Denkmalpflege in Niederösterreich, Bd. 35, S. 23.

151 Widmann, Rathaus (wie Anm. 1), S. 146 (Pranger aus dem Jahr 1748).

152 Dazu zusammenfassend Ammerer, Rathaus (wie Anm. 1), S. 380

153 Vgl. AStS, Pezoltakten 528 (1777–1811); Martin, Aus den alten Rechnungsbüchern (wie Anm. 69), S. 124. Zuletzt zu den Veranstaltungen im Rathaussaal: Werner Rainer, Die „Casin-Versammlungen", in: Salzburg Archiv 33, Salzburg 2008, S. 275–284.

154 Ammerer, Rathaus (wie Anm. 1), S. 380; vgl. nun auch Hannelore Angermüller, Joachim von Schidenhofen. Ein Freund der Mozarts. Die Tagebücher des Salzburger Hofrats, hg. u. kommentiert von Hannelore und Rudolph Angermüller unter Mitarbeiter von Günther G. Bauer, Bad Honnef 2006.

155 Hübner, Beschreibung, T. 1 (wie Anm. 1), S. 19–25.

156 Vgl. besonders ebenda, S. 23.

157 AStS, BU 262 b zu den Bewohnern des Rats- und Amthauses 1811.

158 Breitinger, Rathaus (wie Anm. 1), S. 6.

159 Siehe die Planaufnahmen von Mathias Karlstorffer und seine ausführliche Beschreibung des Rathauses in der Bibliothek bzw. Plansammlung (Inv.-Nr 14033-49) des Salzburg Museums.

160 Franz Martin, Die Museums-Gesellschaft. Salzburgs ältester Verein, in: MGSL 75 (1935), S. 119–132.

161 Thomas Weidenholzer, Bürgerliche Geselligkeit und Formen der Öffentlichkeit im Salzburg 1780–1820, in: Robert Hoffmann (Hg.), Bürger zwischen Tradition und Modernität (Bürgertum in der Habsburgermonarchie VI), Wien-Köln-Weimar 1997, S. 53–82, bes. S. 68 f.; AStS, Pezoltakten 177.

162 Spatzenegger, Rathaus (wie Anm. 1).

163 Erwähnt in AStS, SAIS (laut Zeitungsbericht von 1854).

164 Spatzenegger, Rathaus (wie Anm. 1).

165 Christian Dirninger, Die geschäftliche und institutionelle Entwicklung der Salzburger Sparkasse von ihrer Gründung bis zu den 1970er Jahren, in: Derselbe und Robert Hoffmann, 150 Jahre Salzburger Sparkasse. Geschichte – Wirtschaft – Recht (Salzburg Studien 6), Salzburg 2006, S. 15–158, hier S. 29 u. S. 48.

166 Festschrift 125 Jahre evangelische Pfarrgemeinde Salzburg, Salzburg 1988, S. 8 f.

167 Widmann, Rathaus (wie Anm. 1), S. 148.

168 AStS, NStA 573,02, Umbau des Rathauses 1926–1930; vgl. auch AStS, Plansammlung und Bauakten.

169 AStS, Plansammlung, Plan für ein neues Stadthaus am Ferdinand-Hanusch-Platz, 1863. Abbildung bei Kramml/Veits-Falk/Weidenholzer, Stadt Salzburg (wie Anm. 33), S. 75.

Thomas Weidenholzer

DAS „ALTE" GERICHTSHAUS

Gericht, Waage, Niederlege Lötsche und Trinkstube

13. Jh.	Nach 1237 oder nach 1290 Errichtung des Gebäudes
14. Jh.	Nutzung als Gerichtshaus
1487	Unterbringung von Niederlege, Weinlötsche und Fronwaage
1515	Ausschank nachweisbar
1523	Vergrößerung zur Stadttrinkstube
1635	Brand und anschließender Neubau
1811	Privatisierung der Liegenschaft

Das heute als „Ankerhaus" bekannte Gebäude, benannt nach einem großflächigem Wandbild von Karl Reisenbichler, Saat und Ernte darstellend und an den ehemaligen Eigentümer des Gebäudes, die Ankerversicherung, erinnernd, liegt am Waagplatz im Zentrum der Salzburger Altstadt. Es begegnet uns im Hoch- und Spätmittelalter als „Gerichtshaus", dann als Waaghaus, schließlich ab dem 16. Jahrhundert als „Stadttrinkstube". Nach ihrer Privatisierung im Jahr 1811 hieß die Trinkstube „Zum Erzherzog Karl" und zählte zu den renommierten Gasthäusern der Stadt. 1899 entstand mit der Ansiedlung der Druckerei Kiesel und der Redaktion des „Salzburger Volksblattes" ein ganz anderer öffentlicher Raum. 1926 war hier die „Salzburger Handels- und Gewerbebank" untergebracht, zwei Jahre später die Ankerversicherung.

Dass die Stadttrinkstube am Waagplatz, dem mittelalterlichen Zentrum der Bürgerstadt, situiert war, belegt die überragende Bedeutung dieses Gebäudes. Hier, vor den Toren des Bischofshofes, war der älteste Marktplatz Salzburgs, befand sich die Pfarrkirche St. Michael, tagte das Gericht, standen die Waage und der Pranger[1]. Im 14. Jahrhundert war hier kurzzeitig auch das Spital der Bürger[2] situiert. Der Platz wurde vielfältig genutzt. Es wurde gehandelt, gekauft und verkauft, hier wurde Recht gesprochen, hier fanden sakrale und rituelle Handlungen statt. Der Platz war ein „integraler Raum", der noch nicht funktional ausdifferenziert war[3].

Städtische Gemeinschaften waren Schwurgemeinschaften, die auf der „coniuratio"[4], der gegenseitigen eidlichen Verpflichtung Gleichrangiger beruhten. Gilden, Zechen und Zünfte waren solche Zusammenschlüsse, und auch die Bürgergemeinde[5]. Wer den städtischen Frieden brach, galt daher als Meineidiger, der dafür mit dem Verlust seiner Hand büßen musste[6]. Im Salzburger Stadtrecht von 1287 wurde diese Strafe durch eine Geldbuße abgelöst[7].

Zu Beginn des 12. Jahrhunderts (1120/1130) ist erstmals in den Salzburger Quellen ein Stadtrichter genannt[8], der vom Erzbischof ernannt wurde. Das Stadtgericht trat bei den Lauben an der Nordseite der Michaelskirche, bei den *vorlauben czw sand Michel an*

Das so genannte Ankerhaus, früher Gerichtshaus, Waage, Niederlege, Lötsche und Trinkstube, 1970 (Archiv der Stadt Salzburg).

der Porten[9] im Freien zusammen[10]. Zu seinen Aufgaben gehörte vor allem die „Zivilgerichtsbarkeit", aber auch die Aufsicht über den täglichen Markt auf dem Waagplatz, die Kontrolle über Maß und Gewicht und der Schutz auswärtiger Händler[11]. Am Gerichtstag wurde ein bestimmter Teil des Platzes mit Schranken, den „Schrannen", abgegrenzt. Dieser Raum wurde so für das Gericht separiert und damit auf seinen besonderen Status hingewiesen[12]. Damit reklamierte das Gericht jedoch keineswegs einen abgeschlossenen Ort für sich, viel mehr es war nach wie vor eingefügt in den sozialen und alltäglichen, in den „gemeinen" Raum der Stadt[13]. Noch 1320 entschied der Stadtrichter den Streit um ein Haus *in offener schrang*[14], das heißt coram publico. Jede Verhandlung eines Streitfalles vor Gericht, jeder Rechtshandel, berührte die Frage des Verhältnisses der Streitenden zum Genossenschaftsverband und wurde daher vor den Augen aller verhandelt[15]. Dem Gericht trat das Publikum nicht beobachtend oder kontrollierend gegenüber, das „Publikum" war Gerichtsgemeinde und als solche Mitwirkende am Prozessgeschehen[16]. Das Gericht war integraler Bestandteil der kommunalen Gesellschaft.

Nach der Durchsetzung landesherrlicher Gewalt untersagte Erzbischof Friedrich III. die Abhaltung von Gerichtsverhandlungen im Freien und erlaubte nur *rechte dinsteten* (Dingstätte)[17]. Spätestens zu diesem Zeitpunkt muss es ein Gebäude gegeben haben, in dem Richter und Rat ihres Amtes walteten. Es ist nicht ganz klar, zu welchem Zeitpunkt das Gericht in welchem Gebäude zusammentrat. Mindestens zwei Häuser wurden dafür verwendet. Das ist zum einen die „Schranne".

Schon diese Bezeichnung deutet auf seine Verwendung als Gericht hin. Die „Schranne" stand ebenfalls am Waagplatz, offensichtlich unmittelbar an die alten Lauben bei der Michaelskirche anschließend. Von diesem Gebäude weiß man, dass es ab dem Jahr 1323 als Stadtgericht genutzt wurde[18]. 1515 hieß es, dass das *Gemain Statgerichtshaws oder die Schrann genant* leer stehe und nur während der Dult, des Jahrmarktes und für das Malefizgericht genutzt werde[19]. Davor unterhielten die Bäcker ihre Läden[20]. Das zweite Gebäude, in dem das Gericht tagte, war die spätere Trinkstube. Nach bauhistorischen Untersuchungen lässt sich ein Datum nach 1237 (bzw. 1290) für seine Errichtung bestimmen[21]. Im Laufe des 13. und 14. Jahrhunderts muss das Gericht in dieses Gebäude übersiedelt sein, um danach in den Jahren um 1410/20 in den Keutzl-Turm, dem späteren Rathaus (1407 von der Stadt gekauft), als drittem Standort verlegt zu werden[22]. *Das recht* (also Gericht und Rat) *ist gewesen in dem Turm*, heißt es jedenfalls 1428[23]. Auch nach Verlegung des Gerichts in den Keutzl-Turm wurde das Gebäude (die spätere Trinkstube) noch „Gerichtshaus" und das nur sporadisch genutzte Gebäude bei der Michaelskirche „Schranne" genannt[24].

Dass für einen längeren Zeitraum mehrere Standorte für das Gericht in Frage kommen und nicht ganz klar ist, wann und wo es tagte, ist nicht untypisch. Alle Standorte liegen am Waagplatz. Das Gericht war eingebettet in die „gemeine" Welt der spätmittelalterlichen Stadt. Auch wenn das Gericht in einem Gebäude tagte, ahmte man auch dort diese Sphäre nach[25]. Dass die Gebäude einem integralen Raumverständnis folgten und neben der Abhaltung des Gerichts auch anderweitig verwendet wurden, ist zu vermuten. Momentaufnahmen im ausgehenden 15. Jahrhundert zeigen, wie vielfältig das Gerichtshaus (die spätere Trinkstube) genutzt wurde und wie heute selbständige Funktionen noch ineinander verwoben waren. Nur allmählich differenzierten sich unterschiedliche Agenden auch räumlich.

Für das Jahr 1486 lassen sich beim „Gerichtshaus" (der späteren Trinkstube) fünf Fleischbänke nachweisen, von denen die Stadt Zins lukrierte. Weiters ist die Rede von einer Rueprecht Rürkhingerin, die aufgelaufene Schulden bezahlt habe. Diese Frau hatte offensichtlich Gemächer, Räume oder ähnliches gemietet[26].

Ein Jahr später unternahm die Stadt umfangreiche Baumaßnahmen am Gerichtsgebäude. Sie bezahlte Dachdecker, Ofensetzer, Schlosser und Pflasterer. Ab

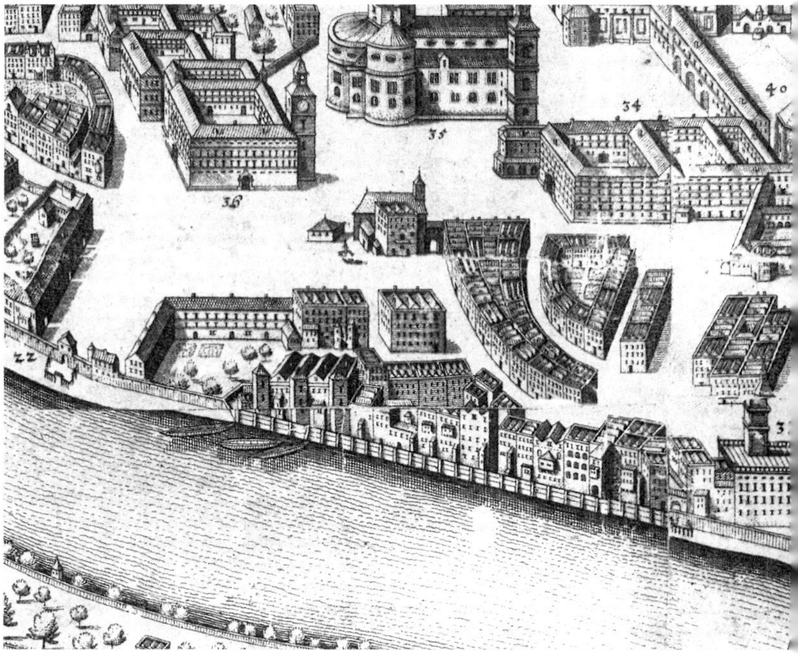

Waagplatz mit Michaelskirche, Schranne und Gerichtshaus, 1643, Stich von Philipp Harpff, Ausschnitt (Salzburg Museum).

diesem Jahr flossen auch vermehrte Zinseinnahmen durch die Vermietung von Gemächern, Tuchscherer-Läden und Fleischbänken[27]. Wie selbstverständlich integrierten sich in diesem Gebäude die unterschiedlichsten Tätigkeiten und Aufgaben.

Die städtische Waage

1487 verlegte die Stadt die Fronwaage (öffentliche Waage) in das alte „Gerichtshaus". Dazu wurden Ketten und metallene Schalen angeschafft und die Waage an Jakob Beznhauser verpachtet, der ein Drittel der Waageinnahmen erhielt.

Im Eid, den der „Weger" schwören musste, ist die Rede davon, dass alle gleich zu behandeln seien, seien sie Bürger, Inwohner oder Gäste[28]. Das heißt, die Waage garantierte, wenn schon nicht die Gleichheit zwischen Bürgern und Inwohnern, zwischen Einheimischen und Außenstehenden, fremden Kaufleuten oder Bauern, die in die Stadt kamen, so doch eine Gleichheit während des kurzen Aktes des Tausches bzw. des Kaufens und Verkaufens. Ohne Waage kein „fair trade". Die Waage stellte jenes Vertrauen zwischen Käufer und Verkäufer her, ohne das kein Handel möglich war. Die Waage normierte auch, sie war eine enorm wichtige Instanz, da selbst auf dem Gebiet des Erzstiftes Salzburg unterschiedliche Maße Anwendung fanden. Schließlich symbolisiert die Waage mit ihren beiden Schalen das herstellbare Gleichgewicht gegensätzlich wirkender Kräfte[29].

Und sie normierte an einem „öffentlichen“, an einem allgemein zugänglichen Ort. Das Wägen war kein geheimer Vorgang. Abgesehen von Bürgern, die für Waren von geringem Wert und in geringer Menge eigene Gewichte und Waagen verwenden durften, bestand ein Zwang zur öffentlichen Waage. Alle Marktfahrer waren angehalten, alle Waren, die gewogen werden mussten, bei der Fronwaage wägen zu lassen *und sunst nynndert an kainem gewicht gewegen werdn*[30]. Die Steigerung der Einnahmen durch die städtische Fronwaage seit ihrer Neuaufstellung im alten „Gerichtshaus“ war eklatant.

Es verwundert nicht, dass die Stadt 1503 ein ausführliches Inventar über die Waage anlegte: von einer großen hängenden Waage, einer kupfernen Waagschale vorne beim Fenster, von einer Brotwaage auf dem Tischl ist hier die Rede. An Gewichten gab es kupferne, bleierne oder Steingewichte zu unterschiedlichen Maßeinheiten[31].

Die Kontrolle der Maße und Gewichte war für ein friktionsfreies Zusammenleben unabdingbar und oblag ursprünglich der Bürger-Gemeinde. Über den Stadtrichter hatte der Stadtherr Einfluss auf den Akt des Wägens erlangt. In Zeiten der Auseinandersetzungen um die Stadtherrschaft im 15. Jahrhundert gelang es offenbar der Stadt, das Wägen zu (re-)kommunalisieren. Die korrekte Eichung der Waagen garantierte nun die Stadt gegenüber dem Publikum. Die Frage, wer die Autorität zum Wägen, die Autorität zur Normsetzung besaß, das war nicht nur eine Angelegenheit von hoher symbolischer und repräsentativer Bedeutung, sondern nicht minder eine Machtfrage. Diese Frage spielte auch in den Auseinandersetzungen der Stadt mit Erzbischof Leonhard von Keutschach um die Stadtherrschaft eine Rolle. 1506 verglichen sich Stadt und Erzbischof. Fortan zierten sowohl das städtische als auch das erzbischöfliche Wappen die Mess- und Waaginstrumente[32].

Eine ähnliche Funktion kam den – bereits im Stadtrecht des 14. Jahrhunderts genannten – Abmessern zu, die ein öffentliches Hohlmaß bei ihrer Tätigkeit, dem Abmessen von Getreide, verwendeten[33]. Für Arm und Reich gleiches Maß zu verwenden war Bestandteil ihres Amtseides[34]. Im Aufgabenfeld der Normierung und der Herstellung von Gleichheit zwischen Verkäufern und Käufern agierte auch der Weinrufer.

Die städtische Niederlege

Ebenfalls 1487 wurde im alten „Gerichtshaus“ eine Niederlege für Eisen und Stahl eingerichtet[35]. Auswärtige Kaufleute waren nun angehalten, Eisenwaren gebührenpflichtig zwischenzulagern. Damit erschloss sich der Stadt nicht nur ein zusätzliches Einkommen, sondern ermöglichte ihr auch, auf den Eisenhandel Einfluss zu nehmen. Dieses Zwangsrecht zur abgabenpflichtigen Niederlege war der Stadt Salzburg nie verliehen worden. Es wurde usurpiert – und übrigens sehr spät eingeführt.

Aber nicht nur Stahl und Eisen mussten ab 1487 im alten „Gerichtshaus“ niedergelegt werden, sondern auch „Süßwein“. Süßwein war Luxus und ein privilegiertes Handelsgut, das zu handeln nur Wenigen vorbehalten war. Die Stadt erhob für eine Saum Wein vier Pfennig Niederleggebühr[36]. 1487 wurden von Herbst bis Weihnachten 668 Lageln Süßwein in der Weinlötsche eingelegt, das sind immerhin beinahe 42 Hektoliter[37]. Im Rechnungsjahr 1488/1489 waren es 906 Lageln[38].

Bereits 1511 wurde die Eisenniederlege in ein Gebäude an der Getreidegasse verlegt. Sie soll uns hier nicht weiter beschäftigen[39].

Der Zwang zur Niederlege blieb nicht unwidersprochen. Die Beschwerde des Münchner Kaufmanns Hanns Ligsalz wies der Salzburger Rat mit der Begründung zurück, dass die Gebühren in der Lötsche billiger seien als ein Gewölbe anzumieten und Ligsalz froh sein müsse, der Willkür der „Wirte“ entzogen zu sein[40]. Im städtischen Schreiben heißt es wortwörtlich: *der zween pfenning von ain sam nicht so hoch, als die Zinß der gwelb* [...] *bey den wirthen*. Dass die städtische (die gemeine) Niederlege billiger sei als die Gewölbe der „Wirte“, ist in unserem Zusammenhang wichtig. Der Begriff „Wirt“ verweist auf einen älteren engen Zusammenhang zwischen Gastgewerbe, Maklerei und Handel.

Exkurs: Wirt und Kaufmann

An dieser Stelle daher ein kurzer Exkurs zur Geschichte der Gastronomie: Das Gastgewerbe gründet auf verschiedenen Traditionen. Die Traditionslinie der christlichen Hospitalität mit ihren Armen- und Pilgerherbergen sei genauso beiseite gelassen wie die Tradition der Spelunken und Winkelstuben.

Das bekannte Preisgedicht Alkuins auf die Salzburger Kirche aus dem beginnenden neunten Jahrhundert hat dieses Thema aufgegriffen. Alkuin lässt einen Reisenden entscheiden, entweder einen „caupo", einen „Wirt", aufzusuchen oder heilige Bücher zu studieren[41]. Zu Unrecht hat man mit diesem Preisgedicht Alkuins versucht, die Existenz des St.-Peter-Kellers um das Jahr 803 zu belegen[42]. Abgesehen davon, dass Alkuin einen literarisch-moralischen Topos verwendet, ist ein „caupo" in einem Klosterbezirk völlig undenkbar. Cauponae waren in der Antike billige, vulgäre Schenken, in deren Nebenzimmern bisweilen auch der Prostitution nachgegangen wurde[43]. Im Übergang von der Spätantike zum Mittelalter entstand aus dem lateinischen Begriff „caupo" das altdeutsche „koufon" (kaufen). Das neuhochdeutsche „kaufen", aber auch „kuppeln/verkuppeln" gehen auf den „caupo" zurück[44]. Dieser Begriff weist auf die Tätigkeit des „caupo" als Ausschänker und Kleinhändler hin[45]. Eine „caupona" ist gleichzeitig Wirtshaus und Verkaufsbude.

Reisende Kaufleute und Fernhändler nächtigten in den Städten und Märkten dagegen bei ortsansässigen Geschäftsfreunden. Die mitgebrachten Waren wurden nicht nur auf dem Markt, sondern auch in den Häusern und Gewölben der „Gastgeber"[46] feilgeboten, was in abgewandelter Form bis ins 18. Jahrhundert üblich war[47]. Die „Gastgeber" übernahmen dabei aber auch für ihre „Gäste" die Funktion von Maklern, vermittelten für diese Geschäfte oder lagerten Waren zu treuen Handen ein. Händler, Wirt und Makler sind in dieser Phase (bis ins Spätmittelalter) kaum zu unterscheiden[48].

Nur allmählich und auf Betreiben der Zünfte, die den Handel in den Privathäusern zu verhindern trachteten, ging man dazu über, Reisende und Kaufleute gegen Entgelt zu beherbergen. Speise und Trank mussten sich die Gäste in Tavernen oder auf dem Markt besorgen.

Gegen Ende des 12. Jahrhunderts begegnen uns in Salzburg unter der Bezeichnung „mansionarius" die ersten gewerblichen „Wirte". Die „mansionarii" beherbergten gegen Bezahlung Reisende und Kaufleute, verpflegten sie aber nicht. Mansionarius leitet sich vom lateinischen mansio, Aufenthalt, her.

Den ursprünglich engen Zusammenhang von Handel und Gastgewerbe belegt Chunradus, der 1216 in den Quellen sowohl „Mansionarius" als auch „hendeler" ist[49]. Diese Doppelfunktion als „Wirt" und „Makler" wird etwa bei der Salzburger Patrizierfamilie Keutzl als „Wirte" der Runtinger aus Regensburg sichtbar[50]. Auch das bekannte Runtingerhaus in Regensburg war mit Schlaflauben ausgestattet[51].

Soviel zu den „Wirten" und ihrer Doppelfunktion als Makler und Gastgeber.

Der Zwang zur Niederlege in einer „öffentlichen", in einer „kommunalen" Einrichtung, hatte nicht nur damit zu tun, Einfluss auf den Eisen- bzw. den Süßweinhandel zu gewinnen, sondern auch die spezifischen Kommunikationsströme bei den „Makler-Wirten" zu bündeln, wenn man so will, die Kaufmannsgespräche zu kommunalisieren. Und es überrascht daher nicht, gerade bei der Waage und bei der Niederlege zu sehen, wie sich hier ein „kommunales" Wirtshaus entwickelt.

Diese Versuche der Bündelung von Kaufmannsgesprächen sehen wir auch im Weinhandel. Kommunale Ämter wie Fasszieher, Weinrufer oder Weinvisierer dienten der strengen Kontrolle. Im 16. Jahrhundert wurde es überdies üblich, den Weinsatz, also die Preise der einzelnen Weine zu publizieren, aber nicht nur das, auch die Mengen, die Wirte und andere Interessenten kauften, wurden in den Sitzungen des Rates publiziert.

Waage und Wirtshaus

Dass das Wägen mit dem Handel in Zusammenhang steht, braucht nicht weiter begründet zu werden. Das Wägen steht aber auch mit dem Gastgewerbe in einer engen Wechselbeziehung. Im Mittellateinischen heißt die öffentliche Waage, die Stadt- oder die Ratswaage „Taberna tributaria"[52]. Dieser enge Zusammenhang zwischen Waage und Ausschank, zwischen „öffentlicher" (gemeiner) Waage und Wirtshaus ist in vielen deutschen Städten nachweisbar, so etwa bei der berühmten „Alten Waage" in Leipzig, wo im Erdgeschoß die Waren gewogen und verzollt wurden, im Keller sich die Weinschänke und im ersten Stock die Ratstrinkstube befand, ähnlich in Straubing, in Rothenburg, Regensburg und anderswo.

Im städtischen Inventar von 1512 wurde das ehemalige Gerichtsgebäude schlicht und einfach „Waghaus" genannt. Die Stadt hatte *undten auf der erden ain lannges gwölb, ist verschlagen, darin man täglich wigt*[53]. Der „Weger", also der Wagmeister, mit Namen Hans Rauwart (Reinwart) hatte ab Dezember 1512 *unndten gegen den Markt ain Weinkeller und ain Weingrueben* sowie zwei Kammern. Dann gab es noch die städtische Weinlötsche, die Scherer Läden, mehrere Wohnungen und Stübeln. Drei Jahre später – 1515 – verfügte der Wagmeister Hans Reinwart über zusätzliche Räumlichkeiten, darunter einen „Sitz" (Wirtsstube) im Erdgeschoß und „eine Stube" im ersten Stock[54].

Noch im 16. Jahrhundert bürgerte sich die Bezeichnung „Stadt-Trinkstube" oder auch nur „Trinkstube" ein. Die Lokalitäten wurden verpachtet: Hanns Wetzl, Hanns Aigner, Hanns Geisler hießen die ersten Trinkstuben-Wirte. Sie alle waren gleichzeitig Wagmeister und Trinkstuben-Wirt.

Zwischen patrizischer Distinktion und stadtbürgerlicher Selbstdarstellung

Der Rang der Salzburger Stadttrinkstube darf nicht überbewertet werden. Von der Steuerleistung her betrachtet, war der Pächter der Trinkstube einer jener Wirte, die am meisten Umgeld (Getränkesteuer) zahlen mussten. Der Trinkstuben-Wirt machte also entsprechenden Umsatz.

Wie in anderen Gaststätten auch, befand sich im Erdgeschoß die *sytzstat*, die einfache Wirtsstube[55], dazu die *weingrueben* im Keller, im ersten Stock die *stuben* und die *khuchl*. Die Stube war die vornehmere Lokalität, mit Blick auf den Waagplatz[56]. Als 1524 mit Hanns Wetzl ein neuer Wagmeister bestellt wurde, wurde unter seinem Namen unter anderem ein *news Wirt einemen*[57] vermerkt. Ihm wurden auf erzbischöflichen Befehl weitere Räumlichkeiten zugeteilt, darunter ein zweiter Weinkeller und weitere Kammern neben der Stube. Im Laufe des 16. Jahrhunderts entwickelten sich die Räumlichkeiten im ersten Stock zu einer repräsentativen Lokalität. 1567 ließ sie der Stadtrat *tafeln*, d. h. mit einer vornehmen Holztäfelung versehen[58]. Gleichzeitig wurde das *tächl ob der wag* mit Kupfer neu eingedeckt. Die steigende gesellschaftliche Bedeutung dieser Gaststätte drückte sich auch in der allmählichen Steigerung des Pachtzinses aus, der von 38 Gulden (1553) auf 96 (1603) und 1606 auf über hundert Gulden stieg[59].

Der Zugang zur Stube im ersten Stock war distinkt und den Mitgliedern der Trinkstubengesellschaft, die sich aus der politischen und sozialen Elite Salzburgs rekrutierte, vorbehalten. Vier *Vorgeer* (Vorgeher, Vorsteher) standen an der Spitze der Gesellschaft. Nur die *Gesellen* (Mitglieder) hatten freien Zutritt, Fremde nur auf Einladung und mit Zustimmung der *Vorgeer*. Man traf sich mehr oder weniger regelmäßig zwischen ein und drei Uhr zur Einnahme einer Mahlzeit, aber auch zum Spiel. Gesellschaften, die zu einer anderen Uhrzeit speisen wollten, mussten sich rechtzeitig anmelden. Ausdrücklich regelte die Stubenordnung den zivilisierten Umgang untereinander. Unzucht und Gotteslästerung waren untersagt. Den *andern mit hitzigen verpoten worten oder geberden anzutasten* stand unter Strafandrohung und konnte mit dem Ausschluss aus der Gesellschaft geahndet werden. Der *Stubenknecht* war angehalten, *Gesellen*, die sich *rumorig* oder *polderisch* benahmen, den *Vorgeern* zu melden. Eine Art Disziplinargericht, die *Zesammenkounfft bey ainem peenfall*, ahndete Verstöße gegen die Stubenordnung und regelte Konflikte[60]. Das Reglement förderte die Gruppenbildung der städtischen Oberschicht und demonstrierte gehobene Lebensform[61].

Nicht nur Patrizier gehörten der Gesellschaft an, sondern auch Adelige und Mitglieder des Domkapitels. 1564 waren etwa Wilhelm Trautmannsdorff, seines Zeichen Domdechant, dann Georg von Kuenburg, ebenfalls Domherr in Salzburg, und Sebastian Althammer, Mitglied des Rates, die *Stubenherren*[62].

Die Salzburger Trinkstube erreichte natürlich nicht die Bedeutung etwa der hanseatischen Trinkstuben, die gefragte Umschlagplätze kaufmännischer Informationen waren und denen Funktionen einer Börse zukamen[63]. Spiel, kulinarischer Genuss und geselliges Zusammenkommen mögen der Hauptzweck gewesen sein, die gehobene Sphäre war darüber hinaus Podium für Repräsentation und Selbstinszenierung und bot sich auch für politische und gesellschaftliche Zwecke an.

Besondere Bedeutung kam dem „Bürgermahl" zu Fronleichnam zu. Das Mahl wurde ursprünglich im Rathaus[64], dann in der Stadttrinkstube gehalten. Außer Bürgermeister und Stadtrat nahmen daran etwa der Fürstbischof von Chiemsee, der Abt von Sankt Peter, Mitglieder des Domkapitels, Beamte des Erzbischofs und die Viertelmeister der Stadt teil. 1555 gab die Stadt dafür 48 Gulden aus. Ein Jahr später speiste Erzbischof Michael Kuenburg mit den Vertretern der Stadt. Dessen Nachfolger Johann Jakob Kuen-Belasy nahm an den „Bürgermählern" teil, um zu zeigen, dass er mit *gemeiner Stadt wol zufrieden und ihr mit Gnaden geneigt sei*[65]. Und die ließ sich die fürstliche Gunst etwas kosten: 1568 zahlte die Stadt Ludwig Alt die Summe von 167 Gulden, die dieser für zwei Bürgermähler auf der Trinkstube ausgegeben hatte[66].

1635 fiel die Trinkstube einem Brand zum Opfer. Eher wenig schockiert stellte man fest, das Bauwerk sei ohnehin *sehr alt und paufellig gewest*[67]. Der Erzbischof griff direkt ein und ließ das Gebäude ausschließlich als Gasthaus wiederherstellen. Die Stadt durfte nun keine Wohnungen mehr vermieten, die Fronwaage und die Tuchschererläden mussten ins Schrannengebäude verlegt werden. Ausdrücklich befahl der Erzbischof, die Stadt möge die Trinkstube außen zieren und bemalen lassen[68]. 1638 war der noble Neubau fertig gestellt. Balthasar Eitzenberger, der neue Pächter, musste die ansehnliche Summe von 250 Gulden an Pacht bezahlen[69]. Wenig später erhielt die Trinkstube das Recht, Süßwein auszuschenken[70], ein Recht, das in Salzburg nur wenigen Faktoren, Großhändlern, vorbehalten war[71]. Der direkte Einfluss des Erzbischofs auf die Trinkstube stieg. Von nun an schmückte neben dem städtischen auch das erzbischöfliche Wappen deren Eingang[72].

Der berühmte Topograf Matthäus Merian rühmte die Trinkstube wegen ihrer schönen Zimmer, in denen selbst der Römische Kaiser logieren würde[73]. Sie diente nun als Unterkunft für vornehme und adelige Gäste wie auch für diplomatische Gesandtschaften[74].

Noch im 16. Jahrhundert hatte das Gebäude am Waagplatz mit der Waage und der Trinkstube verschiedenste kommunale Funktionen verknüpft und quasi in symbolischer Erinnerung verschiedenste soziale Schichtungen vereint und gleichzeitig separiert. Die „gemeine" Sphäre städtischer Kommunität vollzog sich im spätmittelalterlichen und frühneuzeitlichen Salzburg, sozial differenziert, sozusagen auf ebener Erd' und im ersten Stock. Die distinkte Stube oben, der lärmende „Sitz" im Erdgeschoß und wieder räumlich abgehoben, die zeitweilig hier untergebrachte Sudlküche. Diese zu besuchen war armen Bewohnern der Stadt vorbehalten[75].

Die Stadttrinkstube bildete neben ihrer Distinktivität aber auch eine Bühne für die Bürger-Gemeinde und die Zünfte. Die Aufnahme neuer Bürger wurde jährlich zu Jahresende auf der Trinkstube vollzogen, etliche Zünfte hielten ihre Jahrtage auf der Trinkstube ab[76]. 1688 wurde die Weihe neuer Fahnen der Bürgergarde mit einem Festmahl auf der Trinkstube abgeschlossen[77]. Es ist nicht klar, welche Räumlichkeiten dafür verwendet wurden, zu vermuten ist jedoch, dass für „stadtbürgerliche" und zünftische Feiern die Lokalitäten im Erdgeschoß genutzt wurden.

Den Höhepunkt ihres distinktiven und repräsentativen Charakters scheint die Trinkstube im 17. Jahrhundert erlangt zu haben. Im 18. Jahrhundert mutierte sie

Waagplatz mit Gasthaus „Zum Erzherzog Karl", anonymes Aquarell, erste Hälfte 19. Jh. (Salzburg Museum).

zu einer noblen Unterkunft und Gaststätte, vergleichbar dem „Goldenen Schiff" am Residenzplatz[78]. 1791 ließ Erzbischof Hieronymus Graf Colloredo die im Besitz der Stadt befindliche Trinkstube modernisieren und eine *Logie für Herrschaften* herstellen[79]. Dieser fürstliche Wunsch reduzierte den Stadtsäckel immerhin um 900 Gulden.

Der Charakter als geselliges Zentrum der Bürger-Gemeinde blieb zunächst trotzdem erhalten. Es gab noch immer Ballveranstaltungen, Hochzeiten und Totenzehrungen. Theateraufführungen waren eine weitere Form einer spezifischen Öffentlichkeit. Bereits im 16. Jahrhundert waren auf der Trinkstube Schulkomödien gespielt worden[80]. Ab dem 18. Jahrhundert gastierten hier immer wieder wandernde Schauspieltruppen, meist mit Komödien und Hanswurstiaden[81], oder es traten Akrobaten auf, so etwa 1734 und 1769 Seiltänzer. Für 1734 und 1748 sind *welsche* Komödianten und für 1749 und 1750 bayerische nachweisbar. Franz Joseph Moser, dessen Schauspielertruppe später Emanuel Schikaneder übernahm, gastierte mehrmals auf der Trinkstube mit Michael Huber als „Lipperl". 1769 gastierte eine italienische Gesellschaft mit Emirio als Direktor sowie die Theatertruppe der Bodenburgerin, 1778 die Komödiantengruppe des Ignaz Bartsch. 1780 zeigte ein „chinesischer Schattenspieler" seine Künste. 1783 belustigte die

Gasthof „Zum Erzherzog Johann", Stich von Beda Weinmann, Druck Oberer, um 1850 (Salzburg Museum).

Theatertruppe „Bayrischer Hiesl". 1786 produzierte sich ein Marionettenspieler, im Jahr darauf wurden Wachsfiguren vorgeführt[82].

Mit dem Umbau des Theaters und der Ausgestaltung des Rathauses zu einem vornehmen Veranstaltungsort im Jahr 1775 verlor die Stadttrinkstube allmählich auch diese Funktion[83].

Privatisierung der Trinkstube

Als man zu Beginn des 19. Jahrhunderts den Rathaussaal für Bürozwecke verwenden wollte und die Trinkstube als Örtlichkeit für die Abhaltung der Rathaus-Bälle und Casini vorschlug, wurden diese Pläne vom Polizeiamt rundweg abgelehnt. Dann, so das Polizeiamt, müssten die Salzburger – und gemeint war damit die „bessere" Gesellschaft – auf Vergnügungen wie Bälle und Konzerte gänzlich verzichten, denn würden diese in Gasthäusern wie der Trinkstube abgehalten, *so könnten Familien von Ansehen und gebildete Leute nicht teilnehmen*. Ein Gasthaus sei *ein öffentlicher Ort, daher zu jedermanns Zutritt offen*. Der *edlere Teil der Einwohner* müsste fernbleiben, da dieser *mitten im Zirkel von Bedienten, Stallknechten und Leuten aus dem Hefen des Volkes* stets *Insulte* befürchten müsste[84]. Die Trinkstube hatte längst ihre „gemeine", ihre kommunale, aber auch ihre distinkt-repräsentative Funktion verloren. Sie war ein Gasthaus wie andere auch geworden.

Die städtische Elite des ausgehenden 18. und des beginnenden 19. Jahrhunderts, die sich entlang neuer kultureller Leitbilder entwickelt hatte, fand im Rathaus ihr distinktes Refugium und schuf sich mit der Gründung des „Museums" einen geselligen Rahmen[85].

Die langsame Differenzierung kommunaler Aufgaben ist an der Trinkstube genauso zu verfolgen wie ein parallel verlaufender und in mehrfache Richtung wirkender sozialer Distinktierungsprozess. Am Ende dieser Prozesse steht die Privatisierung des Gebäudes. 1811 – in bayerischer Zeit, in der Kommunalität konsequent zentralisiert und die Magistrate aufgehoben waren – wurde die Trinkstube als *zum Dienste der Kommunität entbehrlich* in öffentlicher Lizitation versteigert[86].

Ihr (nun) altbackenes Flair konnte die Trinkstube auch nach ihrer Privatisierung nicht ablegen. Gleichwohl noch immer als eines der vornehmeren Häuser Salzburgs beschrieben, hinterließ das Gasthaus „Zum Erzherzog Karl" – wie die Trinkstube nun hieß – 1841 den Eindruck *einer großen Steinmasse*, fünf Stock hoch. Das Erdgeschoß bestünde aus einer Reihe von *niederen, gewölbten kerkerartigen Räumen*. Im Zweiten Stock glaubte man sich fast *in die Krypta einer alten Kirche versetzt*. Das Mittelgeschoß wäre eine *ungeheure, feuchte, dunkle Halle* usw.[87]

Das Haus hatte weit gehend sowohl seinen multifunktionalen als auch seinen „öffentlichen" Charakter verloren. Mit dem Einzug der Redaktionsstuben einer Zeitung am Ende des 19. Jahrhunderts erhielt es nochmals für einige Jahrzehnte eine „öffentliche" Bestimmung. Heute ist das Gebäude im Besitz einer Immobiliengesellschaft.

Anmerkungen

1 Für das Jahr 1590 nachgewiesen. AStS, Kammeramtsrechnungen 1590.

2 Alfred St. Weiss und Peter F. Kramml, Das Bürgerspital. Lebensbedingungen in einem bürgerlichen Versorgungshaus und „Altenheim", in: Thomas Weidenholzer und Erich Marx (Hg.), Hundert Jahre „Versorgungshaus" Nonntal. Zur Geschichte der Alters- und Armenversorgung der Stadt Salzburg (Schriftenreihe des Archivs der Stadt Salzburg 9), Salzburg 1998, S. 67–110, hier S. 68.

3 Franz-Josef Arlinghaus, Raumkonzeptionen der spätmittelalterlichen Stadt. Zur Verortung von Gericht, Kanzlei und Archiv im Stadtraum, in: Bruno Fritzsche, Hans-Jörg Gilomen und Martina Stercken (Hg.), Städteplanung – Planungsstädte, Zürich 2006, S. 101–123, hier S. 102 f.

4 Gerhard Fouquet, Trinkstuben und Bruderschaften – soziale Orte in den Städten des Spätmittelalters, in: Derselbe., Matthias Steinbrink und Gabriel Zeilinger (Hg.), Geschlechtergesellschaften, Zunft-Trinkstuben und Bruderschaften in spätmittelalterlichen und frühneuzeitlichen Städten (Stadt in der Geschichte 30), Ostfildern 2003, S. 9–30, hier S. 12.

5 Otto Gerhard Oexle, Max Weber und die okzidentale Stadt, in: Albrecht Cordes, Joachim Rückert und Reiner Schulze (Hg.), Stadt – Gemeinde – Genossenschaft. Festschrift für Gerhard Dilcher, Berlin 2003, S. 375–388; Franz-Josef Arlinghaus, Genossenschaft, Gericht und Kommunikationsstruktur. Zum Zusammenhang von Vergesellschaftung und Kommunikation vor Gericht, in: Praxis der Gerichtsbarkeit in europäischen Städten des Spätmittelalters (Rechtsprechung. Materialien und Studien 23), Frankfurt am Main 2006, S. 155–186, hier S. 157–168.

6 Josef Klemens Stadler, Beiträge zur Rechtsgeschichte der Stadt Salzburg im Mittelalter (Südostbayerische Heimatstudien 9), Hildburghausen 1934, S. 45.

7 Heinz Dopsch und Peter M. Lipburger, Die rechtliche und soziale Entwicklung, in: Dopsch/Spatzenegger, Bd. I/2, S. 675–746, hier S. 697.

8 Dopsch/Lipburger, Entwicklung (wie Anm. 7), S. 703.

9 Stiftsarchiv St. Peter Hs. A 626, zit. n. Franz Pagitz, Der Pfalzbezirk um St. Michael in Salzburg, in: MGSL 115 (1975), S. 175–241, hier S. 218.

10 Gernot Kocher (Hg.), Zeichen und Symbole des Rechts. Eine historische Ikonographie, München 1992, S. 151.

11 Dopsch/Lipburger, Entwicklung (wie Anm. 7), S. 703.

12 Arlinghaus, Raumkonzeptionen (wie Anm. 3), S. 101–123.

13 Ebenda, S. 112.

14 AStS, Bürgerspitalurkunden 23. 6. 1320; SUB IV, Nr. 291.

15 Lucian Ölscher, Öffentlichkeit und Geheimnis. Eine begriffsgeschichtliche Untersuchung zur Entstehung der Öffentlichkeit in der frühen Neuzeit (Sprache und Geschichte 4), Stuttgart 1979, S. 11–19.

16 http://www.franzarlinghaus.de/Arlinghaus_Habil_Inklusion_Exklusion.html (Abruf 14. 1. 2009); Arlinghaus, Raumkonzeptionen (wie Anm. 3), S. 110.

17 Salzburger Landesordnung 1328, SUB IV, Nr. 329, Art. 4.

18 AStS, Bürgerspitalurkunden 14. 7. 1323; SUB IV, Nr. 299. Mit dem in dieser Urkunde erwähnten Gerichtshaus könnte auch das Gebäude der späteren Trinkstube gemeint sein.

19 AStS, BU 257, Urbar 1515, fol. 100^{r}.

20 Peter F. Kramml, 150 Jahre Grünmarkt. Die Stadt Salzburg und ihre Märkte, in: Landesgeschichte aktuell, Nr. 141, April 2007, S. 7–38.

21 Wilfried Schaber, Neue Funde am Waagplatz. Das Gebäude des Stadtgerichts im 12. und 13. Jahrhundert, in: Salzburg Archiv 26, Salzburg 1999, S. 7–18, hier S. 14; Schaber bestimmte das Jahr 1236/37 für die Errichtung, eine Annahme die Franz Wagner mit überzeugenden Argumenten revidiert hat. Er plädiert für eine Zeit nach 1290. Franz Wagner, „Spätgotik" in der Stadt Salzburg. Zu einigen Problemen der kunstgeschichtlichen Forschung, in: Salzburg Archiv 32, Salzburg 2007, S. 51–104, hier S. 84–86.

22 AStS, Städtische Urkundenreihe, 22. 3. 1407.

23 AStS, BU 6, Sendbriefe 1415–1432, Nr. 157.

24 So zum Beispiel: AStS, Bürgerspitalurkunden 12. 12. 1457, 3. 3. 1492, 9. 9. 1496; Franz V. Zillner, Geschichte der Stadt Salzburg, Bd. 1, Salzburg 1885, S. 141 f.

25 Arlinghaus, Raumkonzeptionen (wie Anm. 3), S. 106–110.

26 AStS, BU 263, Stadtrechnungen des Hanns Glavenberger 1486–1488, fol. 3^{v}.

27 AStS, BU 263, Stadtrechnungen 1486–1488, fol. 3^{v}, 21^{r}, 24^{v}.

28 AStS, BU 2, Reuttersches Stadtbuch; Michael Lipburger, Das sogenannte Cristan Reutter'sche Stadtbuch. Beiträge zur Geschichte der Stadt Salzburg zwischen dem Ratsbrief Friedrich III. von 1481 und der Stadt- und Polizeiordnung von 1524, Prüfungsarbeit am Institut für Österreichische Geschichtsforschung, Wien 1983, S. 123.

29 Otto Mayr, Uhrwerk und Waage. Autorität, Freiheit und technische Systeme in der frühen Neuzeit, München 1987, S. 169–178.

30 Lipburger, Stadtbuch (wie Anm. 28), S. 28.

31 Lipburger, Stadtbuch (wie Anm. 28), S. 123–125.

32 AStS, Städtische Urkundenreihe, 20. 7. 1506, abgedruckt in: Leopold Spatzenegger, Privilegienbuch der Stadt Salzburg, verschiedene Rechte und Freiheiten der Stadt betreffend, in: MGSL 5 (1865), S. 146–240, hier S. 235–238, Nr. 53.

33 AStS, BU 1 a, Stadtrecht aus dem 14. Jahrhundert, abgedruckt in: Stadler (wie Anm. 6) S. 120, Nr. 134.

34 Lipburger (wie Anm. 28), S. 121.

35 AStS, BU 263, Stadtrechnungen 1486–1488 (wie Anm. 26), fol. 9^{v}.

36 Ebenda.

37 Ebenda.

38 AStS, BU 264, Stadtrechnungen des Hanns Glavenberger 1488–1489, fol. 6^{r}.

39 Magda Pagitz-Roscher, Chronik des Niederleghauses, in: MGSL 110/111 (1970/71) S. 153–198.

40 AStS, BU 8, Sendbriefe 1483–1514, Nr. 238–240; Pagitz-Roscher, Niederleghaus (wie Anm. 40), S. 159.

41 Ernestus Duemmler (Rec.), Poetae Latini aevi Carolini T. I (Monumenta Germaniae Historica L), Berlin 1881, S. 343.

42 Etwa: St. Peter Stiftskeller [Salzburg 1993], o. S.; Gerda Pechlaner, Die Klosterwirtin. Gastronomische Erinnerungen an

Menschen und Zeiten, Krispl 1994, S. 10; Adolf Hahnl, Grüße aus St. Peter. Das Benediktinerstift St. Peter auf alten Ansichtskarten. Aus der Sammlung H. F., Salzburg 1991, o. S.

43 Wikipedia, Stichwort Caupo (22. 10. 2007).

44 Deutsches Wörterbuch von Jacob und Wilhelm Grimm, Leipzig 1873, Bd. 5 (Reprint Bd. 11, München 1991), Sp. 323–325 und Sp. 361 f.

45 Hans Conrad Peyer, Von der Gastfreundschaft zur Gastlichkeit im Mittelalter (Monumenta Germaniae Historica. Schriften 31), Hannover 1987, S. 16.

46 Peyer, Gastfreundschaft (wie Anm. 46), S. 59.

47 Zahlreiche Belege im Salzburger Intelligenzblatt.

48 Peyer, Gastfreundschaft (wie Anm. 46), S. 67–70.

49 SUB I, S. 743, Nr. 328.

50 Herbert Klein, Salzburgs Handel im Wandel der Zeiten, in: Festschrift für Herbert Klein (MGSL. Erg.-Bd. 5), Salzburg 1965, S. 559–573, hier S. 564 f.

51 Wiltrud Eikenberg, Das Handelshaus der Runtinger zu Regensburg. Ein Spiegel süddeutschen Rechts-, Handels- und Wirtschaftslebens im ausgehenden 14. Jahrhundert (Veröffentlichungen des Max-Planck-Instituts für Geschichte 43), Göttingen 1976, S. 63.

52 http://www.kruenitz1.uni-trier.de/ (24. 10. 2007).

53 AStS, BU 256, Urbar 1512, fol. 59^{r}.

54 AStS, BU 257, Urbar 1515 (wie Anm. 19), fol. 50^{r}.

55 Herbert Klein, Der Sitz. Ein Beitrag zur Geschichte des Salzburger Gaststättenwesens, in: MGSL 112/113 (1972/73), S. 124–126.

56 AStS, BU 257, Urbar 1515 (wie Anm. 19), fol. 50^{r}.

57 AStS, BU 257, Urbar 1515 (wie Anm. 19), fol. 50^{v}.

58 AStS, Stadtrats-Protokolle 1567, fol. 49^{v}.

59 AStS, Kammeramtsrechnungen 1553, 1603 und 1606; Franz Martin, Die alte „Stadttrinkstube", Salzburg [1918], S. 14.

60 Bibliothek St. Peter, Anhang zur Salzburger Landesordnung von 1526, abgedruckt in: Leopold Spatzenegger (Hg.), Die Trinkstuben-Ordnung, in: MGSL 7 (1867), S. 361–364.

61 Jörg Rogge, Geschlechtergesellschaften, Trinkstuben und Ehre. Bemerkungen zur Gruppenbildung und den Lebensordnungen in den Führungsschichten mittelalterlicher Städte, in: Fouquet, Geschlechtergesellschaften (wie Anm. 4), S. 99–127, hier S. 103–111.

62 AStS, Stadtratsprotokolle 1564, fol. 14^{v}.

63 Stephan Selzer, Trinkstuben als Orte der Kommunikation. Das Beispiel der Artushöfe im Preußenland (ca. 1350–1550), in: Fouquet, Geschlechtergesellschaften (wie Anm. 4), S. 73–98.

64 AStS, BU 263, Stadtrechnungen 1486–1488 (wie Anm. 26), fol. 5^{v}.

65 Zit. n. Martin, Stadttrinkstube (wie Anm. 60), S. 6.

66 AStS, Kammeramtsrechnung 1568, fol. 15^{r}.

67 AStS, BU 258, Gemeiner Statt Salzburg Zinß- und Giltenbuech 1639, S. 23.

68 AStS, Stadtratsprotokoll, 24. 3. 1636, S. 118.

69 Martin, Stadttrinkstube (wie Anm. 60), S. 5.

70 AStS, Stadtratsprotokoll, 29. 1. 1663, S. 111–113, Bestandsvertrag mit Paul Gschwandtner.

71 Thomas Weidenholzer, Handel, Gewerbe und Verkehr. Gasthäuser und Brauereien zur Mozartzeit, in: Historischer Atlas der Stadt Salzburg, hg. v. Peter F. Kramml, Erich Marx und Demselben (Schriftenreihe der Stadt Salzburg 11), Salzburg 1999, Bl. V/3.

72 Lorenz Hübner, Beschreibung der hochfürstlich-erzbischöflichen Haupt- und Residenzstadt Salzburg, 1. T., Salzburg 1793 (Reprint, Salzburg 1982), S. 178; Beat Kümin, Wirtshaus und Gemeinde. Politisches Profil einer kommunalen Grundinstitution im alten Europa, in: Susanne Rau und Gerd Schwerhoff (Hg.), Zwischen Gotteshaus und Taverne. Öffentliche Räume in Spätmittelalter und Früher Neuzeit (Norm und Struktur. Studien zum Wandel in Mittelalter und Früher Neuzeit 21), Köln-Weimar-Wien 2004, S. 75–97, hier S. 84.

73 Zit. n. Martin, Stadttrinkstube (wie Anm. 60), S. 5.

74 Franz Martin, Vom Salzburger Fürstenhof um die Mitte des 18. Jahrhunderts, in: MGSL 78 (1938), S. 87–116, hier S. 90; Derselbe., Hofmarschallsdiarium 1751–1763, in: MGSL 78 (1938), S. 116–136, S. 131.

75 Zillner, Geschichte (wie Anm. 24), S. 372.

76 Martin, Stadttrinkstube (wie Anm. 60), S. 6.

77 Martin, Stadttrinkstube (wie Anm. 60), S. 7.

78 Gerhard Ammerer und Alfred St. Weiss, Die Reise nach Salzburg, in: Gerhard Ammerer, Peter F. Kramml, Sabine Veits-Falk und Alfred St. Weiss (Hg.), Reisestadt Salzburg. Salzburg in der Reiseliteratur vom Humanismus bis zum beginnenden Eisenbahnzeitalter (Schriftenreihe des Archivs der Stadt Salzburg 17), Salzburg 2003, S. 7–24, hier S. 17–20; Georg Stadler, Von der Kavalierstour zum Sozialtourismus. Kulturgeschichte des Salzburger Fremdenverkehrs, Salzburg 1975, S. 92 f.

79 Martin, Stadttrinkstube (wie Anm. 60), S. 10.

80 Friedrich J. Fischer, Wandertruppen des 17. Jahrhunderts in Salzburg, in: MGSL 100 (1960), S. 431–470, hier S. 443.

81 Derselbe, Bühnen und Spielplätze in der Stadt Salzburg im 18. Jahrhundert, in: Jahresschrift des Salzburger Museum Carolino Augusteum 5, Salzburg 1959, S. 223–238.

82 Nachweise in: AStS, Gemeine Almosen-Rechnung; Thomas Weidenholzer, Stadttrinkstube, in: Gerhard Ammerer und Rudolph Angermüller (Hg.), Das Salzburger Mozart-Lexikon, Bad Honnef 2005, S. 260 f.

83 Thomas Weidenholzer, Bürgerliche Geselligkeit und Formen der Öffentlichkeit, in: Robert Hoffmann (Hg.), Bürger zwischen Tradition und Modernität (Bürgertum in der Habsburgermonarchie 6), Wien-Köln-Weimar 1997, S. 53–82, hier S. 57–61.

84 AStS, Pezoltakten 177, Bericht des Polizeiamtes an die Landesregierung, September 1804.

85 Weidenholzer, Geselligkeit (wie Anm. 83), S. 65–71.

86 AStS, Pezoltakten 231, Licitation der Trinkstube an Schiffwirth Wolfgang Mayr, 1811.

87 Peter E. Turnball, Reise durch die österreichischen Staaten, Leipzig 1841, S. 88.

Katharina Karin Mühlbacher

DIE RESIDENZ

Der Regierungs- und Wohnsitz des Landes- und Stadtherrn

um 1124	Neubau des mittelalterlichen Bischofshofes unter Erzbischof Konrad I. von Abenberg
1178	Schwere Schäden durch einen Stadtbrand
um 1560	Erweiterung des Bischofshofes und neue Ausstattung des Nordtraktes
1587	Baubeginn der neuen Residenz („Neugebäude"), wegen Konstruktionsfehlern vorübergehende Einstellung der Bautätigkeit
1605	Beschluss, im „Neugebäude" die Dikasterien unterzubringen und den alten Bischofshof zur Residenz umzugestalten
1606/09	Fertigstellung der Prunkräume (Carabinierisaal, Rittersaal etc.)
1614	Abschluss der Bauarbeiten
um 1710	Neue Fassadierung
1788	Letzte Umbauten unter Fürsterzbischof Hieronymus Graf Colloredo

Neubau der Residenz und personelle Ausstattung des Hofes unter Fürsterzbischof Wolf Dietrich von Raitenau

[...] *der jezig erzbischoff* [hat] *in der statt ain statliches grosses gebey, mit vil schönen sälen, zimmern und cammern auch schönen capellen geziert, von grunt auf bauen lassen*[1]. Mit diesen Worten beschrieb der in habsburgischen Diensten stehende Kanzlist[2] Hans Georg Ernstinger 1605 das Aussehen der Salzburger Residenz in seinem „Raisbuch"[3]. Bereits 1579 und 1583 hatte der aus Innsbruck stammende Beamte auf seinen Fahrten nach Linz die Stadt passiert und die fürsterzbischöfliche Residenz von außen betrachtet, welche noch in der Regierungszeit Erzbischof Johann Jakobs von Kuen-Belasy „wohl eher einem stattlichen Gutshof"[4] als einem Repräsentationsbau glich. Auf seiner dritten Reise, 1590, so berichtete er zumindest, besuchte er das große und eindrucksvolle Gebäude, das Fürsterzbischof Wolf Dietrich von Raitenau (1587–1611/12) gerade neu errichten ließ, wobei Ernstinger bei seiner Beschreibung jedoch den aktuellen Baubestand von 1605 referierte, als der Fürst gerade endgültig den mittelalterlichen Bischofshof zur Residenz ausgestalten ließ und nicht, wie ursprünglich vorgesehen, das „Neugebäude" als neuen Wohn- und Regierungssitz bezog. Es mag dahingestellt bleiben, ob Ernstinger den im Entstehen begriffenen Palast in diesem Jahr besichtigt oder nur darüber gehört hat. Da seine Reisebeschreibung keine näheren Details über das Gebäude und auch keine Auskünfte über die Art seiner Geschäfte enthält[5], ist ein Besuch des Inneren der Residenz trotz seiner Tätigkeit in habsburgischen Diensten – allerdings in einer untergeordneten Position – eher unwahrscheinlich. Die in der Literatur für andere Residenzen erwähnte „touristische Besichtigungspraxis"[6] erscheint für den größten Teil der Salzburg-Besucher für die Zeit um 1600 eher zweifelhaft. Durch Erzählungen der am Bau Beschäftigten bzw. der erzbischöflichen Bediensteten dürfte die Beschreibung diverser Vorkommnisse und Veränderungen am und bei Hof allerdings rasch in die Öffentlichkeit getragen und weithin rezipiert worden sein.

1596 begannen die ersten Baumaßnahmen an der alten Residenz[7], 1605 wurde dann nahezu der gesamte Bereich des Bischofshofes bis auf die Gewölbe des Erdgeschoßes abgebrochen und darauf der Neubau errichtet[8].

Im 15. und besonders im 16. Jahrhundert hatten die Bauernkriege und weitere politische Wirren zu einer Stagnation der Bautätigkeit in der Stadt Salzburg geführt und den Status quo der spätmittelalterlichen Stadt weitgehend konserviert[9]. Die Salzach – wesentlich breiter als heute – teilt(e) die Stadt in die Linksstadt mit großen, in sich geschlossenen geistlichen Bezirken mit Kirchen, Klöstern und Gärten sowie in die Bürgerstadt mit Wohnhäusern, Werkstätten, Gasthäusern[10].

Kein Erzbischof vor oder nach Wolf Dietrich von Raitenau sollte das Aussehen des links der Salzach gelegenen Stadtteiles durch die – wenn auch sehr inkonsequente – Umsetzung neuer urbanistischer Konzepte derart gravierend verändern. Etwa 70 Bauvorhaben sind aus seinen 25 Regierungsjahren bekannt[11]. Bei der überraschenden Wahl des kaum 28-jährigen Domkapitulars zum Fürsterzbischof von Salzburg 1587 entsprach der bestehende mittelalterliche Bischofshof keineswegs dem repräsentativen Aussehen einer Fürstenresidenz[12].

Wolf Dietrich hatte bei seinem Aufenthalt am Collegium Germanicum die Pracht der Renaissancebauten Roms kennen gelernt. Möglicherweise deshalb entwickelte *diser Erzbischoff,* wie ein zeitgenössischer Chronist vermerkte, *vor Allen ain sonderlichen Lust zum Gepeu*[13]. Gerade die Residenz repräsentierte Würde und Wert eines Herrschers und zeugte – das wird bei Erzbischof Wolf Dietrich besonders deutlich – durch Anlage und Ausschmückung von dessen Selbstverständnis[14]. Der Wandel des Schloss- und Residenzbaus war durch die Kultivierung von Repräsentation und Gastfreundschaft bestimmt. Die Raumaufteilung wurde differenzierter, die Räume größer. Den Rang einer Residenz bestimmte aber nicht nur die Anzahl der Räume, sondern mehr noch deren Größe und Ausstattung[15]. Die Öffentlichkeit großartiger Feste, wie z. B. die siebentägigen Feierlichkeiten zur Domweihe 1628[16], oder wichtiger Staatshandlungen verlangte Säle mit einem großen Fassungsvermögen. Die Vielzahl und Größe der Räumlichkeiten der Salzburger Residenz wurde von den hohen Gästen geschätzt. Als der bayerische Kurfürst Ferdinand mit seiner Familie und großem Hofstaat 1670 Fürsterzbischof Max Gandolph einen Besuch abstattete, beschrieb dessen Sekretär, der Dichter Domenico Gisberti, den Glanz des Salzburger Hofes. Er habe *alle Ämter eines großen Fürstenhofes* sowie eine Vielzahl an Offizieren, Kaplänen und Dienern, *die ihn bedeutender und vornehmer machen* als erwartet[17]. Enthusiastisch äußerte sich Gisberti über die Baulichkeiten der Salzburger Residenz: *An Wunderbarem finde ich die Residenz, die es fast unermeßlich groß, dem Auge beinah unmöglich macht, Anfang und Ende auszumachen. Ein einziges Thema soll uns reichen. Im ersten Stock sind unsere durchlauchtigsten Herrschaften alle vier großartig untergebracht, voneinander getrennt durch eine Flucht von Sälen, Vorzimmern, Zimmern, Kammern, Gängen und Rückzugsmöglichkeiten*[18].

Trotz mehrfacher Adaptierungen – zuletzt in den 1990er Jahren[19] – bildet die Residenz heute noch ein geschlossenes Ensemble und ist eines der beherrschenden Bauwerke der Salzburger Altstadt: etwa 180 Räume – Säle, Prunkräume, Gänge, Kammern, Zimmer, Keller, Dachböden und Galerien – gruppieren sich um drei Innenhöfe.

Parallel mit dem Neubau der Residenz unter Wolf Dietrich, ihrer späteren Erweiterung und luxuriösen Ausstattung erweiterte sich der Hofstaat. Ein größeres Gebäude bedurfte zur Versorgung und Unterhaltung des Hofes eines vermehrten Personalstandes, für dessen Bezahlung wiederum höhere pekuniäre Mittel und mehr Naturalleistungen aufzubringen waren. Auf der Besoldungsliste von Juni 1595 finden sich 345 Personen, inklusive der „Provisioner", die monatlich insgesamt 2776 Gulden erhielten, hochgerechnet eine jährliche Ausgabe von über 32.000 Gulden. Die Anzahl der Personen lässt sich ohne große Probleme feststellen, ein Vergleich der finanziellen Aufwendungen mit anderen Ausgaben, etwa den hohen Baukosten, ist allerdings nicht möglich, da für die Regierungszeit Wolf Dietrichs Raitbücher (Rechnungsbücher) fehlen. Quantitativ entsprach das Salzburger Hofpersonal etwa demjenigen des Innsbrucker Hofes, während der kurfürstlich-brandenburgische oder der bayerische Herzogshof wesentlich höhere Personalstände aufwiesen. Im Juni 1595 gehörten zum Salzburger Hof 302 Bedienstete. Bis zum September 1611 stieg diese Zahl auf 335[20]. Besonders prägnant war dabei die Zunahme bei den zentralen Behörden, Hofrat und Hofkammer, von 36 Personen mit einem summarischen Gehalt von 742 Gulden auf 53 Personen bzw. 1022 Gulden monatlich.

Die Erfassung des Grundbesitzes und die Anlage neuer Urbare, der so genannten Stockurbare, im gesamten Erzstift führten unter Wolf Dietrich zwar zu einer Erhöhung der grundherrlichen Abgaben und Dienste, aber mit der Einführung neuer Steuern und Abgaben – die Weihsteuer, das Umgeld auf Wein und Branntwein, die Türkensteuer von 1592, die ordentliche Landsteuer, für die etwa im Jahr 1608 rund 13.000 Gulden zu entrichten waren, die Einführung zweier neuer Mautordnungen etc.[21] – begann sich auch in Salzburg der Wandel vom mittelalterlichen feudalen Lehensstaat zum frühmodernen Steuerstaat zu vollziehen[22]. Die Staatseinnahmen, welche die Untertanen bereits um 1600 stärker als früher belasteten, mussten ebenso wie die Ausgaben verwaltet werden.

Hof- und Präzedenzordnungen regelten Position und Aufgabenbereich der Personen und des Personals bei Hof, doch kam es bis ins 18. Jahrhundert noch zu keiner klaren Trennung von Hofbediensteten und Regierungsbeamten. Vergleichsweise spät, erst im Verlauf der ersten Hälfte des 16. Jahrhunderts, erreichten bürgerliche Juristen erstmals gehobene Positionen innerhalb der Zentralbehörden. Wolf Dietrich forcierte die Einbindung gelehrter Bürgerlicher in höhere Ämter, die nun allmählich anstelle der Adeligen die administrativ arbeitenden Machteliten stellten[23]. Das führte zu einer stärkeren sozialen Verflechtung des Hofes mit der Stadt, wobei sich die bürgerlichen Beamten zunehmend am höfischen Lebensstil und an den Gruppeninteressen des Adels orientierten, sich damit vom sozialen Profil des Bürgertums entfernten und eine eigenständige Identität mit typischen Lebensverhältnissen und -chancen entwickelten[24]. Dadurch entstand eine mit der Zeit immer mehr verfeinerte „Hofpyramide“[25]. Der völligen Integration der bürgerlichen Aufsteiger in den Adelsstand schoben Fürst und Aristokratie jedoch bald einen Riegel vor[26]. Der Hof blieb dennoch Knotenpunkt der sozialen und politischen Netzwerke.

Mit dem Ausbau des Hofes und der Erweiterung der staatlichen Aufgaben mittels zunehmender normativer Regelungen, die den Erfordernissen einer „gueten Policey“ entsprachen, wuchsen auch administrativer Auf-

Der spätmittelalterliche Bischofshof, um 1588, Rekonstruktion von Richard Schlegel.

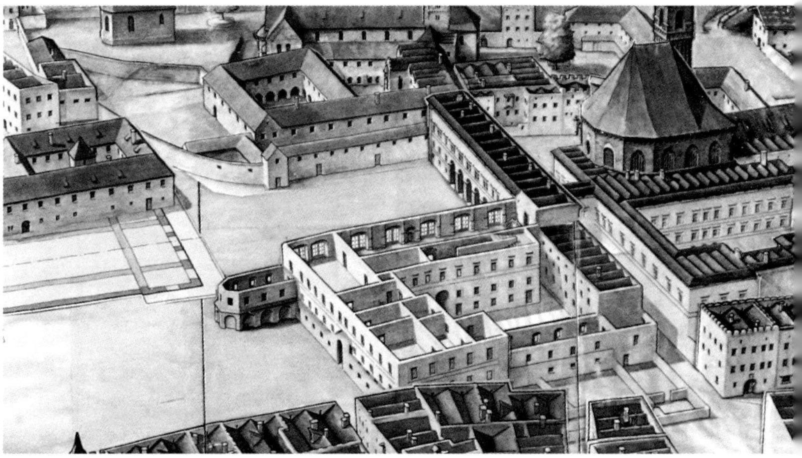

Bauzustand der Residenz um 1606, mit dem Plan von Vincenzo Scamozzi für den neuen Dom, Rekonstruktion von Richard Schlegel.

Die Salzburger Residenz, 1612, Rekonstruktion von Richard Schlegel.

wand und Personalstand, am intensivsten um 1600. Während des 30-jährigen Krieges verringerte sich allerdings deutlich der Stand der Hofbediensteten, auch jener der wichtigsten Zentralbehörden. Er erreichte erst wieder unter Erzbischof Franz Anton von Harrach (1710: 329 Personen) den Höchststand der Wolf-Dietrich-Zeit[27]. 1799, unter dem letzten weltlich regierenden Fürsterzbischof, Hieronymus Graf Colloredo, wurden (ohne Bezieher von Provisionen) 490 Personen vom Hof besoldet, darunter 104 Angehörige der Zentralstellen Hofrat, Hofkammer und Generaleinnehmeramt[28].

Residenz und Stadt(öffentlichkeit)

Der Fürstenhof war Herrschafts- und Verwaltungsinstrument wie auch Wirtschafts- und Rechtsverband[29]. Stadtöffentlichkeit realisierte sich bis weit ins 18. Jahrhundert in einer Anwesenheitsgesellschaft, einer „face-to-face-community".

Die (europäische) Stadt des Mittelalters hat Max Weber als Schwurgemeinschaft beschrieben. In Salzburg war ab 1370 die Bezeichnung „geschworener Rat" üblich, was jedoch auf die Eidesleistung auf den Erzbischof verweist[30], während in der Regel der Schwur auf die Stadtgemeinschaft hin orientiert war. Mit dem 1382 verstorbenen Konrad Taufkind ist erstmals ein Bürgermeister fassbar[31]. Erst mit dem so genannten Ratsbrief Kaiser Friedrichs III. von 1481 wurde der Bürgermeister nicht mehr vom Erzbischof bestimmt, sondern nach einer vorgegebenen Wahlordnung jährlich ebenso wie der zwölfköpfige geschworene Stadtrat frei gewählt. Bis zum erzbischöflichen Einspruch 1485 legten sich Rat und Bürgermeister gegenseitig die Eide ab. Die bürgerliche Freiheit, die politische Partizipation an der Stadtherrschaft, währte allerdings nur drei Jahrzehnte, dann wurden die Auseinandersetzungen um die Herrschaftsansprüche gewaltsam zugunsten des erzbischöflichen Stadtherrn entschieden. Im Januar 1511 nahm Erzbischof Leonhard von Keutschach sämtliche Mitglieder des Stadtrats, den Bürgermeister sowie den Stadtrichter gefangen und erzwang damit die Herausgabe der städtischen Privilegien und den Verzicht der freien Wahl. Fortan bedurfte jede Sitzung der „Genannten" der Zustimmung des Stadtherrn und wurde vom – nunmehr erzbischöflichen – Stadtrichter überwacht. Ab diesem Zeitpunkt erwies sich die Macht des Stadt- und Landesherrn bis zum Ende des Alten Reiches als weitgehend uneingeschränkt. Wolf Dietrich unterwarf einige Jahrzehnte später die Stadt – nicht zuletzt auch durch die Ausweisung der Protestanten – zur Gänze seinem herrschaftlichen Regiment wie auch seinem urbanen Gestaltungswillen. Den realen politischen Machtverhältnissen verlieh dieser auch in die Reichspolitik stark involvierte Landesherr einen baulichen Ausdruck. Dem Residenz-Neugebäude, das nach seiner Fertigstellung gar nicht als solches genutzt wurde, sondern als Verwaltungsgebäude Verwendung fand, musste eine Reihe von alten Bürgerhäusern weichen. Sichtbares Symbol der politischen Bedeutungslosigkeit der Stadt war und blieb das im Verhältnis zu den neuen Residenzgebäuden unscheinbare Rathaus inmitten des engräumigen Stadtensembles. Die Landstände sistierte der Fürst nach einer einmaligen Einberufung, wobei es auch während der folgenden zwei Jahrhunderte in Salzburg nicht zum Bau eines eigenen Landhauses kam – ein weiteres Indiz für die verschwindend schwache Position der intermediären Gewalten in Salzburg. Das Residieren, Verwalten, Regieren und Repräsentieren fand fortan in der völlig umgestalteten (alten) Residenz, im großzügig dimensionierten Neugebäude – hier war auch der Ständesaal untergebracht –, im Hofmarstall und im Schloss Altenau (Mirabell), der späteren Sommerresidenz statt[32].

Der städtische Rat fungierte fortan als reines Administrationsorgan und Mittler zwischen Bürgerschaft und Erzbischof. Ihm mangelte es weitgehend an Autonomie und politischer Partizipation[33]. Das Verhältnis zwischen Stadt und Stadtherrn war symbiotisch, gleichzeitig aber auch ambivalent und gespannt, oder, wie es Werner Paravicini generalisierend zusammengefasst hat: „Das Verhältnis zwischen Hof und Stadt in Spätmittelalter und Früher Neuzeit [... war] durch ein komplexes Wechselspiel von Konfrontation, Koexistenz und Integration geprägt."[34] Trotz der Vorteile, die beide Seiten auf wirtschaftlichem und kulturellem Gebiet hatten, kam es dennoch während des 17. und 18. Jahrhunderts wiederholt zu Spannungen, die sich zumindest in verbalen Auseinandersetzungen artikulierten[35]. Als Erzbischof Hieronymus Colloredo 1774 dem Magistrat befahl, auf eigene Kosten das Ballhaus in ein Theatergebäude umzubauen und Bürgermeister Ignaz Anton Weiser sich dagegen auflehnte und die Finanzierung kategorisch ablehnte, musste dieser nach Intervention des Stadtsyndikus und einiger Stadträte sein Amt niederlegen[36]. Die latent vorhandenen Spannungen wurden allerdings durch interpersonelle Verflechtungen und die ökonomischen Beziehungen zwischen Hof und Stadt abgefedert, was einer friedvollen Koexistenz und partiellen Integration hinter gemeinsamen Mauern förderlich war.

Obwohl mit dem Ausbau der öffentlichen (staatlichen) Verwaltung Erzbischof Wolf Dietrich die unmittelbaren Durchgriffsmöglichkeiten auf das Stadtregiment weiter ausbaute und politische Rechte des kommunalen Gemeinwesen weiter einschränkte, blieben Freiräume für eine eigene, identitätsstiftende („bürgerliche") Kultur, die von Zünften und Bruderschaften, Magistratsverwaltung, Bürgergarde etc. geprägt war, bestehen[37]. Sichtbarer Ausdruck der Durchsetzung absoluter Macht war die Durchdringung des „bürgerlichen" Stadtraumes mit fürstlichen Bauten.

Pierre Bourdieu hat dargelegt, dass bei den Formen der Herrschaftsausübung zwischen physischer bzw. ökonomischer Gewalt und „euphemisierter" oder „symbolischer" Gewalt unterschieden werden kann. Letztere vollziehe sich hinter dem Schleier „verzauberter" Beziehungen[38]. Geschenke, Großzügigkeit und ostentative Verteilungen sind nach Bourdieu Verfahren der sozialen Alchimie, die offenkundige Herrschaft in legitime Autorität umwandeln sollen und als Strategie zumeist sehr viel effektiver als die offene Gewalt ist.

Das Verhältnis zwischen Stadtherrn und Stadtbevölkerung war von der kulturellen Hegemonie des Fürsten geprägt[39]. Zudem war die Residenz bzw. der fürstliche Haushalt ein außerordentlich bedeutender Wirtschaftsfaktor für die Stadt und ihre etwa 9000 Einwohner. Mit dem Ausbau der Infrastruktur, der prunkvollen Ausstattung der Residenz, der Steigerung des Personalstandes sowie des demonstrativen Konsums nahm der fürstliche Hof als Arbeitgeber und Käufer in der Frühen Neuzeit an Bedeutung zu.

Nicht nur die Nachfrage nach alltäglichen Gewerbe- und außergewöhnlichen Luxusgütern stieg, auch die Großbauten und der Aufenthalt von Künstlern belebten das Wirtschaftsleben nachhaltig. Allerdings kam es in Salzburg nicht zu einer verstärkten Ausdifferenzierung der Handwerkssparten, vielmehr musste die Nachfrage nach zahlreichen Gütern des gehobenen Lebensstandards durch Importe befriedigt werden. Die Spezialisierung bei Luxusartikeln fand also nicht bei den Handwerkern, sondern bei den Händlern statt. Die dadurch verursachte Belastung der Handelsbilanz kritisierten bereits Zeitgenossen[40].

Detail der Groteskenmalerei in der Sala Terrena (Foto Hubert Auer).

Den ökonomischen Verflechtungen zwischen Hof und Stadt kam auch eine Schlüsselposition in der Ressourcenzuführung von Ehrkapital und Elementen der Distinktion und Exklusivität zu. Insbesondere die Großkaufleute standen in engen Beziehungen zum fürstlichen Haushalt und profitierten von diesem[41]. Der Handel mit und die Arbeit für den Hof – der Status als Hofhandwerker wurde mittels Kontrakt begründet[42] – vergrößerten einerseits die Auftrags- und Karrierechancen von Wirtschaftstreibenden, doch stand es andererseits mit der Zahlungsmoral der geistlichen Fürsten nicht immer zum Besten. Mitunter erreichten die fürstlichen Ausstände erhebliche Summen[43]. So ergab eine „Specification" im Oktober 1749, dass allein für Lieferungen an die fürsterzbischöfliche „Guardarobba" aus den Jahren 1743, 1744 und 1746 bei neun Salzburger Händlern Zahlungsrückstände in einer Gesamthöhe von 8316 Gulden bestanden[44].

Die wenigen zeitgenössischen Äußerungen zur Frage der wirtschaftlichen Verhältnisse zwischen Stadtherrn und Stadtbevölkerung zeigen, dass diese auch aus anderen Gründen von einer ambivalenten Einstellung geprägt waren: Einerseits wurde der Erzbischof als wichtiger Arbeitgeber und Käufer von Waren insbesondere des gehobenen Bedarfs geschätzt, andererseits – im Extremfall – als parasitärer Fremdkörper kritisiert, der die Ressourcen des Gemeinwesens verschleudere. In einem mäßig gut gereimten Pasquill, das 1590 beim Stadt-

Groteskenkopf, Toskanatrakt – südliches Treppenhaus, um 1608/10 (Foto Hubert Auer).

schreiber Dr. Sixtus Hatzler entdeckt wurde, war unter anderem zu lesen:

> [...] Was migen hundert Dausent Ducaten
> Ain neuen Pischof schaden
> Alles auch Singen, Pfeifen und Horn,
> Trametten, Herpauggen, Auser, Korn,
> Spacieren, Schießen und Jagen
> Thuet er sich ser überladen [...]
> Die Alten haben gespart vill,
> Der Jetzig es angreifen will,
> Sy haben sich nit vill geacht,
> Jetzt mues es sein Alles nach der Pracht [...][45]

Nicht zuletzt erzeugten derartige Angriffe einen verstärkten Legitimationsdruck, dem vom Fürsten mit vermehrter Selbstdarstellung, Visualisierung seiner Macht und öffentlicher Darstellung seiner (vorgeblichen) Herrschertugenden begegnet wurde[46]. Verlangte das Prestige des Fürsten ohnehin ein Mindestmaß an Mildtätigkeit und Verteilung von Geschenken, so gewährte etwa Wolf Dietrich zunehmend mehr „Provisionen"[47], bedachte die Milden Stiftungen, insbesondere das Bruderhaus St. Sebastian mit Geldmitteln und verteilte großzügig Almosen an Alte, Bedürftige und Kranke[48].

Neben dem (Haushalt des) Landesfürsten als bedeutendstem Arbeit- und Auftraggeber bildeten der Hofadel und gewisse Gruppen von Hofbediensteten einen gewichtigen Faktor für die Nachfrage von Luxusartikeln. Auf diese passt in besonderen Maßen das Diktum Max Webers, dass Luxus nichts Überflüssiges, sondern ein Mittel der sozialen Selbstbehauptung sei. Die Nachfrage richtete sich generell auf Neuheiten, Kostbarkeiten, Überfluss und Qualität, wobei freilich der Hof die Mode diktierte[49]. Repräsentativer Aufwand und demonstrativer Konsum waren in der streng hierarchisch gegliederten höfischen Gesellschaft ein wichtiges Mittel, Prestige zu erwerben und zu erhalten. Großer Wert wurde auf Kleidung, Speisen, Getränke wie etwa hochwertige Weine[50], auf Essbesteck und Tafelgeschirr gelegt. Stoffe wurden von weither bestellt und kamen aus Olmütz, Prag, Nürnberg und anderen süddeutschen Städten[51]. Seidengewebe stammte aus Lyon[52]. Geschirr und Glas bezog man aus Wien, „Tafelzeug und Tafeltücher" aus Frankfurt[53], Schokolade aus Mailand[54].

Wie wir aus den Briefen der Familie Mozart wissen, gaben selbst Hofmusiker viel Geld für schöne Kleidung und modische Neuheiten aus. Wolfgang Amade Mozart wollte, als es um einen roten Rock und dessen Knöpfe ging, *alles haben was gut, ächt und schön ist!*[55], getrieben vom Wunsch nach gezielter Selbstdarstellung, jedoch auch aus der Verpflichtung zu repräsentativem Erscheinen. Auch modisches Zubehör diente diesem Zweck, mit Steinen besetzte Schuhschnallen, Spazierstöcke, Ringe, Gürtelschnallen u. a. m. Auch Vater Leopold Mozart war sich seiner Stellung bewusst. Als Hofmusiker kleidete er sich wie auch die übrigen Familienmitglieder seinem Stand gemäß. Das offizielle Hofkleid war in der zweiten Hälfte des 18. Jahrhunderts die „Robe à la française"[56]. Bei den Herren komplettierten das offene Justaucorps, die prächtige mit Goldborten verzierte Weste, die Ärmelrüschen, die schwarze Halsbinde und das Spitzenjabot, die weiß gepuderte Zopfperücke und der Dreispitz unterm Arm, gegebenenfalls auch der Degen, die höfische Galakleidung[57].

Die prachtvolle Repräsentation wurde bereits in der zeitgenössischen Literatur als wesentliches Standes- und Herrschaftsmittel betont, im Zuge aufgeklärter Adelskritik jedoch zunehmend als lächerlich empfunden. Um bei Hof Ansehen zu erwerben und zu erhalten, musste man seine Person sinnfällig präsentieren, musste Rang und sozialen Status deutlich zu erkennen geben. Das geschah über Verhalten, Zeremoniell, Etikette, im Objektbereich auch über Statussymbole[58]. Standesgemäßes Auftreten bedurfte der Pracht. Luxus entsprang „der Notwendigkeit zur Distinktion“[59].

Hofbedienstete und Hofadel waren – auch quantitativ ein nicht unwesentlicher Teil der Stadtbevölkerung – zu Prestige- und Repräsentationsausgaben gezwungen. Fehlte das Geld, die an eine Position gebundenen gesellschaftlichen Verpflichtungen zu erfüllen, waren Rang und soziale Existenz bedroht[60].

Der kleine Kreis des Salzburger Hochadels, zu dem u. a. die Familien Firmian, Kuenburg, Lodron, Plaz, Überacker, Rehlingen und Schidenhofen zählten, hatte weitgehend die obersten Hofämter inne, die in den meisten Fällen kaum mit praktischer Arbeit verbunden waren, sondern vorwiegend dem Bedürfnis des absolutistischen Fürstenstaats nach Repräsentation und Selbstinszenierung entsprachen[61]. Daneben gab es den vielfach mittellosen niederen Brief- und Beamtenadel, der während des 17. Jahrhunderts stark zunahm. Erlaubten die Apanagen der ersteren, elitären, Gruppe einen Lebensstil, der ihrer Stellung im Staat und den aristokratischen Prestigeansprüchen entsprach, ließen es die finanziellen Zuwendungen für den zweiten Personenkreis häufig nicht zu, einen als standesgemäß angestrebten „höfischen“ Lebensstil zu finanzieren. Johann Kaspar Riesbeck (1754–1786) verspottete in seinen „Briefen eines reisenden Franzosen“ (1783), gewiss satirisch-übertreibend, diesen *kleine*[n] *hiesige*[n] *Adel.* Der *grosse Schwarm der kleinen Hofleute, macht sich durch seine erbärmliche Titelsucht und seinen elenden Stolz lächerlich. Du findest hier gegen 100 gnädige Herren, die von 3 bis 400 Gulden auf Gnade des Hofes leben* [...] *Wegen der unbeschreiblichen Armuth unter diesem Theil der Einwohner findet man eine Menge gnädiger Fräulein, welche die Dienste der Haushälterinnen und barmherzigen Schwestern verrichten. Sie beklagen sich alle, daß ihnen der Hof keine hinlängliche Besoldung giebt, um ihrem Stand gemäß leben zu können. Ich hab aber nicht ausfindig machen können, was eigentlich ihr Stand sey. Fast alle haben weder Güter noch Kapitalien, und* [...] *so sieht sich der Hof genötigt, die Besoldungen so klein als möglich zu machen, um den vielen gnädigen und gestrengen Herren, von denen 2 Drittheile zu seiner Bedienung überflüßig sind, grade so viel geben zu können, daß sie nicht verhungern. Ihr Stand ist also nichts als der gute Wille des Hofes, eine grosse Menge unnützer Bedienten zu ernähren und ihr kühnes Vertrauen auf diesen guten Willen.*“[62] Auch wenn die finanziellen Belastungen nicht unerheblich waren, musste man bei Hof seinem Rang gemäß auftreten. Jede Form des Understatements war in dieser Gesellschaft verpönt[63].

Der residierende Hof war in mehrfacher Hinsicht auf die Stadt angewiesen. Das Zeremoniell, das visuell betonte Ritual, diente auch der Zurschaustellung der Legitimität und der Stabilität der Herrschaft. Die Stadt bot dabei den Raum und die Infrastruktur für den herrschaftslegitimierenden Lebensgestus. Die Stadt war Kulisse, Bühne und Zuschauerreservoir. Residenz und Hof benötigten also die Öffentlichkeit, vielfach in Form einer selektiven qualifizierten Öffentlichkeit[64]. Das Zeremonielle zentrierte sich auf die Residenz und den Residenzplatz (Einzug, Amtsantritt, Diplomatie und Gesandtenempfang, Herrschertreffen, persönliche Feiern, Audienz, Theater, Tanz, Bankett etc.), aber auch im und um den Dom (Gottesdienst[65], religiöse Feste, Prozessionen, Jubiläumsfeste, Aufbahrung, Begräbnis u. a. – manche von diesen in Verbindung mit ephemerer Architektur im öffentlichen Raum). Doch auch andere residenzielle Gebäude wie Schloss Altenau (Mirabell), das Lustschloss Hellbrunn, das Neugebäude, der Hofmarstall, sowie die Universität (Aula) oder dem Magistrat gehörende Bauten (vor allem das Rathaus, im späten 18. Jahrhundert auch das Theater) mit ihren zum Teil ambivalenten Nutzungsfunktionen wurden für die öffentliche Aktivierung von höfischer Repräsentation genutzt[66]. Selbst bauliche Details wie beispielsweise das mächtige Stiegenhaus zum Carabinierisaal der Residenz nahmen einen wesentlichen Platz innerhalb des Hofzeremoniells ein.

Innen und Außen

In Verbindung damit stellt sich die Frage nach der Privatheit und Öffentlichkeit, nach der Zugänglichkeit des Residenzgebäudes bzw. bestimmter Räumlichkeiten. Im Mittelalter arbeiteten und wohnten noch viele Hofhandwerker im Bischofshof. Zahlreiche Gewerbetreibende, aber auch Bedienstete siedelten sich erst in der Stadt an,

Hochfürstliche Residenz und Hauptwache, kolorierte Radierung von Johann Michael Frey, letztes Viertel 18. Jh. (Salzburg Museum).

nachdem sie Kardinal Matthäus Lang (1519–1540) als „unhöfisch“ aus dem Residenzbereich verbannt hatte[67]. Neben den schlichten Wirtschafts- und Verwaltungsbereichen, die sich vor allem im Souterrain und zu ebener Erde befanden, gab es nach dem Umbau unter Erzbischof Wolf Dietrich auch überaus prachtvoll mit Fresken und Tapisserien ausgestattete Prunkräume, deren größter der Carabinierisaal war. Diese Säle waren beispielsweise bei Bällen oder offenen Hoftafeln für unterschiedliche Schichten der Salzburger Bevölkerung und für auswärtige Gäste zugänglich. Zu erreichen waren diese Repräsentationsräume vom vorderen (Haupt-)Hof über die große Freitreppe und über prächtig geschmückte Gänge.

Die beiden dahinter, in Richtung der heutigen Sigmund-Haffner-Gasse liegenden Höfe des so genannten Toskanatraktes und der Dietrichsruh hatten hingegen privaten Charakter und konnten nur durch die Säle und Galerien des ersten Hofes betreten werden. Staatsbesuche und Angehörige der Familie wurden aber auch dort empfangen. Es galt als Auszeichnung, Zugang zu den persönlichen Räumen des Erzbischofs zu erhalten. Hohe Gäste wurden bisweilen eingeladen, in der Residenz zu wohnen und wurden, falls sie diesem Angebot nicht nachkamen, im Gasthaus zumindest aus der Küche der Residenz verpflegt[68]. Erstaunt konstatierten die Zeitgenossen, dass zum Domweihfest 1628 13 Reichsfürsten samt Gefolge in der Residenz aufgenommen werden konnten[69]. Für diese Gäste war der Zugang zu den privaten Gemächern und zu den Höfen und Gärten des Erzbischofs nicht nur möglich, sondern erwünscht und auch üblich.

Neben dem Adel stand die Residenz weiteren sozialen Schichten und Gruppen in unterschiedlichem Ausmaß und zu bestimmten Anlässen offen. Aus dem Tagebuch des in Salzburg studierenden Heinrich Pichler erfahren wir, dass Erzbischof Jakob Ernst Graf von Liechtenstein, im Unterschied zu seinem Vorgänger, wöchentlich offene Hoftafeln veranstaltete. Bewohner der Stadt konnten diesen als Zuseher, als (Teil-)Öffentlichkeit, beiwohnen.

Militärparade auf dem Residenzplatz, Carl Schneeweis, Öl auf Holz, 1776 (Salzburg Museum).

Die Säle wie auch die Zahl und die Besetzung der Tische variierten. Die „Tafel" am 7. November 1745 beschrieb Pichler so: *Nachmittag umb 1 Uhr giengen einige und auch ich nacher Hof, weillen offene Tafel ware und kunte zuesehen, wer nur wollte* […] *Heunt also speysete man in Kaysersaal, allwo 4 Tafeln waren; auf der ersten saße in der Mitte der p. t. Erzbischof unter einem großen rothsamtenen Baldakin* […] *Zu dessen rechte Seite saße seyn gnedige Frau Schwester Gräfin Botstasgin, linker Seyten aber die Oberisthofmeisterin Firmianin, hernach saße widerumb rechten Seyten ein Bischof und linker Seyten auch einer, nach welchen widerumb zu beyden Seyten zwei Dämen gesessen. Nach diesen saße der Domprobst und Domdecan, hernach wieder zwey Weibsbilder, nach welchen 4 Prälaten gesessen, nemlich die von St. Peter, Michaelbeyern, Niederaltaich und Fultenbach, hernach kombten die Domherren. Die Tafel war oval. Hernach ware ein andere Tafel, alwo viel Gavalier gesessen, unter welchen der erste Ihre Magnificenz der Herr D. P. Rector gesessen. Unter dieser Tafel waren in der Mitte die Musicanten, nemblich 24 Geiger und machten Parthien.*[70] Zwei Monate später, zum einjährigen Regierungsjubiläum Liechtensteins, wurde am 13. Januar 1746 eine offene Tafel gehalten, zu welcher sich der gesamte Hofstaat „in Gala" einzufinden hatte, worauf am Nachmittag eine lateinische Komödie stattfand, welche die Studenten ebenfalls besuchen durften. Bei der Erwähnung einer weiteren offenen Tafel im Monat darauf erfahren wir aus dem Tagebuch, dass man zum Besuch dieser Veranstaltungen Billets benötigte, um den Andrang zu bewältigen[71]. Gleiches galt für den Besuch von Opern und Faschingskomödien am Hoftheater in der Residenz.

Die (auch ökonomisch bedeutenden) Ratsfamilien standen in einem besonderen Naheverhältnis zum Hof, doch waren sie keineswegs die alleinigen Repräsentanten der städtischen Öffentlichkeit, die zumindest temporär Zugang zum Erzbischof und zum Hof hatten. Die (zeremonielle) face-to-face-Kommunikation zwischen den beiden Sphären Hof und Stadt wurde – neben Großveranstaltungen wie Bälle oder Theater – insbesondere

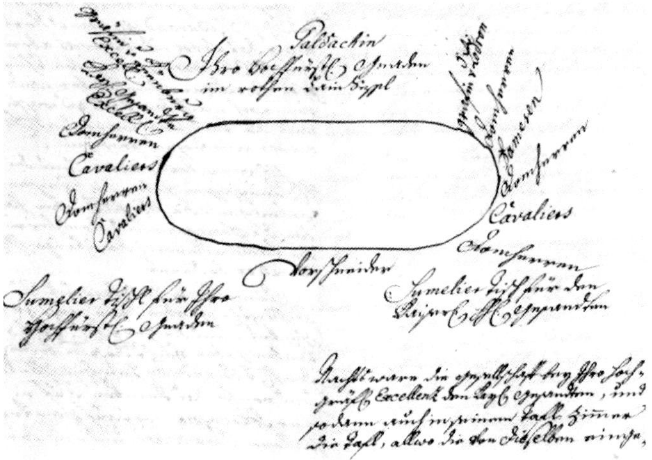

Sitzordnung für eine offene Hoftafel, 1739 (Salzburger Landesarchiv, Geheime Hofkanzlei).

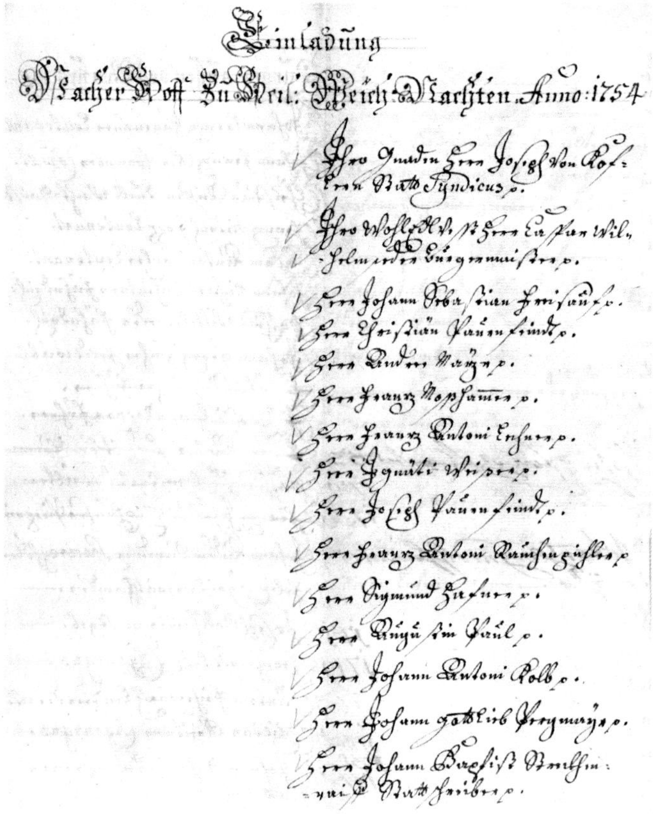

Erste Seite der Einladungsliste zur Weihnachtstafel bei Hof, 1754 (Salzburger Landesarchiv, Geheimes Archiv).

bei den Einladungen zur gemeinsamen Tafel gepflegt. Aus mehreren erhaltenen Einladungslisten der 1750er Jahre geht hervor, dass neben der Gesamtheit des städtischen Rates auch eine erkleckliche Anzahl ausgewählter Salzburger Bürger und Inwohner jeweils zu Weihnachten, unter manchen Erzbischöfen wie Harrach und Dietrichstein auch zu Pfingsten, zur Hoftafel geladen wurde. Diese fand jeweils in der Ratsstube statt[72]. Eingeladen waren der Stadtsyndikus, der Bürgermeister, die zwölf Mitglieder des Stadtrates sowie der Stadtschreiber. Daneben, unter dem Titel *Burger ausser des Raths*, werden in den Listen zudem 35 bis 50 geladene Personen angeführt, worunter neben einer geringen Anzahl von Offizieren der Bürgergarde sowie Produzenten von Luxusgütern wie Goldschmieden oder Hafner hauptsächlich Händler und Gewerbetreibende wie Bierbrauer, Wirte oder Buchbinder aufschienen. Es finden sich aber auch Vertreter „armer" Handwerke wie Schuster, Bäcker, ein Zurichter für ungegerbte Tierhäute oder ein Bürstenbinder.

Die Zusammensetzung der Gäste änderte sich jedes Jahr geringfügig. Die Auswahlkriterien sind nicht klar erkennbar, doch lassen die Quellen darauf schließen, dass die Einladungen mit dem Erzbischof abgesprochen waren bzw. Personen auch von diesem persönlich vorgeschlagen wurden. *Jacob Weinzierl 40. Jähriger burger und Schuhmacher zu Milln* [Mülln], *aus befelch Ihro Hochfürst. Gnaden unseres gnädigisten Herrn,* hieß es 1757[73]. Auf der Einladungsliste für Weihnachten 1754 finden sich etwa unter der Rubrik „Bürger außerhalb des Rates" entsprechende Vermerke. Zwischen zwei und fünf Personen wurden jährlich neu zur Weihnachtstafel geladen[74].

Die Einladungen waren sozial abgestuft: die Räte tafelten am zweiten Weihnachtsfeiertag, also am 26. Dezember, der Magistrat und die Bürger am folgenden Tag[75]. Für die Weihnachtshoftafel 1757 sind die Listen für sämtliche Personengruppen, also auch für die hohen Beamten und Träger von Ehrentiteln überliefert, wobei auch die Absagen vermerkt sind. Eingeladen wurden: Zwölf „Geheime Räthe" (sechs Absagen), zehn „Cavilier et Cammer Herrn" (vier Absagen), acht „Consistorial Räthe" (sechs Absagen), dreizehn „Titular Räthe" (drei Absagen)[76]. Von den 58 Ratsmitgliedern, Bürgern und Inwohnern – darunter auch ein Geselle – kamen alle außer vier, was im Vergleich zu den Titelträgern, die zusammen eine Absagequote von 44 Prozent aufwiesen, doch einiges über die hohe Wertigkeit dieser Festmähler für die Geladenen aus der Stadt aussagt.

Anno 1757.
Einladung Nacher Hof Zu Heil. Weichnachten anno 1757

Ihro Gnad. Herr Joseph Wilhelm von Koflern Stadt Sÿndicus
Ihro Wohl Edel vest Herr Johann Christian Paurnfeindt burgermaister
Herr Johann Sebastian Freysauf
Herrn Andree Mayr
Herr Franz Mosshammer
Herr Antoni Lechner
Herr Ignäti Antoni Weiser
Herr Joseph Paurnfeindt
Herr Franz Antoni Rauchenpichler
Herr Sigmundt Hafner
Herr Augustin Paul
Herr Johann Antoni Kolb
Herr Johann Gottlieb Bergmayr
Herr Johann Christian Reiffenstuell
Herr Johann Baptista Streckhenraif Stadtschreiber

Burgere ausser des Raths
H. Lorenz Hagenauer Leutenant
H. Johann Franz Kerschbaumer Cornet
H. Johann Marx Gschwendtner Wachtmaister
H. Adam Antoni Öxler Leutenant
H. Johann Michael Zechentner Leutenant
H. Matthias Wilhelmseder Fähndrich
H. Felix Gyri Fähndrich
H. Georg Zächer Feldtwäbl
H. Johann Michael Ropper Feldtwäbl
H. Ignäti Reisinger Führer
H. Johann Franz Fries Führer
H. Franz Antoni Muralt Handlsmann
[eine Zeile durchgestrichen, ersetzt durch:]
Jacob Weinzierl 40. Jähriger burger und Schuchmacher zu Milln, aus befelch Ihro Hochfürstl. Gnaden unsers gnädigisten Herrn
H. Mathias Härl Gastgeb
H. Johann Sigwert Millpacher Gastgeb
H. Rupert Scheibenpogen Wagmaister
H. Lorenz Pauer Glaserer
[eine Zeile durchgestrichen, ersetzt durch:]
Franz Jacob Dietrich Buech-binder
H. Johann Georg Baader Leeder Zuerichter
Johann Michael Volnhals binder
Simon Rägginger Zimmermaister
Mathias Gober Huetterer
Martin Tablander Schneider
Johann Griem Tischler
Johann Baptistä Elbmberger Fleisch-Hacker
Lorenz Gmächl Gastgeb
Peter Stainringer Schuechmacher
[eine Zeile durchgestrichen, ersetzt durch:]
Franz Endl Hafner
Georg Niedl Schneider
Ferdinand Weilhammer Züngiesser der Jüngere
[zwei Zeilen durchgestrichen, ersetzt durch:]
Joseph Göpperle Schuechmacher
Peter Paul Gritz Kürschner
Rupert Krätzer Böckher
Franz Schuester Schneider
Jacob Möstl Stainmez
Lorenz Pinter Färber
Joseph Wilhelm Treulich Portenmacher
Antoni Regenspurger Sailler
Franz Casper Kumberger Bettenhandler
Vitel Riegersperger Färber
Johann Högler Stainmez
[von fremder Hand hinzugefügt:]
Joseph Fischer Tischlermaister auf dem Grieß
Antoni Altmann Band-Macher Geselle.[77]

Nicht nur den städtischen, sondern auch ausgewählten Repräsentanten der Landbevölkerung wurde periodisch Zugang in die Residenz gewährt. Am Pfingstmontag kamen alljährlich vier Delegationen von Pinzgauer Wallfahrern in die Stadt und hielten eine Prozession um den Dom ab. Traditionell durfte dabei nur eine Abordnung der Bauern um den Hochaltar gehen. Diese wurde auch zum Abendessen in die Residenz geladen. Noch im 18. Jahrhundert wurde diese Tradition gepflogen, die aus dem Gedenken an den Bauernkrieg 1525/26 heraus entstanden war, als sich die Bauern des betreffenden Viertels geweigert hatten, sich gegen Fürsterzbischof Kardinal Matthäus Lang von Wellenburg zu erheben[78]. Für die wallfahrenden Bauern wurde die Hoftafel im Hofkeller ausgerichtet, was etwa auch für die Gruppen der Halleiner und der St. Jakober Kreuzfahrer galt, die ebenfalls jedes Jahr nach Salzburg kamen[79]. Diese Form der Hoftafeln fand an bestimmten Tagen, zumeist an Festtagen statt. Am 5. Januar wurden gewöhnlich die im 18. Jahrhundert aus vier Familien bestehenden Salzfertiger, die so genannten Erbausfergen, geladen[80]. Von einem vollkommen anderen Mahl berichtet Maria Anna Mozart in einem Brief vom 1. April 1779, nämlich von der Ausspeisung nach der Fußwaschung am Gründonnerstag, welche ebenfalls für das Publikum zugänglich war: […] *hernach mit meinem Bruder bey Hof die tafel der Jünger zu sehen* […][81].

Während der hoffähige geistliche und weltliche Adel einen unmittelbaren Zugang zum Hof hatte, war ein solcher, wie aufgezeigt, für andere Bevölkerungsgruppen nur zu bestimmten Anlässen als Publikum (offene Tafeln) oder als Akteure (Ladung zur Hoftafel) gegeben. Allerdings konnten auch von den zahlreichen Personen, welche sich regelmäßig in der Residenz aufhielten, wie etwa die studierenden adeligen „Kavaliere", welche die Residenz frequentieren, nur bestimmte Räume betreten werden. Bei Audienzen, Empfängen und diversen Festveranstaltungen waren die Trakte um den Haupthof, den man durch die Portale vom Residenzplatz oder vom Domplatz betrat, auch für die nichtadeligen Studenten der Benediktineruniversität sowie einer ausgewählten Öffentlichkeit des Bürgertums zugänglich. Domherren, weltlicher Adel, Bürger und Studenten besuchten gemeinsam Hofbälle oder Aufführungen des Hoftheaters. Mehrmals im Jahr gab es auch „Massenveranstaltungen". Bei den „Freybällen", die im Fasching mit Masken abgehalten wurden, und denen auch der Erzbischof beiwohnte, kamen zur Mitte des 18. Jahrhunderts bis zu 2000 Personen. Die Studenten erhielten ihre Eintrittskarten wiederum vom Rektor, der dafür 200 Billets vom Hof erhalten hatte[82].

Die adeligen Studiosi waren auch bei den in der Residenz öffentlich begangenen Geburtstagsfesten anwesend, wobei etwa nach dem Festessen für Erzbischof Andreas Jakob von Dietrichstein am 27. Mai 1748 eine italienische Burleske gespielt wurde. Wie auch innerhalb der bürgerlichen Bevölkerung üblich und beliebt, wurde das Stück auch bei Hof als Laientheater veranstaltet, wobei als Protagonisten hohe und höchste Hofangehörige auftraten (Oberststallmeister Arco, Obersthofmeister Firmian, Obersthofmarschall Lodron, Kerkermeister Graf Orbea u. a. m.)[83].

Wie schon angedeutet, waren geistliche Hofgesellschaften zwar überwiegend männlich, jedoch keineswegs „frauenlos". Zahlreiche offene Hoftafeln boten einen Zugang zum Hof, bei welchem je nach Belieben des jeweiligen Erzbischofs auch Damen zugelassen waren. War das nicht der Fall, so fiel es den Zeitgenossen sofort auf[84]. Entscheidend war der soziale Status: Während die erhaltenen Einladungen zu den Hoftafeln der 1750er Jahre zeigen, dass bürgerliche Frauen aus der Stadt Salzburg zu den Mahlzeiten nicht geladen wurden, kamen Gemahlinnen und Töchter von Adeligen und hohen Hofbediensteten sehr wohl in den Genuss, bei den alltäglich üblichen Hoftafeln oder auch bei speziellen Anlässen wie beispielsweise dem Namenstagsessen des Domprobstes in der Residenz zu speisen[85]. Beim Soupé im Kaisersaal nach dem feierlichen öffentlichen Einzug von Erzbischof Siegmund Christoph von Schrattenbach am 7. Mai 1753 fanden sich unter den rund 100 geladenen Gästen zwischen den Listenplätzen 37 und 60 die *Gräfin Wenzl Lodron und Ihre Freulle Tochter*, die *Obristhofmaisterin und Ihre Freulle Tochter, die zwey Frauen Hofmarschallinen*, die *Grafin Max Kuenburg, Graf und Gräfin Ernst Lodron* […] sowie die *Obrist Kuchelmaisterin, Frau Stattobristin von Griming nebst Freulle Kuefstein*, die *Verwittibte Baron Dückerin und Ihre Freulle Tochter*, die *Baronesse de Lasser nebst Ihren Herrn, Freulle Tochter und Freulle Latour*[86]. Eine Reihe weiterer weiblicher Gäste folgte. Die insgesamt 35 Teilnehmerinnen machten denn auch mehr als ein Drittel der zu dieser großen Festveranstaltung geladenen Gäste aus.

Der Zugang weiblicher Gäste bei den Hoftafeln variierte je nach Einstellung des geistlichen Fürsten. Erzbischof Sigmund Christoph von Schrattenbach etwa verbot im Januar 1754 generell die Teilnahme von Damen bei den Hoftafeln an den hohen Kirchenfesten, bald darauf auch an allen Sonn- und Feiertagen[87]. Knapp drei Jahre später befahl er, dass diese *inskünftig* [nur noch] *alle Montag, Mitwoch und Freitag* [...] *nacher Hof sollen geladen werden*[88].

Im Gegensatz zu den zahlreichen Hinweisen auf offene Tafeln oder auf Hoftafeln besitzen wir für die Salzburger Residenz kaum Quellen über Schautafeln, also Arrangements von Gerichten, die rein zur visuellen Delektion gedacht waren. Für das Fest anlässlich des Namenstags von Erzbischof Andreas Jakob von Dietrichstein am 30. November 1747 wurden allerdings in Verbindung mit einer offenen Tafel sehr wohl *Beschautorten* her- und ausgestellt, *welche all unterschidliche Jagdbarkeiten vorgestellet, weillen der Fürst ein Liebhaber von Jagen ist*[89].

Anmerkungen

1 Philipp Alexander Ferdinand Walther (Hg.), Hans Georg Ernstingers Raisbuch (Bibliothek des literarischen Vereins in Stuttgart 135), Tübingen 1877, S. 29.

2 Vgl. Heinz Dopsch und Peter M. Lipburger, Das 16. Jahrhundert – Von Leonhard von Keutschach zu Wolf Dietrich von Raitenau (1519–1587), in: Dopsch/Spatzenegger, Bd. II/4, S. 2015–2070, hier S. 2024.

3 Die Jahresangabe 1590 für die beschriebene Reise ist nicht korrekt. Ernstinger beschreibt etwa den Dom als ein vor Jahren durch einen Brand zerstörtes und bereits abgerissenes Gebäude. Der Dom fiel jedoch erst in der Nacht des 11. Dezember 1598 einem Feuer zum Opfer und das stark beschädigte Bauwerk wurde zwischen 1599 und 1606 abgetragen. Vgl. Walter Schlegel, Wie Salzburg zu seinem Gesicht kam. Die Baugeschichte der Altstadt von Salzburg in historischen Steckbildern (Schriftenreihe des Archivs der Stadt Salzburg 19), Salzburg 2004, S. 22; vgl. auch Georg W. Seunig, Das Werden einer Barockstadt. Salzburgs städtebauliche Entwicklung unter Wolf Dietrich von Raitenau, in: Dopsch/Spatzenegger, Bd. II/4, S. 2161–2182, hier S. 2171–2175.

4 Seunig, Barockstadt (wie Anm. 3), S. 2164. Vgl. im Gegensatz dazu die Beschreibung von Stephanus Vinandus Pighius, der als Hofmeister des Herzogsohnes Karl Friedrich von Kleve, Jülich und Berg auf dessen Kavalierstour 1574 Festung und Residenz besuchte – nicht 1587, wie irrtümlich angeführt. In diesem Jahr erschienen die Aufzeichnungen unter dem Titel: Hercules Prodicius seu prinicis juventutis vita et peregrinatio erstmals in Antwerpen im Druck. Siehe dazu: Dopsch/Lipburger, Das 16. Jahrhundert (wie Anm. 2), S. 2021.

5 Vgl. dazu Georg Stadler, Von der Kavalierstour zum Sozialtourismus. Kulturgeschichte des Salzburger Fremdenverkehrs, Salzburg 1975, S. 67.

6 Jörg Wettlaufer, Gesandtschafts- und Reiseberichte, in: Werner Paravicini (Hg.), Höfe und Residenzen im spätmittelalterlichen Reich. Hof und Schrift (Residenzforschung 15/3), Ostfildern 2007, S. 361–373, hier S. 363.

7 Vgl. Seunig, Barockstadt (wie Anm. 3), S. 2173.

8 Vgl. Walter Schlegel, Zur Baugeschichte der Salzburger Residenz, in: Barockberichte 5/6, 1992, S. 57–163, hier S. 157.

9 Vgl. dazu Heinz Dopsch, Bauernkrieg und Glaubensspaltung, in: Dopsch/Spatzenegger , Bd. II/1, S. 11–131, hier S. 111.

10 Vgl. dazu Seunig, Barockstadt (wie Anm. 3), S. 2163; Adolf Hahnl, Die bauliche Entwicklung, in: Dopsch/Spatzenegger, Bd. I/2, S. 854–864.

11 Vgl. dazu Georg W. Seunig, Die städtebauliche Entwicklung der Stadt Salzburg unter Fürsterzbischof Wolf Dietrich von Raitenau (1587–1612), Diss., Zürich 1981, S. 196; Derselbe, Barockstadt (wie Anm. 3), S. 2163.

12 Guido Friedl, Ausgewählte Gebäude und Haustypen: Die Residenz, in: Historischer Atlas der Stadt Salzburg, hg. v. Peter F. Kramml, Erich Marx und Thomas Weidenholzer (Schriftenreihe des Archivs der Stadt Salzburg 11), Salzburg 1999, Bl. III/2. Zum Inventar des Bischofshofes 1540 vgl. Hans Bayer, Der Salzburger Bischofshof – Eine Rekonstruktion anhand des Inventars von 1540, in: MGSL 146 (2006), S. 51–138; Hans Kammermayer, Herzog Ernst von Bayern (1500–1560). Fürst und Administrator des Hochstiftes Passau (1517–1540),

Konfirmierter zum Erzbischof und Administrator des Erzstiftes Salzburg (1540–1554), Landesherr der Grafschaft Glatz (1549–1560), Diss., Salzburg 2008, S. 272–281.

13 Johann Stainhauser, Das Leben, Regierung und Wandel des Hochwürdigsten in Gott Fürsten und Herrn Herrn Wolf Dietrichen, gewesten Erzbischoven zu Salzburg, hg. v. Willibald Hauthaler, in: MGSL 13 (1873), S. 3–140, hier S. 82–83; Seunig, Städtebauliche Entwicklung (wie Anm. 9), S. 199.

14 Gert Melville, Herrschertum und Residenzen in Grenzräumen mittelalterlicher Wirklichkeit, in: Hans Petze und Werner Paravicini (Hg.), Fürstliche Residenzen im spätmittelalterlichen Europa, Sigmaringen 1999, S. 9–73, hier S. 9.

15 Hans Patze und Werner Paravicini, Zusammenfassung, in: ebenda, S. 463–488, hier S. 483.

16 Das Fest dauerte vom 22. bis 28. September 1628; es kamen zahlreiche hohe Gäste, die mit ihrem Gefolge 930 Personen ausmachten. An der Reliquienprozession nahmen 2300 Personen teil. Vgl. Wilfried Schaber, Vorwort zum Reprint „Relation Unnd Beschreibung (…)", in: Homo ludens: „Fest und Spiel", Salzburg 1998, S. 273–302, hier S. 274; Adolf Hahnl, Der Hof als Rahmen. Über Aussehen und Funktion der Salzburger Residenz im Barock, in: Albert F. Hartinger und Gerhard Walterskirchen (Hg.), Biber und Muffat. Salzburger Komponisten zur Zeit des Hochbarock (Jahresschrift 1980 der Salzburger Bachgesellschaft), Salzburg 1980, S. 11–18, hier S. 12.

17 Dominico Gisberti, Die Reise der durchlauchtigsten kurfürstlichen Familie von Bayern nach Salzburg anno 1670, übersetzt, kommentiert und mit einer Einleitung versehen von Irene Schrattenecker, hg. vom Salzburg Museum, Salzburg 2008, S. 55.

18 Ebenda, S. 52.

19 Vgl. Amt der Salzburger Landesregierung, Abteilung 6/Landesbaudirektion (Hg.), Baudokumentationen der Landesbaudirektion 34: Umbau Alte Residenz, Salzburg 1997.

20 Die folgenden Zahlen nach der Besoldungslisten bei: Katharina Karin Mühlbacher: „… damitt meiner Stifft vndt mier von den ganzen Hoffgesindt … ordentlich gedient werdt" – Hof und Hofstaat im Erzstift Salzburg unter Erzbischof Wolf Dietrich von Raitenau (1587–1611/12), Dipl.-Arb., Salzburg 2008, bes. S. 88–95; Edition der Listen: S. 102–156. Nicht mitgezählt wurden die Empfänger von Provisionen, 1595 machten diese 41, 1611 bereits 64 Personen aus.

21 Gerhard Ammerer, Zur Steuer- und Finanzpolitik Wolf Dietrichs von Raitenau (1587–1612), in: Salzburg Archiv 2 (1986), S. 131–146, hier S. 133.

22 Vgl. Werner Buchholz, Geschichte der öffentlichen Finanzen in Europa in Spätmittelalter und Neuzeit. Darstellung, Analyse, Bibliographie, Berlin 1996, S. 16.

23 Zur Zunahme des nicht-adeligen Personals in hohen Hofrängen vgl. auch Ernst Schubert, Fürstliche Herrschaft und Territorium im späten Mittelalter (Enzyklopädie deutscher Geschichte 35), München 1996, S. 19; Rainer A. Müller, Der Fürstenhof in der frühen Neuzeit (Enzyklopädie deutscher Geschichte 33), München 1995, S. 20; Christian Hesse, Städtisch-bürgerliche Eliten am Hof. Die Einbindung der Residenzstadt in die fürstliche Herrschaft, in: Werner Paravicini und Jörg Wettlaufer (Hg.), Der Hof und die Stadt. Konfrontation, Koexistenz und Integration in Spätmittelalter und Früher Neuzeit. 9. Symposium der Residenzen-Kommission der Akademie der Wissenschaften zu Göttingen, veranstaltet in Zusammenarbeit mit der Historischen Kommission für Sachsen-Anhalt, dem Institut für Geschichte der Martin-Luther-Universität Halle-Wittenberg und dem Deutschen Historischen Institut Paris, Halle an der Saale, 25.–28. September 2004 (Residenzforschung 20), Ostfildern 2006, S. 471–486, hier S. 472; vgl. ferner Wolfgang Wüst, Geistlicher Staat und Altes Reich: Frühneuzeitliche Herrschaftsformen, Administration und Hofhaltung im Augsburger Fürstbistum (Studien zur bayerischen Verwaltungs- und Sozialgeschichte 19/1 u. 19/2), 2 Bde., München 2001; für Salzburg: Josef Karl Mayr, Geschichte der salzburgischen Zentralbehörden von der Mitte des 13. bis ans Ende des 16. Jahrhunderts, 2. T., in: MGSL 65 (1925), S. 1–72; Gerhard Ammerer, Wolf Dietrich als Verwaltungsreformer, in: Fürsterzbischof Wolf Dietrich von Raitenau, Gründer des barocken Salzburg. Katalog der 4. Salzburger Landesausstellung, 16. Mai–26. Oktober 1987 im Residenz Neugebäude und im Dommuseum zu Salzburg, Salzburg 1987, S. 138–142, hier S. 140; Heinz Dopsch, Recht und Verwaltung, in: Dopsch/Spatzenegger, Bd. I/2, S. 867–950, hier S. 941.

24 Vgl. Klaus Margreiter, Die Bedingungen der sozialen Aufstiegsmobilität in der Salzburger Bürokratie des Absolutismus, in: MGSL 139 (1999), S. 39–86, hier S. 49.

25 Vgl. dazu Rainer A. Müller, Hofstaat–Hofmann–Höfling. Kategorien des Personals an deutschen Fürstenhöfen der Frühen Neuzeit, in: Klaus Malettke und Chantal Grell (Hg.), Hofgesellschaft und Höflinge an europäischen Fürstenhöfen in der Frühen Neuzeit 15.–18. Jh. (Forschungen zur Geschichte der Neuzeit, Marburger Beiträge 1), Münster-Hamburg-Berlin-Wien-London-Zürich 2001, S. 39–53, hier S. 43.

26 Margreiter, Aufstiegsmobilität (wie Anm. 24), S. 49.

27 SLA, Geheimes Archiv XXIII 4/1-1, Besoldungsliste 1710. Deutlich zugenommen haben jedoch die Gnadengeld- und Provisionsempfänger, von 64 (1611) auf 151 (1710). Dieser Trend setzte sich ungebrochen fort: 219 (1747), 331 (1766), 567 (1802), dazu: SLA Geheimes Archiv XXIII 17, 25 u. 25/6.

28 SLA, Geheimes Archiv XXIII 25/5, Besoldungsliste 1799.

29 Jörg Wettlaufer, Zwischen Konflikt und Symbiose. Überregionale Aspekte der spannungsreichen Beziehung zwischen Fürstenhof und Stadt im späten Mittelalter und in der frühen Neuzeit, in: Paravicini/Wettlaufer, Der Hof und die Stadt (wie Anm. 23), S. 19–33, hier S. 20.

30 Heinz Dopsch, Art. „Salzburg, Ebf.e von (mit den Salzburger Eigenbm.ern Gurk, Seckau, Chiemsee, Lavant), in: Werner Paravicini (Hg.), Jan Hirschbiegel (bearb.), Höfe und Residenzen im spätmittelalterlichen Reich. Ein dynastisch-topographisches Handbuch (Residenzenforschung 15, 1. Teilbd./ 1. Dynastien und Höfe) S. 484–495, hier S. 485.

31 Vgl. Peter Michael Lipburger, Bürgerschaft und Stadtherr. Vom Stadtrecht des 14. Jahrhunderts zur Stadt- und Polizeiordnung des Kardinals Matthäus Lang (1524), in: Heinz Dopsch (Hg.), Vom Stadtrecht zur Bürgerbeteiligung. Festschrift 700 Jahre Stadtrecht von Salzburg (Salzburger Museum Carolino Augusteum Jahresschrift 33), Salzburg 1987, S. 40–63, hier S. 50.

32 Vgl. dazu Mühlbacher, Hof und Hofstaat (wie Anm. 20), S. 88–95.

33 Vgl. Andreas Ranft, Zusammenfassung, in: Paravicini/Wettlaufer, Der Hof und die Stadt (wie Anm. 23), S. 518.

34 Werner Paravicini und Andreas Ranft, Über Hof und Stadt, in: Paravicini/Wettlaufer, Der Hof und die Stadt (wie Anm. 23), S. 13–17, hier S. 13.

35 Wettlaufer, Zwischen Konflikt und Symbiose (wie Anm. 29), S. 32.

36 Vgl. Gerhard Ammerer, Notizen zur städtischen Wirtschaft, Gesellschaft und Verwaltung in der frühen Neuzeit, in: Dopsch/Spatzenegger, II/4, S. 2071–2159, hier S. 2127.

37 Vgl. Ebenda, S. 2121–2159.

38 Vgl. Marita Krauss, Herrschaftspraxis in Bayern und Preußen im 19. Jahrhundert. Ein historischer Vergleich (Historische Studien 21), Frankfurt am Main-New York 1997, S. 20.

39 Vgl. ebenda, S. 13–27.

40 Vgl. Gerhard Ammerer, Zur demographischen, wirtschaftlichen und sozialen Entwicklung der Stadt von Erzbischof Wolf Dietrich bis zur Säkularisation (1587–1803), in: Dopsch, Stadtrecht (wie Anm. 31), S. 64–74, hier S. 67.

41 Dutzende Lieferungen von Salzburger Kaufleuten finden sich im Bestand SLA, Residenzschlossverwaltung II, 4.263, 6.381, 6.396 usw. Hier auch Rechnungen für Salzburger Schneiderarbeiten, etwa für die Herstellung von Livreen, z. B. 3.163, 1.30.

42 Vgl. solche Verträge z. B. für das Jahr 1758 und 1760 (Hofbäcker, Hofmetzger) im Bestand SLA, Geheimes Archiv XXIII 24 ½.

43 Konzepte von Schuldbriefen und Verzeichnisse von Schulden Wolf Dietrichs finden sich im SLA, Geheimes Archiv XXVI, Hofkammer, Nr. 3 u. 4.

44 SLA, Hofkammer, Causa Domini 1756/1/D, Specification Deren Jenigen Passiv- Schulden, welche denen hienach Gesetzten Kauff- und Handls Leithen pro 1743, 1744 et 1746. Von der Hochfürstl. Guardarobba zuzahlen Schuldig verblieben; SLA, Residenzschlossverwaltung II/5.309, Schreiben der Salzburger Hofkammer in dieser Sache, 1. 10. 1749. Mehrere Ansuchen um Bezahlung der Schulden waren eingegangen. Die Schulden teilten sich wie folgt auf: An die Kaufmannischen Erben: 4623 Gulden, Franz Anton Waldmüller: 1627 Gulden, Joseph Ranftl: 625 Gulden, Christoph Ignaz Mezger: 392 Gulden, Martin Zeininger: 267 Gulden, Herrn Anister: 388 Gulden, Herrn Muralt: 241 Gulden, Herrn Paurnfeindt: 139 Gulden, Herrn Zezi: 15 Gulden, Summen auf Gulden gerundet.

45 Franz Martin, Zwei salzburgische Schmähgedichte, in: MGSL 52 (1912), S. 5–7.

46 Vgl. Heinz Noflatscher, Normen, Feste, Integration am Innsbrucker Hof, in: Derselbe und Jan Paul Niederkorn (Hg.), Der Innsbrucker Hof. Residenz und höfische Gesellschaft in Tirol vom 15. bis 19. Jahrhundert (Archiv für österreichische Geschichte 138), Wien 2005, 9–30, hier S. 27; Werner Paravicini, Alltag bei Hofe, in: Derselbe (Hg.), Alltag bei Hofe, 3. Symposium der Residenzen-Kommission der Akademie der Wissenschaften in Göttingen, 28. Febr.–1. März 1992 (Residenzforschung 5), Sigmaringen 1995, S. 9–30, hier S. 18.

47 Als Provisioner wurde eine nicht mehr im aktiven Dienst stehende Person bezeichnet, deren Unterhalt aus den Mitteln des Hofes finanziert wurde. Zu deren Zunahme unter Erzbischof Wolf Dietrich vgl. Mühlbacher, Hof und Hofstaat (wie Anm. 20), S. 80 f. und die jeweiligen Positionen in den im Anhang edierten Besoldungslisten.

48 Vgl. dazu Wilfried Keplinger, Eine unveröffentlichte Chronik über die Regierung Erzbischof Wolf Dietrichs, in: MGSL 95 (1955), 67–91, hier S. 71.

49 Andreas Ranft, Adel, Hof und Residenz im späten Mittelalter, in: Archiv für Kulturgeschichte, 89. Bd., H. 1, Köln-Wien 2007, S. 61–89, hier S. 68.

50 Vgl. Friedrich Pirckmayer, Aus Küche, Gaden und Kasten der Fürsten-Erzbischöfe von Salzburg, in: MGSL 20 (1880), S. 187–210, hier S. 200: Im Hofkeller lagerten etwa unter Erzbischof Johann Jakob (1560–1586): *Allerlay süeßen Weinen aus dem Früaull*, Muskateller, drei Sorten Rainfel (Muscatel, Prosegger- und Triester Rainfel), Schwernikol, roter und weißer Rosatzer, Pinöl und Wippacher-Wein. Aus der Steiermark kamen an („March")Weinen: Pettauer und Luttenberger neben rotem Leibnitzer; an oberländischen Weinen: Neckherwein, roter und weißer „Rhankwein", Eckwein. An Oster (österreichischen) Weinen werden genannt: Klosterneuburger, roter Retzer, Dornbacher-, Arnstorfer, Traismauerer-, Oberwölblinger-, Reichersdorfer- und Königstetter Weine.

51 Vgl. diverse Schreiben im SLA, Residenzschlossverwaltung II/3.178., II/21.22., II/35.19. u. a. m.

52 Vgl. Andrea Mayerhofer-Llanes, Die Mode der zweiten Hälfte des 18. Jahrhunderts in Salzburg, in: Barockberichte Heft 44/45, 2006, Begleitheft zu den Sonderausstellungen: Andreas Nesselthaler (1748–1821), Fürsterzbischof Colloredos Hofmaler, und Die Hagenauer – Künstler, Kaufleute, Kirchenmänner im Salzburg der Mozartzeit, S. 903–910, hier S. 907.

53 Vgl. SLA, Residenzschlossverwaltung II/22.17, II/30.10.3.

54 Vgl. SLA, Residenzschlossverwaltung II/40.57.

55 Wilhelm A. Bauer und Otto Erich Deutsch (Red.), Mozart. Briefe und Aufzeichnungen, Bd. III, Kassel-Basel-London-New York 1962, Nr. 696, 233, Brief 28. 9. 1782.

56 Vgl. Mayerhofer-Llanes, Die Mode (wie Anm. 52), S. 905.

57 Vgl. dazu: Sabine Greger-Amanshauser, Kleidung, in: Gerhard Ammerer und Rudolph Angermüller (Red.), Das Salzburger Mozart-Lexikon, Bad Honnef 2005, S. 229–232.

58 Ebenda, S. 67.

59 Paravicini, Alltag bei Hofe (wie Anm. 46), S. 16.

60 Vgl. Hubert Ch. Ehalt, Ausdrucksformen absolutistischer Herrschaft. Der Wiener Hof im 17. und 18. Jahrhundert (Sozial- und Wirtschaftshistorische Studien 14), Wien 1980, S. 68.

61 Zum Ungleichgewicht von Arbeit und Freizeit vgl. z. B.: Joachim Ferdinand von Schidenhofen, ein Freund der Mozarts. Die Tagebücher des Salzburger Hofrats, hg. und kommentiert von Rudolph und Hannelore Angermüller (MGSL. Erg.-Bd. 24), Bad Honnef 2006.

62 Johann Kaspar Riesbeck, Briefe eines reisenden Franzosen durch Bayern, Pfalz und einen Theil von Schwaben an seinen Bruder zu Paris, 2. Aufl. Zürich 1783, S. 78 f.; vgl. auch Ammerer, Notizen zur städtischen Wirtschaft (wie Anm. 36), S. 2104 f.

63 Vgl. Ehalt (wie Anm. 60), S. 41.

64 Ebenda, S. 15.

65 Vgl. z. B. allein die Beschreibung des rituellen, aufwändigen Gangs des Erzbischofs und des Hofstaates in die Nachmittagsvesper des 24. Dezember 1745 in: Tagebuch des Fr. Heinrich Pichler während seines Studiums an der Salzburger Universität 1745–1748, ed. von Franz Martin, Vom Salzburger Fürstenhof um die Mitte des 18. Jahrhunderts, in: MGSL 77 (1937), S. 1–48 , hier S. 3 f.

66 Vgl. Ranft, Zusammenfassung (wie Anm. 33), S. 513.

67 Vgl. PETER PUTZER, Residenz und Residenzstadt aus der Sicht der Verfassungsgeschichte, in: ROLAND FLOIMAIR (Hg.), Toskanatrakt der Residenz (Schriftenreihe des Landespressebüros. Baudokumentation Universität und Ersatzbauten 11), Salzburg 1993, S. 77–86, hier S. 81.

68 Vgl. z. B. BOLKO SCHWEINITZ, Die Reise des Kronprinzen Władysław Wasa in die Länder Westeuropas in den Jahren 1624/1625, München 1988, S. 60.

69 Vgl. PUTZER, Residenz und Residenzstadt (wie Anm. 67), S. 84.

70 PICHLER, Tagebuch (wie Anm. 65), S. 3 f.

71 Vgl. ebenda, S. 14, 15.2. 1746.

72 SLA, Geheimes Archiv XXXIII 24½, Hofmarschallsdiarium 1751–1763, S. 93, Aufhebung der Pfingsttafel im Juni 1754 durch Erzbischof Schrattenbach. Der Hinweis auf die Ratsstube findet sich in den Aufzeichnungen des Hofmarschalls; vgl. Hofmarschallsdiarium 1751–1763, ed. von FRANZ MARTIN, Vom Salzburger Fürstenhof um die Mitte des 18. Jahrhunderts, in: MGSL 77 (1937), S. 76–118, hier S. 116.

73 SLA, Geheimes Archiv XXXIII 24 ½, Anno 1757. Einladung nacher Hof zu Heil. Weichnachten.

74 SLA, Geheimes Archiv XXXIII 24 ½, Einladung Nacher Hoff zu Heil: Weich-Nachten Anno: 1754, Burger ausser des Raths.

75 Vgl. Hofmarschallsdiarium 1751–1763 (wie Anm. 72), S. 80 (für die Pfingstfeiertage 1751), S. 116.

76 SLA, Geheimes Archiv XXXIII 24 ½, Lista Deren Räthe Zu Heyl: Weihnachten 1757; Titular Räthe.

77 SLA, Geheimes Archiv XXXIII 24 ½.

78 PICHLER, Tagebuch (wie Anm. 65), S. 23.

79 Hofmarschallsdiarium 1751–1763 (wie Anm. 72), S. 84, 3. 4. 1752; S. 89, 7. 7. 1753.

80 Hofmarschallsdiarium 1751–1763 (wie Anm. 72), S. 85, 5. 1. 1753; Entfall wegen Todeskampfes und Ablebens von Erzbischof Dietrichstein. Die vier Familien waren die Gutrather, die Camerlohr, die Freiherrn von Dückher und von Auer.

81 BAUER/DEUTSCH, Mozart. Briefe und Aufzeichnungen (wie Anm. 55), Nr. 523, Z. 27.

82 PICHLER, Tagebuch (wie Anm. 65), S. 35.

83 Ebenda, S. 58.

84 Ebenda, S. 55: *Auf Mittag war eine sollemne offene Tafel, bey welchen kein einziges Frauenzimmer gesessen wie sonsten* [...].

85 Hofmarschallsdiarium 1751–1763 (wie Anm. 72), S. 82, 7. 2. 1752: [...] *in dem Marcus Sitticus-Saal ihme zu Mittag eine Tafel zu halten, zu welcher auch Damessen geladen wurden und mit zu speisen.*

86 SLA, Geheimes Archiv XXXIII 24 ½, *Den 7. May an Montag und Höchst erfreulicher einzug von Sr. Hochfürstl. Gnaden Unsers Gnädigisten Landesfürsten und Herrn Herrn, in dero Residenz-Statt Salzburg Sopué bey Hof in Kayser Saal an einer Tafel en forme eines Hof-Essen.*

87 Hofmarschallsdiarium 1751–1763 (wie Anm. 72), S. 91, 7. 1. 1754.

88 Hofmarschallsdiarium 1751–1763 (wie Anm. 72), S. 109, 13. 11. 1756.

89 PICHLER, Tagebuch (wie Anm. 65), S. 56.

Gerhard Plasser

DER RESIDENZPLATZ

Vom Domfriedhof zur Eventkulisse

774	Weihe des Virgildomes
1181	Baubeginn des spätromanischen Domes unter Erzbischof Konrad III.
1592–1597	Verbindungsgang zwischen Bischofshof und Neuer Residenz
1596	Umbau von St. Johann im Hofe zur einer „Hofquardaroba"
1597	Verlegung des Domfriedhofs
1598	Brand des Domes und anschließende Demolierung
1614	Beginn des Neubaues des Domes und Neuanlage des Residenzplatzes
1702/03	Errichtung des Glockenspielturmes

Vorrangige Nutzung und Beschreibung

Der ehemalige Haupt-, Hof- oder Residenzplatz[1] ist noch immer einer der wichtigsten Mittelpunkte der Stadt Salzburg. Hier werden Rekruten angelobt, hier wird der Bundespräsident empfangen, zur Eröffnung der Salzburger Festspiele wird der Fackeltanz getanzt, und hier stehen die Ringelspiele, Schaukeln, Bierzelte und Brezelbuden während der Rupertidult im September. Dennoch spiegeln diese Veranstaltungen und Aktivitäten nur noch matt vergangenen Glanz wider. Im eigenständigen Erzstift Salzburg residierte an diesem Platz der Landesfürst, in der Neuen Residenz befanden sich die Dikasterien (Ämter) und der so genannte Ständesaal. Dieser Ort war in der Hierarchie der Stadtplätze zweifelsohne der erste. An ihm kann man die Funktionen eines Staatsmarktes ablesen[2]. Obwohl auf diesem Platz für die alten Jahr- und Wochenmärkte Verkaufsbuden aufgestellt wurden, stand nicht der Tausch von Waren, sondern die Veranschaulichung der Landesherrschaft im Mittelpunkt. Die Funktion als Residenz-Platz erhielt er allerdings erst zu Beginn des 17. Jahrhunderts unter Erzbischof Markus Sittikus. Die Gründung der Ersten Republik (1918) beendete diese Aufgabe. Der Residenzplatz transformierte sich in der Zwischenkriegszeit in eine Agora für politische Parteien und Verbände, die hier Demonstrationen und Aufmärsche veranstalteten. Nach einer zeitweiligen Nutzung als Parkplatz nach 1945 und seiner Einbeziehung in die Fußgängerzone der Altstadt wird seine beeindruckende Kulisse heute für Events im Rahmen des Stadtmarketing genutzt. 2008 war der Residenzplatz Teil der Fanzone während der Fußball-Europameisterschaft. Die Stadtgemeinde gestattete der UEFA, dem europäischen Fußballverband, im Austausch für erhoffte Umwegrentabilität exklusive Werberechte und den exklusiven Ausschank einer internationalen Biermarke.

Heute ist der Platz (scheinbar) unantastbar. Jede Veränderung, ob dauerhaft oder temporär, wird von der Salzburger Bevölkerung und den Medien genau verfolgt und ist durch die periodischen Stürme in den Leserbriefspalten gut dokumentiert[3]. Fast gewinnt man als Beobachter den Eindruck, aufmerksame Stadtbürgerin-

Residenzplatz während des Finales der EURO 2008 zwischen Spanien und Deutschland, 29. Juni 2008 (Foto Gerhard Plasser).

nen und Stadtbürger wollen sich ihre „gute Stube" oder ihr „Wohnzimmer" oder zumindest ihr gewohntes Bild davon nicht verändern lassen. Derzeit wird über den als „fünfte Fassade" bezeichneten Platzboden nach einem Projekt der Architekten Andreas Knittel und Max Rieder diskutiert. 2009 soll ein neuer Belag aufgebracht werden. Die Vorgabe der Stadt, dass der Platz „40-Tonner-tauglich", also für Transportfahrzeuge von Großevents befahrbar sein muss, steht über allen architektonischen Überlegungen. Diese Funktionsänderung führt aber zu einer Versiegelung des Bodens mit einer fast einen halben Meter starken, frostsicheren Betonplatte[4].

Der relativ geschlossen wirkende Platz geht an seiner nordöstlichen Ecke in den Mozartplatz über, wodurch sich eine freie Sicht auf Kapuzinerberg und Gaisberg ergibt. Das Stadtgrün wird durch mehrere Ausblicke auf die Stadtberge sowie durch zwei Bäume, welche vor der Neuen Residenz stehen, in den Architekturplatz eingebunden. Die Gebäude am Rande des Platzes erhalten damit eine zweite Platzwand als Folie[5]. Dom, Residenz und Neue Residenz werden durch die tiefer liegende Platzmitte mit einem ansteigenden Vordergrund, einer Art (Bedeutungs-)Sockel ausgestattet und damit aufgewertet. Platzzentrum ist der barocke Residenzbrunnen (früher Hofbrunnen), der den eher strengen Fassaden eine kraftvoll-spielerische Note entgegensetzt.

Umschreitet man den Platz, so tauchen nacheinander die Dominanten der Stadtsilhouette auf: Domkuppel und Domtürme, das Festungswerk „Katze" auf dem

Mönchsberg, die Türme von St. Peter und Franziskanerkirche, die Türme der Kollegienkirche, der zierliche Turm der Michaelskirche, dann der Kapuzinerberg, der Gaisberg sowie der Glockenspielturm und die Festung.

Wegen der vielen Monumentalgebäude drohen die kleineren Verbindungs- oder Vorbauten unbeachtet zu bleiben. Die Arkaden der alten Hauptwache (an der Neuen Residenz) und jene der Dombögen zeigen von ihrer künstlerischen Ausgestaltung her ihre Wichtigkeit an. Auch der eingeschoßige Vorbau der Michaelskirche mit seiner Rokoko-Fassade ist ein wesentlicher Farbtupfer der Platzgestalt. An der Nordseite stehen die Bürgerhäuser Residenzplatz 4 bis 7.

Dieser während zweier Jahrhunderte nur scheinbar zum Stillstand gekommene Platzraum wurde jedoch schrittweise umgebaut und sukzessive erweitert. Im 19. und 20. Jahrhundert erhielten etliche Gebäude neue Fassaden oder kleinere Vorbauten, etwa das Hotel „Zum Goldenen Schiff" (heute Hypo Bank). Die Arkaden vor der Neuen Residenz wurden verbreitert, die Terrassen vor dem Cafe Glockenspiel, auf den Dombögen und auf den Arkaden der Hauptwache errichtet.

Teilnehmende Beobachtung

Städtische Freiflächen wie Plätze und Straßen, Wiesen, Gärten und Friedhöfe geben den Bewohnern einer Stadt die Möglichkeit, ihren Rollen einen Ort zu geben und dort Mitspieler zu treffen. Ob eine Person zu Hause auf dem Sofa oder auf dem Residenzplatz auf einer Parkbank liegt, macht einen feinen Unterschied. Wenn ich als Museumsangestellter um sieben Uhr morgens vor der Residenz sitze, werden sich die spärlichen Passanten möglicherweise überlegen, was ich hier wohl mache. Bin ich mit einem Rucksack unterwegs, gehe ich vielleicht als früh aufstehender Tourist durch. Dass ich dort saß, um dem Glockenspiel zu lauschen, wäre den meisten Salzburgern wahrscheinlich nicht einmal in den Sinn gekommen. (In etwa 100 Meter Entfernung mischen sich die Teiltöne der Glocken zum optimalen Klang.) An diesem Morgen kam außer der Müllabfuhr nur eine Handvoll Passanten vorbei. Ihnen stand es frei, mich wahrzunehmen, zu ignorieren, mich zu mustern, einzuordnen oder gleich wieder zu vergessen. Sie alle machten das nach ihrem Gutdünken, nach ihren Codes und Rollenverständnissen und verwendeten diese wohl zumeist unbewusst, nahmen aber Codeverletzungen sofort wahr. Die Platznutzerinnen und Platznutzer vergangener Zeiten hatten andere, eigene Codes und Verhaltensweisen, die wir heute möglicherweise noch partiell erklären, aber mit Sicherheit nicht mehr die damit verbundenen Gefühle, Ängste, Freuden und Ärger empfinden können. Als Historiker ist man gewohnt, sinnstiftende Zusammenhänge zu rekonstruieren. Chaotisches und irrelevantes Treiben auf einem Platz fällt damit zumeist durch das Untersuchungsraster. Viele Wege der Platzbenutzer führten sie nur notgedrungener Maßen über den Platz in benachbarte Gebäude oder Straßen, wie den Vater, die Paten und Patinnen, die mit dem Neugeborenen der Taufe in der Domsakristei zustrebten, oder wie die Bäuerinnen, die durchs Michaelstor kommend, mit ihren Warenkörben Richtung Marktplatz gingen, oder der erzbischöfliche Läufer, der eine Botschaft überbringen musste, oder wie die Reisenden, die beim Schiffwirt abstiegen und deren Pferde ein Knecht in den Stall um die Ecke führte. Diese alltäglichen Handlungen standen abseits der höfischen Sphäre, wurden aber von ihr mitgeprägt. Für die altständische Gesellschaft, insbesondere der höfischen Gesellschaft, ist ein „Sich-Auffällig-Machen"[6] notwendig, um genügend respektiert zu werden. Die Formen, die im Zeremoniell festgelegt und immer wieder neu verhandelt wurden, diffundierten in einer Residenzstadt auch in bürgerliche und kleinbürgerliche Schichten, da ja viele der Bewohner bei Hof angestellt waren oder mit ihm zu tun hatten.

Bauzustand und Funktionenwandel – Schnitt 1565

Um 1500 war der größte Platz der Stadt der Frauenhof (etwa 125 x 75 m, heute Domplatz), gefolgt vom Marktplatz (etwa 120 x 30 m, heute Alter Markt) und dem Aschhof (etwa 60 x 30 m, heute Teil des Residenzplatzes). Alle drei Plätze hatten unterschiedliche Funktionen und Aufgaben.

Richard Schlegel hat 1934–1936 mit seinen veranschaulichenden Steckbildern den Bauzustand von Dombezirk, Domfriedhof und Aschhof zur Mitte des 16. Jahrhunderts rekonstruiert[7]. Der heutige Residenzplatz umfasst den Aschhof, den früheren Domfriedhof und etwa ein Drittel des spätromanischen Domes. Damit läge etwa die Hälfte der im alten Dom vorhanden gewesenen Bischofsgräber heute auf dem Residenzplatz, wenn nicht Erzbischof Wolf Dietrich die bischöflichen Gebeine heben hätte lassen, um sie im neuen Dom erneut zu bestatten[8]. Den Dombezirk bildete ein mittelalterliches Gebäudeensemble aus Dom, Bischofshof, Domkloster und Frauenhof, umgeben von der Benediktinerabtei St. Peter und der Pfarrkirche „Zu unserer lieben Frau".

Domfriedhof und Aschhof trennte eine Mauer. An dessen nordöstlicher Ecke stand St. Michael mit Resten eines vermuteten Pfalzbezirkes am Waagplatz[9]. Die Ostseite von Aschhof und Domfriedhof bildeten wiederum das *Domgusterhaus* (Domküsterhaus) und weitere Bürgerhäuser. Thurnerkapelle (St. Jakob) und Karner standen im Friedhof, der im Osten von der Mauer des Kapitelgartens begrenzt wurde. Die Nordseite des Aschhofes ist weitgehend mit der heutigen Nordseite des Residenzplatzes ident.

Über den Aschhof gelangte man in den Bischofshof, transportierte Abgaben in die Speicher des Erzbischofs, spazierte in den Domfriedhof oder den Dom, ging oder fuhr zum Brotmarkt oder auf den Marktplatz. Den Aschhof berührten kirchliche und weltliche Zeremonien, Einzüge, Prozessionen und Begräbnisse.

Hans Sachs hat in seinem Lobspruch auf die Stadt Salzburg (1549) den Aschhof anschaulich beschrieben:

Sechst auch in der Stat den Aschhof,
Darin denn wonet der Bischof
Mit seinen festlichen Gemachen,
Dein Herz wuerd dir vor Freuden lachen,
Wie all Ding darin ist orniert,
Dergleich wie der Thuom ist geziert,
Da singt man all Tagzeit an Mitel,
Da ist ein Erwirdigs Capitel
Alle Thumherren gar an Tadel,
Doctores oder von dem Adel,
Auch sind in der Stat auf und nieder
Viel schöner Häuser hin und wieder,
Welche erbaut sind von Quader,
Inwendig getäfelt mit Flader,
In die Höch aufbaut mit drei Geden,
Mit viel Gwelben und eisren Leden,
Mit kalten Kellern und mit Brunnen,
Auch kumet in die Stat gerunnen
Ein Bach, den haiset man die Alben,
Den man kann schwellen allenthalben
In Bruensten und in Feuersnot.[10]

Das Besondere am Aschhof waren die vor der Friedhofsmauer liegenden Verkaufsläden sowie an seiner westlichen Seite die Ringmauer um den Bischofshof mit Hoftor und Hoftorturm[11]. Zum Hof hin hatten ein Taschner und ein Messerschmied, zum Friedhof hin, wie Johann Stainhauser berichtet, *weillische Krammer oder Saphoyer*, ein Petschaftgraber, dann ein Spängler, Buchbinder und Drechsler ihre offenen Läden, die abends versperrt wurden[12]. Diese Verkaufs- und Produktionsstätten am Aschhof waren gepachtet. Vom Goldschmied Wolfhart Faust wissen wir aber, dass er vor 1492 einen Verkaufsladen am Aschhof und das Haus Residenzplatz 7 besaß[13]. Heinz Dopsch und Peter Kramml haben darüber hinaus auf die Marktfunktion des Aschhofes hingewiesen[14]. Die Salzburger Stadt- und Polizeiordnung von 1524 regelte den Handel auf dem an drei Tagen stattfindenden Wochenmarkt: *Nemblich So soll das Stro, Hey, allerlay Holz, Schintl, Ladden, Choll, Zaunholz, vnd was solher Ding sein, auf dem Asthof* [Aschhof] *failgehaltn werden.*[15]

Durch ein Portal gelangte man vom Aschhof in den Domfriedhof. Bei archäologischen Notgrabungen 2007 bis 2009 wurden lediglich die oberen Schichten des ehemaligen Domfriedhofes ergraben und deren Gräber frei gelegt. Sie haben gezeigt, dass nur wenig Erdreich die mittelalterlichen und römischen Schichten bedeckte. Eine genauere Untersuchung steht jedoch noch aus. Wir wissen etwa nicht, wann die Belegung begann[16]. Die ältesten Teile des Friedhofs könnten auch zu St. Michael gehört haben[17]. Jedenfalls gab es bereits im 12. Jahrhundert auf der Nordseite des Doms Grabkapellen. Zur Mitte des 16. Jahrhunderts befanden sich dort die Jakobskapelle mit der Grablege der Herren von Thurn, dann St. Johannes am Hof mit dem daneben stehenden Hoftorturm, die Pilgrimskapelle, das Nordportal und die neue Sakristei an der Domnordseite. Die Cäsarius- oder Allerseelenkapelle fehlt auf der Ansicht von 1565[18]. Über den Aschhof, durch das Nordportal und durch den Domfriedhof führten Zugänge zum Dom, zum Domkloster und zum Bischofshof.

Im Domfriedhof brannte neben der St. Jakobskapelle, wahrscheinlich in einer Lichtsäule jede Nacht das vom Chiemseer Bischof Konrad 1434 gestiftete Totenlicht[19]. Bis 1687 waren auch zur Nachtzeit Leichenbegängnisse üblich[20]. An das „leichte Sterben" erinnerte eine Christophorusdarstellung an der Domapsis. Sie ist auf der Stadtansicht von 1553 gut erkennbar. Das Domkapitel und insbesondere die Dompfarrer drängten darauf, dass alle Salzburger Pfarrkinder im Domfriedhof bestattet wurden. Gläubige konnten jedoch ihren Begräbnisplatz

Dombezirk, Domfriedhof und Aschhof um 1560, Rekonstruktion von Richard Schlegel.

im Testament selbst bestimmen und kaufen, was zu langwierigen Auseinandersetzungen zwischen Domkapitel und dem Abt von St. Peter um das Begräbnisrecht führte[21].

Neben Bürgern und Inwohnern wurden auf dem Domfriedhof auch Adelige bestattet.

Das Domkloster als Begräbnisstätte blieb Adeligen, Domherren und Geistlichen, das Innere des Doms den Erzbischöfen vorbehalten.

Die Auseinandersetzung der Forschung um die Fünf- oder Dreischiffigkeit des romanischen Salzburger Domes wird heute meist mit dreischiffig plus einer nördlichen Kapellenreihe aufgelöst. Trotzdem bleibt ungeklärt, wie die nördliche Kapellenreihe mit dem nördlichen Seitenschiff zusammenhing. Beide nördlichen Teile könnten wie bei Basiliken üblich verbunden oder auch durch ein gemeinsames Pultdach gedeckt gewesen sein, an welches die Dächer der Pilgrimskapelle (ca. 1367/85–1599) und der Sakristei Leonhards von Keutschach mit den „Heiltümern" (1500/1511–1599) sowie das Nordportal anschlossen. Auf dem Friedhof sammelten mehrere Zisternen die Dachwässer des Domes. Eine wurde im Winkel zwischen Dom und St. Johann im Hof 2008 ergraben. Eine weitere erwähnte Spies 1930[22].

Auch im Dombereich, im Kreuzgang und im Paradies, dem gotischen Vorbau des Hauptportals, wurde Handel getrieben. Fremden Krämern war dies allerdings verboten, außer sie verkauften Messgewänder, Bücher, Bildwerke, gemalte Briefe und Tücher oder was dem Herkommen nach zu der Geistlichkeit gehörte[23].

Die Ausstattung des Doms und des Domfriedhofs betonte die Sakralität dieses Ortes. Im Dom verwahrte man die Reliquien der Salzburger Heiligen. Und auch die Gräber der Bischöfe und Erzbischöfe präsentierten sich hier den Gläubigen. Im Verlauf des Spätmittelalters wurden die einfachen Grabplatten zu aufwändigen Grabmälern, ja zu Grabkapellen. Die Begräbnislandschaft in den Domseitenschiffen diente nicht nur zur Inszenierung der einzelnen Würdenträger, sondern auch zum Nachweis der unmittelbaren Nachfolge der Salzburger Erzbischöfe nach den hll. Rupert und Virgil. Insofern kann man auch vom wichtigsten Memorialbau des Erzstiftes sprechen. Hier gab es keine Grablege der Ahnen einer Dynastie sondern eine der Amtsvorgänger.

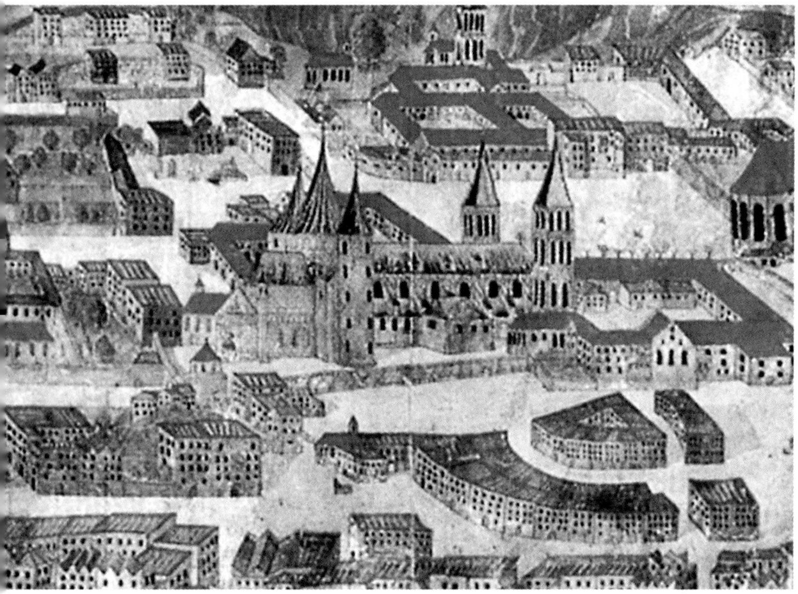

Salzburg vom Kapuzinerberg, 1553, Ausschnitt, anonyme Federzeichnung (Erzabtei St. Peter).

Nicht nur für die Inszenierung der Herrschaft der Erzbischöfe bot die Architektur des Domes den Rahmen, sondern auch für die Inthronisation des neuen Erzbischofs. Die reichsrechtliche Unter- und Zuordnung der Fürsten fand in der Sitzordnung der Vigilien und Totenmessen für verstorbene Kaiser ihren anschaulichen Ausdruck (Trauergerüst)[24].

Kurze Fronleichnamsprozession bei Regen und Pest

Die Fronleichnamsprozession, eine in Salzburg seit 1263 bestehende Feierlichkeit, führte normalerweise von der Bischofskirche in den rechtsseitigen Stadtteil oder nach Mülln[25]. Diese Prozession schloss das gesamte Gemeinwesen mit den Zünften ein. Die Stadt übernahm dabei die Kosten für die Errichtung der Prozessionstreppen und die Aufbauten für die Altäre. Für Regenwetter gab es eine Kurzvariante, ausgehend vom Dom, beim Sakramentshäuschen vorbei durch das Paradies (Westportal) zur Michaelskirche und retour in den Dom. Der Dompfarrer erwartete mit dem „Allerheiligsten" die Prozession vor der Michaelskirche, der ursprünglichen Pfarrkirche im Mittelalter. Ob der Rückweg über den Domfriedhof und das Nordportal oder über die Residenz zurück in die Domkirche führte, ist in dieser Nachricht aus dem Jahr 1442 nicht überliefert. Zum Abschluss zog die Prozession auch durch die Krypta[26].

1571 fand wegen *Infection* lediglich ein kleiner Umzug statt, der von der Stadtpfarrkirche über die Sigmund-Haffner-Gasse zum Rathaus und weiter über die Judengasse zum Brodmarkt (Waagplatz) führte. Von dort begleiteten die Domschüler den Erzbischof mit dem „Allerheiligsten" bis zum Paradies, wo sie *unsers gnädigsten Herrn mit gesungenen Responsorien* antworteten[27]. Der sakrale Charakter dieser Veranstaltungen stand im Vordergrund. Die weltliche Hierarchie brachten dagegen etwa die Einzüge der gewählten Erzbischöfe zum Ausdruck[28].

Im Zuge der Herausbildung absoluter Territorialherrschaft bauten auch die Salzburger Erzbischöfe in der Hauptstadt ihren Regierungssitz vorerst nach deutschem, dann nach italienischem Vorbild um, zu dem auch ein repräsentativer Vorplatz gehörte[29].

Die Säkularisierung des Domstiftes und seine Umwandlung in ein weltliches Domkapitel 1514 ermöglichte die sukzessive Differenzierung des mittelalterlichen Domstifts und des Bischofshofs in eine fürstliche Residenzenlandschaft. Während sich das Areal nördlich des Domes zu einem Platz der Repräsentation fürstlicher Macht im Vorfeld der Residenz entwickelte, entstand auf dem Raum des ehemaligen Domklosters an dessen Südseite allmählich ein Repräsentationsplatz des adeligen Domkapitels mit repräsentativen Bauten – kleine Subresidenzen – wie etwa der Dompropstei, weiteren Kanonikalhöfen, Speichern und Verwaltungsbauten. Das anschließende Kaiviertel, das Franz Martin als Salzburger Gesandtenviertel bezeichnete, da dort Pröpste und Suffragane der Salzburger Erzbischöfe ihre Höfe hatten (Berchtesgaden, Gurk, Chiemsee, Lavant), entwickelte sich zum Standort weiterer Kanonikalhöfe und der Residenz des Fürstbischofs von Chiemsee.

Der heutige Residenzplatz ist, wie erwähnt, eine Neugestaltung aus Aschhof, Domfriedhof und einem Teil jener Fläche, die der alte Dom einnahm. Schlegel zeigt mit seinen Steckbildern anschaulich die erste Phase (1592–1597) der Entstehung des Residenzplatzes. Der 1592 unter Erzbischof Wolf Dietrich errichtete Bogengang zwischen alter und neuer Residenz markiert den Beginn der Umgestaltung des Aschhofes zu einem Residenz-Platz und des Bischofshofes zu einer fürstlichen Residenz. Dieser Umbau, der den gesamten Dombezirk

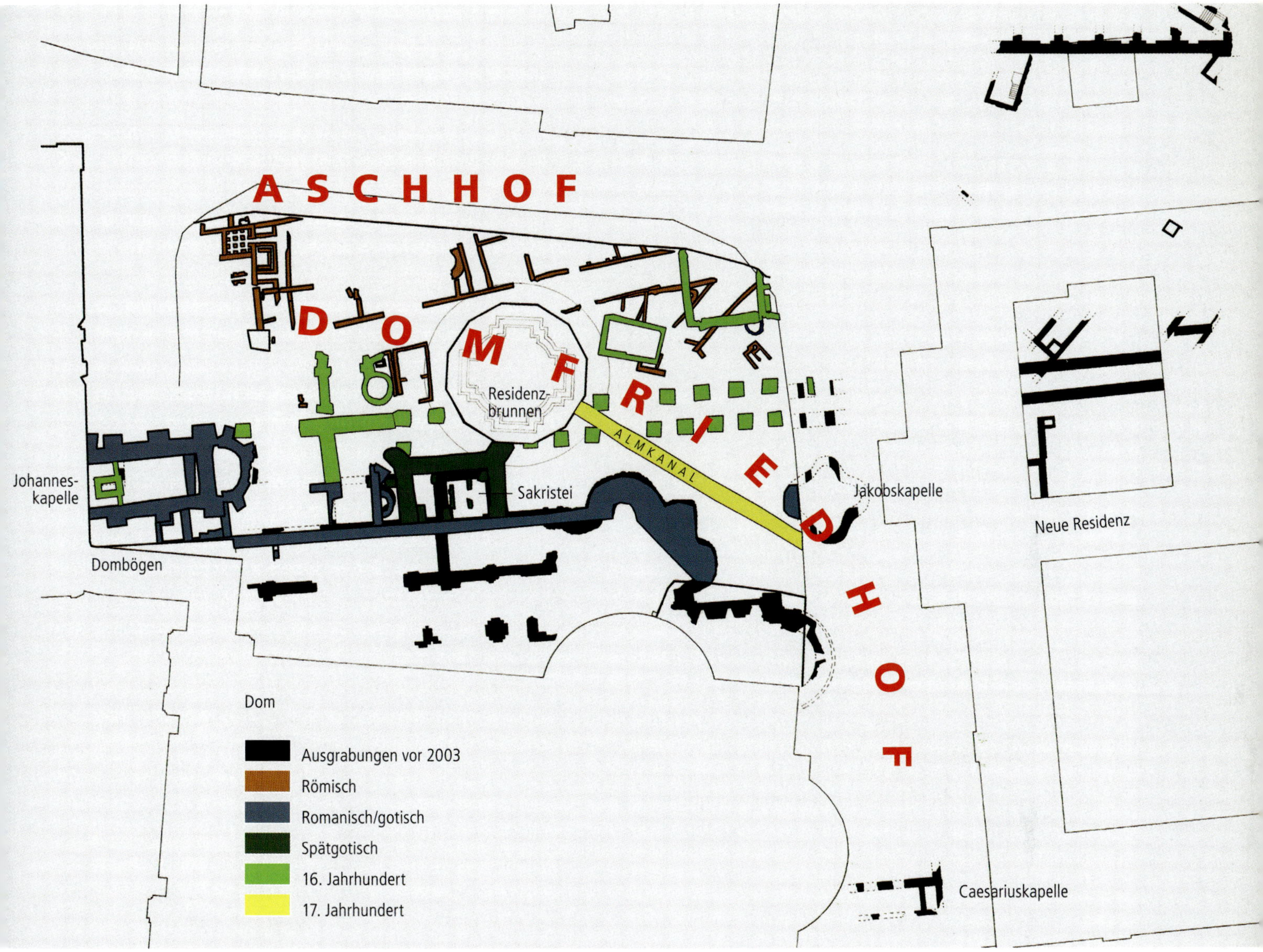

Residenzplatz, schwarz Ausgrabungen vor 2003, färbig Ausgrabungen seit 2007, nach den Grabungsberichten von Hermann Vetters, Wilfried K. Kovacsovics, Peter Höglinger, Ulli Hampel. Planzeichnung von Ulli Hampel, Alexander Pichler und Franz Krois (Bundesdenkmalamt und Salzburg Museum).

betraf, bedingte die Absiedlung einer Reihe von anderen Institutionen und deren Bauten, wie Domkloster, Domschule, Domspital und eben auch des Friedhofes, weiters die Zurückdrängung des Kloster St. Peter vom Domplatz und den Abbruch einer Reihe von Bürgerhäusern an der Webergasse (heute Areal des Mozartplatzes). Damit schuf Wolf Dietrich einen langen, querrechteckigen Platzraum, der durch den Bogengang zum Friedhof und im Osten durch den Hannibalpalast und den *Palazzo nuovo* (Neue Residenz) abgeschlossen wurde. Der Gang mündete bei der 1596 zu einer *Quardaroba*[30] umgebauten Kapelle St. Johann im Hofe in die Residenz.

Dabei wurde der alte Dom noch nicht angetastet, sondern nur einige Innenräume neu gestaltet und der Friedhof durch das neue Bogengebäude begrenzt: [...] *volgunts zwai Gaden hoch ainen schönen Gang von dem alten Hof bis in das Neue-Pau mit sehr großen Unkosten erpauen, auch gegen den Friedhof ein schönes Gewelb mit*

Pfeilern, darunder man vor dem Regen gesichert gehen kunde, under dem Gang richten lassen[31].

Aufnahmen mit dem Georadar ergaben Hinweise auf die genaue Lage der Blockfundamente im östlichen Platzbereich, die 2008 auch ausgegraben wurden.

Die Blockfundamente des überwölbten Ganges sind wegen des schrägen Verlaufes des Almkanals nicht parallel angeordnet. Die Grabungen in der Neuen Residenz 1999 bis 2003 ergaben einen neuen aufschlussreichen Befund. Man entdeckte Streifenfundamente in der Flucht des Bogengebäudes, sodass wir die Planung eines größeren Platzes, der auch einen Teil des Mozartplatzes eingeschlossen hätte, annehmen dürfen. Der Platz hätte ungefähr eine Länge von etwa 150 Metern gehabt. Für diese erste Bauphase können wir die Planung Hofbaumeister Andrea Bertoletti zuschreiben, der auch für den Campo Santo, den St.-Sebastian-Friedhof, verantwortlich zeichnete[32].

Andrea Bertoletti war ab 1589 Hofarchitekt[33] Erzbischof Wolf Dietrichs von Raitenau. Neben den Arkaden des Sebastiansfriedhofs wird ihm auch die Kirche am Dürrnberg und der Bau der Neuen Residenz ab 1592 zugeschrieben. Da er 1595 für den Bau des Sebastiansfriedhofs bezahlt wurde und 1596 starb, kann nur er der Baumeister der ersten Bauphase gewesen sein. Als Nachfolger gilt Elia Castello († 1602), der auch an der Gestaltung der Neuen Residenz mitwirkte. Trotz erheblicher Unkosten ließ Wolf Dietrich den Gang 1597 wieder niederreißen, nachdem er begonnen hatte, einen neuen Friedhof bei St. Sebastian zu errichten.

Völlig neu stellte sich die Aufgabe der Gestaltung des Salzburger Zentrums nach dem Dombrand von 1598 und den fehlgeschlagenen Instandsetzungsversuchen. Diese führten zum Abriss des alten Domes bis 1606 und zur Neufundamentierung eines um 90 Grad gedrehten neuen Domes zwischen alter und Neuer Residenz 1611. Der Aschhof hätte sich nach dieser Planung von Vincenzo Scamozzi, der 1603 kurze Zeit in Salzburg weilte, in einen von zwei Palästen flankierten Domplatz verwandelt. Scamozzi veröffentlichte auch einen Plan für seinen Salzburger Dom[34]. Nach dem Sturz von Erzbischof Wolf Dietrich 1611 wurden die Fundamente unter seinem Nachfolger Markus Sittikus und dessen Dombaumeister Santino Solari wieder gedreht und neu errichtet. Sie setzten mit der auf die Ost-West-Achse umorientierten neuen Domplanung 1614 den Schlusspunkt in der Umgestaltung. Mit der Domkuppel und den Domtürmen schuf Santino Solari ein neues platzbestimmendes Zeichen, welches die Festung fast aus den Sichtachsen ausschloss. Nach dem Abriss der beiden Friedhofskapellen, der umgebauten Johanneskapelle und der Schließung des zweiten Hofes der Neuen Residenz durch das Bibliotheksgebäude entstand im Laufe des 17. Jahrhunderts sukzessive der Residenzplatz. Unter den Erzbischöfen Markus Sittikus und Paris Lodron entwickelte sich in wenigen Jahrzehnten die heutige Platzgruppe rund um den frühbarocken Dom.

Die Funktion des Platzraumes wurde unter Markus Sittikus auch in einer anderen Hinsicht erweitert. Der Erzbischof unterstützte die Bildung neuer, nach italienischem Vorbild geformter Bruderschaften. Die von ihm besonders geförderte Fronleichnamsbruderschaft stattete er mit einer eigenen Kirche in der Kaigasse aus. Der Allerseelenbruderschaft bot der Abt von St. Peter die Michaelskirche als Quartier an. Nach Umbauten auf eigene Kosten konnte sie zu Allerheiligen 1617 erstmals ein *theatralisches Totengedenken* veranstalten: „Eine nächtliche Prozession zog in Begleitung zweier Chöre mit viel Volk, zahlreichen ‚Mitschwestern' und 175 Brüdern in schwarzen Kutten mit Kruzifix, Fahne, Pechpfannen, Stäben, Laternen und Lichtern durch die Kaigasse, über den Petersfriedhof, durch die Pfarrgasse hinunter zur Salzach bis zum Gottesacker St. Sebastian und kehrte von dort nach St. Michael zurück"[35]. Auch die *ehrsame Zeche der Bäckerknechte* besuchte am Allerseelentag eine Messe in dieser Kirche. Bereits 1626 konnte die Bruderschaft die Einweihung einer neuen, eigenen Kirche zur „Schwarzen Bruderschaft" Ecke Kaigasse/Kapitelgasse feiern. Damit wurde eine mögliche Kombination von Vorplatz, Pfarrkirche und Bruderschaftskirche nach venezianischem Vorbild endgültig zugunsten des Residenzvorplatzes aufgegeben[36].

Der Domfriedhof hatte mit seinen vielen Kapellen nicht mehr dem Konzept einer absolutistischen Residenz entsprochen, zu der ein großer Platz für Feste, Paraden und Empfänge gehörte. Aus der Zeit von Erzbischof Markus Sittikus sind uns etwa aus dem Jahre 1618 umfangreiche Festlichkeiten im Fasching überliefert[37].

Am Faschingssonntag marschierten zwei Streitparteien auf. Einhundert Angreifer standen unter dem Kommando des Leutnants der hochfürstlichen Garde und führten drei Kanonen und zwei Rüstwägen mit sich. Am Platz stand ein festes Schloss mit fünf Toren

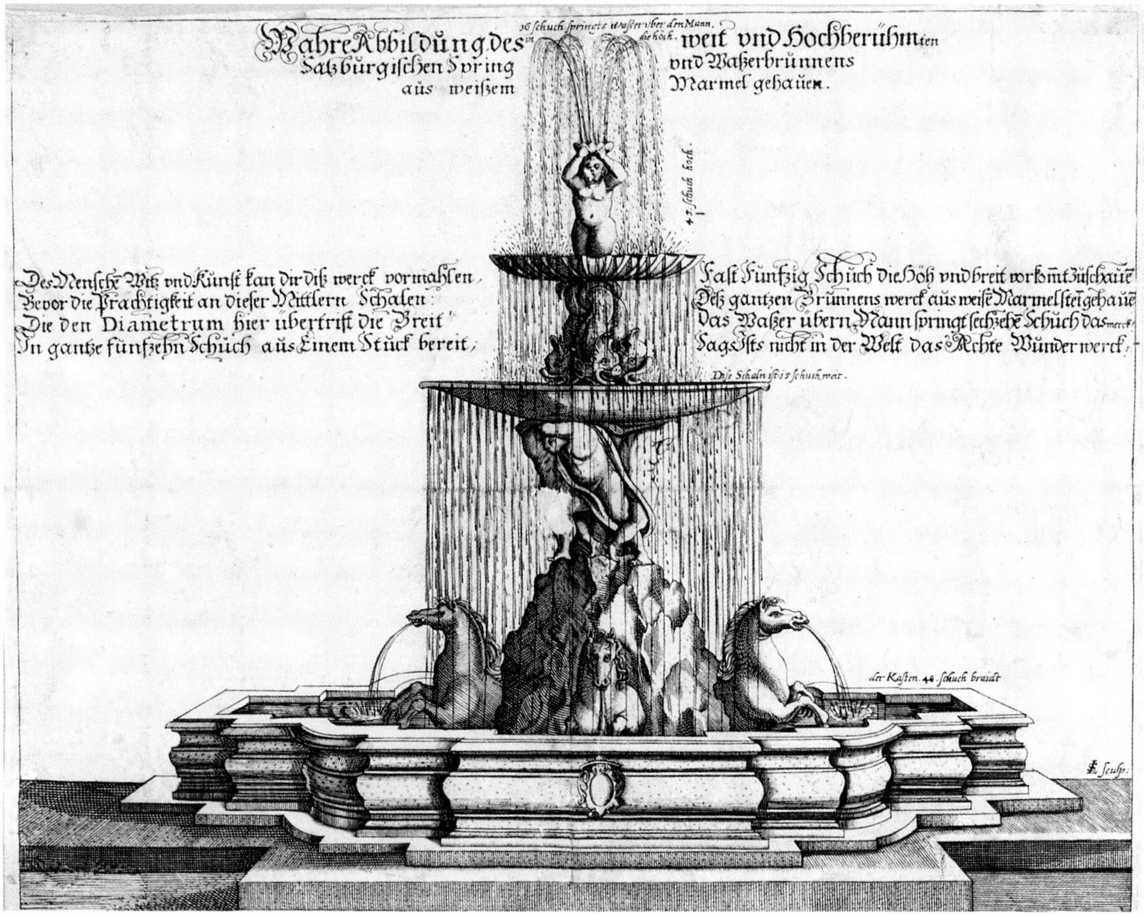

Der Residenzbrunnen, Kupferstich, Monogrammist SL, um 1670 (Salzburg Museum).

und neun teils runden, teils eckigen Bastionen. Die Tore dieser Burg trugen blaue und gelbe Fahnen, oben auf dem höchsten Turm prangte das Wappentier der Hohenemser, der Steinbock. Nach Beschießung, Ausfall, Sturmangriff und Unterhandlungen erfolgte endlich der Generalangriff. Eva Stahl schreibt, indem sie Chroniken von Stainhauser und anderen verwendet: „Es wurde geschossen und geknallt, dass es ‚eine herrliche Lust‘ war. Die dreifache Übermacht nahm denn auch die Festung ein und vertrieb die Besatzung ohne weiteres unnötiges Blutvergießen. Nur die Büchsenmeister wurden zurückbehalten, weil sie jetzt das gesamte noch vorhandene Feuerwerk zum Triumph der Sieger abbrennen mußten. Das spielte sich folgendermaßen ab: Auf einen Kommandoschuß hin gingen zunächst einmal 250 Raketen von der einen Mauerseite in die Höhe und gleich darauf 250 von der anderen Seite. In den vier Basteien befanden sich mehr als 1300 Raketen, die nun auch himmelwärts gejagt wurden, dazu noch 200 Schuß von der Mauer her. Aus einem runden Turm des Schlosses flogen 70 Raketen hoch und weit in die Luft. Da es vier runde Türme an den vier Mauerecken gab, wiederholte sich diese Prozedur noch dreimal. Die Festung besaß aber auch vier eckige Türme, die nun gleichzeitig Feuer spieen. Der zentrale Festungsbau schickte mehr als 400 Raketen in die Luft, und der sechseckige Turm, auf welchem der Steinbock stand, meldete sich zuletzt mit 140 Raketen und dazu noch 70 Schuß Munition.“[38]

Auf dem Residenzplatz präsentierte sich die absolute Macht des Fürsten, aufwändig und keine Kosten scheuend. Auch Staatsgäste waren in diese Inszenierung einbezogen und dienten der Verherrlichung des Fürsten. Der Einzug von Großherzog Ferdinand II. von Toskana ging 1628 unter fortwährendem Schießen und Abfeuern

Residenzplatz, um 1666, Kupferstich in der „Saltzburgischen Chronica", wahrscheinlich nach einer Zeichnung von Franz Dückher von Hasslau zu Urstein und Winckl.

von Salven vor sich. Der Lärm von Trompeten und Trommeln und das Geschützfeuer der Festungskanonen sei *weltbetäubend* gewesen, berichtete die italienische Dichterin Margaretha Costa. Danach begab man sich zum Mahl in die Residenz. Nach dem Mittagessen *wurden sämtliche Truppen auf dem Platz des Palastes gemustert; es waren dieselben, die man inner- und außerhalb der Stadt beim Einzug gesehen hatte. Man führte Schwadronentänze und Schlachten auf und ließ dabei Salven los. Ein großer Teil der Mannschaften trugen Livreeröcke, was sich sehr schön ausnahm*[39]. Anschließend besichtigte der Großherzog die Residenz und ihre Gartenanlagen, den neuen Dom und den *Gerichtspalast* (Neue Residenz).

1628 fehlten dem Dom noch die Türme, doch erlebte Salzburg mitten im Dreißigjährigen Krieg eine pompöse Einweihung des neuen Domes. Am Festtag des Landesheiligen Rupert wurden dessen Reliquien sowie jene des hl. Virgil von St. Peter in den neuen Dom überführt. Militär, Zünfte, Bruderschaften, Religiose und geistliche Würdenträger bildeten einen langen Zug vor den Reliquien und dem Erzbischof, dem benachbarte Fürsten und die Stadtbevölkerung folgten[40].

In der zweiten Hälfte des 17. Jahrhunderts erhielt der Residenzplatz seine endgültige Ausformung. Drei ebene, straßenartige Bereiche begrenzten nun den Platz an der Nord-, Ost- und Westseite, zur Mitte hin fiel der mit Flusssteinen gepflasterte Platz leicht ab und erhielt mit dem Hofbrunnen (Residenzbrunnen) einen künstlerischen Mittelpunkt.

Die beiden Erzbischöfe aus dem Hause Thun, Guidobald und Johann Ernst, prägten mit der Anlage der Dombögen 1657–1661, der Erhöhung der Residenz 1664 sowie dem Bau des Residenzbrunnens und des Glockenspiels schließlich das heutige Aussehen des Platzes. Domenico Gisberti begeisterte sich 1670 am Prunk des

Johanna Sibylle Küssell, der Residenzplatz, um 1690, Kupferstich und Radierung (Salzburg Museum).

Brunnens *gegenüber dem Hof,* der *ganz aus Marmor gemeißelt* und *in dessen Becken, das ein Meer vorstellt, vier Seerösser, aus deren Nüstern und Mäulern sich ein riesiger Strom ergießt. Auf dem Fundament, das heißt dem Felsen, halten drei Giganten ein Becken, auf dem Becken drei Delphine eine Muschel, auf der Muschel ist ein Triton, der über das Antlitz einen sechzehn Fuß hohen Blitz aus Wasser schleudert, dass sich, als dichte Wolke niederfallend, in einem Aufruhr von Tropfen, einem Sturm von Regen, einer Gewitterwolke, einem Wirbelsturme bricht, das alles begleitet von tosendem, dröhnendem Rauschen, wodurch die vergnügliche Wonne für Aug und Ohr gleichermaßen groß ist. 45 Fuß hoch erhebt sich die Statue über den Boden und 48 Fuß ist sie breit, und sie hat dreitausend Gulden gekostet ist die prächtige Erinnerung an eine großzügige Ausgabe des Kardinals von Thun.*[41]

Diese Ausgaben sind genauso unter dem Aspekt des „demonstrativen Konsums" zu sehen wie Aufwendungen für Hofstaat, Hofmusik und Oper, Jagd und Feste. Sie waren Teil des Wettbewerbes der Fürsten und Adeligen untereinander. Guidobald Thun besaß als Vertreter des Kaisers am immerwährenden Reichstag zu Regensburg eine genaue Vorstellung von der Wichtigkeit von Zeremoniell und Rangfragen in der Reichspolitik[42].

Der Salzburger Chronist Franz Dückher von Hasslau verewigte mit einem Kupferstich in seiner 1666 herausgekommenen *Saltzburgische Chronica* den durch die Dombögen zum Domplatz geschlossenen Residenzplatz[43]. Die „Hofguardaroba" Wolf Dietrichs störte die Blickverbindung zum Dom nun nicht mehr.

Damit entstand ein Architekturplatz mit dem beherrschenden Dom, flankierenden Residenzgebäuden und einem zentralen Brunnen. Auf der vierten Seite, die im Stich von Johanna Sibylla Küsell um 1690 ausgeblendet ist, standen einige Bürgerhäuser, unter anderen das spätere Hotel Schiff, sowie die Michaelskirche. 1702 ließ

Erzbischof Johann Ernst Graf Thun den Uhrturm der Neuen Residenz zum Glockenspielturm erhöhen. Damit setzte er einen neuen Eckpunkt in der Entwicklung der akustischen Stadtwahrnehmung.

Kirchliche, bürgerliche und höfische „Hallräume"

Heute sind wir gewohnt, die Uhrzeit am Ziffernblatt oder der Zeitanzeige abzulesen, das Mittelalter kannte vorerst nur den gehörten Zeitimpuls. Ziffernblätter tauchen in Salzburg erstmals auf den Stadtansichten zur Mitte des 16. Jahrhunderts auf, doch gab es sie bereits im 15. Jahrhundert an den Uhren in den Kirchenräumen. In der Domkirche ließ Erzbischof Matthäus Lang ein *Horologium, darauf die Uhr* errichten[44]. Eine kleine Uhr wird auch beim Virgilaltar im Südquerschiff erwähnt[45].

Der erste urkundlich erwähnte Glockenguss in Salzburg ist aus dem Jahr 1127 überliefert[46], als durch unvorsichtiges Hantieren ein Dombrand entstanden war. Die Marien- und Virgilsglocke, zwei Glocken des spätmittelalterlichen Domes, goss Meister Hermann aus Nürnberg 1385. Im Haus Goldgasse/Ecke Residenzplatz wohnte der Zinn- und Glockengießer Stephan Habel. In der Goldgasse lebte zeitweise auch einer der bekanntesten Salzburger Meister, nämlich Jörg Gloppicscher[47].

Was haben Glocken mit dem Residenzplatz zu tun, außer dass manche hier hergestellt wurden? Glocken strukturierten seit dem späten Mittelalter den Zeitablauf der klösterlichen Gemeinschaften und regelten den Tages- und Wochenablauf der Pfarren sowie den bürgerlichen Arbeitstag.

Wir sind es gewohnt, optische Ordnungssysteme wahrzunehmen – es sei nur auf Zunftzeichen, Wappen, Säulenordnungen oder Beschriftungen verwiesen –, aber nicht nur das Sehen hat seine Ordnungssysteme, auch das Hören. Die Glocken einer Stadt stellten ein komplexes Informationssystem dar, das sich bis ins 19. Jahrhundert nach Funktionen und Stand gliederte[48]. Unterschiedliche Glocken und ihr Klang hatten unterschiedliche Bedeutung. Aber auch die Dauer und die Art des Anschlags transportierten Meldungen. Einige Reste haben sich bis heute erhalten, die Totenglocke etwa oder das Läuten aller Glocken einer Kirche an Hochfesten. 1628 konnte anhand der Glocken der Leichenzug eines Pfründners des Erhardspitals in der Vorstadt Nonntal bis ins Zentrum der Stadt, nach St. Peter verfolgt werden[49].

Die Glocken des Salzburger Domes strukturierten den religiösen Tagesablauf wie auch den bürgerlichen Alltag. In einer Schrift über die Missbräuche der Mesner, die aus der Zeit Michael von Kuenburgs (1554–1560) stammt, wurden die Domglocken nach ihren Funktionen im Tagesrhythmus des Domklosters beschrieben. Die *Fruemesserin* rief zur Frühmesse, die *Primesserin* zur Hauptmesse, die *Nonerin* wurde zu Beginn des Chores zur neunten Stunde geläutet und die Vigilerin zum Nachtgebet. Die diensthabenden Mesner, *Wochner* und *Nachwochner* genannt, hatten während der Nacht im Dom zu wachen, der *Nachwochner* war für das Glockenläuten bei Tag und Nacht, z. B. für das Metten-, Salve- und Predigtläuten, zuständig und musste während der Nacht im Dom beim Glockenturm liegen[50]. Nach dem Ave-Maria-Läuten wurden die Kirchentüren geschlossen[51]. Zum Nachschlagen gab es zwei Register, in denen genau erläutert wurde, welche Glocken wann zu läuten waren. Auch wurde den Verantwortlichen eingeschärft, keine *Diernen und Pueben* läuten zu lassen, da sie die Glocken kaum in Schwingung bringen könnten und der dadurch entstandene einseitige Anschlag, *nit alein den gemainen Mann Schrecken* gebe, weil dieser so klänge *als werde zu Pronnsten angeschlogen und geklengt*, die Verwechslungsgefahr mit dem Feuerläuten bestehe[52]. Die genannten Glocken wurden beim Brand des Domes am 11. Dezember 1598 zur Gänze zerstört[53].

Erzbischof Paris Lodron beauftragte die Augsburger Glockengießer Wolfgang (1575–1632) und Johannes Neidhart (um 1600–1635), ein neues Geläute aus sechs Glocken zu gießen. Die überlieferten Glockenamen beziehen sich auf die Heiligen oder den Verwendungszweck: Frauenglocke, Predigtglocke, Ave-Maria Glocke oder Rupertusglocke, Wandlungsglocke auch Virgilsglocke, Chorglocke St. Vital, Chorglocke hl. Schutzengel. Daneben gab es zur Zeitanzeige noch die Schlagglocke von 1604[54].

Am 26. Februar 1627 wurde wiederum zum ersten Mal seit dem Dombrand von 1598 mit den neuen Domglocken *am Donnerstage die Angst, und Tags darauf die von Erzbischofe Eberhard III. zu erst eingeführte Scheidung geläutet*[55].

Für das Jahr 1599 berichtet der Salzburger Chronist Johann Stainhauser über eine spezielle Art der alljährlichen (?) Konfliktaustragung auf dem Frauenhof. Ihm ist sie eine Meldung wert, weil, anders als vorher, die Freiung zur Rupertidult nicht von der beim Brand zerstörten großen Glocke des Domes, sondern von derjenigen der Pfarrkirche eingeläutet wurde. Am 17. September, ungefähr um fünf Uhr abends, ertönte die Glocke und eine große Menschenmenge versammelte sich auf dem Frauenhof. Jeder konnte, wenn er etwas gegen einen anderen hatte, die Sache mit *trucknen Straichen* austragen, solange die Glocke läutete. Und sie läutete eine ganze Stunde[56]. Neben dem Einläuten gab es auch das Abläuten, das Glockenzeichen zum Ende etwa eines Festes[57].

Auch bei großen Festen kamen die Glocken zum Einsatz. Der erwählte Erzbischof erhielt vom Domdechant das Pallium vor dem Domportal überreicht und schritt unter Teilnahme von Klerus und Adel und dem Läuten aller Glocken zum Choraltar[58]. Jörg Jochen Berns hat die wichtigsten Typen von Hallräumen des höfischen Zeremoniells zusammengestellt. Wobei er den immobilen, etwa den Kirchenraum, vom mobilen Typus unterscheidet. Im zweiten Fall lässt der Fürst bei allen Bewegungen einen ihn begleitenden akustischen Kokon in Form von Pauken, Trompeten oder Orgeln bei Jagd, Kriegs- und Festzügen weben. Der immobile, aber variable Klangraum findet sich in den Gartenanlagen von Schlössern, aber auch an der stadtseitigen Front von Residenzen. Von diesen drei unterscheidet er den alltäglich-natürlichen Hallraum[59]. Dieser alltägliche Hallraum kennt jedoch wieder unterschiedliche Zeichen und Referenzsysteme. Das *Husausläuten* im Dom, das die Sperrstunde zwischen Frühjahr und Herbst anzeigte, also Zeichen des städtischen Alltags war, wurde 1788 untersagt[60]. Noch im 19. Jahrhundert regelte man mittels Glockenzeichen von der Rathausglocke das Anzünden der Gaslaternen. Die Gewalt und Unentrinnbarkeit, die einem solchen System zugrunde liegt, wird in einer Stadt wie Salzburg beim heutigen Lärmpegel zumeist nur mehr dann deutlich, wenn alle Glocken gleichzeitig geläutet werden. Die letzte sehr klare und strukturierte Läutordnung des Salzburger Domes wurde 1961 erstellt.

Neben dem Informationscharakter sollte man den apotropäischen Zweck des Glockenläutens nicht vergessen[61]. Zum Schutz vor den Unbilden der Witterung gab es eine Reihe von Zeremonien und Bräuchen wie Wettermesse und Wetteramt, Wettersegen (Kreuze), Wetterschießen und eben Wetterläuten. Wetterschießen und Wetterläuten wirkten über den Schall. Der Schutzbereich umfasste das Gebiet, in dem Glocken oder Schüsse zu hören waren.

Neue Residenz („Neubau") und Glockenspiel, 1704, Radierung von Christoph Lederwasch (Salzburg Museum).

„Unzählige Mythen und Sagen erzählen, wie die Gewitter, Sturm oder Hagelschauer brauende, Hochwasser hertreibende, einen Felsblock zur Vernichtung des Tales heranwälzende Hexe (bzw. der Teufel) durch beginnendes L[äuten] der Kirchenglocken in ihrer verderblichen Tätigkeit gehemmt und die Gegend dadurch vor Unheil bewahrt wurde. [...] Auf ihrer Luftfahrt zum Hexensabbath stürzt die Hexe beim ersten Glockenschlag entweder aus der Luft herab, oder sie muß wie gelähmt stillehalten und kann erst nach Verklingen des letzten Tons ihre Reise fortsetzen. Durch die daraus entstehende Verzögerung ward schon mancher geplante Anschlag zunichte gemacht. In beweglichen Worten klagt mitunter Hexe oder Teufel über Strapazen, die ihnen auf ihren Fahrten von verschiedenen Glocken verursacht wurden, deren Schall sie fortwährend ausweichen mußten, wodurch sie in die unwirtlichsten Gegenden gerieten[62] – so beschreibt das Handbuch des Aberglaubens den Kampf zwischen Glocken und Hexen. Der Gasteiner Pfarrer meldete 1784 nach Salzburg, dass alle Belehrungen von der Kanzel gegen das Wetterläuten nichts fruchten, *als von der Haubt und Residenzstadt Salzburg der Ruef herein gekommen, dass alldorten bey ein vor 3 Wochen entstandenen starken Donner Wetter in allen kirchen das Wetterläuten seye fortgesezet worden*[63].

Das Glockenspiel am Rand des Residenzplatzes markiert eine neue Entwicklung. Schon die Gießer der Geläute des Spätmittelalters versuchten, die Glocken tonlich aufeinander abzustimmen, was allerdings erst im 16. Jahrhundert gelang. Im 17. Jahrhundert entwickelte sich daraus ein Instrument, das Glockenspiel oder Carillon. Außerhalb der Niederlande wurde es zu einem Ausstattungsstück für Residenzen. In Aranjuez und im Palast El Pardo in Madrid, im El Escorial, am Rathaus in Amsterdam, in St. Petersburg, in Darmstadt gab es in Residenzen Glockenspiele. Für das Berliner Schloss war eines geplant genauso für den Zwinger in Dresden[64].

Der Salzburger Erzbischof Johann Ernst Thun lernte das Carillon wahrscheinlich auf seiner Kavalierstour kennen. Er ließ 1695 von seinem Agenten ein Glockenspiel vom Antwerpener Melchior de Haze ankaufen und das Werk nach Jahren vergeblicher Suche nach einem Glockenspieleinrichter vom Salzburger Großuhrmacher Jeremias Sauter aufstellen. 1704 erklang es zum ersten Mal, 1707 war es endgültig fertig gestellt. Die Besonderheit des mechanischen Werkes bringt ein 1703 angefertigter Stich von Lederwasch gut zur Geltung. Bis vor wenigen Jahren wusste man nicht, dass das Salzburger Glockenspiel ein echtes Carillon war. Eine Handspielanlage ermöglichte über ein Stockklavier das direkte Bespielen der Glocken. Der Platz erhielt damit ein Konzertinstrument zur Erbauung und wohl auch zum Vergnügen der Bürger und des Hofes. Die Anlage diente, durch Wappen und Inschrift allen verdeutlicht, der höheren Ehre des Landesfürsten, der im Bannkreis der Residenz den bestehenden Uhrturm zu einem Glockenturm hatte ausbauen lassen. Zwar schenkte er das Werk der Landschaft, doch wird diese in der Inschrift nicht erwähnt. Die Inschrift weist auch auf eine zweite intendierte Aufgabe des Glockenspiels hin, nämlich die Salzburger an die Gebetszeiten zu erinnern. Aus einer Reisebeschreibung des Jahres 1793 wissen wir, dass die Salzburger während des mechanischen Spiels des Glockenspiels das Ave-Maria beteten[65].

Die Stimme des Stadtvolkes widersprach mitunter dem Zeremoniell und den Absichten des Fürsten. Stainhauser berichtet, dass wegen des Abbruchs des Domfriedhofes *nit ein klaines Murmellen*[66] der Bürger zu hören gewesen sei.

Auch ein in Bayern gedrucktes Schmähgedicht nahm die ungewohnt repräsentative Prachtentfaltung des Erzbischofs Wolf Dietrich aufs Korn:

> [...] *Herlich herein reutten und sprengen,*
> *Woll geputzt, köstlichen schen geziert,*
> *Wie es ain Pottendaten gepiert,*
> *Was migen hundert Dausent Ducaten*
> *Ain neuen Pischof schaden,*
> *Alles auch Singen, Pfeifen und Horn,*
> *Trametten, Herpauggen, Auser, Korn,*
> *Spacieren, Schießen und Jagen*
> *Thuet er sich ser überladen* [...][67].

1757 lud der fromme Erzbischof Schrattenbach den Wiener Jesuitenpater Ignaz Paarhamer zur Mission in Salzburg ein. Ein Netz von Christenlehr-Bruderschaften überzog das Erzstift. Fast militärisch organisiert, durch populäre Predigten und deutschen Volksgesang hervorgehoben, erfolgte der Beginn der Missionierung mit Pauken und Trompeten. Geschütze wurden von den Basteien abgefeuert. Ansager läuteten an den Häusern Sturm, in der Regel endete die Mission mit einer martialischen Eidleistung und Fahnenweihe[68]. Der Siezenheimer Pfarrer Adauktus Haselberger überliefert uns aber jenen Spottgesang, der auf den Gassen öffentlich gesungen worden sein soll:

> *Singt Närrisch, Närrisch, Närrisch,*
> *Närrisch über Närrisch*
> *Ist der Fürst und die ganze Schar*
> *und der Parhamer ist der größte Narr.*

Damit persiflierte man den offiziellen Gesang der Christenlehr-Bruderschaft:

> *Singt Heilig, Heilig, Heilig,*
> *Heilig über Heilig!*
> *Jesus Christus ohne End'*
> *In dem heiligen Sakrament.*[69]

Diese Stimmen des Protestes, aber auch nur die Widerrede Einzelner, lassen sich auf den prachtvollen Architekturplätzen kaum nachvollziehen, gehören aber genauso zur Nutzung des Residenzplatzes wie die fürstlichen Hallräume.

Resümee

Die Entwicklung des Aschhofes zum Residenz-Platz lässt sich institutionell und architektonisch mit einer Funktionsfokussierung beschreiben. Der Residenzplatz übernahm dabei unter den zentralen Plätzen Salzburgs die Aufgabe, Raum für die weltlichen Agenden des Hofes zu bieten. Insbesondere diente er bei großen Festen und Paraden sowie Empfängen als Schauplatz. Dabei sollte jedoch nicht vergessen werden, dass er in der Barockzeit immer Teil der Platzgruppe um den Dom und Residenz mit Domplatz, Kapitelplatz, Residenzplatz, Michaelsplatz und dem nahen Alten Markt war, die sich zu einer wechselnden Kommunikations- und Spielfläche des Fürsterzbischofs mit seinem Domkapitel, seiner Stadt und seinen Landständen entwickelte.

Anmerkungen

1 Lorenz Hübner, Beschreibung der hochfürstlich-erzbischöflichen Haupt- und Residenzstadt Salzburg und ihrer Gegenden verbunden mit ihrer ältesten Geschichte, 1. T., Salzburg 1792, S. 148.

2 Gunther Burgholzer, Profane und sakrale griechische Platzanlagen. Typologieaufnahme vom Geometrischen Zeitalter bis ans Ende der Hellenistischen Epoche, Dipl.-Arb., Salzburg 1989, S. 54–56.

3 Hildegard Fraueneder und Gerhard Plasser, Alte Plätze sonnig schweigen? Bühnen und Szenen in Salzburgs Altstadt, in: Kunst in Salzburg. A Modern Art Guide, Salzburg 2008, S. 16–33, hier S. 18 f.

4 Z. B. Salzburger Nachrichten. Stadt und Land, 13. 9. 2008, S. 2; 23. 12. 2008, S. 2.

5 Gerhard Plasser, Stadt lesen. Salzburger Plätze, Gestalt und Funktion, Phil.-Diss., Salzburg 1995, S. 144.

6 Peter-Michael Hahn, Fürstliche Wahrnehmung höfischer Zeichensysteme und zeremonieller Handlungen im Ancien Régime, in: Derselbe und Ulrich Schütte in (Hg.): Zeichen und Raum. Ausstattung und höfisches Zeremoniell in den deutschen Schlössern der frühen Neuzeit (Rudolstätter Forschungen zur Residenzkultur 3), Berlin 2006, S. 9–38, hier S. 10.

7 Walter Schlegel, Wie Salzburg zu seinem Gesicht kam. Die Baugeschichte der Altstadt von Salzburg in historischen Steckbildern (Schriftenreihe des Archivs der Stadt Salzburg 19), Salzburg 2004, S. 7.

8 Christian Greinz, Die fürsterzbischöfliche Kurie und das Stadtdekanat von Salzburg, Salzburg 1929, S. 124 f.

9 Franz Pagitz, Der Pfalzbezirk um St. Michael in Salzburg, in: MGSL 115 (1975), S. 175–241; Wilfried Schaber, Neue Funde am Waagplatz. Das Gebäude des Stadtgerichts im 12. und 13. Jahrhundert, in: Salzburg Archiv 26, Salzburg 1999, S. 7–18; Franz Wagner, „Spätgotik" in der Stadt Salzburg. Zu einigen Problemen der kunstgeschichtlichen Forschung, in: Salzburg Archiv 32, Salzburg 2007, S. 51–104.

10 Emil Haueis, Ein Lobspruch der Stadt Salzburg von Hans Sachs, in: MGSL 34 (1894), S. 227–261, hier S. 246, Z. 171–191.

11 Johann Stainhauser, Das Leben, Regierung und Wandel des Hochwürdigsten in Gott Fürsten und Herrn Herrn Wolf Dietrichen, gewesten Erzbischoven zu Salzburg, hg. v. Willibald Hauthaler, in: MGSL 13 (1873), S. 3–140, hier S. 35, Nr. 22. Hans Bayr verlegt den Hoftorturm in den Innenhof an den Südtrakt (Fronhofseite) und gibt den Schnecken an Stelle des Hoftorturms. Die Ansicht von 1565 zeigt nur der Turm im Innenhof mit versetzten Fenstern, die besser zu einer Schneckenstiege passen. Hans Bayr, Der Salzburger Bischofshof. Eine Rekonstruktion anhand des Inventars von 1540, in: MGSL 146 (2006), S. 51–158, hier S. 87 f., Plan S. 91.

12 Stainhauser, Leben (wie Anm. 11), S. 35, Nr. 22.

13 Franz V. Zillner, Geschichte der Stadt Salzburg: 1. Bd., Salzburg 1890 (Reprint, Salzburg 1985), S. 326; Gerhard Plasser, Das Epitaph des Wolfhart Faust, Vortrag Museumsgespräche 2005, Manuskript, S. 14. Damals nur ein schmales Haus, heute Teil der Hypo Bank.

14 Peter F. Kramml, Die Salzburger Märkte, in: Historischer Atlas der Stadt Salzburg, hg. v. Peter F. Kramml, Erich

Marx und Thomas Weidenholzer (Schriftenreihe der Stadt Salzburg 11), Salzburg 1999, Bl. V/2; Heinz Dopsch und Robert Hoffmann, Geschichte der Stadt Salzburg, Salzburg 1996, S. 244.

15 Die Salzburger Stadt- und Polizeiordnung von 1524, hg. von Franz Viktor Spechtler und Rudolf Uminsky (Göppinger Arbeiten zur Germanistik 222. Frühneuhochdeutsche Rechtstexte 1), Göppingen 1978, S. 170.

16 Franz Martin, Vom alten Domfriedhof, in: MGSL 76 (1936), S. 75–80; Friedrich Karl Hermann, Das Begräbnisrecht der Abtei St. Peter, in: Festschrift St. Peter zu Salzburg 582–1982 (Studien und Mitteilungen zur Geschichte des Benediktiner-Ordens und seiner Zweige 93), Salzburg 1982, S. 79–128.

17 Martin Hell, Ein frühgeschichtlicher Grabfund bei der Michaelskirche in Salzburg, in: MGSL 98 (1958), S. 235–240; Wilfried K. Kovacsovics, Iuvavum, in: The autonomous Towns of Noricum and Pannonia. Die autonomen Städte in Noricum und Pannonien. Noricum, hg. v. Marjeta Šašel Kos und Peter Scherrer (Situla 40), Ljubljana 2002, S. 165–201.

18 Franz Pagitz, Quellenkundliches zu den mittelalterlichen Domen und zum Domkloster in Salzburg, in: MGSL 108 (1968), S. 21–156, hier S. 97–99; Wilfried Kovacsovics, Zur Allerseelenkapelle im alten Salzburger Domfriedhof, in: MGSL 127 (1987), S. 419–430 und Korrektur von Rupert Klieber, Bruderschaften und Liebesbünde nach dem Tridentinum. Ihr Totendienst, Zuspruch und Stellenwert im kirchlichen und gesellschaftlichen Leben am Beispiel Salzburgs 1600–1950 (Schriftenreihe des Erzbischof-Rohracher-Studienfonds 4), Frankfurt am Main-Berlin-Bern-New York-Paris-Wien 1999, S. 158, FN 239.

19 Hermann Spies, Neue urkundliche Beiträge zur Geschichte des Innenraumes der Salzburger Münsterkirche, in: MGSL 70 (1930), S. 129–168, hier S. 142.

20 Greinz, fürsterzbischöfliche Kurie (wie Anm. 8), S. 126.

21 Hermann, Begräbnisrecht (wie Anm. 16), S. 79–128.

22 Spies, urkundliche Beiträge (wie Anm. 19), S. 156. Spies zitiert die Domkapitelprotokolle vom 13. 6. 1571. Franz Fuhrmann, Die romanischen Dome zu Salzburg auf Grund der bisherigen Grabungsergebnisse, in: Der Dom zu Salzburg. Symbol und Wirklichkeit, hg. zur Vollendung des Wiederaufbaues 1959, Salzburg 1959, S. 86–102.

23 Stadt und Polizeiordnung von 1524 (wie Anm. 15), S. 182.

24 Spies, urkundliche Beiträge (wie Anm. 19), S. 156–163, Exequienhaltung für Kaiser Ferdinand I. Vgl. dazu den Beitrag von Peter Keller in diesem Band, dort auch eine Abbildung der Sitzordnung bei der Trauerfeier.

25 Greinz, fürsterzbischöfliche Kurie (wie Anm. 8), S. 130.

26 Spies, urkundliche Beiträge (wie Anm. 19), S. 164 f.

27 Hermann Spies, Geschichte der Domschule zu Salzburg, in: MGSL 78 (1938), S. 1–88, hier S. 54.

28 Reinhard R. Heinisch, Die Salzburger Domweihe des Jahres 1628, in: Friederike Zaisberger (Hg.), Einzüge der Fürsterzbischöfe vom 16. bis 19. Jahrhundert, Ulrike Engelsberger, Einmarsch der US-Truppen im Mai 1945 (Schriftenreihe des Salzburger Landesarchivs 11), Salzburg 1995, S. 4–8.

29 Stanislaus von Moos, Der Palast als Festung. Rom und Bologna unter Papst Julis II., in: Martin Warnke (Hg.), Politische Architektur in Europa vom Mittelalter bis Heute, Köln 1984, S. 106–156; Eamonn Caniffe, Mannerist Interventions: Three Sixteenth century Italian Squares, in: Urban Design Studies. Annual of the University of Greenwich Urban Design Unit, 1 (1995), S. 58–74.

30 Stainhauser, Leben (wie Anm. 11), S. 50, Nr. 47.

31 Ebenda, S. 35, Nr. 23.

32 Dank an die Landesarchäologie, die mir Informationen zur Verfügung stellte. Wilfried K. Kovacsovics, Die archäologischen Untersuchungen im ersten Innenhof der Neuen Residenz, in: Die neue Residenz in Salzburg. Vom „Palazzo Nuovo" zum Salzburg Museum (Jahresschrift des Salzburger Museums Carolino Augusteum 47/48, 2001/2002), Salzburg 2003, S. 113–132; Ulli Hampel und Peter Höglinger, Stadt Salzburg, in: Fundberichte aus Österreich, hg. v. Bundesdenkmalamt 46 (2007), S. 48 f.; Wilfried, K. Kovacsovics, Salzburg im Frühmittelalter. Zur Frühzeit der Stadt aus archäologischer Sicht, in: Beiträge zur Mittelalterarchäologie in Österreich 17 (2007), S. 91–102.

33 Dankmar Trier, Bertoletti, in: Allgemeines Künstler-Lexikon, Bd. 10, München-Leipzig 1995, S. 117.

34 Wolfgang Lippmann, Vincenzo Scamozzi und sein Projekt für den Salzburger Dom, in: Österreichische Ingenieur- und Architekten-Zeitschrift 140 (1995), H. 12, S. 435–439; Rainald Franz, Vincenzo Scamozzi (1548–1616). Der Nachfolger und Vollender Palladios (Studien zur internationalen Architektur und Kulturgeschichte 3), Petersberg 1999, zum Domprojekt, S. 86–99; Hardo Raslagg, Der Visuelle Plan der Stadt Salzburg und ihrer Umgebung, Diss., Salzburg 2005.

35 Klieber, Bruderschaften (wie Anm. 18), S. 164 f.

36 Petra Wichmann, Die Campi Venedigs. Entwicklungsgeschichtliche Untersuchungen zu den venezianischen Kirch- und Quartiersplätzen, München 1987.

37 Eva Stahl, Marcus Sitticus, Leben und Spiele eines geistlichen Fürsten, Wien 1988.

38 Ebenda, S. 248.

39 Hermann Spies, Ein italienischer Bericht über den Besuch des Großherzogs Ferdinand II. von Toscana in Salzburg im Jahre 1628, in: MGSL 86/87 (1946/47), S. 33–48, hier S. 37 f., vom 7.–12. 6. 1628.

40 Friederike Zaisberger, Werkstattbericht über den Kupferstich mit der Reliquienprozession von 1628, in: Zaisberger, Einzüge (wie Anm. 28), S. 15–19, hier S. 17.

41 Dominico Gisberti, Die Reise der durchlauchtigsten kurfürstlichen Familie von Bayern nach Salzburg anno 1670, übersetzt, kommentiert und mit einer Einleitung versehen von Irene Schrattenecker, hg. vom Salzburg Museum, Salzburg 2008, S. 52.

42 Christoph Brandhuber, Auf dem Reichstag in Regensburg, in: Erzbischof Guidobald Graf von Thun 1654–1668. Ein Bauherr für die Zukunft, hg. v. Roswitha Juffinger, Salzburg 2008, S. 122–125.

43 Franz Dückher von Hasslau zu Winckl, Saltzburgische Chronica, Salzburg 1666 (Reprint, Graz 1979), zwischen S. 324 und 325.

44 Stainhauser, Leben (wie Anm. 11), S. 64, Nr. 77. *Anno Christi 1599, den 13. Tag May, hat man das Horologium, darauf die Uhr, so Erzbischof Mattheuß hat machen lassen, und darunter Erzbischof Eberhard von Truchsen gelegn ist abgebrochen und weck gethan.*

45 Stainhauser, Leben (wie Anm. 13), S. 61 f., Nr. 68.

46 Sigismund Herzberg-Fränkel (Hg.), Dioeceses Salisburgensis (Monumenta Germaniae Historica. Antiquitates 2. Necrologia Germaniae 2), Berlin 1904, S. 170.

47 Augustin Jungwirth, Die Glocken und Glockengießer Salzburgs, in: MGSL, 75 (1935), S. 11–32, hier S. 12 f. Jungwirth nennt eine von Habel für Abtenau gegossene, aber nicht mehr vorhandene Glocke von 1431. Von Gloppicscher sind 37 Glocken nachgewiesen und er starb 1480 und ist im St. Peters Friedhof begraben. Die von ihm gegossene Glocke der Franziskanerkirche wog bei 148 cm Durchmesser 2450 kg und hatte den Schlagton e. Eine Glocke in St. Johann in Tirol schmückte er sogar 1463 mit seinem Brustbild.

48 Gerhard Dohrn-Van Rossum, Die Geschichte der Stunde. Uhren und moderne Zeitordnung, Wien 1992. Besonders Kapitel: Uhrzeitsignal, Stadtglocke und städtisches Signalensemble, S. 185–201.

49 Plasser, Stadt lesen (wie Anm. 5), S. 339 f.; Gleiches gilt für den Armesünderzug vom Waagplatz zur Richtstätte nach Morzg; siehe dazu den Beitrag von Gerhard Ammerer zum Hochgericht in diesem Band.

50 Spies, urkundliche Beiträge (wie Anm. 19), S. 150.

51 Ebenda, S. 152.

52 Ebenda, S. 151.

53 Stainhauser, Leben (wie Anm. 11), S. 59, Nr. 65.

54 Jörg Wernisch, Glockenkunde von Österreich, Lienz 2006, S. 782.

55 Dabei handelt es sich um ein christliches Signal. Die Leiden Jesu werden dem Ablauf jeder Woche zur Erinnerung und Gebetsaufforderung eingeschrieben. Das Angst-Läuten am Donnerstag abends erinnert an die Todesangst Christi am Ölberg und das Scheidungs-Läuten an den Tod Christi an jeden Freitag um 15 Uhr.

56 Stainhauser, Leben (wie Anm. 11), S. 67, Nr. 91. *Ermelts Jahr, den 17. dits, hat man die Freiung zu Salzburg in der Pfarrkirchen zum ersten Mal eingeleüt, so man solches zuvor im Thuemb verricht hat, welches jarlich Abentszeit ungeferlich umb 5 Uhr beschiecht, so sich vil Volks auf dem Fraunhof versamblet und wer etwas wider den andern hat, mit trucknen Straichen (dieweil solches Leüten ain ganze Stunt wehret) die Sach austragen.*

57 Deutsches Wörterbuch von Jacob und Wilhelm Grimm, Bd. 1, Leipzig 1854, Sp. 69.

58 Hübner, Beschreibung 2 (wie Anm. 1), S. 137 f.

59 Jörg Jochen Berns, Herrscherliche Klangkunst und höfische Hallräume, in: Peter-Michael Hahn, Zeichen und Raum (wie Anm. 6), S. 49–64, hier S. 56.

60 Greinz, fürsterzbischöfliche Kurie (wie Anm. 8), S. 128.

61 Plasser, Stadt lesen (wie Anm. 5), S. 333 f.

62 Handwörterbuch des deutschen Aberglaubens, Bd. 5, Berlin-Leipzig 1933 (Reprint, Berlin 1987), Sp. 939 f. Dort auch weiterführende Literatur.

63 Wetterläuten, in: MGSL 36 (1896), S. 252; Generalmandat gegen das Wetterläuten und Wetterschießen vom 10. April 1788.

64 Gerhard Plasser, Das Salzburger Glockenspiel in der Neuen Residenz, in: Das Salzburg Museum in der Neuen Residenz (Jahresschrift des Salzburg Museums 52), Salzburg 2009, S. 195–241.

65 Gerhard Plasser, Das Salzburger Glockenspiel, in: Kunstwerk des Monats. Salzburger Museum Carolino Augusteum, März 2007; [Philipp Ludwig Hermann Röder], Reise von Venedig über Triest, Krain, Kärnten, Steuermark, und Salzburg samt historisch, statistische Bemerkungen, über die Regierung, und die Einwohner dieser Länder, Frankfurt am Main-Leipzig 1793, S. 120 f. und 248 f.; Ulrike Engelsberger, Neue historische Forschungsergebnisse über die Anfänge des Salzburger Glockenspiels, in: MGSL 142 (2002), S. 335–342.

66 Stainhauser, Leben (wie Anm. 11), S. 35 f., Nr. 23.

67 Zwei salzburgische Schmähgedichte, 1. Clage eines erwirdigen Capitels des Thuembstift zu Salzburg (1587–1589), in: MGSL 52 (1912), S. 65–72, hier S. 65.

68 Rupert Klieber, Religiöse Sozialisation im Salzburg des 18. Jahrhunderts: Am Beispiel Wolfgang Amadeus Mozart, in: Katalog Salzburg zur Zeit der Mozart, S. 365; Klieber zitiert: AES, 10/62 III, Anonymes Gutachten über die Mission P. Parhamers in Salzburg, o. Dat.; Allgemeines Missions-Frag-Büchlein in drey Schulen ordentlich, eingetheilet; mit beygesetzten Gesängern und nutzbaren Bericht von der Christen-Lehr-Bruderschaft vermehret; zum Gebrauch aller Seelsorgern, Schulmeistern, Eltern, Kindern und Mitgliedern der Christenlehr-Bruderschaft, Salzburg 1757. Später als Waisenhausdirektor am Rennweg war Parhamers Erziehungsprinzip, die Kinder so zu beschäftigen, dass sie frühzeitig ihre „jugendlichen Possen" ablegten. Wegen der militärischen Übungen für Knaben wurde er jedoch kritisiert. Vgl.: Zweihundert Jahre Pfarrkirche Maria Geburt am Rennweg ehemals Waisenhauskirche, hg. v. Pfarramt Maria Geburt am Rennweg, Wien 1968, S. 8. Dort der Hinweis auf Georg Rieder, Ignaz Parhamer's und Franz Anton Marxer's Leben und Wirken, Wien 1873.

69 Franz Martin, Die Salzburger Chronik des Felix Adauctus Haslberger, 1. T., in: MGSL 67 (1927), S. 63.

Krapfen feil, wovon sich viele kauften und mit Appetit aßen. Niemand kam es in den Sinn, von einem Ehrlosen, wie nämlich der Scharfrichter in Siebenbürgen gilt, nichts anzunehmen. Ein Bettler würde von ihm nichts annehmen; ein Mensch, der mit ihm aus einem Glase tränke, verlöre selbst Achtung und Ehre.[1]

Bei einem Aufenthalt in der Stadt Salzburg wohnte der große siebenbürgische Theologe, Publizist und Politiker Stephan Ludwig Roth als erst Zwanzigjähriger am 12. September 1817 der Hinrichtung des Muttermörders Johann Mejxner bei. Die Beschreibung der letzten Dienstverrichtung des damals 79-jährigen Salzburger Scharfrichters Franz Joseph Wohlmuth[2] bietet neben wichtigen Einblicken in den öffentlichen rituellen Ablauf einer Exekution auch mehrere spezifische Hinweise: Vor allem betont der Autor den äußerst legeren gesellschaftlichen Umgang mit dem Salzburger Scharfrichter und dessen Familie – sogar durch den Beichtvater des Hingerichteten und die Gerichtsobrigkeit –, der für den Einzelnen selbst bei nahen persönlichen Kontakten keinerlei ehrmindernde Wirkungen zur Folge hatte, was bei Roth – zurecht, da sich die beschriebenen Usancen in Salzburg völlig konträr zu anderen Territorien gestalteten – größte Verwunderung auslöste. Auch hob er in seinem Reisebericht die Volksfest-Atmosphäre und einen gewissen, bei diesem öffentlichen Straftheater zu Tage tretenden Voyeurismus hervor, eine von reformorientierten Schriftstellern immer wieder kritisierte Tatsache, die den am intensivsten in den 1780er Jahren verfolgten Abschreckungskonzeption dieser judiziellen Schaubühne widersprach. Jacob Döpler hatte die Strafjustiz und den Vollzug in seinem zweibändigen, 1693 und 1697 erschienenen *Schau-Platz Derer Leibes- und Lebens-Straffen* bereits im Titel als „Theatrum Poenarum"[3] bezeichnet und die zwingende öffentliche Durchführung betont[4].

Die gesamte frühe Neuzeit über wiesen die Reformschriftsteller zudem darauf hin, dass die kollektive Stimmungslage bei öffentlichen Hinrichtungen unberechenbar sei und bei der angespannten Atmosphäre leicht außer Kontrolle geraten (s. o.), wie auch die positiven Wirkungen der Furchteinflößung und der heilsamen Prävention leicht in eine Heroisierung des Verbrechers umschlagen könne. Das von der Obrigkeit inszenierte „Theater des Schreckens" wurde für viele Autoren im Laufe des 18. Jahrhunderts darüber hinaus zum Sinnbild der ungerechten staatlichen Gewalt. Die Todesstrafe sah man als Element einer Strafkonzeption an, die für Grausamkeit, Unmenschlichkeit und Brutalität stand und die man als Missbrauch und als unrechtmäßige Gewaltanwendung angeprangerte [5].

Verurteilung und Öffentlichkeit: Der endliche Rechtstag

Das Todesurteil, bei dessen Verkündigung an den Delinquenten bis 1744 noch sieben Schöffen als Vertreter der Stadtbevölkerung anwesend sein mussten[6], bevor Erzbischof Firmian diesen symbolischen Akt abschaffte, wurde unverzüglich durch amtlichen Anschlag öffentlich verkündet: *Am nämlichen Tage, wo dem Delinquenten das Todesurtheil* [...] *angekündet ward, wurde vor dem Rathause dahier als der damaligen cura judiciali die sogenannte Arme-SünderTafel mit der Allmosenbüchse öffentlich ausgehangen, und erst am 3. Tage nach der Vollstreckung des Todesurtheils wieder hinweggenommen.*[7] Die Spenden sowie die Gaben, die ein Stadtgerichtsdiener auf dem Richtplatz sammelte, dienten dem seelischen und dem körperlichen Wohlergehen des Verurteilten, der Bezahlung von Messen für das Seelenheil des Missetäters und der Bewirtung während der letzten Lebensstunden.

Zwei Priestern fiel sodann die Aufgabe zu, den „Armen Sünder" auf den Tod vorzubereiten und ihm durch seine Reue das ewige Leben zu sichern. Die Mithilfe von Geistlichen bei der Vorbereitung auf den letzten irdischen Weg war wesentlich, ja unverzichtbar, spielte doch das kirchlich wie obrigkeitlich vorgegebene Ziel der Seelenrettung, dem die pastoralen Bemühungen galten, im zeitgenössischen Strafvollzug eine zentrale Rolle. Ein seine Taten bereuender und sich gottergeben in sein Schicksal fügender Delinquent, dessen irdische Sünden nach den zeitgenössischen Vorstellungen mit dem Vollzug der Todesstrafe als Buße zur Gänze getilgt wurden, sodass der Verurteilte danach direkt in den Himmel kam – eine Ansicht, die so mancher Aufklärer nicht teilte –, sollte den Zuschauern als Beweis für die Wirksamkeit der göttlichen Kraft und Gnade dienen[8]. Neben dem kirchlich-religiösen, hatten die Bemühungen der Geistlichen jedoch auch ein obrigkeitlich-profanes Ziel: Die mitunter beachtlichen priesterlichen Erfolge bei der Vorbereitung des Delinquenten – darauf deuten mehrere Eintragungen im Salzburger Scharfrichtertagebuch hin –, die diesem die Chance boten, nach den durchlittenen seelischen Qualen als reuiger Sünder unmittelbar

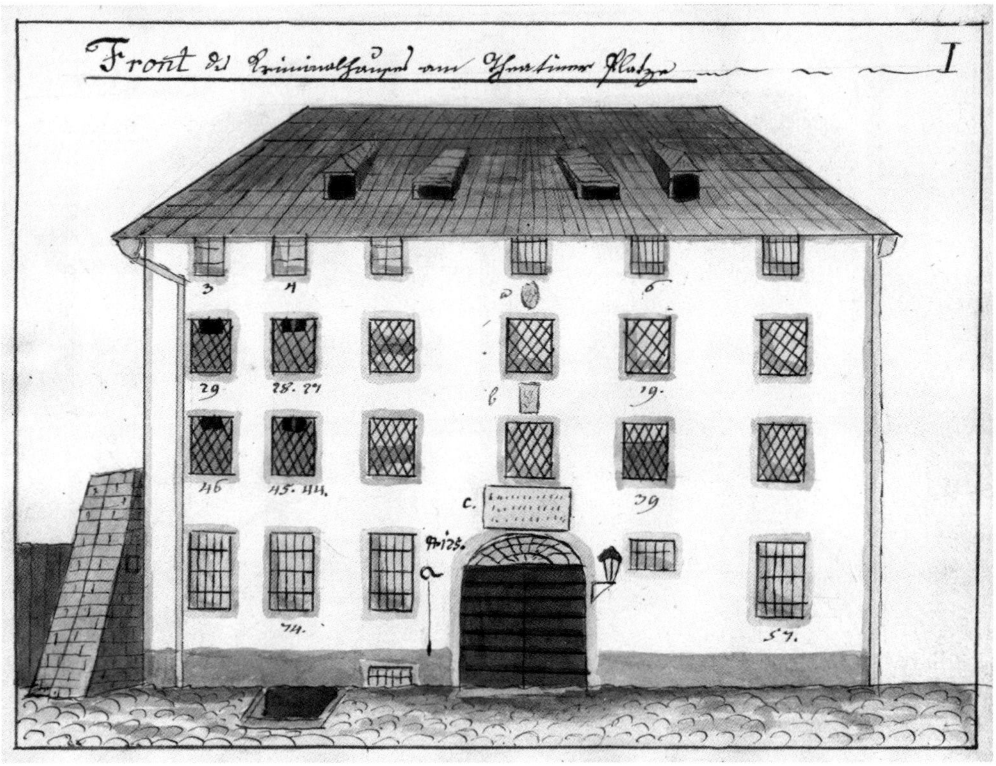

„Front des Kriminalhauses am Theatiener Platze", 1826, aus: „Idealriss des K: K: Criminalhauses No 125 im Kay von Aussen und Innen in IX Blättern", Tafel I (Salzburger Landesarchiv).

in das Ewige Leben überzuwechseln, wurden auch als eine wesentliche Voraussetzung für den öffentlichen Erfolg der rituellen Handlungen angesehen. Die Verfassung und die Äußerungen des Todgeweihten wurden vom anwesenden Volk mit großer Aufmerksamkeit verfolgt[9]. Dem „guten Tod" des Verbrechers vor den Augen des Publikums kam ein wichtiger Demonstrationsgehalt hinsichtlich der Staatsgewalt zu[10] und stellte, so Michel Foucault, den „Triumph der Justiz" und zugleich ein „politisches Ritual" dar[11]. In seiner letzten Rolle auf Erden war der Delinquent also ein Gegenstand des öffentlichen Interesses.

Nach der dreitägigen Vorbereitung auf seinen Weg zum Hochgericht wurde der Verurteilte gewöhnlich um neun Uhr morgens unter militärischer Bewachung von der gegenüber der Kajetanerkirche gelegenen Frohnveste zum Waagplatz geführt. Dort ließ der Bannrichter dem Verurteilten in Gegenwart des versammelten Volkes durch seinen Aktuar die *Urgicht* (= das Geständnis) und das Todesurteil verlesen. Danach fand zwischen Richter und Henker ein kurzer standardisierter Dialog statt. Der Verurteilte wurde dem Scharfrichter mit den Worten übergeben: *So nihm gegenwärtigen Malefikanten zu deinen Handen, und Banden, verwahr ihn wohl, führ ihn auf die Richtstätte, und vollzieh alldort das allergnädigst geschöpfte Urtheil.*[12] Zuletzt besiegelte das vor versammeltem Publikum vorgenommene Zerbrechen des Stabes durch den Bannrichter das Urteil und der Delinquent bestieg den so genannten Armesünderwagen.

Die Öffentlichkeit, die Anwesenheit einer großen Anzahl von Untertanen, bildete nicht erst am Richtplatz, sondern bereits bei den Stationen davor ein wesentliches, ja ein konstitutives Element der Zeremonie der Macht. Der Waagplatz, auf dem im Mittelalter das von den „Genannten" bzw. den Geschworenen gebildete Stadtgericht tagte[13], war der traditionelle, über Jahrhunderte unverändert am selben Ort situierte Markt- und Schrannenplatz, wo dem versammelten Volk bis zum Ende des Alten Reiches Urgicht und Todesurteil öffentlich verlesen wurden. Bis weit ins 18. Jahrhundert erhielt sich die Formalität, das Salzburger Stadtgericht über die Entscheidung des Hofrats zu informieren, sodass von diesem eine (abermalige) Urteilsfindung erfolgen konnte, wie sie die Salzburger Malefizordnung aus dem Jahr 1664 vorsah[14]. Dieser Vorgang dürfte unter Erzbischof

Legende:
1 Fronfeste
2 Waagplatz
3 Allerseelen- oder schwarze Bruderschaftskirche
4 Äußeres Nonntaltor, 1644 zugemauert
5 Ehrentraudtor (Kajetanertor), 1644 errichtet
6 Erhardkirche
7 Richtstatt

Firmian abgeschafft worden sein. Die Bevölkerung blieb jedoch auch weiterhin ein notwendiger Bestandteil des Rechtsvorgangs der rituellen Urteilsverkündung. Bis ins Spätmittelalter war die Rechtsfindung durch die Standesgenossen coram publico auf dem Waagplatz vorgenommen worden. Mit der Durchsetzung des römischen Rechts und der Verschriftlichung des Verfahrens, das schließlich gänzlich hinter verschlossenen Türen abgewickelt und damit dem Blick der Öffentlichkeit entzogen wurde, kam dem öffentlich-formalen Verurteilungsritus eine wichtige Subsitutionsfunktion zu: Die Einbeziehung der Untertanen garantierte – auch wenn dies schließlich nur noch in Form der Kenntnisnahme geschah –, die Rechtmäßigkeit des Urteils. Dabei spielte, worauf vor allem Michel Foucault hingewiesen hat, auch der Aspekt der Demonstration und Durchsetzung der staatlichen Macht eine tragende Rolle[15].

Armesünderwagen, Ausschnitt aus: „Executions Einschreib Buch" des letzten Salzburger Scharfrichters Franz Joseph Wohlmuth (Archiv der Stadt Salzburg).

Der Armesünderzug durch die Stadt

Auch auf dem Weg zum Hochgericht blieb die Mitwirkung des „Volkes" unverzichtbar, sowohl in rechtspolitischer wie in religiöser Hinsicht. Der Armesünderzug, der sich nach dem Stabbrechen formierte, führte – einer feierlichen Prozession gleich – durch die Bürgerstadt und anschließend durch das Nonntal. Die meisten Teilnehmer gingen zu Fuß, einige ritten, der Delinquent saß auf dem *Arme-Sünder-Wägerl.*

Je nach Sympathie beteten die das Gefährt flankierenden oder eskortierenden Personen gemeinsam mit dem zum Tode Verurteilten oder auch für ihn, was den sakralen Charakter des Zuges noch erhöhte. Sie hörten auch das „Armesünderläuten", das sie von den Kirchen herab, an denen sie vorbei kamen, begleitete, vom Dom, der Allerseelen- oder schwarzen Bruderschaftskirche (an der Ecke von Kai- und Kapitelgasse)[16], der Kajetanerkirche und der Erhardkirche. Das Läuten der Glocke auf dem letzten Weg, das auch für andere Territorien belegt ist, erfüllte vor allem zwei Funktionen: Einerseits diente es als Fürbitte für das Seelenheil des Delinquenten[17], andererseits kündigte es dessen Tod an, hob die Zeremonie des Hinrichtungsvorgangs aus dem Alltagsrhythmus der Menschen heraus und forderte die Stadtbevölkerung auf, an diesem außergewöhnlichen öffentlichen Ereignis teilzunehmen[18].

Die Wegführung vom Waagplatz zum Hochgericht ist in den Quellen nicht exakt beschrieben. Da der Armesünderzug aber möglichst vor den Augen der Stadtbevölkerung stattfinden sollte, wird er mit hoher Wahrscheinlichkeit nicht über den Bereich rund um den Dom, also den Kapitelplatz und die Kapitelgasse, geführt haben, sondern über den Michaelsplatz (heute: Mozartplatz), vorbei am Neugebäude und durch die Kaigasse. An der Fronfeste vorbei ging es durch das (im Bereich zwischen dem heutigen Haus Schanzlgasse 14 und dem Justizgebäude) gelegene Äußere Nonntaltor, 1644, als dieses im Zuge der Erweiterung der Stadtbefestigung zugemauert worden war, durch das St. Ehrentraudtor (Kajetanertor) in Richtung Salzach. Der Exekutionstross erreichte nach einer kurzen Strecke flussaufwärts die *Untere Zeil*, die heutige Nonntaler Hauptstraße, kam an der Kirche St. Erhard vorbei und in Richtung Gneis der Berchtesgadener Straße entlang zur Richtstätte. Der Armesünderzug war bis dorthin wohl ungefähr eine Stunde unterwegs, zumal an allen auf dem Weg liegenden Kirchen und Kapellen angehalten und gebetet wurde.

Richtstätte und Exekution

Das Hochgericht lag als einziger wichtiger öffentlicher urbaner Ort außerhalb der Stadtmauern, bis 1599 vor dem äußersten Linzer Tor an der heutigen Schallmoser Hauptstraße, wo bis ins 19. Jahrhundert noch der Militärgalgen stand, dann in entgegen gesetzter Himmelsrichtung, auf einem Grundstück in Thumegg, zwischen der Berchtesgadener Straße und dem Almkanal, in unmittelbarer Nähe der von Franz Joseph Wohlmuth im Jahr 1790 erworbenen Landwirtschaft auf dem Gneisfeld (heute: Neukommgasse 26). Es bestand aus zwei gesonderten Hinrichtungsplätzen, dem *Galling* (Galgen) und der *Köpfstadt*, zwischen denen die Zufahrt zur Freimannsbehausung verlief[19]. Rechter Hand, etwa 16 Meter neben dem Feldweg, lag die Richtstätte für den Vollzug der Schwertstrafe. Es war ein großer runder Steinbau mit einem Durchmesser von 6,23 und einer Höhe von 3,56 Metern. In dessen Inneren befand sich ein Gewölbe, die so genannte *rote Hütte*, wo der Delinquent unbeobachtet von der wartenden Menge der Schaulustigen ein letztes Mal beten und beichten konnte und wo man ihm, wenn es notwendig war, die langen Haare kürzte[20]. Das aus Steinquadern errichtete Bauwerk wies eine Mauerdicke von 1,29 Meter auf.

Damit war die Exekution der Todesstrafe für jedermann, der daran teilnahm, bestens sichtbar. Auch war die durch den übermannshohen Steinaufbau geschaffene räumliche Barriere von Vorteil, da die Hinrichtung von einem in Aufruhr geratenen oder durch Henkersfehler erzürnten Publikum kaum tätlich gestört bzw. unterbrochen werden konnte. Den doppelhändig von hinten geführten Schwertstreich empfing der Delinquent mit verbundenen Augen, normalerweise auf einem Schemel kniend oder, wenn er körperlich zu schwach war, auf dem Armesünderstuhl sitzend. Die Hochgerichtsbarkeit symbolisierte und visualisierte die Farbe Rot, so beispielsweise beim eben erwähnten Gewölbe, das zur Gänze rot gestrichen war, oder beim Rock des Scharfrichters, den dieser bei den Hinrichtungen trug[21].

Auf der anderen Seite des Weges befand sich der Galgen, der ebenfalls auf einem hohen Unterbau stand, der als quadratischer Steinbau mit einer Seitenlänge von 6,23 Meter ausgeführt war und die gleiche Höhe wie die *Köpfstatt* aufwies. Auf den vier darauf gemauerten Pfeilern mit einer Höhe von 4,75 Meter lagen die aus Eichenholz gearbeiteten Querbalken, wo der Scharfrichter die Galgenstricke anbrachte.

Sobald sich der Zug dem Hochgericht näherte, verkündete der Bannrichter den besonderen Frieden: *Von Obrigkeits wegen wird hirmit Fried, und Ruhe gebothen, und wenn es den Scharfrichter mislingen soll, so soll sich niemand unterstehen, Tumult anzufangen, od. an ihn Hand anzulegen, alles bey schwerer Straf, und Ungnad.*[22] Missglückte Hinrichtungen kamen auch in Salzburg vor, was eher bei der Schwertstrafe als bei Exekutionen mit dem Strang der Fall war[23]. Dabei wurde vom Publikum vor allem die durch die Ungeschicklichkeit des Henkers verursachte und durch das Urteil nicht legitimierte „zusätzliche Strafverschärfung" missbilligt[24], denn die Exekutionshandlung sollte keinesfalls mehr Schmerzen zufügen als angeordnet und unvermeidbar war.

Dieses Argument sowie dasjenige der Störung der rituellen Durchführung der obrigkeitlichen Strafmaßnahme thematisierten auch Strafrechtslehre und Publizistik der Aufklärungszeit in zunehmendem Maße[25]. Die Gewährung der Begnadigung war in Fällen des Misslingens der Hinrichtung uneinheitlich. Freilassungen von Delinquenten sind für das ausgehende Mittelalter und den Beginn der frühen Neuzeit vielfach bezeugt[26], wurden in Salzburg jedoch nur selten gewährt. Seit dem 16. Jahrhundert drehten sich die Überlegungen darum, ob eine missglückte Exekution ein Gottesurteil darstellte – als solches wurde es vom beiwohnenden Volk häufig angesehen[27] –, doch waren die Meinungen uneinheitlich[28]. Eine Minderheit der Juristen machte in Fällen, in denen dem Henker keine Nachlässigkeit nachgewiesen werden konnte, Zugeständnisse an die Volksanschauung und schlugen eine Begnadigung vor[29], die Mehrheit war für die Fortführung und Vollendung der Exekution.

Auch in Salzburg führten missglückte Hinrichtungen wiederholt zu Unmutsäußerungen der Anwesenden, zu lautem Protest, in einzelnen Fällen sogar zu Sympathiebekundungen für den Delinquenten. Zwar ist kein Fall einer aktiven Befreiung des Delinquenten oder einer gegen den Henker gerichteten Sanktion bekannt, doch musste man auch hier mit öffentlicher Empörung gegen den Freimann rechnen. So kam es bei einer misslungenen militärischen Hinrichtung im Sommer 1808[30], als *der Strick entzwey brach, und* [der Delinquent], *nachdem ihn der Scharfrichter schon eine gute Weile gedrosselt hatte, vom Galgen herabfiel* zu Anzeichen des Eskalierens der Situation, als *das Volk laut um Gnade zu schreyen sich erlaubte, und dadurch das Executions Comando nöthigte, die Mannschaft sogleich unter das Gewehr tretten zu lassen, um bey einem gewagten Angriff Gewalt mit Gewalt abtreiben zu können.*[31] Solche Vorsichtsmaßnahmen bei öffentlichem Protest sollten ebenso wie die Verkündigung des Friedgebotes vor dem Beginn der Hinrichtung und die Androhung von Konsequenzen beim Bruch desselben, vor allem gewalttätigen Handlungen der teilnehmenden Bevölkerung vorbeugen.

Nach der Exekution wurde – wiederum in ritualisierter Dialogform zwischen Henker und Bannrichter – das Gelingen oder Misslingen der Exekution öffentlich bezeugt. Hernach wandte sich der Beichtvater an die der Hinrichtung Beiwohnenden und hielt nach dem Beten mehrerer Vaterunser für die arme Seele eine Predigt in Form einer „Ermahnungsrede".

Die Körper der Hingerichteten ließ man bis in die Zeit der Spätaufklärung zur Abschreckung und als Zeichen der Rechtssicherheit oft wochen-, ja monatelang am Galgen hängen oder auf das Rad geflochten bzw. die Köpfe auf den *Pfrill*[32], auf einen spitzen Pfahl, gesteckt. Dort, an der Einfallstraße in die Stadt, verblieben die Leichname oder Teile davon oft so lange, bis sie völlig verwest herunterfielen und ohne priesterlichen Beistand an Ort und Stelle eingescharrt wurden. Damit hatte die Richtstätte auch die Funktion eines weithin sichtbaren Herrschaftssymbols, eines Symbols der Macht über Leben und Tod[33]. Erst durch einen Hofratsbefehl vom Oktober 1780 wurde in Salzburg das Hängenlassen der Hingerichteten – ein in den Augen vieler anachronistischer Zustand – abgeschafft. Zwei auf dem Galgen hängende Leiber, 13 aufgesteckte Köpfe und zwei auf das Rad gebundene Leichname mussten daraufhin abgenommen und in ein Massengrab geworfen werden[34]. Fortan waren die Hingerichteten von den Henkersknechten nach Sonnenuntergang im Anschluss an die Segnung durch den Nonntaler Pfarrer in eine Truhe zu legen und auf dem 1700/01 am Beginn der Berchtesgadener Straße errichteten, kleinen *Armen-Sünder-Freyhof* zu bestatten.

Mittel zur Steigerung der öffentlichen Wirkung von Hinrichtungen: Armesünderblätter und die Idee eines Elektrischen Stuhles

Die Salzburger Hinrichtungen waren gut besucht, die Menschen strömten in Massen zu diesen Justizspektakeln, was erwünscht war, da sich die Obrigkeit dadurch eine erhebliche generalpräventive Wirkung erhoffte[35]. Über die moralische Belehrung des Publikums hinaus wird die (Anschaulichkeit der) Strafvollstreckung in jüngster Zeit auch als For(u)m der Kommunikation zwischen Obrigkeit und Bevölkerung interpretiert[36]. Das betrifft nicht allein die Tatsache, dass das Volk das geheim gefällte Urteil annehmen und dessen Vollzug mittragen musste, vielmehr sollte der Akt der Hinrichtung – selbst nach der weitgehenden Säkularisierung des Rechts durch das Einfließen naturrechtlicher Ideen – auch eine Präsentation der herrschaftlichen Justiz als Vermittlerin göttlicher Gerechtigkeit darstellen. Die Deutung des Verbrechens als Sünde war augenscheinlich, gleichermaßen bei den Bitten des Priesters und des Volkes um das Seelenheil des Hingerichteten wie auch bei der Predigt des Geistlichen nach vollstreckter Exekution.

Das staatliche Interesse scheint hingegen bei der Drucklegung und beim öffentlichen Verkauf von speziell für die Hinrichtung gedruckten Flugblättern überwogen zu haben[37]. Zwar ist die Urheberschaft der Textteile sowie die Auftragserteilung der Drucke in den Salzburger Quellen nicht verbürgt, doch gibt es Hinweise darauf, dass deren Publizierung behördlich gelenkt und vorbereitet wurde: Einige Kriminalverfahrensakten enthalten neben Urgicht und Urteil[38] auch handgeschriebene Moralgedichte bzw. -gebete[39], die offenbar für die Drucklegung von Armesünderblättern bestimmt waren. Dazu dürfte es in diesen Fällen nicht gekommen sein, möglicherweise wegen zeitlicher Verzögerungen, musste doch die Abfassung der Prosatexte und des Gedichts sowie der Druck innerhalb von drei Tagen geschehen.

Bei den Hinrichtungen wie bei den hegemonialen Texten, besonders den Moralreden der Flugblätter, scheint die Prävention als Straf- bzw. Publikationszweck eine beinahe übermächtige Rolle gespielt zu haben, bevor es um 1800 zu einem Paradigmenwechsel kam[40]. Von den Teilnehmern am öffentlichen Vollzug der Todesstrafe und den Lesern der Flugblätter bedacht und bereut werden sollten nicht zuletzt die eigenen Verfehlungen der Vergangenheit.

Die mit der Verbreitung der Flugschriften verfolgten Ziele basierten also maßgeblich auf der Annahme, dass die Abschreckung potentieller Straftäter einer der Hauptzwecke der Sanktion sei und eine gewalttätige Strafe wie die Hinrichtung auch tatsächlich die erwünschten psychologischen Wirkungen erzielte[41]. Bereits vor Immanuel Kant, der sich in seiner „Metaphysik der Sitten" zwar für die Todesstrafe, jedoch als Maßnahme der Vergeltung und nicht der Prävention aussprach, wurden wiederholt ethische Bedenken geäußert, den zum Tode verurteilten Täter als Mittel zum Zweck der

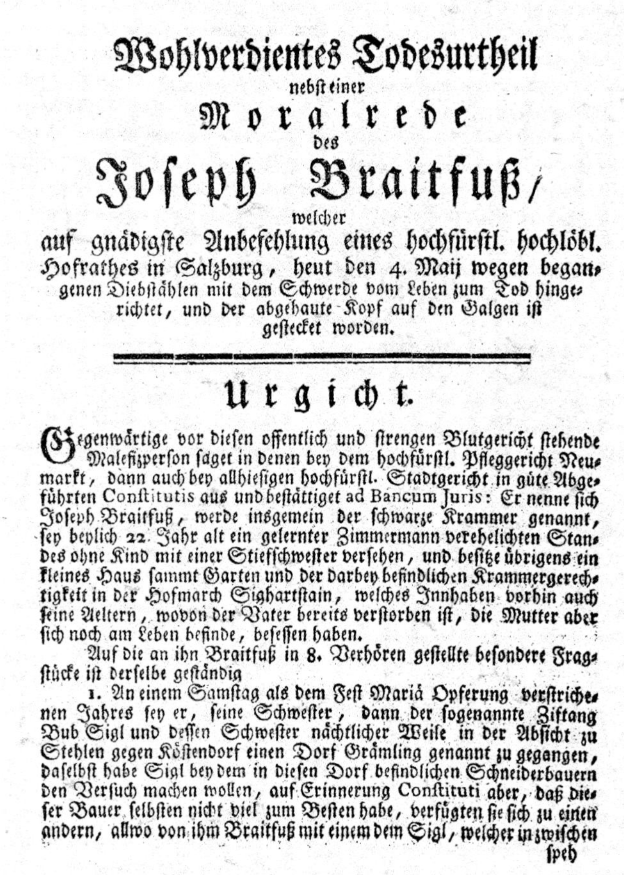

Wohlverdientes Todesurtheil

nebst einer

Moralrede

des

Joseph Braitfuß,

welcher

auf gnädigste Anbefehlung eines hochfürstl. hochlöbl. Hofrathes in Salzburg, heut den 4. Maij wegen begangenen Diebstählen mit dem Schwerde vom Leben zum Tod hingerichtet, und der abgehaute Kopf auf den Galgen ist gestecket worden.

Urgicht.

Gegenwärtige vor diesen offentlich und strengen Blutgericht stehende Malefizperson saget in denen bey dem hochfürstl. Pfleggericht Neumarkt, dann auch bey allhiesigen hochfürstl. Stadtgericht in güte Abgeführten Constitutis aus und bestättiget ad Bancum Juris: Er nenne sich Joseph Braitfuß, werde insgemein der schwarze Krammer genannt, sey beylich 22. Jahr alt ein gelernter Zimmermann verehelichten Standes ohne Kind mit einer Stiefschwester versehen, und besitze übrigens ein kleines Haus sammt Garten und der darbey befindlichen Krammergerechtigkeit in der Hofmarch Sighartstain, welches Innhaben vorhin auch seine Aeltern, wovon der Vater bereits verstorben ist, die Mutter aber sich noch am Leben befinde, besessen haben.

Auf die an ihn Braitfuß in 8. Verhören gestellte besondere Fragstücke ist derselbe geständig

1. An einem Samstag als dem Fest Mariä Opferung verstrichenen Jahres sey er, seine Schwester, dann der sogenannte Ziftang Bub Sigl und dessen Schwester nächtlicher Weise in der Absicht zu Stehlen gegen Köstendorf einen Dorf Grämling genannt zu gegangen, daselbst habe Sigl bey dem in diesen Dorf befindlichen Schneiderbauern den Versuch machen wollen, auf Erinnerung Constituti aber, daß dieser Bauer selbsten nicht viel zum Besten habe, verfügten sie sich zu einen andern, allwo von ihm Braitfuß mit einem dem Sigl, welcher inzwischen

speh

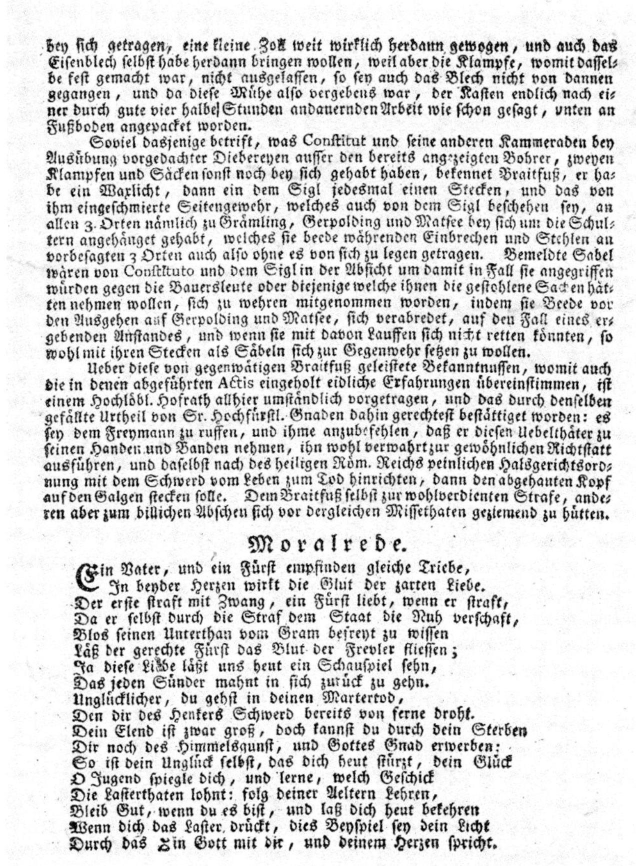

bey sich getragen, eine kleine Zoll weit wirklich herdann gewogen, und auch das Eisenblech selbst habe herdann bringen wollen, weil aber die Klampfe, womit dasselbe fest gemacht war, nicht ausgelassen, so sey auch das Blech nicht von dannen gegangen, und da diese Mühe also vergebens war, der Kasten endlich nach einer durch gute vier halbe Stunden andauernden Arbeit wie schon gesagt, unten an Fußboden angepacket worden.

Soviel dasjenige betrift, was Constitut und seine anderen Kammeraden bey Ausübung vorgedachter Dieberevyen ausser den bereits angezeigten Bohrer, zweyen Klampfen und Säcken sonst noch bey sich gehabt haben, bekennet Braitfuß, er habe ein Waxlicht, dann ein dem Sigl jedesmal einen Stecken, und das von ihm eingeschmierte Seitengewehr, welches auch von dem Sigl beschehen sey, an allen 3. Orten nämlich zu Grämling, Gerpolding und Matsee bey sich um die Schultern angehänget gehabt, welches sie beede währenden Einbrechen und Stehlen an vorbesagten 3 Orten auch also ohne es von sich zu legen getragen. Bemeldte Sabel wären von Constituto und dem Sigl in der Absicht um damit in Fall sie angegriffen würden gegen die Bauersleute oder diejenige welche ihnen die gestohlene Sachen hätten nehmen wollen, sich zu wehren mitgenommen worden, indem sie Beede vor den Ausgehen auf Gerpolding und Matsee, sich verabredet, auf den Fall eines ergebenden Anstandes, und wenn sie mit davon Lauffen sich nicht retten könnten, so wohl mit ihren Stecken als Säbeln sich zur Gegenwehr setzen zu wollen.

Ueber diese von gegenwätigen Braitfuß geleistete Bekanntnussen, womit auch die in denen abgeführten Actis eingeholt eidliche Erfahrungen übereinstimmen, ist einem Hochlöbl. Hofrath allhier umständlich vorgetragen, und das durch denselben gefällte Urtheil von Sr. Hochfürstl. Gnaden dahin gerechtest bestättiget worden: es sey dem Freymann zu ruffen, und ihme anzubefehlen, daß er diesen Uebelthäter zu seinen Handen und Banden nehmen, ihn wohl verwahrt zur gewöhnlichen Richtstatt ausführen, und daselbst nach des heiligen Röm. Reichs peinlichen Halsgerichtsordnung mit dem Schwerd vom Leben zum Tod hinrichten, dann den abgehauten Kopf auf den Galgen stecken solle. Dem Braitfuß selbst zur wohlverdienten Strafe, anderen aber zum billichen Abscheu sich vor dergleichen Missethaten geziemend zu hütten.

Moralrede.

Ein Vater, und ein Fürst empfinden gleiche Triebe,
In beyder Herzen wirkt die Glut der zarten Liebe.
Der erste straft mit Zwang, ein Fürst liebt, wenn er straft,
Da er selbst durch die Straf dem Staat die Ruh verschaft,
Blos seinen Unterthan vom Gram befreyt zu wissen
Läß der gerechte Fürst das Blut der Frevler fliessen;
Ja diese Liebe läßt uns heut ein Schauspiel sehn,
Das jeden Sünder mahnt in sich zurück zu gehn.
Unglücklicher, du gehst in deinen Martertod,
Den dir des Henkers Schwerd bereits von ferne droht.
Dein Elend ist zwar groß, doch kannst du durch dein Sterben
Dir noch des Himmelsgunst, und Gottes Gnad erwerben:
So ist dein Unglück selbst, das dich heut stürzt, dein Glück
O Jugend spiegle dich, und lerne, welch Geschick
Die Lasterthaten lohnt: folg deiner Aeltern Lehren,
Bleib Gut, wenn du es bist, und laß dich heut bekehren
Wenn dich das Laster drückt, dies Beyspiel sey dein Licht
Durch das Ein Gott mit dir, und deinem Herzen spricht.

Erste und letzte Seite des anlässlich der Hinrichtung von Joseph Braitfuß am 4. Mai 1773 gedruckten Armesünderblattes (Salzburger Landesarchiv).

Abschreckung zu „missbrauchen“. Ein verbreiteter Einwand gegen die Generalpräventionsthese zielt auch darauf, dass die Wirkungszusammenhänge zu simpel dargestellt würden und dass die Annahme, ein Verbrecher verhalte sich „rational“ und wäge die Vorteile der Tat gegen die Nachteile der Strafe ab, nicht der Realität entspreche. Zum Sinnbild für das Scheitern der Abschreckungskonzeption par excellence avancierte in der Literatur der direkt unter dem Galgen seinem „Handwerk“ nachgehende Gewohnheitsdieb: *Es ist wahr, ein öffentlicher, gewaltsamer und mit einem schauderhaften Gepränge begleiteter Tod ist an sich ein erstaunliches Schauspiel; aber nicht für ruchlose Menschen: denn diese schrecken sich so wenig daran, dass sie zum Beispiele, wenn ein Dieb gehenket wird, in demselben Augenblicke auf dem Richtplatze selbst Diebstähle begehen* […] *Und ist nicht selbst der beständige Fortgang solcher Exekuzionen der sicherste Beweis, dass die lebenden Ruchlosen dadurch nicht gebessert werden?*[42] – so die Meinung eines Broschüristen im ausgehenden 18. Jahrhundert.

Die in Strophenform abgefassten Moralreden, die auch in den Salzburger Armesünderblättern abgedruckt wurden, waren aller Wahrscheinlichkeit nach nicht nur als Lesestoff für ein sensationslüsternes Publikum gedacht, sondern wurden im Anschluss an die Verlesung von Urgicht und Urteil am Richtplatz öffentlich rezitiert. Die Dichter dieser paraliterarischen Kleingattung schöpften zwar nur aus einem bescheidenen stofflichen Repertoire popularphilosophischer Anschauungen über Gut und Böse, Leben und Tod sowie Gerechtigkeit und Strafe, doch verfügten sie in Bezug auf die sprachliche Textur, die Themenführung und Motiventfaltung über große gestalterische Freiheit. Als zentrale Kompositionsvorgabe vorgegeben war jedoch der obrigkeitliche „point of view“. Die bösen Taten und vor allem deren Ahndung waren sprachlich möglichst geschickt zu transportieren. Die Rezitation der Moralreden vor der Hinrichtung sollte dem Publikum dabei helfen, angesichts dessen, was sie danach auf dem Schafott beobachten konnten, einen Sinn zu produzieren – nämlich den Sinn, den die Obrigkeit der öffentlich zur Schau gestellten Strafmaßnahme zukommen lassen wollte. Die Armesünderblätter waren damit ein offiziöses Element im Ritual der Hinrichtung und sollten straflegitimierende, präventive und moralisierende Funktionen erfüllen[43].

Dem Lesepublikum des Salzburger Intelligenzblattes unterbreitete ein Autor am 12. Oktober 1799 die folgende innovative Idee: *Man erlaube uns, hier eine Todesart vorzuschlagen, die* [...] *gewiß, leicht und schnell tödtet, und vielleicht für das Auge des Zuschauers eben so schrecklich ist, als jede andere bisher gewöhnliche. Man bringe einige electrische Batterien in dem auf jedem Richtplatze gewöhnlichen runden Gebäude an, binde den Hinzurichtenden auf einen Stuhl, und entlade die durch ein Par Maschinen für jeden Menschen bald hinlänglich zu ladenden Batterien entweder durch die Hand des Nachrichters oder einen Entlader, den man einer automatischen Statue irgend einer rächenden Gottheit z. B. der Justitia in die Hand gibt. Der elektrische Funke (zumahl in einem dämmernden Lichte), das Hinstürzen des Erschlagenen, das Sonderbare in der Todesart und Nebenumstände, die ein Criminaliste besser wird angeben können, als ein Arzt, können diese ungewöhnliche Todesart schauerlicher machen, als jede andere* [...] *Man ersparet überdieß noch die jährliche Besoldung des Nachrichters.*[44]

Den traditionellen Arten der Todesstrafe stellte der anonyme Autor damit eine mögliche Alternative gegenüber, die im Vergleich zum herkömmlichen Hinrichtungsinstrumentarium nicht nur sicherer, schmerzloser und billiger sein, sondern möglicherweise für die Öffentlichkeit der Anwesenden auch einen gesteigerten generalpräventiven Effekt haben könnte: Die tödliche Übertragung der Elektrizität auf den Delinquenten durch eine allegorische Figur würde die Publikumswirkung noch verstärken, so die Meinung des Autors. Die Diskussion um diese Hinrichtungsmethode kam in der Folge allerdings über die Idee und einige theoretische Überlegungen nicht hinaus. Erst gute 90 Jahre später, 1890, erfolgte im New Yorker Auburngefängnis die erste Anwendung dieser – keineswegs neu erfundenen – Hinrichtungsmethode. Auch wurde in Salzburg der Henker Franz Joseph Wohlmuth nicht arbeitslos und das Ärar konnte sich keine Besoldung ersparen.

Das Ende des alten Hochgerichts

Im beginnenden 19. Jahrhundert schrieben die Paragraphen 217 und 450 des habsburgischen Strafgesetzbuchs von 1803 vor: *Bei Hinrichtungen mit dem Strange muß das Strafgerüst jederzeit mit einbrechender Nacht wieder abgebrochen werden*[45]. Das galt nach der Eingliederung Salzburgs in das Habsburgerreich – endgültig 1816 – auch für das alte Hochgericht der ehemaligen Residenzstadt im Thumegger Bezirk. Entgegen den Normen des Gesetzbuches bestand, so die Kritik der ab 1816 zuständigen Linzer Behörde, *dieses Schanddenkmahl und widerliche Uiberbleibsel eines unkultivirten Jahrhunderts* auch noch 1818 und erfüllte *alle Vorübergehenden mit Ekel, und Abscheu*[46]. Im November desselben Jahres erging ein Schreiben an das Salzburger Rentamt *wegen alsbaldiger Wegräumung des sogenannten Hochgerichtes*[47], dem bald danach entsprochen wurde.

Nach dem Abbruch der Salzburger Richtstatt wurde die Frage aktuell, wo man in Zukunft die Todesurteile durch den Strang – der seit dem Josephinischen Strafgesetzbuch 1787 einzigen Hinrichtungsart[48] – vollstrecken sollte. Überlegt wurde etwa, *ob der Platz, wo die Militairhinrichtungen erfolgen, nicht allenfalls auch zu adaptieren wäre*[49], doch kam es nicht zur Zusammenlegung von Militär- und Zivilrichtstätte, nachdem sich der 80-jährige, inzwischen pensionierte Scharfrichter Franz Joseph Wohlmuth bereit erklärt hatte, den Ort des alten Hochgerichts, den er vom Ärar erworben hatte, weiterhin als Galgenplatz zur Verfügung zu stellen[50].

Als im Mai 1820 nach jahrelangen Diskussionen letztmalig die Scharfrichterfrage diskutiert wurde, da der für Salzburg zuständige Linzer Henker, Johann Seyfried, *um Erhöhung seines Gehaltes, oder Aufstellung eines eigenen Scharfrichters für Salzburg und den Innkreis* angesucht hatte[51], kam es nicht mehr zur Bestellung eines Salzburger Freimanns, da man inzwischen selbst hier der Meinung war, *dass Todesstrafen nach den bestehenden Gesetzen nur sehr selten eintretten* und *daher die Ernennung eines eigenen Scharfrichters für das Herzogthum Salzburg entbehrlich sey*[52].

Beide Annahmen erwiesen sich als richtig, dennoch blieb der Vollzug der Todesstrafe noch über lange Jahrzehnte ein viel besuchtes Volksschauspiel, bis durch die Strafprozessordnung von 1873 endlich bestimmt wurde, dass Hinrichtungen nur mehr innerhalb der Gefängnismauern und nur unter Beisein einer sehr eingeschränkten Öffentlichkeit vorzunehmen seien[53].

Peter Keller

DER DOM

Kanzel, Taufbecken und Bestattungen in der Bischofskirche

774	Weihe des karolingischen Domes
1181	Baubeginn des romanischen Domes
1598	Dombrand
1614	Beginn des Baus des barocken Domes
1628	Einweihung des barocken Domes

Ein Gebäude ist nicht an sich öffentlich, sondern wird es durch seine Nutzung. Die Nutzung einer Kirche unterscheidet sich nach Stand, Geschlecht und Alter der Nutzer (geistlich-weltlich, aktiv-passiv, männlich-weiblich u. a.). Sie unterscheidet sich auch nach den Formen der Nutzung (Gottesdienst, Predigt, Andacht, Taufe, Eheschließung usw.), die wiederum unterschiedliche Teilöffentlichkeiten betreffen (Gemeinde, Familie etc.). Weiters lassen sich innerhalb einer Kirche Teilräume (Altarraum, Chor, Seitenschiffe und -kapellen, Krypta usw.), Orte (Vierung, Kreuzaltar u. a.) sowie Einbauten (Chorschranke, Lettner, Kanzel, Taufbecken usw.) bestimmen, die eine besondere Funktion haben und sich an besondere Nutzergruppen richten (Geistliche, Kapitel, Laien usw.). Bau, Nutzung und Nutzer ändern sich zudem im Laufe der Zeit.

Die Dome 774–1628

Im Fall des Salzburger Doms sind drei Bauten zu unterscheiden: der karolingische, der romanische und der barocke Dom, die 774, zwischen 1198 und 1201 bzw. 1628 geweiht wurden. Der karolingische Dom ist bloß in seinen Grundzügen bekannt, der 1181 begonnene, romanische Dom ist hingegen im Grundriss ergraben und zeitgenössische Ansichten dokumentieren sein Äußeres[1]. Seine Binnentopographie ist jedoch nur unvollständig rekonstruierbar. Alle ebenerdigen Einbauten samt Fundamenten wurden beim Abriss um 1600 abgetragen, allein in der Krypta fanden sich bei den archäologischen Ausgrabungen 1956/57 Reste in situ[2]. Eine in Erlangen aufgefundene, um 1500/1520 datierte Innenansicht einer Kirche wurde als Blick in den romanischen Salzburger Dom identifiziert, entspricht aber in mehreren Punkten nicht den Grabungsfunden und schriftlichen Quellen[3]. Die liturgische Nutzung des Baus im späten zwölften Jahrhundert beschreibt ein „Liber Ordinarius", über den Stand der Liturgie um 1575 informiert ein „Liber Agendorum". Eine Beschreibung von 1602 durch Johann Stainhauser zählt die Kapellen, Altäre und Gräber auf und benennt deren relatives Verhältnis zueinander, aber leider nicht deren genaue Position[4].

Zwei Beispiele für die Probleme der Rekonstruktion des Salzburger Domes im Hinblick auf die Frage der Öffentlichkeit des Bauwerks seien zumindest angeschnitten: Ein Lettner trennte im Mittelalter den Laienraum einer Bischofs-, Kloster- oder Stiftskirche vom Chor,

Salzburg vom Kapuzinerberg, Dom und Dombezirk, 1553, Ausschnitt, anonyme Federzeichnung (Erzabtei St. Peter).

Innenansicht des romanischen Domes (?), 1500/1520 (Graphische Sammlung der Universität Erlangen).

dem Raum der Geistlichen. Ein Lettner wäre daher in unserem Zusammenhang ein wichtiges Ausstattungsstück. Reste eines Lettners des Salzburger Domes sind jedoch nicht erhalten. Auch Stainhauser erwähnt ihn nicht. Die Rechnungen der Begräbnisfeiern für Ferdinand I. 1564 nennen zwar „schrankhen", aber keinen Lettner. Alle Autoren seit Hermann Vetters vermuten einen Lettner unter dem Vierungsbogen, obwohl Lettner auch weiter westlich im Mittelschiff stehen konnten, um mehr Raum für das Kapitel zu schaffen[5]. Der Kreuzaltar, der üblicherweise vor dem Lettner stand, wird von Stainhauser als letzter Altar *nit weit von S. Virgilio* genannt. Georg Stadler vermutet ihn am üblichen Ort, Franz Pagitz und Guido Friedl nehmen an dieser Stelle allerdings den Rupertusaltar an, der sich nach Hermann Spies im Chor, nach Stadler in der Vierung befand[6].

Der barocke Dom wurde ab 1614 errichtet. Der Wechsel vom romanischen zum barocken Bau ging einher mit einer radikalen Änderung der Liturgie im Gefolge des tridentinischen Konzils. An Stelle des „Liber Agendorum" wurde das römische Missale eingeführt.

Eine Besonderheit des Salzburger Domes ist seine doppelte Nutzung als Bischofskirche (Chorgebet des Kapitels, Hochamt des Erzbischofs, Priesterweihe usw.) und Pfarrkirche (Gemeindegottesdienst, Taufe u. a.). Nach Christian Greinz erhielt das Domkapitel um 1139, nach Franz Pagitz 1181 die Pfarrseelsorge für die Stadt von der Abtei St. Peter übertragen[7]. Im Laufe der Zeit wurden die Pfarrfunktionen anscheinend zwischen der Dom- und der Klosterkirche der Petersfrauen (der späteren Franziskanerkirche) geteilt. Die Bürgerschaft zog letztere als „Stadtpfarrkirche" für bestimmte Funktionen dem Dom vor: Die erste bürgerliche Predigtstiftung wurde dort um 1400 errichtet, bürgerliche Altarstiftungen sind ab 1449 belegt. Dominikaner und Franziskaner aus Friesach, Wels, München und anderen Orten predigten in der Pfarrkirche. 1583 wurden dort 164 Zunftmessen gelesen. Als die Franziskaner die Kirche 1592 übernahmen, waren sie für Predigten, Gottesdienste und Katechismus zuständig, die Domkaplane behielten sich die Taufen, Ehen und Begräbnisse, also vor allem die Sakramente, vor. Nach dem Abriss des romanischen

Innenansicht des barocken Domes, 1675, Kupferstich und Radierung von Melchior Küsell (Erzbischöfliche Mensa).

Predigt des hl. Virgil, 1605, Druckgrafik des Meisters CL, gedruckt in: Missale Salisburgense juxta ritum et consuetudinem sanctae Romanae ecclesiae …, Salzburg 1605 (Universitätsbibliothek Salzburg).

Domes erhielt die Franziskanerkirche die Funktionen einer Bischofskirche und alle Pfarrfunktionen. 1635 wurde diese auf den Dom rückübertragen mit Ausnahme der Zunftmessen[8].

Zum Vergleich: In Passau war der Dom bis 1786 bloß die Pfarrkirche der domkapitlischen Bediensteten, die Dompfarre also ein Personal- und kein Territorialseelsorgeverband. Die Stadtpfarre war an der nahe gelegenen Kirche St. Paul angesiedelt. Dompfarrer sind in Passau seit 1183 nachweisbar. Eine „Pfarrkanzel" im Dom wurde im 19. Jahrhundert entfernt, der gotische Taufstein stand ursprünglich in einer Kapelle des Domkreuzgangs[9].

In Freising ist die Dompfarre ebenfalls im 12. Jahrhundert urkundlich belegt. Sie war am Kreuzaltar des Domes angesiedelt. Die Kirche St. Georg in der Unterstadt diente erst ab 1230 als Pfarrkirche. Nach 1250 sind keine Dompfarrer mehr nachweisbar. Das Taufbecken stand nicht in der Pfarrkirche, sondern in der Stiftskirche St. Johannes, die 1319 wohl an Stelle einer älteren Taufkirche vor dem Dom errichtet wurde[10].

Wegen der komplexen Geschichte des Baus und seiner Nutzung sollen im Folgenden vier Themen herausgegriffen werden, um den Salzburger Dom als öffentlichen Ort zu untersuchen: die Kanzel, das Taufbecken, die Bestattungen und Totenfeiern sowie die Überreichung des Palliums. Die ersten beiden betreffen vor allem den romanischen, die anderen beiden den barocken Bau.

Die Kanzel des romanischen Doms

Die Geschichte der Kanzel des Domes ist mit Blick auf die Öffentlichkeit des Baus besonders interessant, weil die Predigt die öffentliche kirchliche Rede schlechthin ist. Im deutschen Sprachraum verbreiteten sich Kanzeln seit der Mitte des 14. Jahrhunderts. Die älteste erhaltene Steinkanzel in der Erzdiözese Salzburg ist diejenige von

St. Nikolaus in Bad Gastein aus dem 15. Jahrhundert, die älteste in Bayern datiert 1422. Da sich die Predigt an das Laienpublikum richtete, befanden sich die mittelalterlichen Kanzeln in der Regel im westlichen Teil des Mittelschiffs[11]. Die Vorläufer der Kanzeln sind die Ambonen, die aber nicht der Predigt, sondern der Lesung dienten und am Choraufgang, an den Chorschranken oder seit Beginn des 13. Jahrhunderts am Lettner standen. Das Wort „ambo" kann allerdings auch den Lettner selbst bezeichnen[12].

Das Breviarium des Salzburger Domes nennt nach 1181 einen „ambo", auf den der Lektor „hinaufstieg". Das Protokoll der Diözesansynode von 1288 berichtet, Erzbischof Rudolf von Hoheneck (1284–1290) habe von der „Kanzel" zu den im Dom versammelten Bischöfen gesprochen. Ein Ceremoniale aus der zweiten Hälfte des 15. Jahrhunderts spricht von einem „pulpitum", an dem der Propst am Palmsonntag las. Das „Missale Salisburgense" wiederholte 1515 den Begriff des Breviariums. Ob dessen Autor nur den alten Text abschrieb oder einen zeitgenössischen Zustand wiedergab, ist nicht zu entscheiden[13].

1558 belegt ein Domkapitelprotokoll erstmals eine Kanzel im Dom: *Stand zu der predig im Thumb. Es w*[ard] *auch beschlossen das Her Wilhelm von Trautmansdorff mit sambt den werckmaister nachmallen die Malstat zu einem künfftigen Stand den hern bei der predig berathschlagen soll: auch zu versuchen ob auff des Herrn Thumbropst Althan die predig gehert und verstanden werden möge.*[14]

Die Kanzel sollte im Mittelschiff aufgestellt werden, damit die Laien der Predigt besser folgen konnten, aber trotzdem nicht zu weit westlich stehen, damit auch der Dompropst im Altan, einem Vorbau im Chor, ihr noch folgen konnte. Am Standort der Kanzel entzündete sich also ein Interessenkonflikt der verschiedenen Nutzer des Domes, auch wenn die Laien in dem Gremium, das über die Aufstellung der Kanzel entschied, also dem Kapitel, keine Stimme hatten. Zugleich zeigt dieser Konflikt die unterschiedliche Nutzung der Teilräume des Domes auf, deren beide Pole der Altan als eigener Raum für den Propst und das Schiff als Raum für die Laien bildeten.

Die Kompromisslösung wird eine Aufstellung im Laienraum nahe dem Chor gewesen sein. Mangels Grabungsfunden und Quellen lässt sich der Ort jedoch nicht genau bestimmen. Den Protokollen zufolge kam die Kanzel gegenüber dem Engel, dem Allerheiligenaltar bzw. dem Grab des wundertätigen Erzbischofs Eberhard von Hiltpoltstein zu stehen.

Pagitz vermutet sie am zweiten Pfeiler des Mittelschiffs, ein Standort weiter westlich wäre ebenfalls denkbar. Spätestens Ende Juli 1559 waren die Arbeiten abgeschlossen[15].

Zur Trauerfeier für Kaiser Ferdinand I. 1564 wurde die Kanzel mit 8,5 Ellen schwarzen Tuchs verhangen[16]. 1598 ließ Wolf Dietrich den marmornen „Predigtstuel" abbrechen[17]. Einer Überlieferung des frühen 20. Jahrhunderts zufolge soll die Kanzel der Pfarrkirche in Guggenthal die abgebrochene Domkanzel sein. Sie sei von Erzbischof Gregor Schenk von Osterwitz (1396–1403) gestiftet und aus dem Dom zunächst nach Wals, dann 1862 nach Guggenthal gekommen. Sie ist jedoch inschriftlich 1512 datiert, den Formen nach nicht viel älter und eine Übertragung aus dem Dom nach Wals nicht nachzuweisen. Nicht zuletzt ist sie für den Dom zu klein[18].

Die Predigt im Dom

Mit der Geschichte der Kanzeln eng verbunden ist die Geschichte der Predigten. Im 13. Jahrhundert wuchs allgemein das Bedürfnis der Gläubigen nach öffentlicher Rede und führte unter anderem zur raschen Ausbreitung der Bettelorden. Die Sonn- und Feiertagspredigten der Salzburger Stadtpfarrkirche wurden seit der ersten Berufung eines Dominikaners aus Friesach 1222 bis 1560 durch Bettelordensleute aus Wels, München und anderen Städten gehalten und auch von Domherren besucht. Die Franziskaner und Dominikaner entwickelten sich zu einer ernsthaften Konkurrenz für die Diözesanpriester, obwohl sie bis 1592 keine Niederlassungen in Salzburg hatten. Auf einer Synode im Frühjahr 1456 klagten die Bischöfe, die Bettelorden zögen durch ihre Predigten und Beichten die Pfarrkinder an sich. Eine Synode in Mühldorf 1490 verlangte, Bettelmönche nur mit Zeugnissen der Oberen und des Bischofs zu Predigt und Beichte zuzulassen. Zugleich schrieb sie den Priestern der Erzdiözese wöchentliche Predigten vor[19].

Im Dom scheint die Predigt bis ins 16. Jahrhundert nicht besonders intensiv gepflegt worden zu sein. Predigten der Erzbischöfe sind nur an hohen Feiertagen und bei besonderen Anlässen anzunehmen. Das „Breviarium" von um 1200 erwähnt eine erzbischöfliche Predigt am Palmsonntag. Stainhauser wiederum berichtet,

Wolf Dietrich habe regelmäßig an Gründonnerstagen von der Kanzel gepredigt und dass dies *von ainem Erzbischoven selbst zu beschehen ein ganz unerhörtes Werk* wäre[20]. Johann Staupitz (* Motterwitz 1468 ?, † im Inntal 1524) predigte seit 1512 in der Stadtpfarrkirche und in St. Peter und wohl nicht, wie Greinz meint, im Dom[21]. Bestallte Prediger lassen sich im Dom erst seit 1549 nachweisen, in der Stadtpfarrkirche hingegen schon seit 1446. Eine Predigtordnung des Domes stammt von 1557. Daher ist anzunehmen, dass die Kanzel des Domes 1558/59 der Prediger wegen in den Laienraum gestellt wurde[22].

Zum Vergleich: Ähnlich wie in Salzburg verlief die Entwicklung der Predigt in den Domen von Passau und Freising. Eine Wahlkapitulation in Passau 1541 verlangte die Anstellung eines Predigers am Dom. In Freising gab es um 1600 eigene Fastenprediger und bis Osterdienstag eine tägliche Predigt im Dom. 1624 wurde eine neue Kanzel errichtet[23].

Taufe und Taufbecken

Die Taufe gehört zu den wichtigsten Funktionen einer Pfarrkirche. Mit der Taufe wird der Täufling in die Kirche aufgenommen und gleichzeitig von Sünden gereinigt. Daher wurde sie auch magisch verstanden. Ausschließlich Geistliche spenden das Sakrament, nur in Notfällen auch Laien. Noch bis ins 9. Jahrhundert hinein baute man nördlich der Alpen eigene Taufkirchen, „Baptisterien". Seit dem 8. Jahrhundert wurden Teilräume in Kirchen als Taufkapellen eingerichtet und mit einem Taufbecken versehen. 799 beschloss eine Salzburger Synode: *In allen Pfarreien sollen vorschriftsmäßige Baptisterien errichtet und ein anständiger Taufbrunnen gebaut werden.*[24]

Die Taufkapellen und -becken befanden sich in der Regel im Nordwesten des Kircheninneren, aus symbolischen wie aus praktischen Gründen. Denn erstens wurde das Sakrament der Taufe ausschließlich Laien gespendet. Zweitens begann der Ritus der Taufe mit dem Gebet und der Widersagung der Versuchung durch den Teufel vor dem Eingang der Kirche. Drittens galt der Täufling als möglicherweise von Dämonen besessen. Das „Rituale Romanum" (1614) schreibt einen Standort links in der Kirche, das „Corpus Iuris Canonici" (1582) einen in der Nähe des Haupteingangs vor. Dennoch gab es Ausnahmen: In der Stiftskirche Maria im Kapitol in Köln stand das Taufbecken im Querhaus, im Dom von Straßburg nahe dem Chor. Das um 1290 verfasste liturgische Handbuch „Rationale divinorum officiorum" des Guillelmus Durandus schrieb Becken aus Stein vor, doch gab es auch Becken aus Bronze wie in Saint-Barthélémy in Lüttich (1125) oder aus Zinn wie in Salzburg[25].

Kanzel in der Pfarrkirche Guggenthal, 1512 (Foto Josef Kral, Dommuseum).

Nach Pagitz lag das Taufrecht schon vor 1167 beim Dom[26]. Als Beleg dient ihm der Rundbau westlich des karolingischen Domes, der als Baptisterium gedeutet wurde (Hermann Vetters, Adolf Hahnl). Diese Funktion wurde zuletzt aber mangels Quellen ernsthaft in Frage gestellt (Werner Jacobsen). Nach Greinz hätte der Dom um 1139 das Taufrecht übernommen. Einen Nachweis des Taufbeckens und damit des Taufrechts am Dom liefert zumindest das Breviarium nach 1181[27].

Taufbecken im Salzburg Dom, Löwen um 1220, Becken 1321 (Foto Josef Kral, Dommuseum).

Wie auch immer, das heute noch bestehende Taufbecken im Salzburger Dom ist inschriftlich mit 1321 datiert, die Löwen, die es tragen, sind etwa 100 bis 120 Jahre älter. Das Becken ist aus Zinn, die Löwen sind aus Bronze[28]. Sein Standort im romanischen Dom ist unklar. Der Vorschrift nach hätte es im westlichen Teil eines nördlichen Seitenschiffs stehen müssen. Das Breviarium nach 1181 und der „Liber Agendorum" 1575 sprechen nur davon, dass der Erzbischof bzw. der Priester in der Oster- und Pfingstnacht aus dem Chor zum Taufbecken „hinab gingen". Der Prozessionszug mit Ministranten, Diakonen und Fahnen macht aber einen weiteren Weg wahrscheinlich. Jules Corblet meinte 1882, eine Salzburger Synode habe angeordnet, das Taufbecken aus der Mitte des Schiffs an die linke Seite zu versetzen, doch gibt er keine Jahreszahl oder Quelle an[29]. Stainhauser zufolge stand das Taufbecken *zunechst bey S. Rueprechts Althar, doch ein wenig herfür in der Mitt.* Nach Spies stand der Rupertusaltar im Hochchor, ein höchst ungewöhnlicher Ort für ein Taufbecken. Pagitz nimmt den Rupertusaltar im Mittelschiff vor dem Lettner an und davor das Taufbecken. Stadler vermutet den gleichen Standort des Taufbeckens, hält den Altar vor dem Lettner aber für den Erentrudisaltar. Doch vor dem Lettner steht üblicherweise der Kreuzaltar, und Stainhauser zufolge war der Platz vor dem Rupertusaltar mit fünf Erzbischofsgräbern belegt, der Platz zwischen Taufbecken und Rupertusaltar sowie zwischen Taufbecken und Erentrudisaltar durch je ein weiteres Grab. Die Rechnungen der Exequien für Ferdinand I. 1564 erwähnen das Taufbecken nicht[30]. Die Deutung der Standortbeschreibung Stainhausers bleibt also unklar.

Taufbecken und Taufwassersegen

Außer für die Taufe spielte das Taufbecken auch für die Taufwasserweihe in der Oster- und Pfingstmesse eine herausragende Rolle. Der Ritus der Taufwasserweihe ist im Breviarium nach 1181, im Missale von 1515 sowie im „Liber Agendorum" 1575 ausführlich beschrieben. Er ähnelt demjenigen des „Rationale divinorum officiorum" (1286/1291), war aber schon in der ersten aus Salzburg überlieferten Form umfangreicher und wurde im Laufe der vier Jahrhunderte noch erweitert. Ende des 12. Jahrhunderts ging der Bischof oder Priester nach der Entzündung der Osterkerzen zum Taufbecken, Ministranten mit Fahnen, Weihrauch, der Osterkerze und zwei weiteren mannsgroßen Kerzen begleiteten ihn, ebenso zwei Subdiakone mit Chrysam, Öl und einem goldenen Gefäß. Zur Litanei schritten alle sieben Mal um das Taufbecken, dann segnete der Zelebrant das Taufbecken und die Kerzen. Schließlich hauchte er in das Wasser, um den Laien zu zeigen, dass der Exorzismus vollzogen war[31].

1575 hatte sich der Ritus deutlich erweitert. Statt eine/n Heilige/n namentlich und alle „Engel", „Apostel", „Märtyrer", „Bekenner" und „Jungfrauen" summarisch zu nennen, wurden nun je 14 Märtyrer und Bekenner sowie 13 Jungfrauen namentlich angerufen. Vor dem Hauchen machte der Zelebrant ein Kreuzzeichen über dem Wasser, dann berührte er es mit der Hand, machte wieder drei Kreuzzeichen und teilte das Wasser in vier Teile. Während die Kerzen in das Wasser gestellt und wieder herausgenommen wurden, blies er erneut hinein. *Ad maiorem excitandam devotionem*, (um größere Andacht – unter den Laien – zu erzeugen), wurde der Vorgang weitere dreizehn Mal wiederholt. Nachdem der Zelebrant schließlich Wasser aus dem Becken geschöpft hatte, war auch jedem Anwesenden erlaubt, Wasser zu entnehmen, *ad spargendum in domo sua contra spiritus immundos* (um es gegen unreine Geister in seinem Haus zu versprengen)[32].

Die Aufzählung der 14 Bekenner in der Litanei erklärt zumindest teilweise den ungewöhnlichen Dekor

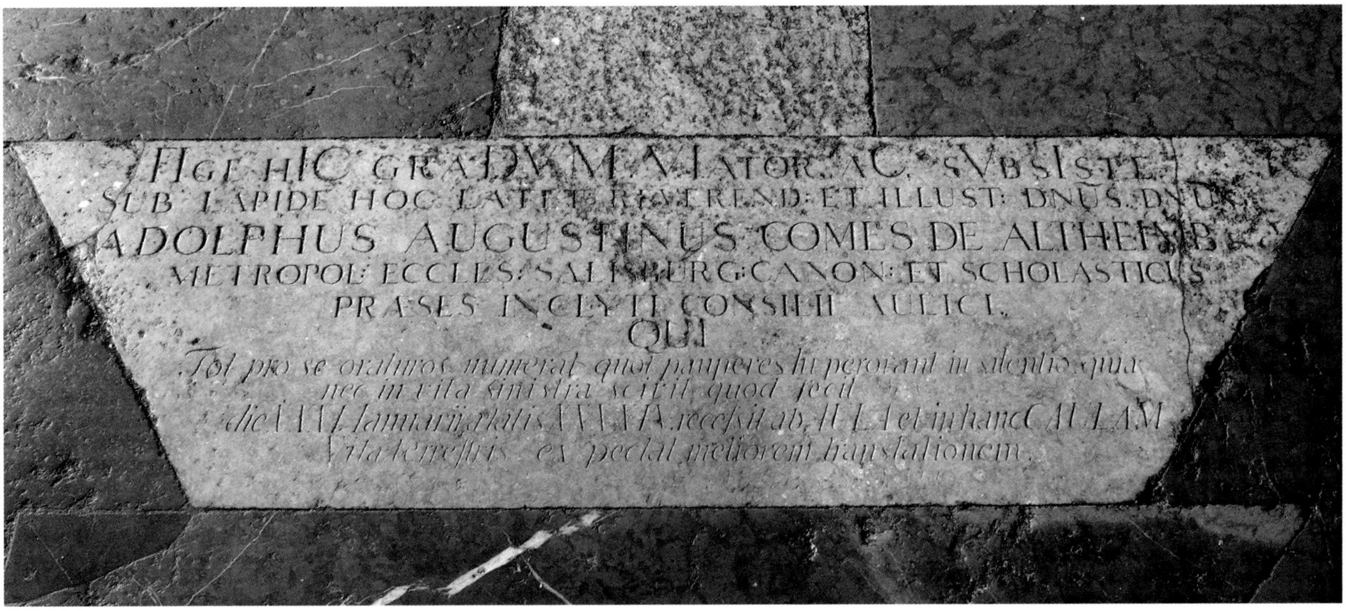

Grabinschrift des Domherren Adolph August von Hohenems in der Himmelfahrtskapelle, 1720 (Foto Josef Kral, Dommuseum).

des Beckens, die Darstellung der 16 Bischöfe, auch wenn der „Liber Agendorum" jünger ist und die dargestellten Bischöfe nicht alle in der Aufzählung vorkommen. Die Bischofsbilder sind eine kirchenpolitische Stellungnahme, indem sie deutlich machen, dass die Taufe als Pfarrrecht bei der Kathedrale lag[33]. Der siebenmalige Zug des Bischofs und der Ministranten um das Becken erklärt unter anderem dessen Größe. Die aufwändige Feier schließlich rechnete mit einem breiten Publikum, das des Lateinischen nicht mächtig war und zum Aberglauben neigte. Die geistliche Macht des Klerus über die Laien machte sich an dem Gegenstand, seinem Standort und seiner Nutzung fest.

Bestattungen, Totenfeiern und Palliumsübergabe

Der Dom war weniger der Ort, um die weltliche Macht des Erzbischofs darzustellen. Diesem Zweck diente die Residenz. Der Einzug eines neu gewählten Erzbischofs, der vom Nonntaler- bzw. Kajetanertor durch die Stadt führte, endete dort. Im Dom fand am folgenden Tag „nur" die Übergabe des Palliums statt.

Weltlichen Charakter hatten jedoch die Totenfeiern für die Erzbischöfe, bei denen die Bevölkerung dem verstorbenen Fürsten ihre Reverenz erwies. Während sie beim Einzug nur Zuschauer war, zog sie im Umgang, mit dem der Tote in den Dom überführt wurde, mit. Die Totenfeiern Paris Lodrons 1653 und Franz Anton Harrachs 1727 sowie die Übergabe des Palliums an Leopold Firmian 1728 sollen im Folgenden untersucht werden.

Im romanischen Dom waren die Bestattungen hierarchisch geordnet. Im Dominneren wurden ausschließlich die Erzbischöfe bestattet. Die Gräber des 9. bis 12. Jahrhunderts befanden sich in der Krypta, elf davon hinter dem Altar zwischen der Vierungs- und der Chorkrypta, mit einem Holzgitter umgeben. Weitere Grabstätten lagen in Chor und Querhaus sowie in der Pilgrimkapelle[34].

Das einzige erhaltene Grabdenkmal eines Erzbischofs aus dem romanischen Dom dürfte das so genannte Keutschachdenkmal sein, das sich heute an der Außenwand der Kapelle der Festung Hohensalzburg befindet. Es besteht aus einer Reliefplatte mit der Figur des Erzbischofs, zwei romanischen Kapitellen und zwei gotischen Engeln. Die Platte gehörte dem Typ nach eindeutig zu einem Grabmal, vergleichbar z. B. den Grabmälern in den Domen zu Mainz und Würzburg. Die heutige Zusammenstellung ist wohl ein Pastiche der Zeit nach 1600, zu Ehren des wichtigsten Bauherren der Festung[35].

Geistliche Würdenträger sowie adlige und bürgerliche Laien wurden im Kreuzgang bestattet, der Stain-

Bruderschaftsmitglieder, Augustiner und Kapuziner in der Prozession zur Domweihe 1628, Ausschnitt (Museo Diocesano Trient).

hauser zufolge *mit zierlichen epitaphiis und grabstainen fürnemer herrn orniert* war[36]. Die Bestattung oder Errichtung eines Epitaphs erfolgte auf Grund von Verdiensten oder nach einer Zahlung an die Oblai. Bis 1514 war dazu ein Beschluss des Propstes, danach ein Beschluss des Kapitels notwendig. Diese Ehre widerfuhr z. B. dem Organisten und Komponisten Paul Hofhaimer[37].

1597 wurde der Kreuzgang demoliert und die Denkmäler entfernt. Stadler zählt eine Reihe von Epitaphien und Grabsteinen auf, die vermutlich aus dem Kreuzgang stammen, unter anderem befindet sich heute ein Fragment im Traklhaus und eines in der Gartenmauer der Frohnburg[38].

Im barocken Dom waren die Bestattungen nicht minder streng geordnet. In den drei Apsiden fanden nur die Epitaphien der Erzbischöfe Platz. Die Denkmäler der beiden Erbauer des Domes stehen zu Seiten des Hochaltares, die ihrer Nachfolger bis Siegmund Schrattenbach neben den Querhausaltären. Die Särge der Erzbischöfe standen bis zum Zweiten Weltkrieg in der Gruft unter der Vierung. Seit 1959 befinden sie sich die sterblichen Überreste in neuen Särgen in der neu eingerichteten Krypta. Unter dem Presbyterium liegt eine weitere Gruft, die bei der jüngsten Umgestaltung des Altarraumes geöffnet wurde und in der unter anderem Erzbischof Georg von Kuenburg († 1587), der Vorgänger Wolf Dietrichs, bestattet war. Unter den Seitenkapellen des Domes sind insgesamt acht Gruften angelegt. Die jeweils mittlere Fußbodenplatte jeder Kapelle ist zu öffnen. Auf den Platten um die Öffnungen stehen teilweise die Namen von Domherren. Die Namen stammen vor allem aus der zweiten Hälfte des 17. Jahrhunderts; nach der Mitte des 18. Jahrhunderts wurden keine Inschriften mehr gesetzt.

Totenfeiern

Für die Totenfeier Paris Lodrons wurde im Dom ein Trauergerüst errichtet, vergleichbar denen, die für die habsburgischen Kaiser in der Hofkirche in Wien aufgebaut wurden. Es ist in einem Kupferstich, der in die Klageschrift auf Paris Lodron eingebunden ist, überliefert. Der Sarg des Erzbischofs stand in einer offenen Pfeilerhalle. Löwen und Skelette an den Ecken der Halle und des Sockels hielten Emblemata, deren Darstellungen in der Klageschrift wiederkehren[39]. Wo das Trauergerüst stand, ist nicht dokumentiert; aber es ist zu vermuten, dass es unter der Vierung oder im südlichen Querhaus des Domes aufgebaut wurde.

Eine Beschreibung des Leichenzuges Paris Lodrons ist nicht erhalten, doch gibt es zeitgenössische Schilderungen der Überführungen der Leichname Johann Ernst Thuns 1709 und Franz Anton Harrachs 1727. Erzbischof Franz Anton Harrach war am Freitag, dem 18. Juli um 10 Uhr im Schloss Mirabell gestorben, am Samstag um 8 Uhr morgens wurde der Leichnam geöffnet und das Herz in der Schlosskapelle „beygelegt“. Der Leib wurde in das „Hoforatorium“, das Rupertusoratorium des Domes, „gestelt“, wo Messen gelesen wurden. Die Überführung in die Kapelle S. Maria ad Nives, das südliche Querhaus des Domes, fand um 15 Uhr 30 statt. Den „Contuct“ führten zwei Alumnen an, die Totenfahne mit Wappen voran. Ihnen folgten die Waisenkinder, die „Prinzipisten“ von St. Peter, alle Handwerkszünfte,

Katafalk für Erzbischof Paris Lodron, Zeichnung, 1653 (Salzburg Museum).

Grabdenkmal für Erzbischof Johann Ernst Graf Thun (Foto Josef Kral, Dommuseum).

alle Repräsentanten der Landschaft, die „Confentores", die Augustinereremiten, die Kapuziner, Franziskaner und das Collegium S. Benedicti. Eine vergleichbare Prozession aus allen Zünften, Bruderschaften, Konventen, Geistlichkeit und Bürgerschaft jeweils mit ihren Kreuz- und Zunftstäben, begleitete Erzbischof Leopold Anton Firmian 1744[40].

Eine Vorstellung von dem Aussehen des Leichenzuges vermag der Kupferstich der Prozession zur Domweihe 1628 zu geben, auch wenn die Prozession, den Umständen entsprechend, aufwändiger gestaltet war. Der Leichenzug trug keine Bildwerke, Fahnen oder Lichter und umfasste keine Reiter-, Bläser- oder Trommlergruppen, aber er war wie die Prozession nach Ständen, Konventen, Bruderschaften und Zünften geordnet. Wie die Prozession versammelte der Leichenzug die Bevölkerung, die sich symbolisch in die gesellschaftliche Ordnung fügte. Anders als die Prozession überführte der Leichenzug nicht die Reliquien der Bistumspatrone, sondern die sterblichen Überreste des Erzbischofs in den Dom.

Die Übergabe des Palliums

Die Übergabe des Palliums schloss die Einsetzung eines neuen Erzbischofs ab. Das Pallium wurde diesem als Zeichen der Verbundenheit mit dem Papst und als Insignie aus Rom übersandt. Der Erzbischof musste darum ansuchen und dafür bezahlen. Erst mit der Verleihung des Palliums erlangte er Amt und Würden[41].

Die Übergabe des Palliums an Leopold Anton Firmian ist in einem Protokoll dokumentiert. Das Pallium traf am 18. Februar 1728, also viereinhalb Monate nach der Wahl, in Salzburg ein und wurde zunächst im Hof- oder Rupertusoratorium niedergelegt. Als Tag der Übertragsband (Veröffentlichungen des Zentralinstituts für Kunstgeschichte in München), München 1991, S. 358 f.; zuletzt RUDOLF KOCH, Salzburg, Domkirche hll. Rupert und Virgil, in: Geschichte der bildenden Kunst in Österreich, Bd. 1, hg. v. HERMANN FILLITZ, München-New York 1998, S. 220–222, Nr. 17; GREINZ, fürsterzbischofliche Kurie (wie Anm. 7), S. 168, Breviarium (wie Anm. 4), fol. 65r–66r, fol. 149v-151v.

28 HERMANN FILLITZ und MARTINA PIPPAL, Schatzkunst. Die Goldschmiede- und Elfenbeinarbeiten aus österreichischen Schatzkammern des Hochmittelalters, Salzburg-Wien 1987, S. 318–321 Nr. 81; KLAUS LUTZE, Das Taufbecken im Dom zu Salzburg, in: MGSL 133 (1993), S. 27–52, hier S. 27–29; HERMANN FILLITZ, Vier Löwen als Träger des Taufbeckens im Salzburger Dom, in: DERSELBE (Hg.), Geschichte Bd. 1 (wie Anm. 27), S. 578 f., Nr. 284.

29 Breviarium (wie Anm. 4), fol. 149v; Liber Agendorum (wie Anm. 4), S. 6–29, S. 304; CORBLET, Histoire (wie Anm. 24), Bd. 2, S. 108; nicht in HEFELE, Conciliengeschichte (wie Anm. 13).

30 Vor dem Rupertusaltar die Gräber der EB Weichhard von Pollheim (1312–1315), EB Burkhard von Weißpriach († 1466), EB Johannes Beckenschlager von Gran († 1489), EB Siegmund von Holneck († 1495), EB Matthäus Lang (1519–1540), zwischen Altar und Taufstein EB Gregor Schenk von Osterwitz († 1403), zwischen Taufstein und Ehrentrudisaltar EB Michael Khuenburg († 1560); STAINHAUSER, Beschreibung (wie Anm. 2), S. 368–370, Nr. 41, 46, 52, 54, 56, 59, S. 378; SPIES, urkundliche Beiträge (wie Anm. 6), S. 156; GREINZ, fürsterzbischofliche Kurie (wie Anm. 7), S. 109; PAGITZ, Quellenkundliches (wie Anm. 2), S. 114; STADLER, Salzburger Dom (wie Anm. 6), S. 94 Abb., S. 148–150; SLA, Hofkammer-Consistorium 1564 K.

31 Breviarium (wie Anm. 4), fol. 65r–66r, 149v–151v, unter Anrufung von Maria, Michael, Johannes, Paulus, Vincentius, Rupert, Erentrudis; vgl. DURANDUS, Rationale (wie Anm. 25), S. 392–398, S. 407–413.

32 Liber Agendorum (wie Anm. 4), S. 226–259.

33 Vgl. LUTZE, Taufbecken (wie Anm. 28), S. 40–43.

34 PAGITZ, Quellenkundliches (wie Anm. 2), S. 120 f.; KARL AMON, Sancti Pontifices Salisburgenses, in: 1200 Jahre Erzbistum Salzburg. Dom und Geschichte, hg. v. Domkapitel zu Salzburg, Salzburg 1998, S. 81–95, hier S. 86–88; GREINZ, fürsterzbischofliche Kurie (wie Anm. 7), S. 208.

35 STADLER, Salzburger Dom (wie Anm. 6), S. 102 f.; FRANZ WAGNER, Das Herrschermonument des Leonhard von Keutschach, in: 900 Jahre Festung Hohensalzburg (Schriftenreihe des Landespressebüros. Sonderpublikationen 13), Salzburg 1977; GABRIELE HÖLTL, Das Keutschach-Denkmal auf der Festung Hohensalzburg, unveröffentlichte Institutsarbeit, Wien 1966. Die Deutung als Pastiche erklärt die stilistischen und ikonographischen „Ungereimtheiten" des Denkmals ebenso wie die Tatsache, dass Stainhauser das Denkmal nicht erwähnt. Ein erzbischöfliches Herrschermonument in dieser Form wäre höchst ungewöhnlich.

36 Johann Stainhauser, zit. n. PAGITZ, Quellenkundliches (wie Anm. 2), S. 40.

37 PAGITZ, Quellenkundliches (wie Anm. 2), S. 40 f.

38 STADLER, Salzburger Dom (wie Anm. 6), S. 97 f., S. 109–114, S. 137.

39 PARIS GILLE, Castrum Doloris [...] Paridi e comitibus Lodroni, [Salzburg] 1654; PETER KELLER, Alter und Tod, in: DERSELBE und JOHANNES NEUHARDT (Hg.), Erzbischof Paris Lodron (1619–1653). Staatsmann zwischen Krieg und Frieden. Ausstellungskatalog, Salzburg, Dommuseum zu Salzburg, 16. Mai–26. Oktober 2003, Salzburg 2003, S. 242–243, Nr. 2.3.5.–2.3.6.

40 SLA, Geheimes Archiv I/32, Beschreibung des Leichenfeierlichkeiten Franz Antons und Leopold Antons, 1727, 1744, fol. 1r–1v; ebenda, Beschreibung des Leichenfeierlichkeiten Franz Antons und Leopold Antons, 1727, 1744, fol. 2r–3v; LEOPOLD SPATZENEGGER, Conduct [Erzbischof Franz Antons]. Ein Fragment, in: MGSL 15 (1875), S. 215 f.

41 JOSEF BRAUN, Pallium in: LThK 1935, Bd. 7, Sp. 898–899.

42 SLA, Geheimes Archiv I/33, Processus In traditione Pallii Archiepiscopalis observatus. Die 22. Februarii 1728.

43 Außer dem genannten Ceremoniale (wie Anm. 13) verwahrt die Universitätsbibliothek Salzburg weitere Handschriften, die die Bräuche und damit die Einrichtung des Domes dokumentieren. Die Rechnungen des Hofbauamtes werden derzeit im Rahmen des Residenz-Forschungsprojektes von Walter Schlegel aufgearbeitet.

Alfred Rinnerthaler

DIE STADTPFARRKIRCHE

„Zu unserer lieben Frau“ (heute Franziskanerkirche) als öffentlicher Raum

8. Jh.	Vorläuferbau, noch vor dem so genannten Virgil-Dom errichtet
1139–1635	Stadtpfarrkirche
1167	Zerstörung durch Stadtbrand
1223	Einweihung des romanischen Neubaus
1408–1498	Gotische Umgestaltung der Kirche (Bau von Chorraum und Turm, Errichtung des Hochaltars durch Michael Pacher)
1592	Übergabe der Kirche an die Franziskaner
1598–1628	Nutzung als Domkirche, Beginn der barocken Umgestaltung
1635	Übertragung der Pfarrrechte auf den Dom
1709/10	Errichtung eines neuen Hochaltars durch Johann Bernhard Fischer von Erlach
1803	Übergang in staatliches Eigentum
1960	Übertragung ins Eigentum des Franziskanerordens

Eine Kirche als öffentlicher Raum

Als öffentlich kann man jene Räume bezeichnen, „die für Menschen unterschiedlicher regionaler Herkunft, sozialer Zugehörigkeit und unterschiedlichen Geschlechts prinzipiell zugänglich waren. Weiterhin sollen diese Räume kommunikativ und interaktiv profiliert [...] sein – Orte, wo Menschen verschiedenster Provenienz in komplexe soziale Austauschbeziehungen traten, wo Meinungsbildungsprozesse vorangetrieben, Konflikte ausgetragen und Entscheidungen getroffen wurden, kurz: wo Öffentlichkeit hergestellt wurde.“[1] Diese Definition geht von einem in dieser Form nur selten zu findenden Idealtypus aus, wobei durchaus Elemente fehlen oder nur eingeschränkt gegeben sein können.

Öffentliche Räume im Sinn dieser Definition sind neben den Plätzen einer Stadt, insbesondere solche mit Marktfunktion, dem städtische Rathaus, der Schule, dem Kaffee- und dem Wirtshaus auch die Kirchen. Unter einer Kirche versteht man ein dem Gottesdienst gewidmetes Gebäude, zu welchem alle Gläubigen zum Zweck der öffentlichen Gottesverehrung Zugang haben. Diese können aus der betreffenden Stadt stammen oder auch von weit her kommen, wie dies etwa bei Wallfahrtskirchen der Fall ist. Weder hinsichtlich der sozialen Schichten noch des Geschlechts gibt es generelle Zugangsbeschränkungen. Kirchen sind vor allem Schauplätze religiöser Devotion und der Abhaltung von Ritualen. Geistliche nutzen den Kirchenraum zur Belehrung der Laien, auch die Beichte war und ist eine Form der Kommunikation, in der sich die „Autorität des Geistlichen besonders augenfällig bündelte“[2]. Bei der Beichte ist das Gewissen der Ankläger, der geständige Sünder der Angeklagte, der Priester der Richter, das Erteilen der Buße und die Lossprechung von der Schuld das Urteil[3].

Neben der liturgischen Funktion der Kirchen waren diese auch Orte sonstiger Versammlungen. So fungierte gerade die Salzburger Liebfrauenkirche (die spätere Franziskanerkirche) in ältester Zeit als Synodalkirche. Eine Kirche konnte Menschen auch Schutz (Wehrkirche) oder Zuflucht (Asyl) bieten. Wenn die so genannte Schwurhand am Westportal der Franziskanerkirche als Hinweis auf eine besondere Funktion als Asylkirche gewertet wurde, dann ist dem entgegenzuhalten, dass dafür keine urkundlichen Nachweise vorliegen, weshalb diese Skulptur wohl eher eine Geste des Segnens darstellt[4].

Zwar stand die Kirche Menschen beiderlei Geschlechts offen, doch galten für das Nebeneinander der Geschlechter stets strenge Regeln. So war Frauen – zumindest während der Messe – das Betreten des Chorraumes verboten. Dieser war den Männern, insbesondere der Geistlichkeit, vorbehalten. Diese strenge geschlechtsspezifische Trennung ist heute nicht mehr aufrecht und Frauen, z. B. Ministrantinnen, dürfen sich auch während des Gottesdienstes im Chorraum aufhalten[5]. Darüber hinaus gab es im Langhaus eine Separation der Geschlechter. Die ältere Generation wird sich noch daran erinnern können, dass den Frauen die rechte und den Männern die linke Seite zugewiesen war (wenn man vom Chor in Richtung Gemeinde blickt). In der Spätantike und im Mittelalter waren Frauen und Männer vielfach sogar durch ein Gitter oder aufgespannte Tücher voneinander getrennt. Diese Trennung der Geschlechter begründete der Kirchenlehrer Johannes Chrysostomus († 407) so: *Wie ich von älteren Leuten höre, gab es früher keine solchen Schranken, denn in Christus Jesus ist weder Mann noch Weib'* [Galater 3, 28]. *Auch zu den Zeiten der Apostel waren Männer und Frauen miteinander beisammen, denn die Männer waren eben Männer und die Frauen waren wirklich Frauen. Jetzt aber ist es ganz anders geworden. Die Weiber haben die Art von Buhlerinnen angenommen und die Männer sind wie brünstige Hengste.*[6] Diese Trennung ist Geschichte, auch wenn sie gelegentlich in kleineren Landgemeinden gewohnheitsmäßig bis heute fortbesteht.

In besonderer Weise war die Liebfrauenkirche[7] eine Kirche der Bürger von Salzburg. Dies hängt mit ihrer ehemaligen Funktion als Stadtpfarrkirche zusammen, die sie von 1139 bis 1635 inne hatte, und die im Bewusstsein der Stadtbevölkerung noch durch Jahrhunderte fortlebte, ja teilweise bis heute erhalten blieb. Die Kirche war mit dem religiösen Leben der Stadt, insbesondere mit den Zünften und Bruderschaften, auf das Engste verknüpft. Diese wichtigen Einrichtungen im gesellschaftlichen Leben der Stadt feierten dort ihre Gottesdienste, nahmen die Kirche als Ausgangspunkt für Prozessionen und Leichenbegängnisse und hatten in ihr zum Teil eigene Altäre.

Eine wichtige öffentliche Funktion der Franziskanerkirche lag schließlich noch in ihrer Eigenschaft als Wallfahrtskirche. Aus den Umgebungsgemeinden, zum Teil von weit her, kamen die „Kreuzvölker" in die Stadt Salzburg und besuchten hier den Dom, St. Peter, die Kirche am Nonnberg oder die Liebfrauenkirche.

Zumindest die Pforten der Pfarrkirche wurden aber auch für profane Zwecke genutzt: An Türe und Mauern angebrachte Zettel und Anschläge informierten zum Beispiel über Grund- und Güterkäufe, wie 1613 berichtet wird[8].

Die enge Verbindung der Salzburger Bürger mit der (späteren) Franziskanerkirche

Die Liebfrauenkirche war eng mit der Stadt und ihrem Leben verbunden. Davon zeugen die zahlreichen Stiftungen zugunsten der Pfarrkirche, aber auch der finanzielle Aufwand der Bürger für den Neubau der gotischen Kirche bzw. des Chores, für den Bau des Turmes und die Errichtung des Marienaltares durch Michael Pacher. Das 1428/29 angelegte Urbar der Pfarrkirche[9] gibt darüber ebenso einen Einblick wie die ansehnliche Zahl von gestifteten Messen, Jahrtagen, Vigilien und Benefizien. Der Salzburger Chronist Johann Stainhauser zählte 1494 mehr als tausendfünfhundert gelesene und gesungene Messen *ausgenommen der übrigen und anderen gueten werkhen*[10]. Noch 1640 – nach Übertragung der Pfarrrechte auf den Dom – wurden an der Franziskanerkirche 2663 gestiftete Messen und 152 Totenvigilien gehalten[11].

Stiftungen, Sammlungen in der Kirche und Schenkungen finanzierten die zahlreichen geistlichen Leistungen und den Unterhalt der Kirche. Auch Schmuck und anderes wurde gespendet. So erhielt etwa der Propst der Pfarrkirche 1495 von der Lederersgattin Anna Knolen ein Perlen-Haarband mit goldenen Stickereien, dessen Versetzung zwei Gulden Rheinisch erbrachte. Die

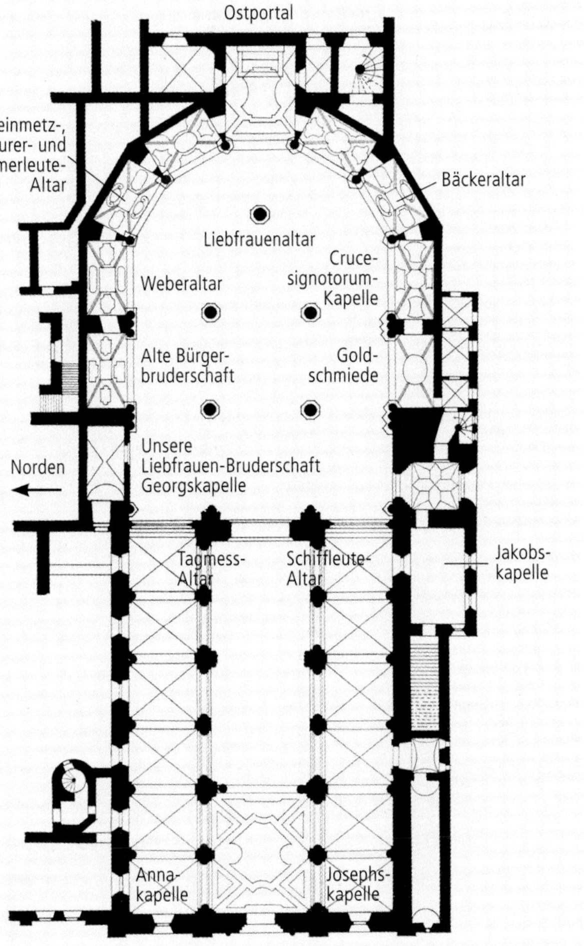

Grundriss der Franziskanerkirche, Plan aus Österreichische Kunsttopographie mit rekonstruiertem spätgotischem Kapellenkranz.

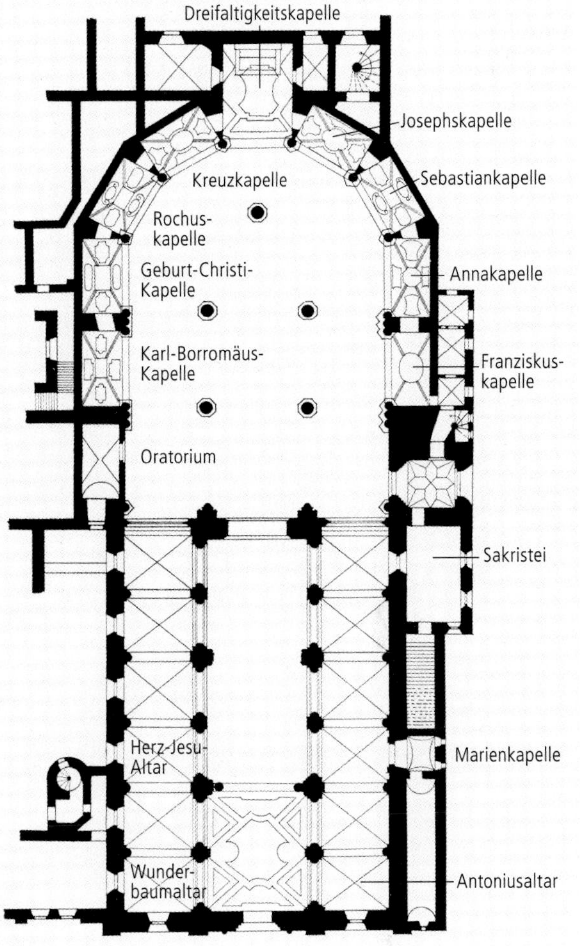

Grundriss der Franziskanerkirche, Plan aus Österreichische Kunsttopographie mit barockem Kapellenkranz.

Tochter der *pseherin* wiederum übergab *ain silbren ringel*, der Knecht Linhart Platner eine Korallenkette, welche sechzig Pfennige einbrachte. Das Leinen, das der Weinrufer Bernhart spendete, war drei Gulden wert. Gegeben wurden Gegenstände aller Art wie Pelze, ein *schwartzer mantl von lofrer tuch*, ein *acoleyscher*[12] *rockh*, ein *schwartzer Glockenmantel* (für Frauen), mehrfach *Paternoster* (Rosenkränze), aber auch bare Münze. Offensichtlich trugen alle sozialen Schichten zur Kirche bei. Die Pfarrkirchenrechnung vermerkt etwa auch eine *arme fraw*, die ein *lebentiges opfer*, eine Henne, dem Kirchenpropst übergab, oder eine *arme Petlerin*, welche für ihre Gesundung *ain arms slayr* (Armtuch, Schleier) spendete. Mit Jörg Samer ist einer der reichsten Salzburger erwähnt: Er überließ *3 ½ lot Wax* der Kirche, eine seiner sozialen Stellung angemessene Spende.

Keine Gabe ohne Gegengabe. Ablässe waren spirituelle Äquivalente für finanzielle Leistungen zum Unterhalt der Kirche und ihrer rituellen und liturgischen Angebotes. Ausführlich beschrieben Ablasstafeln, die an den Altären angebracht waren, wie viele Tage Ablass nach Reichung von *hilff und steur* zu erreichen waren.

Aber auch Benefizien lagen bei der Stadtpfarrkirche, etwa die Volkendorfer Messstiftung oder die Prädikatur bei der Annakapelle mit täglich einer Messe. Beide wurden von der Stadt verwaltet[13]. Dass die Stadt für einen

Stadtpfarrkirche mit gotischem Chor, aber noch ohne Turm, Holzschnitt von Michael Wolgemut aus der Schedelschen Weltchronik, um 1460, gedruckt 1493, Ausschnitt.

Prediger aufkam – er wohnte übrigens im Rathaus – war für das städtische Selbstbewusstsein von nicht geringer Bedeutung.

Das Salzburger Bürgertum war im Laufe des 14. Jahrhunderts zu Reichtum gelangt und erlebte im 15. Jahrhundert einen wirtschaftlichen und damit auch politischen Höhepunkt. Martin Aufner, Ulrich Samer, Martin Öder und andere waren durch ihr Engagement im Salzburger Bergbau und im Nord-Süd-Handel reich geworden. 1407 erwarb die Stadt den Keutzlturm, der bald als Rathaus genutzt wurde[14]. Etwa zur gleichen Zeit begannen die Planungen zum Neubau der Stadtpfarrkirche[15]. 1408 verzichtete jedenfalls der Stadtpfarrer Dieting Pelldorfer auf ein Viertel seiner Spendeneinnahmen zugunsten *unserr Frawn paw der Pharr ze Salczburg*[16].

1419 bedachte Meinhart der Hürndl in seinem Testament den Neubau[17], 1422 stiftete die Bürgersfrau Kunigunde Schonn in ihrem Testament *czu dem paw* eine ansehnliche Summe und 1429 widmete Jörg Samer beträchtliche Teile seiner Einnahmen aus dem Nord-Süd-Handel zu dem *paw des chors pey der pfarr als lang man daran pawt*[18]. Die Unterstützung des Kirchenbaus kam dem Seelenheil zu Gute und förderte sowohl das Ansehen des Stifters wie auch das der Stadt. Wahrhaftige Reue und Beichte vorausgesetzt, war bei *hilff und steuer in erbawung dieser khirchen* ein erheblicher Ablass zu erlangen[19].

Das 15. Jahrhundert ist charakterisiert durch ein Machtgleichgewicht zwischen Stadt und Stadtherrn, das sich das eine Mal in diese, das andere Mal in jene Richtung verschob. Der Neubau der Pfarrkirche und ihre reiche Ausstattung war Teil dieses Machtspiels. In unmittelbarer Sichtweite des Domes gelegen – das Hofbogengebäude (Wallistrakt) versperrte noch nicht die Sichtachse zwischen Pfarrkirche und Dom – konkurrierte der „bürgerliche" Kirchenbau mit dem erzbischöflichen Gebäudeensemble des Dombezirkes. Gleichgültig, ob Hanns von Burghausen den Vollausbau einer gotischen Hallenkirche plante oder das romanische Langhaus der Pfarrkirche von vornherein in seine Konstruktion einbezog[20] – der Bau übertraf in Kubatur und konstruktiver Kühnheit die Bischofskirche. 1486 ließ sich die Stadt aus Nürnberg einen Plan für den *pfarturn*[21] kommen. Der 1498 vollendete Kirchturm überragte die Domtürme bei weitem. Eine Stadtansicht des Paulus van Vianen aus dem Jahr 1602 vermittelt deutlich dieses architektonische (Macht-)Verhältnis.

Der künstlerische Aufwand war erheblich. Hanns von Burghausen und sein Nachfolger Stefan Krumenauer trieben die konstruktiven Entdeckungen Peter Parlers zur Vollendung[22]. Ab 1484 beschäftigte sich der Rat mit der Errichtung eines neuen Hochalters. Den Auftrag erhielt schließlich auf Vorschlag des Ratsmitgliedes Virgil Hofer der Brunecker Maler und Bildhauer Michael Pacher. Hofer selbst spendete eintausend Gulden für den Altar[23].

Um 1495 kam Pacher selbst nach Salzburg. 1498, kurz vor Fertigstellung des Altars, starb Pacher. Die Errichtung des Altares soll 8000 Gulden verschlungen haben[24]. Der Schwiegersohn Pachers, Kaspar Newnhauser, erhielt 1501 jedenfalls noch 3300 Gulden Rheinisch für ausstehende Bezahlung für die *Taffel und berch zu saltzburg in unsser lieben frauen pfarkirchen*[25].

Der von Michael Pacher geschaffene Wandelaltar mit doppeltem Flügelpaar war ein beeindruckendes Monument spätgotischer Mal- und Bildhauerkunst[26]. Vor dem Altar war ein großzügiger dreieckiger Leuchter aufgestellt[27]. Großflächige Fenster rückten den Altar ins rechte Licht.

Im Mittelalter schlossen sich Kaufleute und Handwerker in Vereinigungen zusammen. Eine solche Vereinigung wurde als *confraternitas, quod in vulgari dicitur zumpft*[28], bezeichnet. Der Begriff „Zunft" ist in den Salzburger Quellen selten zu finden, viel häufiger ist von „Zeche", „Innung" oder „Bruderschaft" zu lesen. Die Zeche der Kaufleute war die ältere Vereinigung, weshalb deren Mitglieder auch als „Altbürger" bezeichnet wurden. Dieser standen die jüngeren Vereinigungen der Handwerker gegenüber, die deshalb „Jungbürger" genannt wurden[29]. Trotz ihrer zahlenmäßigen Überlegenheit waren die Handwerker in der Stadt Salzburg nie in der Lage, einen ähnlich großen politischen Einfluss auszuüben, wie die *reiche Chramerzeche*. Sowohl im Stadtrat als auch bei der Besetzung des Bürgermeisteramtes dominierten die Kaufleute. Nur wenige Handwerksmeister schafften die Aufnahme in den Rat der Stadt. Mit Schneidermeister Ulrich Dankl (1418–1420) amtierte im gesamten Mittelalter nur ein einziger Handwerker als Bürgermeister Salzburgs[30].

Aufgabe der Zechen war nicht nur die Sicherung der wirtschaftlichen Interessen ihrer Mitglieder, sondern die eingehobenen Beiträge dienten auch der sozialen Absicherung (Versorgung im Krankheitsfall usw.) und vor allem der Garantie eines christlichen Begräbnisses sowie der Fürsorge über den Tod hinaus (Seelenmessen). Der Dienst der Lebenden an den Toten wurde von den Zechen oft nicht selbst erfüllt, sondern an von ihnen errichtete Bruderschaften übertragen. Die Bruderschaft umfasste nicht nur die lebenden Mitglieder, sondern auch die Seelen der Verstorbenen, für deren Memoria die Lebenden zu sorgen hatten. Vielfach wurde zwischen den Organisationen Zeche und Bruderschaft unterschieden, was auch in den Aufnahmemodalitäten und den damit verbundenen Taxen zum Ausdruck kam. Im Unterschied zu einer Zeche, deren Mitglieder ausschließlich einem bestimmten Handwerk angehörten, war der Kreis der Mitglieder einer Bruderschaft weiter gezogen und stand durchaus berufsfremden Personen und auch Frauen offen[31]. Der Beitritt zu einer Bruderschaft hatte für Berufsfremde den Sinn, eine Art „Versicherung" für das eigene Seelenheil im Jenseits abzuschließen. Denn mit der Mitgliedschaft erwarb man,

Blick vom Mönchsberg auf Salzburg mit Franziskanerkirche und romanischem Dom, Paulus von Vianen, Feder und Pinsel auf Papier, 1602.

wie erwähnt, einen Anspruch auf ein würdiges Begräbnis und eine angemessene Zahl von Seelenmessen.

Wie sehr sich in der Liebfrauenkirche das städtische Leben wiederfand, zeigen nicht nur die Stiftungen zugunsten des Neubaus, sondern auch die Kapellen, Altäre[32] und gestifteten Gottesdienste vieler Zünfte und Bruderschaften. *So khomen auch die maisten stifftungen der khirchen und althär von den burgern und derselben bruederschaften oder zechen hero, wie dann auch* […] *ein iedes handtwerch oder zech iren eigenen althar hat*[33]. 1494 beschrieb Johann Stainhauser 13 Altäre, die in der einen oder der anderen Form eine bürgerliche Zweckwidmung aufwiesen.

Eine der vornehmsten Fraternitäten war die „Alte Bürgerbruderschaft"[34], die seit 1554 in der Kapelle zum Heiligen Kreuz (heute Karl-Borromäus-Kapelle) beheimatet war und die ohne Unterschied des Geschlechts die *Rathsverwohnten und anderen fürnemen ansechlichen Burgern* offen stand[35]. Zweck war die Sicherung des Seelenheils der Mitglieder und der Trost der Seelen *in der penn des vegfewrs*[36]. Ihre Mitglieder beteiligten sich an der Fronleichnamsprozession (bzw. an deren Oktav, eine Woche später) sowie an dem von Martin Aufner

Baubestand Mitte 16. Jahrhundert, Rekonstruktion von Richard Schlegel.

1407[37] gestifteten *umbgang* und der *löbliche*[n] *procession* am *pfingstag*[38]. Die donnerstägliche Allerheiligstenprozession, die nach einem viertelstündigen Glockengeläut mit Gesang und Orgelspiel vom Hochaltar ihren Ausgang nahm, demonstrierte die Präsenz der Bürgerbruderschaft.

Diese garantierte ihren Mitgliedern die öffentliche Ansage ihres Todes – dafür wurde ein *ansager* bezahlt –, die Beistellung des silbernen Bürgerkreuzes und von zwölf Standkerzen an der Bahre sowie die Lesung zweier Seelenmessen[39].

So repräsentativ die Prozession in der städtischen Öffentlichkeit war, so heilsam war sie für die Seele. Die Anzahl der erwerbbaren Ablasstage spiegelte das Ansehen der Bruderschaft wider. *Groß genadt* (große Gnade) habe der Altar der „Alten Burgerbruderschaft" gehabt, so Stainhauser[40]. Wer nach Beichte, Reue und Buße an den Festtagen des Altares diesen besuchte, erlangte vierzig Tage Ablass, am Tag der Kreuzauffindung (3. Mai), an den Festen der hl. Helena (12. Mai), der hl. Martha (27. Juli) und so weiter gab es jedes Mal hundert Tage Ablass, für die Teilnahme an der Donnerstagsprozession[41] ebenfalls hundert Tage und zusätzlich vierzig Tage Ablass, wenn man während der Prozession fünf Paternoster und fünf Ave-Maria betete. Insgesamt konnte man sich pro Kirchenjahr 103 Jahre, 272 Tage und 66 *Quadragen*[42] Aufenthalt im Purgatorium (Fegefeuer) ersparen[43]. Dazu gab es Ablässe an den Festtagen weiterer Heiliger, denen dieser Altar ebenfalls geweiht war.

Die 1454 beim Markusalter der Georgskapelle errichtete „Unserer-Lieben-Frauen-Bruderschaft" nahm nicht mehr als sechzig Bürger auf. Nur nach dem Tod eines Mitgliedes wurde ein neues aufgenommen. Diese Bruderschaft besaß etliche Gilten, Messen und Jahrtagsstiftungen. Zum Inventar gehörten goldene Kelche, silberne Tafeln, eine Reliquiar und ein goldenes Messgewand. Zu ihren Mitgliedern zählte die gesellschaftliche Oberschicht des ausgehenden 15. Jahrhunderts, etwa Hans Öder, August Klaner, Oswald Elsenheimer, Hans Matsberger, die Brüder Fröschlmoser, der Maler Ruelant, aber auch der Dompropst[44].

Offensichtlich rund um die Fertigstellung des Chores errichtete 1449 die Bruderschaft der Zimmerleute, Steinmetze und Maurer einen Altar zu Ehren der Dreifaltigkeit, des hl. Petrus und der vier gekrönten Märtyrer[45]. Drei Jahre später weihte Erzbischof Sigmund I. den Bä-

Baubestand um 1600, Rekonstruktion von Richard Schlegel.

ckeraltar zu den Heiligen Sebastian und Florian. Die Bruderschaft der Bäcker ließ am Oktavtag von Fronleichnam eine Prozession halten. Ihre Mitglieder nahmen auch an der wöchentlichen Donnerstagsprozession teil. Die Bruderschaft der Schiffleute und Schopper (1454 errichtet) war am Christophaltar, der in der Nähe der Kanzel im Langhaus stand, beheimatet, die Goldschmiede seit 1472 beim St. Eligiusaltar, die Schmiede seit 1454 beim St.-Stephan- und Blasiusaltar der Crucesignatorum-Kapelle, die Weber ab 1452 beim Altar des Hl. Hieronymus[46]. Die Fischerbruderschaft oder „Peterzech" hatte seit 1473 beim Peter und Paul-Altar ihre Andachten, den Stainhauser 1494 allerdings nicht erwähnt.

Änderungen unter Erzbischof Wolf Dietrich

Die Erzbischöfe Leonhard von Keutschach und Matthäus Lang entschieden die Auseinandersetzungen um die Stadtherrschaft zu Gunsten des bischöflichen Stadtherrn. Die Stadtpfarrkirche konnte noch eine Zeit lang ihre Bedeutung als bürgerlich-städtisches Symbol wahren, ehe sie Erzbischof Wolf Dietrich 1592 den Franziskanern übergab. Diese waren bereits 1583 von Erzbischof Georg von Kuenburg nach Salzburg geholt worden und spielten in der Rekatholisierung eine nicht unbedeutende Rolle. Predigt und Katechese im öffentlichen Raum der Pfarrkirche waren ihre Mittel[47].

Kurz nach seinem Regierungsantritt ließ Erzbischof Wolf Dietrich 1588 protestantische Bürger des Landes verweisen. Jene, die ihrer *Güeter und Gewerb* wegen bleiben wollten, seien – so Stainhauser – *widerumben zum Kreiz krochen.* Als Zeichen ihrer Rechtgläubigkeit mussten sie *an den heiligen Sontägen in der Pfarkirchen* [...] *unter allem Volk mit prünnenten Liechtern in ihren Henten tragunde offentlich büessen*[48].

Der Kirchenraum selbst wurde nun verstärkt Forum fürstlicher Präsenz. 1588 begann Wolf Dietrich mit dem Neubau der Annakapelle[49], deren Benefizium dem vom Rat der Stadt verliehenen Pfarrprediger zustand. Hier wurde 1592 Wolf Dietrichs Schwester Cäcilia bestattet. *Wolgreimte lateinisch und teutsche Carmina*, die von ihrem Tod kündeten, wurden *an den Porten der Kirchen* angeschlagen[50]. Ihr Grabmonument befindet sich heute unter der Kanzel. 1595 sei der Erzbischof gar selbst *ganz unverthraut in der Pfarrkirchen* [...] *auf die Canzel getreten* und habe *wegen des Türgkhen* das Volk zu vierzigstündigem Gebet ermahnt[51]. Nach dem Brand des romanischen Domes 1598 wurde die Pfarrkirche bis 1628 als Bischofskirche genutzt.

Dazu kam, dass etliche Bürgerhäuser an der Käsgasse[52] dem Ausbau der Residenz Platz machen mussten. Diese rückte immer näher an die Pfarrkirche heran. 1605 wurde der Pfarrgarten beseitigt und dort ein *groß und stätliches Gepeu* errichtet[53]. Im selben Jahr ist die Rede von einem *Gepew*, das *bis an die Pfarrkirchen raicht*[54]. Die Georgskapelle der Pfarrkirche musste schließlich dem 1606 errichteten Oratorium weichen[55].

Mit dem Bau dieser Verbindung zur Residenz fand auch die „Unserer-Lieben-Frauen-Bruderschaft“ ihr Ende. Deren Vermögen ging in jenem der Stadtpfarrkirche auf[56]. Die Emporen treten – so meint jedenfalls Franz Fuhrmann – seitdem als „herrische, profane Palastfassade [...] in Erscheinung“[57]. Wenig später wurde die benachbarte Heiligen-Kreuz-Kapelle, in welcher der Altar der „Alten Bürgerbruderschaft“ stand, demoliert und an ihrer Stelle die Karl-Borromäus-Kapelle errichtet, die heute das Wappen Markus Sittikus ziert. Die Geburt-Christi-Kapelle, 1612 fertig gestellt, trägt noch das Wappen Wolf Dietrichs. Mit der schrittweisen Barockisierung des spätgotischen Kapellenkranzes trat die Gegenreformation auch architektonisch in Erscheinung. 1709/10 wurde schließlich der Pacheraltar abgebrochen und der barocke Hochaltar nach Entwürfen von Fischer von Erlach errichtet.

Blickt man heute vom Turm der Franziskanerkirche, so merkt man, wie sehr die fürstliche Residenz dem ehemals freistehenden gotischen Kirchengebäude nahe gerückt ist und von ihrer Dachlandschaft umschlossen wird. Zudem schneidet das Dombogengebäude (Wallistrakt, 1609 fertig gestellt) die Franziskanerkirche vom Domplatz ab. Es muss Spekulation bleiben, ob Wolf Dietrich daran gedacht hat, die Franziskanerkirche zugunsten eines weiteren Ausbaus seiner Residenz zu demolieren.

Tridentinische Wende der Bruderschaften

Die mittelalterlichen Zechen und Bruderschaften wurden spätestens im 17. Jahrhundert tridentinisch gewendet (Klieber)[58] und erlangten allmählich eine andere Bedeutung. Totenkult und Memoria blieben weiterhin konstitutiv, der korporative Zusammenhang der alten Handwerkerbruderschaften transformierte sich jedoch in „lockere“ Zusammenschlüsse. Auch wenn Bruderschaften mit handwerklichem Hintergrund weiter bestanden, schwand allmählich deren Bedeutung. Daneben entstand auch an der Franziskanerkirche eine Reihe von gegenreformatorisch inspirierten Bruderschaften. 1613 wurde die „Alte Bürger-Bruderschaft“ der neu errichteten Corpus-Christi-Bruderschaft einverleibt, die 1628 in den kurz vorher konsekrierten Dom transferiert wurde[59]. Die donnerstäglichen Prozessionen scheinen im Laufe des 16. Jahrhunderts an Bedeutung verloren zu haben – wohl auch im Zusammenhang mit reformatorischen Entwicklungen. Erzbischof Markus Sittikus rechtfertigte die Auflösung der „Alten Bürgerbruderschaft“ mit dem Argument, die Prozession sei *gar in abgang khommen,* die Bürger würden *mit wenig und mit geringer andacht erscheinen*[60].

In der Neuzeit kann man an der nunmehrigen Franziskanerkirche die Bruderschaften der „Bäcker und Bäckerknechte“, der „Schöffleith“ (der auch die Schopper, Abmesser und Sackträger angehörten), der „Zimmerleute, Steinmetze und Maurer“, der „Leinenweber“, der „Gold- und Silberarbeiter“ nachweisen, dazu kamen die der „Bierbrauer“, der „Lust- und Blumengärtner“ und der „Hutmacher“. Sie alle beruhten auf einem Handwerk; ebenso vier jüngere Bruderschaften, die nicht aus einem Handwerk hervorgegangen waren, nämlich die „Franziskus und Antonius von Padua Bruderschaft“, die „Filial-Bruderschaft des heiligsten und unbefleckten Herzens Mariä zur Bekehrung der Sünder“, die „Bruderschaft Königin der Engel“ und die „Bruderschaft des göttlichen Herzens Jesu“. Von diesen Bruderschaften sollen im Folgenden drei näher vorgestellt werden.

Der „Zeche der Bäcker und Bäckerknechte“ verlieh Papst Benedikt XIV. 1744 umfangreiche Ablässe[61]. Hatte die Bäckerzeche zunächst über einen eigenen Altar, den Bäckeraltar zu den heiligen Sebastian, Korbinian und Ursula, verfügt, so wurde ihr 1463 der Hochaltar der Franziskanerkirche als Bruderschaftsaltar zugewiesen[62]. Nach den Satzungen der Bruderschaft von 1744 konnten dieser sowohl Männer als auch Frauen beitreten. Zu den Pflichten der Mitglieder gehörten die Ablegung der Beichte und der Empfang der Kommunion an Bruderschaftsfesten[63], der Besuch der Bruderschaftsgottesdienste und die Teilnahme an der Prozession am achten Tag nach Fronleichnam sowie die Führung eines *gottesforchtig christkatholischen* Lebens mit täglichem Beten eines „Vater Unsers“ und eines „Ave Maria“, um Pest und Feuersgefahr abzuwenden. Einen vollkommenen Ablass erlangten die Mitglieder am Tag ihres Beitritts nach Ablegung der Beichte und Empfang der Kommunion, durch Besuch der Bruderschaftskirche am Prinzipalfest sowie durch andächtiges Gebet um Frieden, Ausrottung jeglicher „Ketzerei“ und Wachstum *der allein seelig machenden christkatholischen Khürchen*. Einen völligen Ablass gab es schließlich auch für jene, die in ihrer Todesstunde – wiederum nach Beichte und Kommunion oder, wenn dies nicht mehr möglich war, nach Bereuung ihrer Sünden – *den siessen Namen Jesus andechtig mit Mund* [...], *oder wenigist im Herzen an-*

dechtig anriefen. Zeitliche Ablässe erhielt man generell für die Verrichtung von *gueten Werckhen*. Ablässe gab es selbst für Verstorbene. So konnte ein Priester, der mittwochs oder am Allerseelentag am Bruderschaftsaltar eine Messe zelebrierte, eine *armme Seel* [...] *aus dem Fegfeur erlesen*[64].

Gelder aus den zahlreichen Messstiftungen flossen zunächst in die Zunftlade, woraus der Zechmeister den Geistlichen und die Pfarrkirche zu entschädigen hatte. Als später kein eigener Kaplan mehr besoldet wurde, übernahmen die Franziskaner diese Verpflichtung[65]. Aufgabe der Zeche war es, die Beiträge der Giltpflichtigen[66] einzutreiben. Nach der Grundentlastung Mitte des 19. Jahrhunderts wurde dies immer schwieriger[67], weshalb die Bäckerinnung 1902 um Reduzierung der Beiträge einkam, gleichzeitig wurden aber auch die Verpflichtungen der Franziskaner verringert[68]. 1917 wurde die Gilt durch die Zahlung des 15fachen Betrages abgelöst[69].

Zu den reichsten Zünften in der Stadt Salzburg gehörte die der Gold- und Silberarbeiter. Seit 1472 verfügte diese Zeche über einen eigenen Altar (St.-Eligius-Altar), der von ihr erhalten wurde. Im selben Jahr stiftete ein Goldschmied namens Wilhelm einen Jahrtag zu Ehren des hl. Eligius. Diese Stiftung bestand in einem *Haus auf dem Markte*, das jährlich 16 Gulden an Zinsen abwarf. Selbst nach seiner Demolierung blieb eine jährliche Gilt von fünf Gulden bestehen[70].

Die allmähliche Auflösung des engen Zusammenhanges von beruflicher Interessensvertretung, öffentlicher Repräsentation und ritueller Bindung im diesseitigen wie im jenseitigen Leben belegt auch der Streit der Goldschmiede mit der Kirchenverwaltung in den Jahren 1782 bis 1790. Das geistliche Gericht wollte einer pauschalierten Ablöse von Gilten nicht zustimmen. Mitglieder der Zunft beeinspruchten diese Entscheidung damit, ihre Zunft könnte nicht einem geistlichen Gerichtshof unterstehen. Der Stadtmagistrat teilte diese Rechtsauffassung, *die Goldschmids-Bruderschaft* unterstehe *als ein weltliches Corpus dem weltlichen Gericht*. Letztlich blieb die angefochtene Entscheidung jedoch aufrecht, da die *Goldarbeiter* weder *Eigenthümer* noch Nutznüsser *des Uiberrestes*, sondern nur *von dem Stifter erbethene Verwalter* [und] *Besorger der Stiftbrief* seien. Der Stifter habe *Güter und Gülten zu heil. Messen, und andern Gott gefälligen Werken bestimmt.*[71]

Mit der Einführung der Gewerbefreiheit und der Auflösung der Zünfte Mitte des 19. Jahrhunderts wurde der Sinn der Messstiftungen immer obsoleter. Die Zahl der gelesenen Messen reduzierte sich genauso wie die Einnahmen aus Gilten, die letztendlich pauschaliert abgelöst wurden.

Franziskanerkirche mit „welscher Haube" (barocker Zwiebelturm), Stich von Franz Anton Danreiter, um 1735 (Salzburg Museum).

Neben Bruderschaften mit einem handwerklichen Hintergrund hatte sich im Laufe des 17. Jahrhunderts eine Reihe von Bruderschaften etabliert, die kein Fundament in einer bestehenden Zunft hatten, etwa die „Franziskus und Antonius von Padua Bruderschaft", die aus dem Zusammenschluss zweier älterer Bruderschaften[72] – vermutlich in der Regierungszeit von Erzbischof Max Gandolph (1668–1687) – entstanden war und allen Gläubigen offenstand. Diese Bruderschaft feierte ihre Gottesdienste einmal monatlich in der Franziskanerkirche, *nach Mittags um 2 Uhr jedesmal verrichtender Predigt, und Tags darauf abhaltenden Requiem für die abgeleibten Bruderschaftsmitglieder.* Jährlich einmal führten sie eine Prozession nach Söllheim durch, dort mit *Predigt und Amt.* Ab 1786 wurde die Prozession ersetzt durch *Predigt und Lobamt in der eigenen Kirche*, und zwar am Sonntag *in oder nach der Oktav des Heil. Antonius*[73]. Alle Gottesdienste fanden vermutlich am Bruderschaftsaltar, dem Antoniusaltar, statt, der von der Bruderschaft zu Anfang des 18. Jahrhunderts errichtet worden war[74]. Für diese umfangreiche seelsorgliche Betreuung erhielten die Franziskaner jährlich 30 Gulden.

Trotz finanzieller und anderer Schwierigkeiten dürfte diese Bruderschaft noch bis Ende des 19. Jahrhunderts bestanden haben. Aus dem Jahr 1893 stammt ein Breve Papst Leo XII., in dem neue Ablässe an eine „S. Antonii-Bruderschaft" verliehen wurden[75]. Die Festtage dieser kirchlich neu fundierten Bruderschaft, nämlich als Hauptfest das Fest des hl. Antonius von Padua (13. Juni) und die vier Quatembersonntage waren wichtig für die Erlangung der Ablässe[76].

Das eben gezeichnete Bild von den in der Franziskanerkirche situierten Bruderschaften, von denen die meisten einige hundert Mitglieder zählten, vermittelt anschaulich die große gesellschaftliche Bedeutung dieses Sakralbaus im Herzen der Altstadt. Obwohl diese Kirche 1635 aufgehört hatte, Stadtpfarrkirche zu sein, bewahrte sie dennoch diese Bezeichnung und auch teilweise diese Funktion über Jahrhunderte weiter. Obwohl seit 1592 Ordenskirche, blieb dieses Gotteshaus stets die Kirche der Salzburger Bürger, ein öffentlicher Raum, in dem man sowohl an Werk-, Sonn- als auch an Feiertagen zu liturgischen Handlungen, aber auch zu bürgerlicher Traditionspflege zusammenzukommen pflegte.

Wallfahrten zur Pacher- und zur Ährenkleidmadonna sowie zum Wunderbaumaltar

Der für das Mittelalter typischen Zugehörigkeit zu einem Personenverband (familia) entsprach ein personenrechtliches Denken innerhalb der Kirche. So wie die gesamte Katholische Kirche als *familia* betrachtet wurde, so bezeichnete man auch die Salzburger Kirche als *familia Sancti Ruperti.* Innerhalb der Salzburger Kirche galt die Domkirche in Salzburg als die *große Mutter,* zu der jede der alten Pfarren in einem Art Tochterverhältnis (*filia*) stand[77]. Es wurde üblich, dass einmal im Jahr die Töchter ihre Mutter besuchten. Dies geschah im Weg eines Bittganges der „Kreuzvölker" zum Salzburger Dom. „Kreuzvolk" deshalb, da den Prozessionen ein Kreuz vorangetragen wurde. Auch die Bezeichnung „Kreuztracht" und „Kreuzgang" rührt daher.

Anlässlich eines solchen Kreuzganges besuchten die Gläubigen nicht nur den Dom, sondern auch die Stiftskirchen von St. Peter und Nonnberg, daneben aber auch andere Gnadenorte wie die Müllner Marienkirche und die Stadtpfarrkirche. Diese Wallfahrten fanden zu bestimmten Terminen statt, vor allem am Montag und Dienstag in der Kreuzwoche (Woche vor Christi Himmelfahrt) bzw. am Pfingstmontag und Pfingstdienstag[78]. Den stärksten Zustrom in die Franziskanerkirche dürfte es am Pfingstmontag gegeben haben. An diesem Tag mussten die Kirchentüren bereits um 4 Uhr morgens aufgesperrt werden *und dises sonderlich wegen der Prozessionen, die von den Dörffern in die Stadt und gleich in unsere Kirchen kommen*[79]. An diesem Tag kamen die „Kreuztrachten" von Tittmoning, Kay, Fridolfing, Waging, Otting, St. Georgen, Hallein, Laufen, Petting, Niederalm, Abtenau, Seekirchen, Saalfelden, Zell im Pinzgau, Radstadt, St. Veit und Werfen in die Stadt[80].

Ziel der Verehrung durch die Gläubigen waren die Pachermadonna am Hochaltar, die „Ährenkleidmadonna" und der so genannte Wunderbaumaltar. Die Pachermadonna galt durch Jahrhunderte als Patronin der Salzburger Bäcker. Die Pilger beteten daher vor ihr vor allem um Nahrung und Kleidung sowie *Dach und Herd.* Zugleich galt die Muttergottes am Hochaltar aber auch als Friedensbringerin: *Der diademförmige Altarbogen über ihrem Scheitel wurde als Regenbogenreif gedeutet. Die Iris am Firmament ist das Zeichen der Versöhnung aus der Morgenfrühe der Menschheitsgeschichte*[81]. Zweimal hat die Salzburger Madonna auch dem Gnadenbild von Altötting Schutz und Schirm in den Wirren des Dreißigjährigen Krieges geboten, nämlich 1632 und 1648. Während des Zweiten Weltkrieges musste die Pachermadonna aber selbst Zuflucht vor dem drohenden Bombenkrieg im Oberndorfer Land suchen, von wo sie erst am 23. September 1945 wieder heimkehren durfte[82].

Schon seit dem frühen 15. Jahrhundert wurde in der Jakobskapelle eine „Ährenkleidmadonna" verehrt. Die Darstellung der Madonna im Ährenkleid (Maria als der gute Acker, der ohne Saat den Weizen – sprich den Erlöser – hervorbringt) hat eine lange Tradition und geht auf eine 1385 für den Mailänder Dom gestiftete Silberskulptur zurück[83]. Als Erzbischof Wolf Dietrich 1605 die Jakobskapelle abbrechen ließ, wanderte „das Bild an das obere Ende der großen Stiege, die hier zum Musikchor angelegt wurde. In reichen Marmorgewände steht sie heute dort noch im Kloster hoch in Verehrung“[84].

Mehr noch als die Pacher- und die Ährenkleidmadonna war der „Wunderbaumaltar“ Gegenstand der Verehrung. 1664 stiftete *ein zu Dank verpflichteter Marienverehrer* der Franziskanerkirche eine Kopie des Gnadenbildes von Lucas Cranach (Maria-Hilf-Bild, heute am Hochaltar im Innsbrucker Dom)[85]. Dieses wurde in der Annakapelle aufbewahrt. An dessen Stelle stiftete Erzbischof Max Gandolph den so genannten Wunderbaum. Es ist dies ein *silberner, halbzylinderförmiger Metallaufbau*, der die Ahnen der Gottesmutter in Form eines Stammbaumes vorstellt und als dessen Früchte wunderbare Gebetserhörungen aufgezählt werden. Dieser Wunderbaum war zunächst auf einem von Johann B. Graf Lodron im Langhaus gestifteten Altar zu sehen. 1749 wurde dieser Altar durch einen Barockaltar ersetzt, der allerdings 1896 wieder abgebrochen wurde. An dessen Stelle steht der heutige Wunderbaumaltar, in dessen Predella in einem Glasschrein der Wunderbaum eingebaut ist. In dem von Josef Gold 1902 fertig gestellten Altarbild ist auch die Cranach-Madonna zu sehen[86].

Der Niedergang des Wallfahrtswesens setzte in der Zeit der Aufklärung ein. Aufklärer sahen in den Wallfahrten eine *Veräußerlichung des religiösen Lebens*. Allmählich setzte sich auch die generelle Auffassung einer wirtschaftlichen Schädlichkeit der Wallfahrten durch. In zahlreichen Dekreten der Jahre 1784 bis 1787 wurden die „Kreuzgänge“ in Salzburg immer weiter zurückgedrängt[87]. Noch 1786 echauffierte sich der damalige Stadtkaplan und spätere Regens des Priesterhauses über die barocke Ausstattung der Altäre in der Franziskanerkirche. Am Antoniusaltar würden *4 oder 6 Pyramiden von silbern Opfern, Hände, Füsse, Augen, Ohren, Männchen, Weibchen, Pferde hängen*. Selbst *ganze Weiberbäuche samt den Brüsten* seien ausgestellt[88]. Nur wenige der einst blühenden Salzburger Wallfahrtsorte konnten im 19. und 20. Jahrhundert an ihre große Vergangenheit anschließen – die Salzburger Franziskanerkirche gehörte leider nicht dazu.

Anmerkungen

1 Susanne Rau und Gerd Schwerhoff, Öffentliche Räume in der Frühen Neuzeit. Überlegungen zu Leitbegriffen und Themen eines Forschungsfeldes, in: Dieselben (Hg.), Zwischen Gotteshaus und Taverne. Öffentliche Räume im Spätmittelalter und Früher Neuzeit, Köln 2004, S. 11–52, hier S. 48.

2 Renate Dürr, Private Ohrenbeichte im öffentlichen Kirchenraum, in: Rau/Schwerhoff, Öffentliche Räume (wie Anm. 1), S. 383–411, hier S. 386.

3 Hans-Peter Arendt, Bußsakrament und Einzelbeichte. Die tridentinischen Lehraussagen über das Sündenbekenntnis und ihre Verbindlichkeit für die Reform des Bußsakramentes, Freiburg im Breisgau-Wien 1981, S. 242.

4 Wilhelm Messerer, Zur Ikonographie romanischer Plastik im Salzburger Kunstkreis, in: MGSL 117 (1977), S. 143–157, insbes. S. 151.

5 Reinhild Ahlers, Die rechtliche Grundstellung der Christgläubigen, in: Joseph Listl und Heribert Schmitz (Hg.), Handbuch des katholischen Kirchenrechts, Regensburg, 2. Aufl. 1999, S. 220–232, hier S. 223.

6 Bibliothek der Kirchenväter, Bd. 27, Kempten-München 1916, S. 20; Gabriela Signori, Links oder rechts? Zum ‚Platz der Frau‘ in der mittelalterlichen Kirche, in: Rau/Schwerhoff, Öffentliche Räume (wie Anm. 1), S. 339–382, hier S. 345.

7 Franz Fuhrmann, Die Franziskanerkirche in Salzburg. Alte Stadtpfarrkirche zu Unserer Lieben Frau (Christliche Kunststätten Österreichs 35), Salzburg 1962; Theo Herzog, Meister Hans von Burghausen, genannt Stethaimer. Sein Leben und Wirken. Eine historische Studie, in: Verhandlungen des Historischen Vereins für Niederbayern 84 (1958), S. 5–83; Emmeran Stacheder, Die Franziskanerkirche in Salzburg. Alte Stadtpfarrkirche zu Unserer Lieben Frau (Christliche Kunststätten Österreichs 35), 11. Aufl., Salzburg 2004; Leopold Spatzenegger, Beiträge zur Geschichte der Pfarr- oder Franciscanerkirche in Salzburg, in: MGSL 9 (1869), S. 3–66; Hans Tietze und Franz Martin, Die kirchlichen Denkmale der Stadt Salzburg, mit Ausnahme von Nonnberg und St. Peter (Österreichische Kunsttopographie 9), Wien 1912, S. 73–107; Günter Brucher (Hg.), Gotik (Geschichte der bildenden Kunst in Österreich 2), München-London-New York 2003, S. 295–297.

8 Franz Pagitz, Ausstattung der Franziskanerkirche um 1600. Nach den Quellen von 1547 [recte 1594] und 1613, in: Johannes Neuhardt (Hg.), 400 Jahre Franziskaner in Salzburg. 8. Sonderschau des Dommuseums zu Salzburg, Salzburg 1983, S. 32–38, hier S. 34.

9 AStS, Stiftungsarchiv 1, Urbar des Virgil Säppl und Otten Hofpeckh 1428/29; Vgl. auch: Adolf Hahnl, Das Inventar der alten Salzburger Stadtpfarrkirche von 1490, in: MGSL 140 (2000), S. 11–27.

10 AES, Johann Stainhauser, Beschreibung aller khirchen, so in der statt Saltzburg zufinden, 1494, Transkript von Birgit Wiedl, S. 586. Mit freundlichem Dank für die Überlassung des Transkripts.

11 Christian Greinz, Die fürsterzbischöfliche Kurie und das Stadtdekanat zu Salzburg. Ein Beitrag zur historisch-statistischen Beschreibung der Erzdiözese Salzburg, Salzburg 1929, S. 188.

12 Akolyth, höchstes Amt der niederen Weihen.

13 Greinz, fürsterzbischöfliche Kurie (wie Anm. 11), S. 188.

14 Siehe den Beitrag von Peter F. Kramml in diesem Band.

15 Franz Pagitz, Zwei Beiträge über das Wirken Stephan Krumenauers in Salzburg, in: MGSL 106 (1966), S. 141–180.

16 [Adam Doppler], Auszüge aus den Original-Urkunden des fürsterzbischöflichen Consistorial-Archives zu Salzburg 1401–1440, in: MGSL 13 (1873), S. 35, Nr. 48; Spatzenegger, Franciscanerkirche (wie Anm. 7), S. 7.

17 Doppler, Original-Urkunden 1401–1440 (wie Anm. 16), S. 74, Nr. 103; S. 110, Nr. 150.

18 AStS, Stiftungsarchiv 16, Urbar der Bürgerspitals 1429, fol. 28r, zit. bei Spatzenegger, Franciscanerkirche (wie Anm. 7), S. 7.

19 Stainhauser, Kirchen (wie Anm. 10), S. 579.

20 Franz Fuhrmann, Der Chor der Franziskanerkirche in Salzburg und sein „Massgrund", in: Festschrift Karl Oettinger (Erlanger Forschungen A 20), Erlangen 1967, S. 143–176.

21 AStS, BU 263, Stadtrechnungen des Hanns Glavenberger 1486–1488, fol. 21v; Spatzenegger, Franciscanerkirche (wie Anm. 7), S. 9.

22 Franz Wagner, Die Säule, die die Kirche trägt. Studien zur Salzburger Franziskanerkirche III, in: Alte und moderne Kunst 198/199 (1985), S. 17–24; Renate Wagner-Rieger, Architektur, in: Artur Rosenauer (Hg.), Mittelalterliche Architektur in Österreich, St. Pölten-Wien 1988, S. 144–147.

23 Friederike Zaisberger, Michael Pacher und sein Salzburger Mäzen Virgil Hofer. Das „Landt und Erzstifft Salzburg" in der zweiten Hälfte des 15. Jahrhunderts, in: Artur Rosenauer (Hg.), Michael Pacher und sein Kreis. Ein Tiroler Künstler der europäischen Spätgotik 1498–1998. Symposion, Bruneck, 24. bis 26. September 1998, Bozen 1999, S. 120–126.

24 Stainhauser, Kirchen (wie Anm. 10), S. 601.

25 AStS, Städtische Urkundenreihe, 6. 12. 1502, zit. n. Spatzenegger, Franciscanerkirche (wie Anm. 7), S. 31.

26 Franz Fuhrmann, Der Marienaltar Michael Pachers in der Stadtpfarrkirche „Zu Unserer Lieben Frau" (Franziskanerkirche) in Salzburg, in: MGSL 140 (2000), S. 29–57; Balthasar Gritsch, Zur Geschichte des Hochaltars in der Franziskanerkirche zu Salzburg, in: MGSL 64 (1924), S. 153–163; Julius Leisching, Das Jesuskind in der Salzburger Franziskanerkirche, in: Salzburger Museumsblätter, Nr. 4, Juni 1928, S. 2–4; Johannes Neuhardt, Die Pacher-Madonna der Franziskanerkirche und ihr Kind, in: Salzburger Museumsblätter, Nr. 3, September 1983, S. 29 f.

27 Spatzenegger, Franciscanerkirche (wie Anm. 7), S. 10 f.

28 Zit. n. Jürgen Brand, Zunft, Zunftwesen, in: Handwörterbuch zur Deutschen Rechtsgeschichte, Bd. 5, Berlin 1998, Sp. 1792–1803, hier Sp. 1792.

29 Franz V. Zillner, Geschichte der Stadt Salzburg, Bd. II/1, Salzburg 1890, S. 236 f.

30 Heinz Dopsch und Robert Hoffmann, Geschichte der Stadt Salzburg, Salzburg-München 1996, S. 249.

31 Birgit Wiedl, Alltag und Recht im Handwerk der Frühen Neuzeit. Schmiede, Wagner, Schlosser und andere Eisen verarbeitende Handwerke in Stadt und Land Salzburg (Schriftenreihe des Archivs der Stadt Salzburg 21), Salzburg 2006, S. 17.

32 Franz Fuhrmann, Der Kapellenbau in Salzburg zur Zeit des Erzbischofs Wolf Dietrich von Reitenau, Phil.-Diss., Wien 1943, gedruckt in: MGSL 147 (2007), S. 9–136.

33 Stainhauser, Kirchen (wie Anm. 10), S. 590.

34 Die von Heinz Dopsch beschriebene Kontinuität mit einer um 1100 erwähnten Zeche wurde von Rupert Klieber in Frage gestellt. Peter M. Lipburger und Heinz Dopsch, Die Entwicklung der Stadt Salzburg. Die rechtliche und soziale Entwicklung, in: Dopsch/Spatzenegger, Bd. I/2, S. 675–746, hier S. 699–703; Rupert Klieber, Bruderschaften und Liebesbünde nach Trient. Ihr Totendienst, Zuspruch und Stellenwert im kirchlichen und gesellschaftlichen Leben am Beispiel Salzburg 1600–1950, Frankfurt am Main u. a. 1999, S. 72.

35 AES, Hs. IV b, Satzungen der Alten Bürger Bruderschaft, zit. n. Klieber, Bruderschaften (wie Anm. 34), S. 71.

36 Haus-, Hof- und Staatsarchiv, Johann Stainhauser, Bericht vom Ursprung der Alten Burger Bruederschafft, zit. n. Klieber, Bruderschaften (wie Anm. 34), S. 72.

37 Doppler, Original-Urkunden 1401–1440 (wie Anm. 16), Nr. 40.

38 Stainhauser, Kirchen (wie Anm. 10), S. 591.

39 Alten Bürger Bruderschaft (wie Anm. 34), zit. n. Klieber, Bruderschaften (wie Anm. 34), S. 78.

40 Stainhauser, Kirchen (wie Anm. 10), S. 628.

41 Im 17. Jahrhundert scheinen die Prozessionen nicht mehr zahlreich besucht worden zu sein. Klieber, Bruderschaften (wie Anm. 34), S. 80 f.

42 Nachlass von Sündenstrafen, die durch eine vierzigtägige Buße in der Quadragesima vor Ostern, Johannes oder vor Weihnachten zu tilgen waren.

43 Stainhauser, Kirchen (wie Anm. 10), S. 628 f.

44 Greinz, fürsterzbischöfliche Kurie (wie Anm. 11), S. 190.

45 Ebenda, S. 192; Stainhauser, Kirchen (wie Anm. 10), S. 619 f.

46 Greinz, fürsterzbischöfliche Kurie (wie Anm. 11), S. 184–192.

47 Neuhardt, 400 Jahre Franziskaner (wie Anm. 8).

48 Johann Stainhauser, Das Leben, Regierung und Wandel des Hochwürdigsten in Gott Fürsten und Herrn Herrn Wolf Dietrichen, gewesten Erzbischoven zu Salzburg, hg. v. Willibald Hauthaler, in: MGSL 13 (1873), S. 3–140, S. 32, Nr. 17.

49 Fuhrmann, Kapellenbau (wie Anm. 32), S. 30–32.

50 Stainhauser, Leben (wie Anm. 48), S. 40, Nr. 28.

51 Ebenda, S. 42, Nr. 31.

52 Die Käsgasse führte von der Ostseite der Pfarrkirche Richtung Rinderholz (am heutigen Alten Markt). Die Käsgasse ist heute von der Residenz überbaut.

53 Stainhauser, Leben (wie Anm. 48), S. 88 f., Nr. 157.

54 Ebenda, S. 87, Nr. 152.

55 Ebenda, S. 88, Nr. 155.

56 Greinz, fürsterzbischöfliche Kurie (wie Anm. 11), S. 190.

57 Franz Fuhrmann, Der Kirchen- und Kapellenbau unter Erzbischof Wolf Dietrich von Raitenau, in: Fürsterzbischof Wolf Dietrich von Raitenau. Gründer des barocken Salzburg. Salzburger Landesausstellung, Salzburg 1987, S. 201–206, hier S. 203 f.

58 Klieber, Bruderschaften (wie Anm. 34), S. 63.

59 Greinz, fürsterzbischöfliche Kurie (wie Anm. 11), S. 190 f.; Klieber, Bruderschaften (wie Anm. 34), S. 81.

60 AES, 11/100, Protokollbuch der Bruderschaft Corporis Christi, 19. 7. 1613, zit. n. Klieber, Bruderschaften (wie Anm. 34), S. 80.

61 Diese Verleihung wurde am 31. Juli 1744 vom Salzburger Ordinarius Erzbischof Leopold Anton Eleutherius Freiherr von Firmian bestätigt.

62 Greinz, fürsterzbischöfliche Kurie (wie Anm. 11), S. 191.

63 Bruderschaftsfeste waren das Prinzipalfest (Pfingsttag), das Fest des Märtyrers Sebastian, der Ostermontag, das Fest des hl. Antonius von Padua und das Rupertifest (24. September).

64 AES 5/69/3, Statuten und Satzungen der Bäckerbruderschaft, Konsistorialbeschluss vom 31. 7. 1744.

65 AES 5/69/3, Äußerung des Konsistoriums, gezeichnet Christian Greinz, 28. 10. 1917.

66 Unter „Gilten" oder „Ewiggeldern" versteht man *jährliche fixe Geldgaben, welche von einem Besitzobjekte an irgend eine dritte Person, meistens an eine Kirche, Pfründe oder geistliche Corporation auf Grund einer Stiftung oder zuweilen auch aus einem anderen rein privatrechtlichen Titel für ewige Zeiten zu entrichten* waren. So Adolf Steinhauser, Die Grundentlastung im Herzogthume Salzburg zur Durchführung der durch die a.h. Patente vom 7. September 1848 und vom 4. und 7. März 1849 angeordnete Ablösung des grund-, vogt- und zehentherrlichen Verbandes. Mit einer kurzen geschichtlichen Einleitung zusammengestellt, Salzburg 1854, S. 38.

67 Viele der Giltpflichtigen vertraten nämlich die Auffassung, dass sie zur Zahlung nicht mehr verpflichtet seien. Die Grundentlastungs-Landeskommission stellte demgegenüber jedoch fest, dass *die sogenannten Ewiggelder* [...] *nicht aufgehoben* und auch nicht *als ablösbare Leistungen zu behandeln* seien. 1880 kam das Konsistorium den Verpflichteten aber insofern entgegen, als es die ihm unterstellten geistlichen Stellen ermächtigte, *mit jenen, welche zur Leistung solcher Giebigkeiten verpflichtet sind, einen Ablöse-Vertrag einzugehen, unter der Bedingung, dass sie den 15fachen jährlichen Betrag erlegen.* Das so eingenommene Geld sollte zum Ankauf von Staatsanleihen verwendet werden. Siehe Alfred Rinnerthaler, Die Bedeutung von Naturalgiebigkeiten und Gilten für die Kirchenfinanzierung im Land Salzburg. Erste Ablöseversuche und ihr Ende, in: Hans Paarhammer (Hg.), Deus Caritas Jakob Mayr. Festgabe 25 Jahre Weihbischof von Salzburg, Thaur bei Innsbruck 1996, S. 303–337, hier S. 308 und 314.

68 AES 5/69/3, Bericht der Konsistorial-Stiftungen-Verwaltung an Konsistorium (über das Gesuch der Bäckerinnung), 18. 9. 1902.

69 AES 5/69/3, Bericht der Konsistorial-Stiftungen-Verwaltung an Konsistorium, 17. 10. 1917.

70 AES 5/69/16, Konsistorium an Konsistorial-Stiftungen-Verwaltung, 31. 10. 1866.

71 AES 5/69/16, Milde Orten Konsistorial-Buchhaltung an Konsistorium, 23. 10. 1790.

72 Diese beiden älteren Bruderschaften waren die franziskanische Strickgürtelbruderschaft und die Bruderschaft S. Antonii de Padua, die beide auf eine Initiative der Salzburger Franziskaner – zugunsten der von ihnen betreuten Bevölkerung – zurückgingen. Siehe Klieber, Bruderschaften (wie Anm. 34), S. 246–248.

73 AES 5/69/14, Bruderschaftsverwalter Kaspar Laurenz Strobl an Konsistorium, Bittschrift, 5. 5. 1790.

74 Nach Klieber, Bruderschaften (wie Anm. 34), S. 256 f. hatte die Bruderschaft im Jahr 1707 für die *Aufrichtung eines neuen S. Antonii Altars* 100 Gulden ausgegeben.

75 AES 5/69/1, Abschrift der Breve Papst Leo XIII., 16. 1. 1893.

76 AES 5/69/1, Quardian P. Friedrich Raffl an Konsistorium, 5. 4. 1893; Genehmigung des Konsistoriums, 10. 4. 1893.

77 Georg Stadler, Kreuzvölker und Wallfahrten im Laufe der Jahrhunderte, in: Domkapitel zu Salzburg (Hg.), Salzburgs Wallfahrten in Kult und Brauch. Katalog der XI. Sonderschau des Dommuseums zu Salzburg, Salzburg 1986, S. 28–48, hier S. 28.

78 Ebenda, S. 30.

79 Archiv des Franziskanerklosters Salzburg, Liber Usualis – notandum pro mense Maio.

80 So Johannes Neuhardt, Wallfahrten im Erzbistum Salzburg, München-Zürich 1982, S. 50.

81 AStS, Bibliothek, Gedenkblatt zu Ehren der Heimkehr der Madonna von Michael Pacher in die Franziskanerkirche zu Salzburg am 23. Sept. 1945 [Salzburg 1945].

82 Vgl. ebenda.

83 In nächster Umgebung gibt es eine Ährenkleidmadonna nicht nur in Maria Sorg (Lengfelden) sondern auch in der Stiftskirche St. Peter. Zu Letzterer siehe Franz Wagner, Hans Waldburger (um 1571–1630). Maria im Ährenkleid, in: Das älteste Kloster im deutschen Sprachraum St. Peter in Salzburg. Katalog der 3. Landesausstellung 15. Mai–26. Oktober 1982, Salzburg 1982, S. 381.

84 Neuhardt, Wallfahrten (wie Anm. 80), S. 51; Derselbe, 400 Jahre (wie Anm. 8), S. 79. Die bis heute erhaltene und in einem barocken Marmoraltar eingefügte Tafelmalerei stammt allerdings aus dem 16. Jahrhundert. Es dürfte sich dabei um eine Kopie des verloren gegangenen älteren Bildes aus dem 15. Jahrhundert handeln.

85 Das Maria-Hilf-Bild, das um 1537 von Lucas Cranach geschaffen wurde, gelangte in den Besitz von Erzherzog Leopold V., als dieser Bischof von Passau war. Während eines Besuches in Dresden beim Kurfürsten Johann Georg I. von Sachsen durfte er sich dieses Bild als Gastgeschenk auswählen. Es kam 1626 in die Innsbrucker Hofburg und wurde zunächst nur gelegentlich in der Stadtkirche zur Verehrung durch das Volk ausgestellt. 1650 beließ Erzherzog Ferdinand Karl das Bild auf Bitte der Bürgerschaft ständig in der Kirche. http://www.tibs.at/innsbruck/geschichte/leopold_01.htm (Abruf April 2008).

86 Neuhardt, Wallfahrten (wie Anm. 80), S. 51 f.; Derselbe, 400 Jahre Franziskaner (wie Anm. 8), S. 102 f. und 122; Domkapitel zu Salzburg, Wallfahrten (wie Anm. 77), S. 341.

87 AES, Dekrete des Konsistoriums, 23. 6. 1784, 1. 5. 1785, 8. 5. 1786; Zirkularbefehl des Hofrats, 23. 1. 1787; Josef Schöttl, Kirchliche Reformen des Salzburger Erzbischofs Hieronymus Colloredo im Zeitalter der Aufklärung (Südostbayerische Heimatstudien 16), Hirschenhausen 1939, S. 93–104; Alfred St. Weiss, Josephinismus in Salzburg? Das Beispiel der kirchlichen Reformtätigkeit, in: Josephinismus – eine Bilanz. Échecs et réssites du Joséphisme (Jahrbuch der Gesellschaft zur Erforschung des achtzehnten Jahrhunderts 22), Bochum 2008, S. 93–114.

88 AES 22/78, Matthäus Fingerlos an Konsistorium, 10. 6. 1786.

Gerald Hirtner

STIFT ST. PETER IN SALZBURG

Kulinarische Öffentlichkeit(en) in St. Peter

696	Wiedererrichtung von St. Peter durch den Hl. Rupert
987	Trennung von Kloster und Erzstift unter Erzbischof Friedrich I.
1143	Weihe der romanischen Stiftskirche von St. Peter
1522	Wahl von Johann Staupitz, einstigem Freund und Vorgesetzten Martin Luthers, zum Abt
1623	Gründung der Benediktiner-Universität, in welcher der Abt von St. Peter die hohe Funktion eines immerwährenden Assistenten wahrnahm
1786	Wahl von Dominikus Hagenauer zum 77. Abt von St. Peter

Klöster weisen meist mehrere verschiedene Ausprägungen von öffentlichen Räumen auf, weshalb sie als Untersuchungsobjekte besonders interessant sind. Sakralräume, Gasthaus, Stiftshof mit Brunnen, Friedhof, Repräsentationsräume, Bibliothek, aber auch klausurierte, nicht-öffentliche Räume befinden sich dicht nebeneinander und bilden – im Fall St. Peter – eine „Stadt in der Stadt". Als Vertreter des Klosters gegenüber der Öffentlichkeit traten und treten die Äbte auf. Daher nehmen sie in diesem Beitrag eine zentrale Rolle ein.

Abt Dominikus und seine Gäste

Abt Dominikus Hagenauer von St. Peter (geb. 1746, reg. 1786–1811) war eine der einflussreichsten Persönlichkeiten seiner Zeit in Salzburg. Als infulierter Prälat, geistlicher Würdenträger mit dem Recht, eine Mitra zu tragen, erfüllte er in der Salzburger Landschaft, der Vertretung der drei Salzburger Landstände, eine wichtige politische Funktion. In der für Salzburg politisch wechselvollen Zeit nach 1800, vor allem zur Zeit des Kurfürstentums (1803–1805) war er ein wichtiger Ansprechpartner. Auch rettete er die Benediktineruniversität vor der bereits 1803 drohenden Auflösung[1].

Seinen Tagesablauf hat Abt Dominikus detailreich in sieben Tagebuch-Bänden festgehalten. Dieses monumentale Werk zeugt von der öffentlichen Stellung des Abtes und seines Klosters. Es werden darin wirtschaftliche und politische Entwicklungen aufgezeigt, vor allem jedoch geben die Tagebücher einen außergewöhnlich guten Einblick in das Umfeld des Abtes, etwa welche Bekanntschaften er pflegte und welche Personen er nach St. Peter einlud. Da sich von der Anwesenheit der Gäste auf die jeweilige Öffentlichkeit schließen lässt, sind diese einer näheren Betrachtung wert. Die Gastfreundschaft (hospitalitas), die in den Benediktinerklöstern hoch gehalten wurde und wird, ist eine vordringliche Aufgabe des Abtes[2]. Die Regel des Hl. Benedikt enthält die dazu grundlegenden Weisungen. Den Gästen zuliebe dürfen in manchen Fällen sogar die Fastengebote gebrochen werden, heißt es in der Benediktregel[3]. Für

Abt Dominikus Hagenauer, Öl auf Leinwand, unbekannter Maler, undatiert (Kunstsammlungen St. Peter).

Gastmähler wurden in barocker Manier üppige Speisen zubereitet. Dies gilt auch für den grundsätzlich sparsamen Dominikus Hagenauer, der vor seiner Wahl zum Abt von 1782 bis 1784 als Küchenmeister (praefectus culinae) in St. Peter tätig gewesen war[4]. Essen und Trinken sind wichtige Bestandteile von Öffentlichkeit. Speisen und Getränke bildeten den Rahmen für Repräsentation und Kommunikation. Anhand der Küchenbücher und der Tagebücher lässt sich die Anwesenheit von Abt Dominikus und seiner Gäste nachweisen. Hochrangige Personen sind in seinem Tagebuch stets auch namentlich vermerkt. Im Durchschnitt speisten täglich zwischen neun und zehn Gäste in St. Peter[5]. Politische Entscheidungsträger fanden sich ebenso wie ortsansässige Bürger und Reisende zum Essen ein. Der überwiegende Teil von ihnen ging mit dem Abt zu Tisch, der kleinere speiste mit dem Konvent. Gäste, die in St. Peter auch übernachteten, wurden vom Gastdiener oder seiner Vertretung in das Speisezimmer gebracht. Dieser Vorgang ist in der Dienstinstruktion des Gastdieners genau geregelt: *Wan ein Gast: verhandten, so hollet Er ihn ab zudem tisch, sonderlich wan in Convent zu sPeissen ist, item nach den tisch führet er Ihm wider in sein Zümer, und fraget den Gast, ob Er zu Haus oder ausPeisset etc: wie in der fruehe vorgeschriben*[6].

Im Folgenden werden ausgewählte Aspekte von Öffentlichkeit(en) in St. Peter präsentiert. In kulinarischer Hinsicht spannt sich der Bogen vom ausladenden Festmahl für die Gäste des Prälaten bis zum einfachen *Kändl* Wein im Stiftskeller. Der Untersuchungszeitraum betrifft en gros die Regierungszeiten von Abt Beda Seeauer (geb. 1716, reg. 1753–1785) und insbesondere von Abt Dominikus Hagenauer. Eine systematische Untersuchung des Zusammenwirkens der öffentlichen Räume im Klosterbezirk St. Peter ist ein Forschungsdesiderat. Da eingehendere Vorarbeiten zum Thema fehlen, können einzelne Bereiche – abgesehen vom Stiftskeller – nur skizziert werden.

Klausur

Die Klausur umfasst jene Bereiche des Klosters, die den Mönchen allein vorbehalten und daher nicht öffentlich sind. Die Klausurvorschrift kann sowohl aktiv (Verbot, den Klausurbereich zu verlassen) als auch passiv (Verbot, diesen zu betreten) konnotiert sein[7]. Besonders aufschlussreich ist es, die kurzfristige Aufhebung der passiven Klausur (Klausurdispens) zu untersuchen. Ein privater Bereich, der durch bischöfliche oder päpstliche Vorschriften geregelt ist, wird einzelnen Personen zugängig gemacht. Dies bedeutete ein Privileg und eine Auszeichnung, denn meistens war ein Besuch der Klausur mit einer Besichtigung der Schätze und *Seltenheiten* (außergewöhnliche Stücke der Sammlungen) verbunden. Umstände bereitete die Klausurdispens dann, wenn sich Frauen unter den Gästen befanden, denn für die Dispens musste das erzbischöfliche Einverständnis eingeholt werden, wie Abt Dominikus vom Juni 1786 berichtet: *In allem waren Personen bey d*[er] *Tafl 27. Unter den Speisen schickte mir H. Consistorialrath Benike auf mein gestern gemachtes Ansuchen ein Billiet, und machte mir zu wissen, daß d*[er] *gnädigste H.* [Erzbischof Hieronymus Graf Colloredo] *den Klosterfrauen die Erlaubniß in die Clausur zu gehen gestatte. Da dieses allen unerwartet war, und ich bis zum Eintritt kein Wort meldete, so war es um so angenehmer. Ex licentia praesumpta ließ ich auch die Damen und 2 Hofrichterinnen mitgehen. Der Eintritt geschah um ½ 4 Uhr und nach einer Stunde waren wir wied*[er] *heraust. Um ½ 6 Uhr fuhren Sie wied*[er] *fort.*[8]

Kreuzgang und Klostergarten

In der Fronleichnam-Oktav, dem Zeitraum von acht Tagen nach Fronleichnam, hatte Abt Dominikus mehrere Prozessionen abzuhalten und war hernach als Gast geladen. Zu Fronleichnam speiste er gewöhnlich mit den erzbischöflichen Truchsessen, die bei der Prozession durch die Stadt den Prozessionshimmel trugen. Abt Dominikus hielt die Prozessionen samstags am Nonnberg und bei den Franziskanern. Sonntags führte die Prozession vom Dom nach Mülln. Montags fand die Universitätsprozession statt. Am Freitag in der Fronleichnam-Oktav wurde die Prozession immer in St. Peter gehalten. Nach dem Hochamt in der Stiftskirche um 8 Uhr, ging sie über die Kapitelgasse zum Chiemseehof und von dort über den *Hofplatz* (Residenzplatz) zurück in das Kloster. Des Öfteren konnte aber *wegen bösem Wetter*[9] keine Prozession veranstaltet werden. In diesen Fällen wurde diese nur *im Kreuzgang herum geführet*[10]. An den Prozessionen beteiligten sich unter anderem *die Lateinische Congregationen, und die 3 Letzteren Schulen des Gimnasiums*, weiters die *Kloster petrische Dienerschaft* und *die Schüler von St. Peter*[11]. 1791 konnte Abt Dominikus von der anschließenden Mittagstafel noch schreiben: *Um 12 Uhr tracktirte ich einige Cavaliers und die Universität im Refektor*[12]. Ab 1792 waren *die H. Professores*[13] der Benediktineruniversität von der Teilnahme entbunden. Infolgedessen kamen am Freitag nach Fronleichnam immer weniger Gäste zur *Tafl*. 1796 ist noch von zwei Hofmusikanten die Rede, 1798 kamen keine Gäste, 1804 speiste Abt Dominikus allein und 1805 gar nicht mehr in St. Peter, sondern mit Minister Federigo Manfredini im Schloss Mirabell[14].

Refektorium (Speisesaal)

Es hing vom jeweiligen Anlass ab, ob Abt und Konvent gemeinsam oder getrennt speisten. Wenn der Abt nur mit seinen Gästen aß, unterschied sich der Speiseplan wesentlich von dem der Konventualen und des Personals. Beispielswiese bekam am Donnerstag, dem 4. Februar 1790, das *Gsind* Suppe, Kraut und *Knödl* zu essen, die *Officier* (Beamte des Stiftes) Suppe, Fleisch, Kraut und Braten und der Konvent erhielt zusätzlich noch *eingemachte Kalbsköpf*. Der Abt hatte *die Professores zu Gast*. Die so genannte *Universitäts Tafl* bot 31 Personen *Braune Suppen mit Knöderl 8 fricassierte Hendln. 2 Kalbsköpf. 2 Taflstück 24 lb* [Pfund] *Stuffat* [Eintopf, Ragout], *Kraut mit Bratwürst, 1 Hierschkalbzemer* [Hirschkalbsrücken], *2 Spennfackl, Ritscher* [Speise aus Getreide und Hülsenfrüchten] *mit Carminatl. Krebsmelon.* [roter Kürbis ?] *2 Indian* [Truthahn], *2 Salat, 2 Vasonen* [Fasane], *10 Ketten* [Hühner ?], *4 Rebhendln, 1 Rehschlögl, Blatldorten, Schweinkopf 2 Mandlbögen, 100 Austern 2 Gefrorne von Lemonien 16 Schalln Öpfl* [Äpfel], *12 Schaln Confekt. 54 Ayr 1 ½ lb Butter 1 M. Mehl. 5 Semmeln ~~24~~ 40 Lemonien.*[15] Das Refektorium war dem Konvent vorbehalten, es konnte bei Festmählern allerdings auch für Gäste freigegeben werden. Beispielsweise speisten im Refektorium am Wahltag von Abt Dominikus, dem 31. Jänner 1786, um halb 1 Uhr 58 Personen an einer T-förmigen Tafel. Abt Dominikus berichtete darüber: *Dem gnädigsten Herrn wurde die Gesundheit von der ganzen Tafl stehender getruncken, den H. Comissarien aber, mir und dem Convente überhaupt nur sitzender*[16]. Um 7 Uhr am Abend tafelten wiederum im Refektorium 53 Personen – ohne musikalische Begleitung.

Der Hl. Benedikt findet 200 Scheffel Mehl, Ölbild, Franz Xaver König, 2. Hälfte 17. Jahrhundert, Ausschnitt, darauf abgebildet Benedikt an der Tafel (Kunstsammlungen St. Peter).

Rekreationszimmer

Die Rekreation diente den Mönchen als Ort der Erholung nach dem Essen und konnte auch von Gästen genutzt werden. Abt Dominikus berichtet von seiner Konfirmation im März 1786: *Um 12 Uhr war im Refecktor eine T*[-förmige] *Tafl von etlich 70 Personen. Caffee wurde im Reckreationszimmer getrunken. H. Präsident saß bey d*[er] *Tafl in der Mitte, ich zur rechten und H. Prälat von Baumburg zur linken Seite. Die übrigen ohne vielen Rang. Gesundheit wurde keine getrunken. Gegen 3 Uhr ward vom Tische aufgestanden. Während die Gäste sich beym Caffee befanden machte ich mich in der Stille davon, und gieng nach Hof* [...][17]. Der förmlichen Tischgesellschaft im Refektorium mit seinen klaren Regeln (wie der Sitzordnung), stand die ungezwungene Atmosphäre der Rekreation gegenüber. Der Unterhaltung dienten häufig Rekreationsmusiken. Hier konnte es sich der Gastgeber sogar erlauben, heimlich wegzugehen, um einen Termin wahrzunehmen. Abt Dominikus schien an Gesellschaften nicht viel gelegen zu sein, er zeichnete aber alle Ereignisse detailgetreu auf. Den Tag seiner Wahl, an dem zwei Tafeln gehalten wurden, empfand er als *schröckbar*. Das ging soweit, dass er Gratulationen zur Wahl nicht entgegennahm[18].

Klosterhof (Stiftshof)

Unter Abt Beda Seeauer wurde die Abtei gänzlich neu gestaltet und ihr im Wesentlichen jenes Aussehen verliehen, das sie auch heute noch hat. Abt Dominikus Hagenauer ließ den Stiftshof pflastern[19]. Dieser war aufgrund seiner zentralen Lage und des Zuganges zur Stiftskirche und zum Stiftskeller ein Ort, der von besonders vielen Menschen frequentiert wurde.

Abt Dominikus berichtet in seinem Tagebuch über einen Diebstahl mit anschließendem Raufhandel und Flucht, der das Militär veranlasste, zumindest die öffentlichen Teile des Klosters zu kontrollieren. Die nicht-öffentlichen Bereiche waren zuvor von den Klosterschreibern und Bedienten nach dem Dieb durchsucht worden: *Nicht nur inn und ausser dem Hof waren zahlreiche Schildwachen aufgesetzt, sondern auch in der Kirche giengen so lang die Andacht währete Korporalen doch ohne Gewähr herum und hatten Aufsicht. Jeder Person deren wohl mehr als tausend kamen, wurde beym Ein und Ausgang aus der Kirche starr in das Angesicht gesehen. Nach der Andacht war in der Kirche selbst ein ganzer Auflauf, die meisten Leute wollten aus Vorwitz so lang sie die Soldaten sahen den Ausgang abwarten, ein Mensch sah bey nahe den andern für Verdächtig an, und so war im Hof wie in der Kirche ein lautes Gemurmel.*[20] In den umgebenden Gebäuden des Stiftshofes lebte und wohnte unter anderem das Stiftspersonal. Dieses wurde alljährlich am 5. Jänner von den beiden Kustoden (für die Kirchenschätze zuständige Mönche) besucht, welche die *Gebäude durch rauchen und mit Weihwasser besprengen*. Dabei drehte sich dieser Brauch vorrangig um das leibliche Wohl, denn es *pflegten die Innwohner den Geistlichen in die Wete bey ihrer Ankunft Ehre zu erweisen, welche aber nur im Essen und Trinken bestund. In iedem Orte wurde neu aufgetragen, besonders im Mairhause beym Hofrichter, im* [Stifts-]*Keller und beym Pfisterer* [Schwarzbäcker]. *Hiebey schlichen manche Unfuge ein, und die Geistlichen kamen erst im späten Abende nach Hause, da sie leicht bis Mittag fertig seyn konnten.*[21] Der Stiftshof hatte nicht zuletzt auch repräsentative Funktionen: er wurde für Empfänge, Prozessionen und sogar für musikalische Aufführungen genutzt. Abt Dominikus schrieb im Mai 1792: *Um ½ 8 Uhr war Suppe zu St. Peter, auf welche eine prächtige Musick folgte, welche die samtlichen Akademiker zu Ehren des neuen Recktors im Klosterhof aufführten, und sich nach 10 Uhr endigte*[22]. Der Stiftshof diente auch als Szenerie für Aufführungen des Universitätstheaters[23]. Am deutlichsten kam die repräsentative Funktion beim Besuch des Kaisers am 7. Oktober 1807 zum Ausdruck: *Abends wurde die ganze Stadt bey günstigen Wetter herrlich beleichtet; der Monarch fuhr mit den Seinigen durch die ganze Stadt, auch in den Klosterhof um den Brun herum. Besonderen Beyfall erhielten die Edmundsburg, und der Klosterhof in welchen beyden bis 2000 Lichter und Lampen branten.*[24]

Audienzzimmer (Abteisaal)

Abt Beda Seeauer ließ die Residenz des Abtes, die sich im östlich an den Stiftshof anschließenden Klostertrakt befand, neu gestalten[25]. In seiner deutschen Übersetzung der Chronik von St. Peter beschrieb Pater Plazidus Berhandsky (1735–1813) die äbtlichen Räume vor dem Umbau als dunkel, unaufgeräumt und teilweise sogar baufällig. Eine neue *Abtei* zu Repräsentationszwecken war unumgänglich und wurde auch vom Konvent befürwortet. *Denn brauchet schon ein Abt, weil er zugleich immer ein armer Mönch bleibet, keinen Palast zur Wohnung, so erheischet es doch die Anständigkeit, daß er so ehrliche Wohnzimmer habe, in welchen er die Besuche hoher Fürsten und Standspersonen, mit denen besonders unsere Herrn Aebte öfters begnadiget werden, gebührend aufnehmen könne*[26]. Der Umbau kam aber letztlich nur durch Druck von außen zustande. Pater Plazidus schrieb, dass *der Hochwürdigste Fürst Siegmund von Schrattenbach selbst unsern Hochwürdigen Herrn Abt antrieb, sich seine Wohnzimmer anderst zubereiten zu lassen*[27]. Das Gerücht vom schlechten Bauzustand der Residenz des Abtes kursierte auch in der Stadt[28]. Gut dreißig Jahre später ließ Abt Dominikus die Abtei abermals erneuern, wobei er seinen Schwerpunkt weniger auf repräsentative als vielmehr auf funktionelle Aspekte (Einrichtung eines Archivs und einer Bibliothek) legte.

Goldenstein

Das zu St. Peter gehörende Schloss Goldenstein in Elsbethen war von 1775 bis 1790 leer gestanden und musste neu ausgestattet werden, ehe es als Residenz für die alljährliche *Vakanz* (Urlaub) genutzt werden konnte[29]. 1790 wurde ein Gästebuch angelegt, welches bis 1829 geführt wurde. Nicht nur Abt Dominikus verbrachte dort jedes Jahr im September und Oktober fünf Wochen zur Erholung, sondern neben adeligen Personen, Gelehrten und Künstlern wie etwa Michael Haydn hielten sich dort auch Handwerker und zahlreiche namentlich nicht genannte *Vakanzler* in Goldenstein auf. Jährlich wurden 700 bis 850 und mehr Besucher gezählt[30]. Auch in den Kriegsjahren nach 1800 nahm die Gästezahl nicht ab, nur im Jahr 1809 unterblieb aufgrund der politischen Lage die *Vakanz*.

Selbstverständlich mussten die Besucher mittags wie abends verköstigt werden, manche übernachteten auch im Schloss. Das gemeinsame Speisen war ein zentraler Bestandteil der jährlichen *Vakanz*. Abt Dominikus nahm die aufwändige Bewirtung der Gäste gerne auf sich, da er in Goldenstein, worauf er besonders hinwies, *das Auslaufen der iungen Geistlichen in die Stadt* verhindern konnte[31]. Der Abt, der etwa auf Grund seiner Funktionen in der Landschaft ständig Aufgaben in der Stadt wahrzunehmen hatte, pendelte oft auch nur für wenige Stunden nach Goldenstein[32]. Der Abt verbrachte die Vakanz auch deswegen in Goldenstein, weil er überzeugt war, die *Luftveränderung* [werde] *meiner und meiner Geistlichen Gesundheit sehr gut bekomen*[33]. Dieser Maxime folgend war Goldenstein Ausgangspunkt für Wanderungen: Im September 1794 unternahm Abt Dominikus zusammen mit *P. Johann Evangelist Hofer von Goldenstein einen Spatziergang auf den Gipfel des Geißberges. Wir brauchten bis hinauf 2 ½ Stund, verweilten uns da 1 ½ Stund, und waren um halb 12 Uhr wieder in Goldenstein*[34].

Die Stadtberge – „Weite Spatziergänge"

Spaziergänge sollten Müßiggang vorbeugen und zur Erhaltung der Gesundheit beitragen. Die Tagordnung von 1787 schrieb bei gutem Wetter *Von Mittwoch nach Ostern bis halben November* nach dem Mittagessen zwei oder sogar drei Spaziergänge anstatt der Rekreation (Erholung am Nachmittag) vor. Es war strengstens verboten, sich diesen zu entziehen[35]. Wenn wenig Schnee lag, ging Abt Dominikus auch im Winter gerne spazieren und brachte einmal im Jänner *vom Mönichberg einen Buschen blüheter Zeitlosen und blaue Veilchgen nach Hause*[36]. Beim Spazieren präsentierte man sich in der Öffentlichkeit, blieb aber gleichzeitig in einem privaten Umfeld, das vertraute Gespräche zuließ und zudem eine entspannte und ungezwungene Atmosphäre bot. Daher unternahm der Abt auch mit wichtigen Gesprächspartnern Spaziergänge in der näheren Umgebung des Klosters. Beispielsweise machte Abt Dominikus im Jahr 1806 mit Hofrat Eiberger, einem für Salzburg zuständigen Wiener Beamten, nachdem er diesen durch die Universität und die Stiftsbibliothek gewiesen hatte, *noch einen Spaziergang bis 8 Uhr Abends, bey welcher Gelegenheit ich ihm manche Aufklärung in Hinsicht der Landschaft, der Universität und meines Stiftes von welchem letzteren ich ihm die Kronick verehrte, ertheilte*[37].

Seltenheiten (Sammlungen)

Die Äbte waren öffentliche Repräsentanten und Verteidiger der Rechte des Stiftes. Zur *Vorzeigung ihrer Rechte*[38] stand ihnen ein jahrhundertealtes Archiv zur Verfügung. Klosterbibliotheken galten seit jeher als „Rüstkammer des Geistes"[39]. Für kurze Zeit, von 1803 bis 1810 ist die Öffnung der Hauptbibliothek des Stiftes für Besucher nachweisbar[40]. Leider gibt es keine Aufzeichnungen darüber, wie häufig die beiden Einrichtungen von externen Personen frequentiert wurden. Sicher ist, dass sowohl Archiv als auch Bibliothek bereits im 18. Jahrhundert von großem öffentlichen Interesse waren. 1782 diente das Archiv auf fürsterzbischöfliche Anweisung den Vorbereitungen für die Zeremonie anlässlich der zwölften Säkularfeier[41]. Auch wissenschaftlich Interessierte fanden sich in St. Peter ein: *H: von Zapf ist ein*

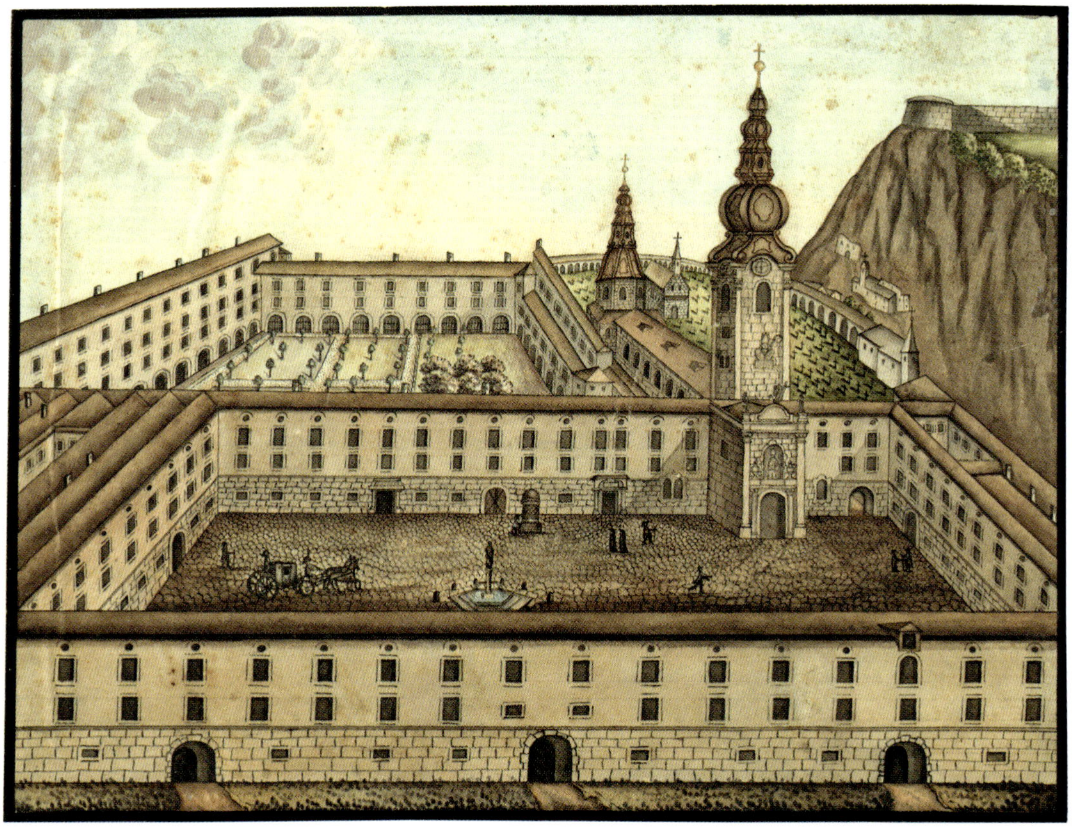

Ansicht St. Peter von Westen, färbig lavierte Federzeichnung, nach 1770 (Archiv St. Peter).

gelehrter, reiset wegen Bibliotecken umher, speisen immer zu St: Peter, schrieb Leopold Mozart 1786 in einem Brief an seine Tochter[42]. Dies ist in zweierlei Hinsicht bemerkenswert. Einerseits wussten Bürger wie Leopold Mozart über die Gäste von St. Peter Bescheid, andererseits war der genannte Hofrat von Zapf ein *Protestant*[43].

1793 beschrieb Lorenz Hübner ausführlich die Abtei in seiner „Topographie von Salzburg". Abt Dominikus hatte dem Journalisten nicht nur Zahlenmaterial zur Verfügung gestellt, sondern auch wesentlich die Art der Darstellung vorgegeben[44]. Prominente Orte waren die Stiftskirche mit ihren Kirchenschätzen[45] und die Bibliothek. Die *Bibliothek zu St. Peter* ließ Hübner gleich nach der Hofbibliothek und noch vor der Universitätsbibliothek folgen[46]. Er beschrieb auch die wertvolle Sammlung antiker Münzen[47] und das Stiftsarchiv. Lorenz Hübner nannte es als eines von drei Archiven in Salzburg und erläuterte die Ordnung und den Aufbau[48].

Im Tagebuch des Abtes ist immer wieder die Rede vom besonderen Interesse am Münzkabinett und am *Indiculus Arnonis*[49]. Die Zimelien wurden besonderen Gästen durch den Abt persönlich gezeigt. Erzherzog Rainer stattete 1807 bei seiner Visite in Salzburg auch dem Stift einen Besuch ab. Abt Dominikus: *Ich empfieng ihn beym Wagen, führte ihn in die Abtey, wieß ihm die Münz Samlung, führte ihn das Naturalien Kabinet, in die Schatzkammer, in die Bibliotheck, und durch die Kirche in das Eremitorium S. Maximi* [die so genannten Katakomben], *welches alles er mit vieler Wißbegürde und geäusserter Zufriedenheit durchforschte*[50]. Auch der Kaiser war im selben Jahr in Salzburg zugegen und auch ihm wurden die Kostbarkeiten des Klosters vorgeführt. In St. Peter gespeist haben jedoch weder er noch sein Bruder, der Erzherzog: […] *ich empfieng beym Wagen führte ihn durch den Saal wo die samtliche Conventualen Spalier machten in die Abtey.* […] *In der Abtey legte ich ihm meine Salzburgische Münz Samlung kronologisch Stück für Stück vor, und erklärte sie ihm,* […] *Von der Abtey führte ich den Monarchen in das Naturalien Kabinet, wo ihm der P. Albert Nagenzaun die Einrichtung zeigte, und die*

Kegelstatt in Goldenstein, Öl auf Leinwand, P. Ambros Prennsteiner, um 1845 (Kunstsammlungen St. Peter).

seltendsten Stücke vorlegte. Er und besonders der Oberstkämerer [Rudolph] *Grf Wrnba der ein Kenner der Mineralogie ist, zeigte volle Zufriedenheit. Von da führte ich den Monarchen auf den Figurat Chor* [Orgelchor, Anm.] *um die Kirche zu sehen, in das Seckretariat, durch den Choral Chor* [Psalierchor, Anm.] *in die Schatzkamer, wo ich die Alterthümer der Kirche vorwies. Von der Schatzkamer gieng es in die Bibliotheck wo die seltensten Manuskripte und andere Bücher vorgelegt worden sind.* [...] *Von Noviciat giengen wir durch das Reckreations Zimer, und das Refecktorium, bey der Abteystiege durch den Hof in die Kirche, und da der Monarch den Wunsch äusserte auch das Eremitorium S. Maximi zu sehen, so ließ ich dieses öffnen, und er bestieg dieses bis in die Höhe.*[51]

Der Peterskeller – „wider den Klosterkellerschank"

Mit Besuchern ganz anderer Art hat man es im Peterskeller zu tun. Diese sind grundsätzlich von den persönlichen Gästen des Abtes und des Konvents zu unterscheiden, analog dazu ändern sich auch die Art der Öffentlichkeit und die Rolle der Äbte.

Der *Schankkeller*[52] des Stiftes St. Peter war im 18. Jahrhundert eine der beliebtesten Gaststätten in der Stadt. Die Salzburger Wirte sahen in St. Peter einen fast übermächtigen Mitbewerber und Konkurrenten. *Es ist Stadtkündig, dass in dem Kloster Keller zu St: Peter alhier nicht nur Wein, sondern auch Bier in großer Menge ausgeschenket, und dieser Schank von ungleich mehreren Gästen als irgend ein Wirth in der glicklichsten Epoche seiner Taferne immer haben könnte, Tag täglich besuchet werde*[53]. St. Peter war deshalb über das gesamte Jahrhundert heftigster Kritik durch die Stadtwirte ausgesetzt. Diese versuchten mittels mündlicher und schriftlicher Klagen, dem Stiftskeller seine Funktion als öffentliche Gaststätte abzusprechen. Eine Entscheidung dieses Rechtsstreites fiel erst in kurfürstlicher Zeit (1803–1806). Der *Schankkeller* von St. Peter gehörte zu jenen Orten, in denen die Öffentlichkeit besonders stark präsent war, und das auf zwei Ebenen: einerseits in der

Funktion der Gaststätte als öffentlicher Ort, andererseits im Diskurs über den Stiftskeller. Die Grenzen der Öffentlichkeit wurden immer wieder neu definiert.

Wie andere Klöster auch, die in Besitz von Weingärten waren, besaß St. Peter das Recht, seinen Wein im Klosterkeller zu *verleutgeben*[54]. Dies geht auf das mittelalterliche Tavernenrecht zurück. Als rechtliche Grundlage galt für Salzburg die Umgeldordnung von 1682, die besagte, dass nur Klöster mit eigener *Weinfechsung*[55] Wein verkaufen durften[56]. Der Ausschank durch Klöster war in vielen Orten ein polarisierendes und heiß umkämpftes Thema[57]. Die bürgerlichen Wirte führten einen Kampf gegen mächtige Mitbewerber, bisweilen sogar einen Kampf um ihre eigene wirtschaftliche Existenz[58]. Auf die steigende Bedeutung des Bieres im 18. Jahrhundert, dessen Konsum von der Obrigkeit forciert wurde[59], mussten die Klöster reagieren. Für die Klöster stand die Sicherung jahrhundertealter Rechte und wichtiger Einkünfte auf dem Spiel. Daher stellten die klösterlichen Ausschankrechte das gesamte Jahrhundert über einen latenten Konfliktherd dar, der im Folgenden exemplarisch dargestellt werden soll.

1702 führten die Salzburger Stadtwirte Klage gegen St. Peter wegen des angeblich zu großen Ausschankes im Keller und der zu geringen Umgeldleistung (Getränkesteuer). 1721 ordnete die Hofkammer an, das Kloster solle *sich bloß in denen schrankhen ihres hergebracht- und gnädigist zuegestandenen Wein-außschenckhensrechts* halten[60]. Dieser Aufforderung war eine Beschwerde der bürgerlichen Wirte vorangegangen, in der sie St. Peter vorwarfen, dass *iezt ein ganzes Jahr den Wein nach underschidt, PrandtWein, und bier gezäpflet wird, auch dem gasst unbefuegt gleich bey uns berechtigten sembl, Käß, Rätich, geselchte Würst, und anderes zuessen aufgesezt und pastirt werd, Wie Sye dan Zu besserer fortsezung der Würthschafft neue Zümmer mit behörigen tischen und zuegehör, gericht, die gässt in die spathe nacht bewürden, warzue sye die Wein gleich wie mir in Österreich erkauffen, auf die Vaß aigene gewäx-Wein schreiben*[61]. Hingegen sei St. Peter einzig berechtigt bzw. sogar verpflichtet, zu jedem *Kändl* Wein *ein stickhl schwarzes brodt der Zillary genannt* zu reichen. Dem Vorwurf, St. Peter biete seinen Gästen eine kalte Jause an, entgegnete Abt Plazidus Mayrhauser (geb. 1671, regierte von 1704 bis 1741), die Gäste würden ihre Speisen selbst mitnehmen, wogegen die Wirte schwerlich etwas einwenden könnten.

1737 schaltete sich auch die Landschaft wegen einer Klage gegen den Weinschank ein. Abt Plazidus suchte in Josef Franz Valerian von Arco, Bischof von Chiemsee, einen Bündnispartner. 1748 drohte eine erste Eskalation des Streits. Auf eine abermalige Beschwerde der Wirte hin hatte der Hofrat ein harsches Dekret verfasst. Nach Intervention durch Abt Gottfried Kröll (geb. 1682, reg. 1741–1753), welche direkt an Erzbischof Andreas Jakob Graf von Dietrichstein gerichtet war, fielen die hofrätlichen Befehle weit gemäßigter aus. Mitte des 18. Jahrhunderts erfreute sich der Peterskeller großer Beliebtheit und erhielt nicht allein *zuelauff von burgern, sondern auch von höchern condition geistl*[ichen] *und weltlichen Standts in gröster menge*. Der Wein wurde nicht nur innerhalb der Klosterschenke konsumiert, sondern auch *Viertl-Kändl- und Mässl-weis ausgeschenkt, und töglich in die Statt heraus getrogen*[62]. Weitere Beschwerden folgten 1758. Erneuten Angriffen im Jahr 1768 begegnete der Abt mit einer detaillierten Auflistung der jeweils konsumierten Weinmengen.

Die Stiftskellner unter Kritik

1772, zur Regierungszeit von Abt Beda Seeauer, beschwerten sich die Stadtwirte über die Stiftskellner. Die Kellner waren weltliche Mitarbeiter, die unter der Leitung des Pater Kellermeister standen und streng hierarchisch organisiert waren[63]. Bei ihrer Einstellung durch das Stift erhielten sie jeweils eine *Instruction*, die sowohl ihre Pflichten als auch ihre Rechte und Einkünfte regelte. Wie in der Vormoderne üblich, versuchten auch die Kellner ihr Einkommen durch Nebeneinkünfte zu vergrößern. Die Möglichkeiten dazu sollten in den folgenden Jahren immer geringer werden. In der Dienstinstruktion der Kellner hieß es, ihnen sei der Bierschank überlassen, sofern sie *das Viertl umb 2 Pfennig wohlfeiler als sonst der ordinarj-Preyß gehet* verkaufen[64]. Die bürgerlichen Wirte warfen den Stiftskellnern nun vor, sie würden *ohne habendes Rechts Befugnüß das Bier über die Gasse verleuth geben*. Dieser Brauch wurde verboten und gleichzeitig festgesetzt, *daß sich deren keiner unter angesetzten 50. Reichs Thaller Pönstall unterfangen soll das mindeste Masl Bier über die Gasse auszuschenken*[65]. Die Rivalität zwischen St. Peter und den Stadtwirten war offensichtlich und Gegenstand allgemeinen Geredes und fand auch im persönlichen Verhältnis der Stiftskellner zu den Stadtwirten ihren Niederschlag. In der Instruktion für den Unterkellner von 1791 wurde durch

St. Peter sogar ausdrücklich *verbothen über die hiesige Stadtwürthe zu schmähen, ihre Weine zu verachten, und sie herabzusetzen* [...][66].

Abt Dominikus kämpft um „altes" Recht – der „Widersacher unfugsames Geklage"

Unter Abt Dominikus kam der Streit zwischen St. Peter und den Salzburger Wirten schließlich in eine entscheidende Phase. Die erste Konfrontation zog sich über das gesamte Jahr 1786 hin. Am 31. Jänner 1786 war P. Dominikus Hagenauer zum neuen Abt erwählt worden. Wenig später, am 7. Februar, erreichte ihn ein Schreiben des Hofrates[67], dem ein Bittschreiben der *bürgerlichen Weingastgeber* an den Landesfürsten vorausgegangen war. Es forderte die Abstellung des Bier- und die Einschränkung des Weinschankes. Zudem kritisierte der Hofrat die angebliche Ausdehnung der Ausschankzeiten. Die Stadtwirte gründeten ihre Beschwerden auf das Hörensagen früherer Usancen: *Wann, und auf was für eine Art das Löbl: Kloster den Weinausschank erhalten habe, können wir aus Mangel der Nachrichten freylich nicht bestimen; so viel erinnern Wir uns doch von alten Leuten öfters gehört zu haben, dass ehedem der Klosterkeller nicht das ganze Jahr hindurch offen gestanden habe, sondern nur zu gewissen Zeiten eröffnet, und zum Zeichen dieser Eröffnung an dem Thore ein Boschen ausgehänget* [...][68]. Über den „Buschenschank" wussten die Wirte einige Jahre später ausführlicher zu berichten. Demnach hätte St. Peter in früheren Zeiten, *um den Ueberschuß zu verleutgeben, von Martini* [11. November] *bis Georgi* [23. April] *einen Poschen ausgehangen, und während dieser Zeit den Ueberrest von ihrer verzehrten Consumtion /:aber nur an jungen, nicht aber alten Weinen:/ auch nicht viel mehrers als 100 Eymer an Trinklustige käuflich hindan gegeben; nach Abfluß dieses Termins wurde aber auch allzeit der Poschen wieder eingezogen, und die Ausschank eingestellt*[69]. Klagen über die Begünstigung beim Umgeld[70] und die Befreiung von der Hofbräupflicht wurden vorgebracht und geklagt, die bürgerlichen *Schänken* wären wegen des Stiftskellers *von Gästen entblösset*[71]. Die Obrigkeit könne doch die schlechte wirtschaftliche Situation der Wirte nicht dulden und müsse regulierend eingreifen. Abt Dominikus verwies seinerseits auf ein von Erzbischof Konrad I. 1141 zugesichertes Recht[72]. An gedruckten – und somit öffentlichen – Belegstellen zitierte er die Provinzialsynode von 1568[73], wo *ausdrücklich das Schankrecht bekräftiget*[74] worden sei und die Umgeldordnung von 1682[75]. Schließlich nannte er auch die Werke von Historiographen, von Hundius über Dückher bis Mezger[76]. Damit übernahm Dominikus Hagenauer die Argumentationslinie der vergangenen Jahrzehnte[77], brachte aber mitunter neue, wirtschaftsliberale Positionen ein[78].

Das Erfolgsrezept des Peterskellers und die Gegner

Der Peterskeller war den bürgerlichen Wirten gegenüber insofern begünstigt, als dass man an der Mönchsbergwand gute Lagerbedingungen für die Weine vorfand. Das galt auch für andere Klöster, die Bier und Wein *gewiß weit besser, als alle andere Wirtskeller* lagern konnten[79]. Aus einer Liste über die Weinvorräte des Jahres 1793 geht hervor, dass die st. petrischen Weinfässer im Schnitt ein Alter von 5,8 Jahren aufwiesen[80].

Die Qualität entsprach den Anforderungen der Gäste. Diese würden *freiwillig* zum Ausschank nach St. Peter kommen, *dan man bedient sich Kloster Seits weder besonderer Reitze noch anderer Griffe die Leuthe anzuziehn*. Das Erfolgsrezept des Klosterkellers bestünde lediglich darin, *daß man um einen geringen Preise einen gerecht-gesund-und guten Wein dem salzburgischen Insassen lifert*[81]. Die preiswerte Abgabe von Produkten schrieb schon die Regel des Heiligen Benedikt vor – *damit in allem Gott verherrlicht werde*[82]. Natürlich hatte St. Peter beste Voraussetzungen, seine Weine günstiger anbieten zu können, als die Mitbewerber. Mit Unterstützung der Obrigkeit versuchten die Wirte nun, dem Kloster sein „Aushängeschild" zu nehmen. Auch das städtische Polizeiamt unterstützte die Belange der Wirte[83]. Um 1800 brachte dieses gegenüber dem Hofrat seine Besorgnis hinsichtlich der *Freyheit*, mit der im Peterskeller *räsonirt* würde, zum Ausdruck. Die abgeschiedene Lage des Kellers spielte in der Argumentation eine wichtige Rolle. Das Polizeiamt ging in Folge sogar so weit, den Ausschank an *Klosterbediente* verbieten zu wollen[84]. Abt Dominikus sah darin eine Gefahr für die Dienstleute des Stifts, *ihren nötigen Tischtrank von weit entlegenen Orten* holen zu müssen. Es würde ihnen den Anlass geben, *sich Abends von dem Kloster zu entfernen, und nächtliche Ausschweifungen zu beschönen*[85].

Schützenhilfe hatten die Wirte Jahre zuvor auch vom hochfürstlichen Hofrat Joseph Ernst von Gilowsky erhalten. In seiner 1782 abgefassten und 1785 ausgesandten Schrift *Patriotische freye Gedanken, die Einrichtung des Almosen Wesens betreffend*, kritisierte er die *Pfuschereyen in Fürsten-Pallästen, Domherren Höfen, Klöstern, Communitäten, und Privathäusern*. Besonders zog Gilowsky über St. Peter und das Augustinerkloster her: *Wem ist unbekannt, was* [...] *ein Kloster St. Peter und die Augustiner für einen Eintrag noch machen, und gemacht haben; ein Kloster St. Peter so vielleicht in ihrem Keller die ungesitteste Trunkbolden ziegelt, mehr als 3 oder 4 Wirthe verleutgiebt, und nicht so fast selbst dabey reich wird, als mit dem Schaden der bürgerlichen Gewerben ihre Kellner reich machet.*[86]

Kunden und Ausschankzeiten

Das städtische Publikum konsumierte vor allem Wein. Ein Teil der Salzburger Stadtbevölkerung deckte den Tagesbedarf an Wein aus den Weinvorräten von St. Peter. 1803 hieß es, *den ganzen Tag hindurch wird von den ansehnlichsten Bürgerhäusern und andern Leuten der gewöhnliche Haustrunk ordentlich abgenommen*[87]. Die Grundholden des Klosters, die sich zur *Eindienungs Zeit* in St. Peter einfanden, tranken meist Bier. Es gibt Hinweise darauf, dass sich zahlreiche ausländische Händler im Peterskeller aufhielten. Leopold Mozart berichtete 1784 in einem Brief an Maria Anna Mozart, in Salzburg halte sich derzeit ein Tiroler Karmeliter auf, der ein außergewöhnlicher Multiinstrumentalist sei: *ich hörte ihn den 8ten en Compagnie vieler Kaufleute zu St: Peter nachmittag um 3 uhr in einem Gastzimmer* [...].[88] Grundsätzlich war im *Schankkeller* von St. Peter jeder willkommen. Allerdings war *eine gewisse Gattung der Menschen* [nämlich das Militär] *von unserer Schänke ausgeschlossen*, [auf] *welches sich gewiß kein Wirt einlassen wird*[89].

Die Ausschankzeiten unterstanden besonderer Kritik. Bürgerliche Weinwirte beschwerten sich, dass *Nachts um 10 und 11 Uhr die Gäste noch frey ein- und ausgehen können*. Am Sonntag zur Kirchzeit sei der Keller ebenso gut mit Leuten gefüllt, wie unter der Woche zur Arbeitszeit: Weil der *Stifts-Keller als ein privilegirter Ort ausser aller Politzey Aufsicht gesetzet sey, und daher manche, welche Bedenken trügen, in den Arbeitsstunden ein Wirthshaus zu besuchen, ieden Tag öfters in den Stifts Keller hineingehen*[90].

„Kögelscheiben" in St. Peter

Im 18. Jahrhundert war das *Kögelscheiben* stark in Mode. In St. Peter befanden sich zwei Kegelbahnen: Die eine lag im südwestlichen Teil des Klostergartens. Auch der Stiftskeller verfügte wie andere Gaststätten in der Stadt über eine *Kugelstadt*[91], welche sich seit *undenklichen Jahren* [...] *in dem Kellerhof*[92] (dem zum Peterskeller gehörigen kleinen Innenhof) befand.

Das populäre Spiel wurde oft über mehrere Tage unter Bereitstellung lukrativer Preise gepflegt. 1797 wurden die länger als drei Tage dauernden Kegelturniere verboten[93]. Den Stadtwirten war die Kegelbahn ein Dorn im Auge und sie beklagten sich 1803 beim Kurfürsten über St. Peter: *Schon in der ersten Einlage* [Beschwerde vom 3. April 1803] *ist das bey der im Vorhofe angebrachten Kugelstadt oben so beträchtliche als übertriebene Scheiben besonders angemerket worden, bey welchem nicht allein auf Schanzen gespielt, sondern ordentliche ausgesetzte Preise ausgespielt werden, und also mit gewöhnlichen und grossen Wetten beträchtliche Geldsummen versplittert werden da dem Stadt- und Landwirthe, der seine Gerechtigkeit pünktlich versteuern muß, nur selten von der hohen Regierungsstelle erlaubt wird, durch mehrere Täge ein Kugelscheiben geben zu dürfen*[94]. Im Juni 1803 ordnete Abt Dominikus an, dass *die bisher bestandene Kugelstadt kassiert, aufgehoben, und der Laden wie die vielleicht vorräthige steinerne Platten hinweggebracht, sohin dem anhaltenden Spielen ein End gemacht werde*[95].

Durch diese Entscheidung sah sich der Oberkellner um ein jährliches Nebeneinkommen von sechzig Gulden beraubt. Seine Bitte um Entschädigung wurde von Abt Dominikus abgeschlagen, da die Einnahmen von der Kegelbahn nie Teil der Bezahlung gewesen und *nur Nachsichtweiß*[96] geduldet worden wären, wie überhaupt keine schriftliche Bewilligung der Kegelbahn durch den Abt vorliege. Gerade jener Kellner forderte den Bestand der Kegelbahn, *der vor Jahren durch* [anderer] *unbehutsames Kuglscheiben im Fuse sehr bedenklich beschädiget* worden war[97]. Er war damit zugleich Profiteur und Opfer des öffentlichen Kegelspiels.

Da der *Bierschank über die Gasse* verboten worden war, erhielten die Kellner seit 1786 einen Ersatz durch das Kloster. Dennoch gab es noch im Jahr 1802 Beschwerden, die Kellerjungen würden nach wie vor *über die Gassen* ausschenken[98]. Im Laufe des Jahres 1803 scheint in St. Peter diese Praxis abgestellt worden zu sein. Die Brauer monierten, dass die Augustiner, die *Ausschanken* im Chiemseehof, in der Frohnburg und anderen Orten *sämtlich /: jedoch mit Ausnahme des Klosters St. Peter :/ ungeachtet wiederhollter strengster*

St. Peter von Westen, Gouache von Franz Xaver König (?), 1767, mit Kegelbahn der Mönche im südlichen Teil des Klostergartens (Archiv St. Peter).

Verbothe ihre unberechtigten Ausschenkungen noch immer fortsetzen[99].

„Auskochen" im Peterskeller

1786 vermerkte Abt Dominikus, dass das so genannte *Auskochen, welches aber niemals geschehen ist, gänzlich verbotten* worden sei[100]. Dennoch wurden auch weiterhin Speisen verkauft, denn 1803 erklärte sich der Abt in seinem Schreiben an den Kurfürsten bereit, auf das *Auskochen* gänzlich zu verzichten[101]. Eine gängige Praxis in der Frühen Neuzeit war der Verkauf von Speisen durch mobile Händler: *Die sogenannten Krapfenbäker* verkauften nicht nur Mehlspeisen, sondern angeblich auch *Fleisch nach allen Sorten, Züngel, Broten, Hühner, Fische u.s.w.*[102]. Abt Dominikus war der Ansicht, man solle *weil der Süßgebäckkrämmer des Andree Kochs öfters im Tage hineinkomme, dann mit seinen Torten, kleinen Kräpfeln, und Mandelgebäck guten Absatz finde,* diesem sein hart verdientes Geld nicht neidig sein[103].

Die Entscheidung von 1803

Der letzte Konflikt mit dem Stiftskeller wurde im Jahr 1803 ausgetragen. Die beiden Beschwerdeschriften zeigen deutlich, dass die Salzburger Wirte nunmehr aufs Ganze gingen. Die Wirte beschwerten sich nicht nur über die gewohnten Punkte wie geringe Umgeldleistung, Ausschank gekaufter Weine, Ausschank von Bier und anderes, sondern auch über Bereiche, die mit dem Peterskeller eigentlich nichts zu tun hatten. Das Stift an sich wurde von den Wirten als öffentlicher Raum in all seinen Belangen zur Sprache gebracht, wobei die Beschwerdeführer den rechtlichen Status des Klosters übergingen.

Obwohl im Stiftskeller fast ausschließlich weltliche Mitarbeiter arbeiteten, wurde St. Peter vorgeworfen, dieser korrumpiere die klösterliche Moral. Man bezeichnete sogar *Wein und Bier Ausschank cum annexis* als *Krone der Abteylichen Einkünfte* und erkannte sie ihrem „Träger" im selben Atemzug ab. Die Begründung, es sei *dieser Ausschank dem Stift ganz entbehrlich*[104], hatte mit dem eigentlichen Grund der Anklage, der angeblichen Widerrechtlichkeit des Ausschankes, nichts zu tun. Des Weiteren wurde in Frage gestellt, ob die Hospitalität des Klosters *gut angewendet werde* und diese nicht vielmehr einen Vorwand für den Ausschank darstelle. Abt Dominikus wandte dagegen ein, *die Wirthe sollen wohl auch darauf Rücksicht nehmen, dass über 300 französische Geistliche auf Anweisung des hochwürdigen Konsistoriums, und der Politzey Stelle, durch mehr als 10. Jahre, ihren Unterstand in dem diesortigen Stifte fanden*[105]. Ein weiterer Vorwurf lautete, abends würden *für ganze Gesellschaften die Zimmer der Kellner über eine Stiege besonders frey gegeben*[106]. Letztlich brachten die Wirte sogar die Finanzierung der barocken Neugestaltung des Stiftes unter Abt Beda Seeauer – eine rein innerabteiliche Angelegenheit – mit dem Klosterkeller in Verbindung. Dieser Umbau wurde über Umwege zum Politikum. Selbstverständlich wies Abt Dominikus diese Vorwürfe aufs Entschiedenste zurück: *Sehr unanständig und verläumderisch ist ihre weitere Angabe, vermöge welcher sie dem, des Andenkes so sehr würdigen Herr Abt Beda seel: andichten, als hätte Derselbe, um die Kösten der Kloster Verschönerung zu bestreiten zu können, zur Vermehrung des Ausschanks seine Zuflucht nehmen müssen*[107].

Tatsächlich war der Reingewinn aus dem Weinverkauf im Vergleich zu den gesamten Ausgaben der Abtei eher gering. Die laufenden Ausgaben des Jahres 1768 hätten mit den Einnahmen aus dem Weinkeller bei weitem nicht beglichen werden können, auch wenn die *Kellerlosung*[108] (Einnahmen aus dem Ausschank im Stiftskeller) die Haupteinnahmequelle beim Weinverkauf darstellte[109]. Weineinkauf und Weintransport waren dagegen mit etlichen – vor allem finanziellen – Risiken verbunden. Abt Dominikus betonte dies stets in seinen Tagebüchern. Ein Blick in die Kelleramtsbücher zeigt, dass die kritisierten Einnahmen aus dem Weinverkauf starken Schwankungen unterlagen. In den Jahren nach 1800 ergab das Geschäft mit dem Wein sogar erhebliche Verluste[110]. 1810 übertrafen die Ausgaben im Rahmen der Weinwirtschaft die *Kellerlosung* sogar um das Doppelte. Die Bilanz konnte nur durch *besondere Empfänge* gerettet werden[111]. Die Zeiten der französischen Besatzung mit den Requirierungen und Einquartierungen waren für St. Peter und insbesondere für den Peterskeller eine große Belastung. So berichtete 1801 der gelernte Friseur Aloys Sepp, welcher 18 Wochen hindurch im Peterskeller als Dolmetscher und Kellner gearbeitet hatte, *viele Exzeße mit augenscheinlicher Gefahr, wenigst mißhandelt zu werden, durch meine Sprachkenntniß verhütet, und manche Zechen, die sicher nicht gezahlt worden wären, eingetrieben zu haben*[112].

Das Polizeiamt und die Wirte gingen bei ihren Beschwerden gegen das Stift über das eigentliche Thema des Weinschankes weit hinaus. Im August 1804 forderte man von der Regierung, sie möge St. Peter zu öffentlichen Leistungen für *den ganz aufgezehrten Pflaster- und Laternfond* heranziehen[113]. 1803 beschwerte sich Abt Dominikus, *daß die Wirthe so weit gehen, und mir so gar in meinem Hofe die Zimmer vorschreiben, in welchen Gäste Wein trinken darfen, und in welchen nicht*[114]. Auch gehe es die Kritiker nichts an, wenn er *noch mehr Leüthe einstellen solte*. Zur Zeit der französischen Besatzung hätten die Wirte hingegen *gerne reinen Mund* gehalten: Einerseits den Brauch des *Wein-For*[t]*tragen* betreffend, andererseits auch, als ihnen das Stift St. Peter, welches selbst unter der französischen Besatzung sehr gelitten hatte, *in der augenfälligen Noth auf ihr dringendes Ansuchen, aus dem diesortigen Stifts-Keller, mit ansehnlichen Portionen Wein ausgeholfen hat*. Bereits 1786 hatte Abt Dominikus die *übertriebene Habsucht* der Wirte beklagt. Das Stift sei schließlich ein *tätiges Mittglied des Staates* [...] *das sich willig u*[nd] *bereit algemeinen Bürden unterzieht, überhin wegen verschiedenen Beyträgen zu milden Orten, und derlei ähnlichen Werken immerhin ins Mitgelage genohmen wird, welch ausserordentliche* [*Abgaben*] *denen Wirten nicht einmal dem Nammen nach bekant sind*[115]. Abt Dominikus ließ anklingen, dass er in seiner Ehre durch *so viele niederträchtige, und beleidigende Ausfälle*[116] gekränkt worden sei. Es sollte noch schlimmer kommen. Im Dezember 1803 erreichte ihn ein von Josef Felner und Philipp Gäng unterzeichnetes Dekret der kurfürstlichen Regierung, welches folgende Einschränkungen vorsah: Erstens solle der Verkauf von Bier, Branntwein, Essig und anderem abgestellt werden. Es sei im *Uibertrettungsfalle mit körperlicher Zichtigung gegen die fehlige Dienerschaft* vorzugehen. Zweitens wurde nur noch der Verkauf von eigenem Wein zugelassen und eine *10-jährige Anzeige* (Auflistung der selbst produzierten Weine) gefordert. Drittens müsse *der Keller zu St. Peter, wie jeder andere öffentliche Schankort der Polizey Nachsicht zu jeder Stunde offen stehen*. Es muss nicht eigens betont zu werden, dass dies einen massiven

Eingriff in die klösterlichen Rechte insgesamt bedeutete. Viertens wurde auch die Zahlung des Umgeldes gleich den bürgerlichen Wirten gefordert. Mit diesem Dekret wurden St. Peter im Vergleich zu den Wirten die gleichen Pflichten bei gleichzeitig weniger Rechten auferlegt. Angesichts dieser für St. Peter so bedrückenden Tatsachen blieb Abt Dominikus *nichts anderes übrig, als entweder den Kellerschank mit einmahl ganz aufheben, oder unmittelbahr beym Kurfürsten eine weitere Vorstellung und Bittschrift einlegen*[117]. Zum Kurfürst bestand ein gutes Verhältnis[118], zudem musste dieser einsehen, dass seine Regierung mit dem Dekret über das Ziel hinausgeschossen hatte. Das neuerliche Regierungsdekret ließ nicht lange auf sich warten. Die von Abt Dominikus geforderte rechtliche Gleichstellung mit den Wirten hinsichtlich des Ausschankes von Wein, Bier und Brandwein wurde genehmigt. Staatsminister Frederigo Marquis Manfredini hob darin noch hervor, der Abt habe *bey dem Aufenthalte der Armen im letzten Krieg sich bleibende Verdienste um das allgemeine Beste erworben*[119]. Abt Dominikus gewann die Auseinandersetzung für St. Peter.

Öffentlichkeit im Weinkeller

Die Wirte, der Hofrat bzw. die kurfürstliche Regierung und das Polizeiamt versuchten mit der Zeit immer stärker auf die nicht-öffentlichen Bereiche des Klosters zuzugreifen. Die Weinkeller, die ein wichtiger Teil der Klosterökonomie waren, kamen als nicht-öffentliche Orte ins Gespräch. Somit drang der Diskurs in die verborgensten Winkel des Klosters vor. Die Beschwerde führenden Wirte nutzten mit zunehmender Intensität des Konfliktes politische und personelle Veränderungen für ihre erneuten Gesuche[120].

Den LeserInnen soll nicht vorenthalten werden, woher die Quellen zum vorliegenden Beitrag stammen. Es ist der stiftseigene „Weinkeller der Worte"[121], der vor vielen Jahrhunderten angelegt wurde und heute kostbaren Inhalt in sich birgt.

Anmerkungen

1 Friedrich Hermann, Abt Dominikus Hagenauer von St. Peter in Salzburg 1746–(1786)–1811, Diss., Salzburg 1947.

2 Salzburger Äbtekonferenz (Hg.), Die Benediktusregel lateinisch/deutsch. Beuron 1992. „Der Abt habe seinen Tisch immer mit Gästen und Pilgern gemeinsam." (56,1); „Abt und Gäste sollen eine eigene Küche haben;" (53,16); „Mit den Gästen darf niemand ohne Auftrag zusammensein oder sprechen." (53,23).

3 Ebenda, 53,10.

4 Pirmin Lindner, Professbuch der Benediktiner-Abtei St. Peter in Salzburg (1419–1856), Salzburg 1906, S. 178; Aegidius Kolb, Tischgebräuche in St. Peter nach dem Speisenbuch von 1728, in: Derselbe (Hg.), Festschrift St. Peter zu Salzburg 582–1982, Salzburg 1982, S. 570–600, hier S. 570–571. Zur Sparsamkeit Hagenauers siehe: Hermann, Hagenauer (wie Anm. 1), S. 27 f.

5 Errechnet nach: ASP, Hs. A 914/2, Küchentagbücher 1787; siehe auch Kolb, Tischgebräuche (wie Anm. 4), S. 570–600.

6 ASP, Akt 315, Gastdienerinstruktion für Felix Carl Fritschner vom 17. 5. 1754.

7 Josef Höfer und Karl Rahner (Hg.), Lexikon für Theologie und Kirche, Freiburg im Breisgau 1961, Bd. 6, Sp. 321–322.

8 ASP, Hs. A 74, S. 73; Abt Dominikus Hagenauer (1746–1811) von St. Peter in Salzburg. Tagebücher 1786–1810, bearb. und kommentiert v. Adolf Hahnl, Hannelore und Rudolph Angermüller (Studien und Mitteilungen zur Geschichte des Benediktinerordens und seiner Zweige. Erg.-Bd. 46), München 2009, S. 33, 8. 6. 1786.

9 ASP, Hs. A 74, S. 528; Hagenauer, Tagebuch (wie Anm. 8), S. 192, 12. 6. 1789.

10 ASP, Hs. A 78, S. 453; Hagenauer, Tagebuch (wie Anm. 8), S. 984, 1. 6. 1804.

11 ASP, Hs. A 75, S. 389–390; Hagenauer, Tagebuch (wie Anm. 8), S. 343, 8. 6. 1792.

12 ASP, Hs. A 75, S. 263; Hagenauer, Tagebuch (wie Anm. 8), S. 303, 24. 8. 1791. Etwas ausführlicher berichtet P. Michael Kumberger vom 24. Juni 1791 in ASP, Hs. A 166, Sakristeidiarien 1761–1805, S. 562.: *Hodie fuit apud nos eadem Processio, ad Prandium omnes Professores etiam comes de Wiker et Wolfsegg hora 12 in longa et media tabula in Refect:* (Heute wurde bei uns die Prozession abgehalten. Zum zweiten Frühstück fanden sich alle Professoren, wie auch Graf Wicka zu Wickburg und Anton Graf Waldburg zu Wolfegg am langen und mittleren Tisch im Refektorium ein.)

13 ASP, Hs. A 75, S. 389; Hagenauer, Tagebuch (wie Anm. 8), S. 343, 8. 6. 1792.

14 ASP, Hs. A 76, S. 331; Hagenauer, Tagebuch (wie Anm. 8), S. 521, 2. 6. 1796.
ASP, Hs. A 77, S. 64; Hagenauer, Tagebuch (wie Anm. 8), S. 645, 8. 6. 1798.
ASP, Hs. A 78, S. 453; Hagenauer, Tagebuch (wie Anm. 8), S. 984, 1. 6. 1804.
ASP, Hs. A 78, S. 637; Hagenauer, Tagebuch (wie Anm. 8), S. 1041, 14. 1. 1805.

15 ASP, Hs. A 918, 1, Küchen- und Zehrgaden-Tagbücher. Zu den Küchenbüchern des Stiftes St. Peter gibt es einen Beitrag

von KOLB, Tischgebräuche (wie Anm. 4), S. 570–600. Eine systematische Auswertung dieser Küchenbücher existiert allerdings noch nicht.

16 ASP, Hs. A 74, S. 10; HAGENAUER, Tagebuch (wie Anm. 8), S. 6, 31. 1. 1786.

17 Ebenda, S. 30; HAGENAUER, Tagebuch (wie Anm. 8), S. 15, 24. 3. 1786.

18 Ebenda, S. 10; HAGENAUER, Tagebuch (wie Anm. 8), S. 6, 31. 1. 1786; sowie ASP, Hs. A 76, S.10; HAGENAUER, Tagebuch (wie Anm. 8), S. 413, 31. 1. 1794.

19 ASP, Hs. A 74, S. 54 f.; HAGENAUER, Tagebuch (wie Anm. 8), S. 26, 4. 5. 1786.

20 Ebenda, S. 179 f.; HAGENAUER, Tagebuch (wie Anm. 8), S. 73 f., 25. 2. 1786.

21 ASP, Hs. A 75, S. 7; HAGENAUER, Tagebuch (wie Anm. 8), S. 216 f., 3. 1. 1790.

22 Ebenda, S. 377; HAGENAUER, Tagebuch (wie Anm. 8), S. 339, 8. 5. 1792.

23 HEINZ DOPSCH, ROSWITHA JUFFINGER und VALENTIN KUNNERT (Red.): St. Peter in Salzburg. Das älteste Kloster im deutschen Sprachraum, Salzburg 1982, S. 145 (Sonderschau des Dommuseums zu Salzburg 7). Siehe auch HEINER BOBERSKI, Das Theater der Benediktiner an der alten Universität Salzburg, Wien 1978, S. 51 und ASP, Hs. A 150, fol. 209v.

24 ASP, Hs. A 79, S. 333; HAGENAUER, Tagebuch (wie Anm. 8), S. 1197, 7. 10. 1807.

25 ADOLF HAHNL, Der Rokoko-Abteisaal von St. Peter in Salzburg – Ort der Begegnung, in: ULRIKE AICHHORN und ALFRED RINNERTHALER (Hg.), Scientia iuris et historia, Salzburg 2004, S. 407–447, hier S. 407.

26 PLACIDUS VON BERHANDSKY, Auszug der neuesten Chronik des alten Benediktiner Klosters zu St. Peter in Salzburg, Salzburg 1782, S. 255.

27 Ebenda; siehe auch HAHNL, Abteisaal (wie Anm. 25), S. 408 und S. 416.

28 Vgl. ebenda, S. 409.

29 ASP, Hs. A 862, Hauptrechnung 1790, fol. 40v.

30 714 Personen im Jahr 1796; siehe ASP, Hs. A 290, Gästebuch von Goldenstein, fol. 46r. 869 Personen im Jahr 1797; siehe ASP, Hs. A 290, fol. 51r; keine Aufzeichnungen 1811–1814.

31 ASP, Hs. A 75, S. 81; HAGENAUER, Tagebuch (wie Anm. 8), S. 245, 8. 9. 1790.

32 ASP, Hs. A 74, S. 530; HAGENAUER, Tagebuch (wie Anm. 8), S. 193, 8. 7. 1789. Es soll nicht unerwähnt bleiben, dass auch der Aiglhof für Gesellschaften genutzt wurde. Tagebucheintrag vom Juli 1789: *Sie kamen dahin um 5 Uhr machten im Saletel Spiel, oder giengen im Garten spazieren bis ½ 8 Uhr, während dessen wurden Erfrischungen und Obst aufgesetzt. Um ½ 8 Uhr ließ ich mitten im Garten einen Tisch mit 4 Speisen aufdecken, wer sitzen wollte, saß sich nieder, die übrigen assen und tranken stehend, und gehend. Speisen waren gebachene Hendl und grün Salat. Gebratene Änten und Amereln Kuchen. An Wein war da Offner, Ostereicher und Reinwein. Da der schönste Abend war, blieben wir bis nach 9 Uhr beysamen, und giengen die meisten zu Fuß um halb 10 Uhr nach Hause. Es waren in der Zahl bis 24 Personen, überhaupt alle recht wohlauf.*

33 ASP, Hs. A 75, S. 81; HAGENAUER, Tagebuch (wie Anm. 8), S. 245, 8. 9. 1790.

34 ASP, Hs. A 76, S. 92; HAGENAUER, Tagebuch (wie Anm. 8), S. 441, 19. 9. 1794.

35 ASP, Akt 426, Tagordnung 1787, § 9.2.

36 ASP, Hs. A 76, S. 299; HAGENAUER, Tagebuch (wie Anm. 8), S. 511, 31. 1. 1796.

37 ASP, Hs. A 79, S. 126; HAGENAUER, Tagebuch (wie Anm. 8), S. 1128, 7. 7. 1806.

38 BERHANDSKY, Chronik (wie Anm. 26), S. 259.

39 JOHANN TOMASCHEK, Klosterbibliotheken als Rüstkammern des Geistes. Ein kulturhistorisches Mosaik, in: ELISABETH VAVRA (Hg.), Die Suche nach dem verlorenen Paradies. Europäische Kultur im Spiegel der Klöster, St. Pölten 2000, S. 149–155.

40 ADOLF HAHNL, Conservando cresco. Die Bibliotheksräume von St. Peter in Salzburg, in: JOHANNES MOY (Hg.), Barock in Salzburg. Festschrift für Hans Sedlmayr, München 1977, S. 40.

41 ERNST HINTERMAIER, Die elfte und zwölfte Säkularfeier des Erzstiftes von 1682 und 1782, in: AEGIDIUS KOLB, Festschrift St. Peter zu Salzburg 582–1982, Salzburg 1982, S. 755–765, hier S. 757.

42 WILHELM A. BAUER und OTTO ERICH DEUTSCH (Hg.), Mozart. Briefe und Aufzeichnungen, Bd. 3, Kassel 1962, Nr. 954, 50 f.

43 ASP, Hs. A 74, S. 54; HAGENAUER, Tagebuch (wie Anm. 8), S. 25, 4. 5. 1786.

44 vgl. ASP, Akt 666 und vgl. LORENZ HÜBNER, Beschreibung der hochfürstlich-erzbischöflichen Haupt- und Residenzstadt Salzburg und ihrer Gegenden verbunden mit ihrer ältesten Geschichte, Bd. 2, Salzburg 1793, S. 319.

45 Ebenda, S. 319–323.

46 Ebenda, S. 562–564.

47 Ebenda, S. 584–590.

48 Ebenda, S. 562 und S. 319.

49 ASP, Pergament-Rotel, Kopie eines Besitzverzeichnisses von 790.

50 ASP, Hs. A 79, S. 290–291; HAGENAUER, Tagebuch (wie Anm. 8), S. 1181, 8. 7. 1807.

51 Ebenda, S. 338–340; HAGENAUER, Tagebuch (wie Anm. 8), S. 1198 f., 17. 10. 1807.

52 ASP, Hs. A 77, S. 208; HAGENAUER, Tagebuch (wie Anm. 8), S. 691, 6. 7. 1799.

53 ASP, Akt 997, Bittschreiben der Weingastgeber, 1786, Kopie.

54 ASP, Akt 997.

55 Von 1760–1784 wurden in St. Peter insgesamt 46.243 Eimer, im Durchschnitt 1849 Eimer pro Jahr aus den österreichischen Weinbaugebieten bezogen. ASP, Akt 997, Nr. 8, Tabellen von der Fechsung der österreichischen Weine von 1760 bis 1784.

56 JUDAS THADDÄUS ZAUNER (Hg.), Auszug der wichtigsten hochfürstl. Salzburgischen Landesgesetze, Bd. 2, Salzburg 1787, S. 364 f; siehe auch NIKOLAUS GRASS, Alm und Wein. Aufsätze aus Rechts- und Wirtschaftsgeschichte, Hildesheim 1990, S. 84 und ASP, Akt 993, darin ein Exemplar der Umgeldordnung von 1682.

57 RUDOLF MALLI, Der Schatz im Keller. Zur Weinwirtschaft der Waldviertler Klöster, Horn-Waidhofen an der Thaya 2001, S. 249.

58 THOMAS WEIDENHOLZER, Handel, Gewerbe und Verkehr. Gasthäuser und Brauereien zur Mozartzeit, in: Historischer Atlas der Stadt Salzburg, hg. v. PETER F. KRAMML, ERICH MARX und DEMSELBEN (Schriftenreihe des Archivs der Stadt Salzburg 11), Salzburg 1999, Bl. V/3.

59 GERHARD AMMERER, Funktionen, Finanzen und Fortschritt. Zur Regionalverwaltung im Spätabsolutismus am Beispiel des geistlichen Fürstentums Salzburg (MGSL. Erg.-Bd.), Salzburg 1987, S. 334 und S. 339.

60 ASP, Akt 994, Nr. 8, Abschrift einer Hofkammer-Signatur, 24. 3. 1721.

61 ASP, Akt 994, Nr. 8, Extrakt aus dem Klaglibell der bürgerlichen Gastgeben und Hoffbierschenckhen, 1721.

62 ASP, Akt 994, Nr. 11, Extrakt aus der Klagschrift der Wirte und Gastgeben, 1748.

63 ASP, Akt 995 und Akt 998.

64 ASP, Akt 995.

65 ASP, Akt 994, Nr. 12, Auszug aus dem Hof- und Urbarrichteramtsprotokoll, 29. 2. 1772.

66 ASP, Akt 995, Unterkellner-Instruktion von 1791.

67 Abt Dominikus bewies vom ersten Tag an Führungsqualitäten. Er konnte auch wichtige Angelegenheiten an externe Personen delegieren: *Da eben der Sohn des Hofrichters Joseph Ferdinand Jaut, Mitterschreiber von Werfen da war, und er vor einigen Tagen seinem Vater als Adiunckt beygegeben zu werden angehalten hat, so trug ich ihm die Beantwortung dieses Befehles auf, die er auch mit Freuden auf sich genommen hat.* ASP, Hs. A 74, S. 14; HAGENAUER, Tagebuch (wie Anm. 8), S. 8, 7. 2. 1786. Zu den persönlichen Eigenschaften von Abt Dominikus siehe auch ADOLF HAHNL, *Die gesprengte Mine*, oder: Hat Leopold Mozart den Abt von St. Peter gemacht?, in: Erzabtei St. Peter in Salzburg (Hg.), Das Benediktinerstift St. Peter St. Peter in Salzburg zur Zeit Mozarts. Musik und Musiker – Kunst und Kultur, Salzburg 1991, S. 160–172, hier S. 172.

68 ASP, Akt 997, Nr. 2, Kopie des Hofrates vom Klaglibell der bürgerlichen Weingastgeben vom 25. 1. 1786.

69 ASP, Akt 998, Nr. 5, Kopie der Klagschrift der Stadtwirte an den Kurfürsten, 3. 4. 1803.

70 ASP, Hs. A 906, 94/4. 1786 betrug das vierteljährlich zu erlegende Umgeld jährlich 167 fl. 50 x. An Accise wurde in diesem Jahr 1.613 fl. bezahlt.

71 ASP, Akt 997, Nr. 2, Kopie des Hofrates vom Klaglibell der bürgerlichen Weingastgeben vom 25. 1. 1786.

72 ASP, Urkunden, Nr. 9, 28. 7. 1141; WILLIBALD HAUTHALER und FRANZ MARTIN (Bearb.), Salzburger Urkundenbuch. Urkunden von 790–1199, Bd. 2., Salzburg 1916, Nr. 204, S. 298.

73 ASP, Akt 997, Nr. 3, Entwurf einer Rechtfertigung, 15. 3. 1786; Constitutiones et decreta concinnata In Provinciali Synodo Salisburgensi Anno Domini M. D. LXVIII. Salzburg 1697, const. 27, cap. 11. *Non prohibemus tamen, quin omnes illi, utriusque sexus ecclesiastici, qui non minimam, suorum proventuum partem in vino colligunt, et ex veteri consuetudine, hactenus observata, ius publice vinum vendendi habent, morem antiquum, quoad vini venditionem observare valeant.* (Dennoch verbieten wir nicht, dass all jene Kirchenleute beiderlei Geschlechts, die den Gutteil ihres Lebensunterhalts im Wein erwerben und aus alter, bis jetzt beibehaltener Gewohnheit, das Recht des öffentlichen Weinverkaufs haben, den alten Brauch hinsichtlich des Weinverkaufs beibehalten dürfen.) Der Autor dankt Klaus Heitzmann für dessen Hilfestellung.

74 ASP, Akt 997, Nr. 3, Entwurf einer Rechtfertigung, 15. 3. 1786.

75 Umbgeldts-Ordnung Deß Hochlöbl. Ertzbisch- und Fürstenthumbs Saltzburg, Salzburg 1682, S. 5. *Außgenommen* [vom Verbot des Ausschanks seien] */ diejenige Clöster / unnd Spittäller / welche solches hergebracht / und / Ihre eygene Gewächs / jedoch gegen Abrichtung deß gebührenden Umbgeldts / Verleith geben mögen.*

76 WIGULEUS HUND VON SULTZENMOS, Metropolis Salisburgensis, Ingolstadt 1582, S. 32; FRANZ DÜCKHER VON HASSLAU ZU WINCKL, Saltzburgische Chronica, Salzburg 1666, S. 235; JOSEPH MEZGER, Historia Salisburgensis, Salzburg 1692, Liber 5, Caput L.

77 ASP, Akt 994, Konzept der Erklärungs- und resp. Widerlegungsschrift des Petrischen Hofmeisters Mathias Carl Jaut, 27. 10. 1758.

78 ASP, Akt 997, Nr. 3, Entwurf einer Rechtfertigung, 15. 3. 1786. Die von Oberschreiber Anton Gartner expedierte Schrift enthält im Konzept den Passus, der Bessere solle die Möglichkeit haben, mehrere Schenken gleichzeitig zu besitzen. Diese wirtschaftsliberale Auffassung lief der zünftischen Verfasstheit zuwider, widersprach aber genau genommen auch dem Denken der Benediktiner. SLA, Hofratsprotokolle, Polizeisachen, S. 604, März 1803, Nr. 5156. Ähnlich AStS, Pezoltakten 372 (Entwurf für ein Schreiben des Polizeiamtes an die Regierung, 21. 8. 1804. Die Forderung nach Qualitätssteigerung wurde auch 1803 seitens der Behörden angedacht, ungeachtet der Tatsache, dass gerade das Kloster mit seinen Mitteln qualitätsvolle Produkte erzeugen konnte. Der Hofrat forderte, es sei weiters zu begutachten, ob *rücksichtlich des Weinschänkens ein freyes Befugniß ertheilet wird, und dadurch erwirket werden könnte, daß das Publikum nicht nur mit wohlfeileren; sondern auch mit beßeren Weinen bedient würde.*

79 ASP, Akt 997, Nr. 3, Entwurf einer Rechtfertigung, 15. 3. 1786; siehe auch MALLI, Weinwirtschaft (wie Anm. 57), S. 212 f.

80 Siehe ASP, Hs. A 906, 76/1; Hs. A 906, 107/3; Hs. A 906, 108/3; Hs. A 906, 111/3 und Hs. A 906, 118/3. In diesem Jahr wurden 5785 Eimer Wein in 123 Fässern, verteilt auf acht Weinkeller gelagert. ASP, Akt 2828. Zum Vergleich: Im Jahr 1768 waren es 4568 Eimer Wein, im Jahr 1799 4922 Eimer, ein Jahr später 4258 Eimer, im Jahr 1803 4592 Eimer und im Jahr 1810 nur 2252 Eimer Wein.

81 ASP, Akt 997, Nr. 3, Pro Memoria, 1786 und Entwurf einer Rechtfertigung, 15. 3. 1786.

82 RB 57 (wie Anm. 2), 7–9. *Bei der Festlegung der Preise darf sich das Übel der Habgier nicht einschleichen. Man verkaufe sogar immer etwas billiger, als es sonst außerhalb des Klosters möglich ist, damit in allem Gott verherrlicht werde.*

83 AStS, Pezoltakten 330, 372 und 373.

84 AStS, Pezoltakten 330, Polizeiamt an den Hofrat, 16. 11. 1802.

85 ASP, Akt 997, Konzept eines Schreibens an den Hofrat, 21. 12. 1786.

86 Zit. nach ASP, Akt 593/12.

87 ASP, Akt 998, Nr. 5, Klag- und Bittschrift der Stadtwirte an den Kurfürsten, 3. 4. 1803.

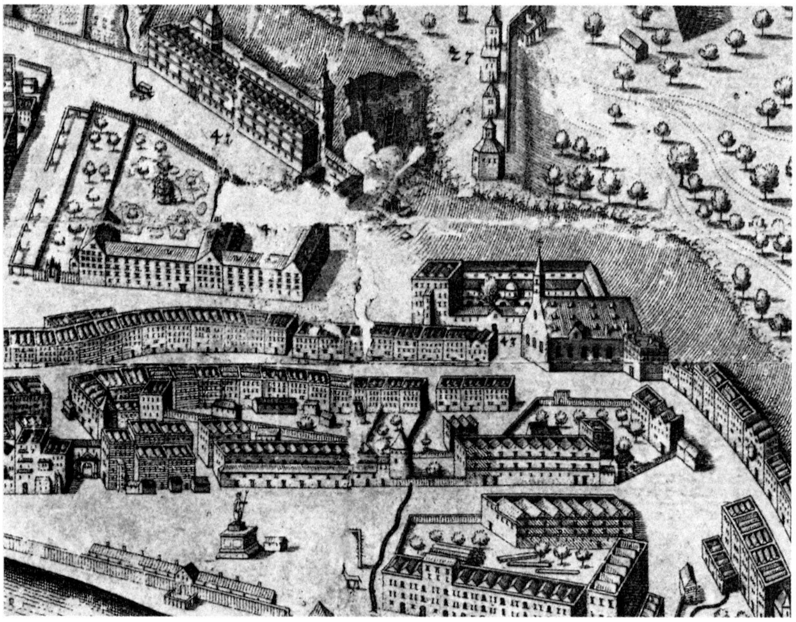

Bürgerspital-Komplex mit der Blasiuskirche, Stich von Philipp Harpff, 1643, Ausschnitt (Salzburg Museum).

1330er Jahren ebenfalls als kommunale Einrichtung, als *purger spital* bezeichnet. Die vorhandene immense materielle Grundlage ermöglichte einen kontinuierlichen Ausbau der Einrichtung, über deren anfängliche bauliche Ausmaße wir weder durch archäologische noch durch schriftliche Quellen näher unterrichtet sind. Auf jeden Fall bot die Lage des Hospitals beim westlichen Stadttor am Fuß des Mönchsberges die notwendigen Erweiterungsmöglichkeiten. Um die Mitte des 15. Jahrhunderts umfasste der Spitalskomplex die Spitalsherberge, ein Nebenhaus und die dazugehörige Mühle mit einer Bäckerei. In dieser Zeit beherbergte die Anstalt im Durchschnitt 80 bis 85 Frauen und Männer, zum Großteil Pfründner. Insgesamt standen 78 Schlafkojen, die meisten davon im hinteren Kirchenschiff, zur Verfügung, für Gäste, in der Regel Pilger, existierte eine Gaststube mit mehreren Betten. Eine wesentliche Änderung der Hausstruktur, nämlich die Trennung der ursprünglichen Einheit von Kirche und Schlafräumen, brachte schließlich jene entscheidenden Änderungsbauten, die zur Mitte des 16. Jahrhunderts vorgenommen wurden. Nach der Errichtung des vermutlich im Jahr 1562 vollendeten dreigeschoßigen Arkadentraktes entlang der Mönchsbergwand standen, auf zwei Stockwerke verteilt, je 15 in den Felsen gehauene gleich große Pfründnerzellen zur Verfügung, die allerdings nicht beheizbar waren. Ermöglichten diese Kammern auch eine bescheidene eigenständige Lebensführung, so entbehrten deren Bewohner hygienischer Vorteile wie ausreichende Belüftung und Belichtung. Trotz dieser gravierenden Umbauten kam es zu keiner Vermehrung der Belegungszahlen, da parallel dazu die Kammern in der Kirche reduziert wurden. Das endgültige Aus der alten „Spitalsherberge" kam erst gegen Ende des 16. Jahrhunderts, als Fürsterzbischof Wolf Dietrich von Raitenau die Hospitalskirche zum barocken Gotteshaus umgestalten ließ. Durch diese Maßnahme wurden auch die Zellen unter der Empore aufgegeben[31].

Im Zeitalter der Aufklärung befahl Fürsterzbischof Hieronymus Graf Colloredo, ein vehementer Gegner des Barockkatholizismus, die Kirche zu „reinigen", was ihr den Spottnamen „protestantische Kirche" eintrug, St. Blasius 1782 zur Stadtkaplanei zu erheben und wenige Jahre später, 1789, den der Kirche gegenüberliegenden kleinen Friedhof zu beseitigen. Ein für den großen Spender des Hospitals, Sigmund Haffner († 1787), geplantes Denkmal kam trotz zweimaliger Anläufe in den Jahren 1793 und 1815 hingegen nicht zur Ausführung[32]. Während der Belagerung Salzburgs durch die Franzosen in den Kriegsjahren 1801 und 1809 diente das Bürgerspital als Kaserne und die Verwaltung musste 1809 sogar um eine finanzielle Aushilfe beim Magistrat ansuchen, um die Pfründner weiterhin versorgen zu können[33]. Trotz der finanziellen Misere wurde die Naturalverpflegung jedoch erst relativ spät, im Juli 1815, durch ein Kostgeld ersetzt und die Insassen somit gezwungen, die benötigten Nahrungsmittel in der Stadt einzukaufen[34]. Im Lauf des 19. Jahrhunderts erwies sich das „Altenheim" zunehmend als zu klein, so dass dessen Bewohner schließlich im Herbst 1898 gemeinsam mit den Insassen der anderen städtischen Anstalten in das Versorgungshaus Nonntal übersiedelt wurden[35]. Die Räumlichkeiten des Hospitals, der Kirche und des Pfarrhofs wurden in das Eigentum der Stadt Salzburg übertragen und bei den Luftangriffen während des Zweiten Weltkriegs weitgehend zerstört. Nach der teilweisen Wiedererrichtung wurde der Arkadentrakt im Jahr 1956 dem städtischen Museum zu Ausstellungszwecken gewidmet und 1978 in diesen Räumlichkeiten das bekannte Salzburger Spielzeug Museum (Sammlung Folk) eingerichtet[36], wodurch das ehemalige Bürgerspital endgültig zu einem öffentlichen Ort wurde.

Das Hospital – Aspekte der Öffentlichkeit, öffentlicher Ort und „kasernierter Raum"

Das Leben im Hospital wurde von der städtischen Öffentlichkeit sehr genau beobachtet und wahrgenommen. Dies lässt zumindest die direkte Korrelation von Aufnahmegesuchen vor dem Rat mit den in der Anstalt gezählten Todesfällen vermuten[37]. In der Frühen Neuzeit fanden in der überwiegenden Mehrzahl Bürger, deren Kinder und ehemalige Dienstboten des Bürgerspitals lebenslange Aufnahme, bisweilen mussten sie jedoch monate- oder sogar jahrelang als so genannte Unpfründner auf eine frei werdende Pfründe warten. Männer und Frauen, die unverschuldet in Armut geraten oder ihren Haushalt nicht mehr zu führen in der Lage waren, vor allem jedoch Witwen, in Einzelfällen auch von ihren Ehegatten getrennt lebende Frauen sowie Bürgerstöchter, für die keine Heiratschancen mehr bestanden, baten den Stadtrat mit einer Bittschrift gnadenhalber um Aufnahme und Versorgung. Ein tatsächliches „Einkaufen", wie dies in anderen österreichischen Hospitälern zu beobachten ist, war zwar in Salzburg nicht gebräuchlich, doch übertrugen Einzelne der Institution ihr restliches Vermögen in Kapitalien oder Realwerten[38]. Hinsichtlich der Berufsstruktur überwog die Gruppe der verwitweten Handwerksmeister und der Meisterwitwen, darunter mehrfach Weber, Schuster, Schneider, Steinmetze, Lederer, Binder etc. Vom zahlenmäßig starken städtischen Kaufmannsstand fanden hingegen nur wenige den Weg in das Bürgerspital. Üblicherweise hielten sich mehr Frauen als Männer in dieser Sozialeinrichtung auf. In ihren Bittgesuchen schilderten die Antragssteller stets ihre problematische Lebenssituation und appellierten an das Mitleid der Stadtratsmitglieder. Wer nicht nur auf den *Vor Augen schweben pettl*[39] verweisen konnte, sondern zudem noch über „Sozial- oder Ehrkapital" verfügte, z. B. aus der ehemaligen Bekleidung eines öffentlichen (städtischen) Amtes oder einer öffentlichen Funktion, bzw. wer zumindest geringe Arbeitsleistungen versprach, hatte bessere Chancen, tatsächlich aufgenommen zu werden. Da sich üblicherweise mehrere Personen für eine frei gewordene Pfründe bewarben, sah sich der Stadtrat gezwungen, seine gefällten Entscheidungen zu begründen und auch öffentlich kundzumachen. Bei Erfolglosigkeit eines Aufnahmegesuchs reichten die Bittsteller ihr Gesuch meist nochmals ein, um den Stadtrat doch noch von ihrer Armut und Hilflosigkeit zu überzeugen[40].

Titelblatt des vom Spitalmeister Sebastian Waginger angelegten Bürgerspital-Urbars von 1512. Das kolorierte Blatt (seit 1945 verschollen) zeigt unterhalb des Stadtwappens das Spitalszeichen mit Krücke und „S" (für Salzburg) sowie das Spruchband „Hoc Signum Hospitalis est" (Foto Archiv der Stadt Salzburg).

Wer im Bürgerspital versorgt werden wollte, musste die strengen Hausregeln akzeptieren lernen, die vor allem das Verlassen und den Besuch der Anstalt strikt regelten. Noch die Ordnung vom April 1803 legte Wert auf das „öffentliche" Auftreten der Hospitaliten: *Sollen sich alle Pfründner der offenen Wein Bier und Methhäuser Item Spielplätze und anderer verdächtiger Orte enthalten: dann weil die Spitaller als arme Leute hie und da das Allmosen sammeln und geniessen, so stehet ihnen nicht zu, daß sie sich an solchen Orten finden lassen, weniger mit Volltrinken Aergerniß geben, sondern mag sich jedes einen mässigen Trunk nach Haus hollen.*[41] Die Insassen durften auch nicht ohne Erlaubnis betteln, Kleidungsstücke versetzen, bis in die Abendstunden oder über Nacht ausbleiben oder ihre Pfründe, ihr Brot und Schmalz in der Stadt verkaufen, ohne zuvor ihre Mitgenossen um deren Bedarf gefragt zu haben[42]. Vor allem die gesunden Männer zogen nach dem Bericht des Verwalters Zezi in *zimlich zerlumpter Kleidung* durch die Stadt und schadeten dem öffentlichen Ansehen des Bürgerspitals. Der Untermeister, der alle Bewohner genau überwachen sollte, schritt meist nicht ein, da er den *Haaß und Feindschaft* seiner Schutzbefohlenen fürchtete. Sogar Zezi, der vor der *Seuche der Unzufriedenheit, Auflehnung und Trotzbiettung* sprach, bat den Stadtrat, ihn bei der Verhängung von Strafen gegenüber den Insassen *desto nachdrücklicher zu schützen*[43].

Die Anstalt durfte nur von Lieferanten, vom Bader, vom Stadtarzt sowie vom Hausgeistlichen betreten werden. Besuche von Verwandten in den Gemeinschaftsstuben bzw. in den Arkadenzellen sind nicht belegt, können aber nicht ausgeschlossen werden. Um unerwünschte Personen vom Haus fernzuhalten, sollte das Tor vom Untermeister im Sommer um acht Uhr, im Winter bereits um fünf Uhr verschlossen werden[44]. Um die städtischen Handwerker vor Konkurrenz zu schützen bzw. mögliche „Kundenbesuche" zu unterbinden, durften ehemalige Meister ihr Gewerbe im Bürgerspital nur in Ausnahmefällen ausüben[45].

Am deutlichsten im Blickpunkt der Öffentlichkeit standen die Bewohner des Hospitals bei großzügigen Spenden seitens Privater oder des Landesherrn – so spendete Fürsterzbischof Hieronymus Graf Colloredo im Jubeljahr 1782 4000 Gulden aus seiner Schatulle, um die reduzierte Zahl der Pfründner wieder vermehren zu können[46], bzw. beim Almosensammeln auf den Plätzen und Straßen der Stadt oder in den Wohnungen der Salzburger, wo sie sich bei Trauerfällen auf Verlangen der Familien und gegen Entlohnung zur Totenwache einfanden oder den Sterbefall sowie die Begräbniszeit von Haus zu Haus ansagten[47]. Bestimmte die Ordnung des Jahres 1512, dass die Knechte des Bürgerspitals *mit der puechsen und allmußenkorb* üblicherweise an Freitagen in der Stadt herumziehen und das gesammelte Geld sowie Brot *treulich haymbringen* sollten[48], so erlaubten die *Ordnung und Gebothe* von 1803 auch den Hospitalbewohnern, sammelnd in der Öffentlichkeit aufzutreten[49]. Wie die Quellen überliefern, waren die Butten mit der Heilig-Geist-Taube als Spitalszeichen und den Bildnissen der Hl. Elisabeth und des Hl. Stephan versehen[50]. Gegen Ende des 18. Jahrhunderts bat der Hausknecht des Bürgerspitals das Konsistorium wegen Arbeitsüberlastung von der Freitagssammlung entbunden zu werden und verwies darauf, dass es *zur Mitleidserweckung weit zweckmäßiger seye, wenn ein armer Spitaler, als wenn ein starker, rüstiger Junge, ins Sammeln frommer Gaben herumgeht*[51]. Der Verwalter lehnte dieses Gesuch jedoch mit der Begründung ab, dass es den Hospitaliten aufgrund ihres Gesundheitszustandes nicht zumutbar sei, *alle Gässen der Stadt und Vorstadt* abzugehen, *folglich so viele Stiegen zu steigen* [und] *keine Witterung zu scheuen*[52].

Wie bereits erwähnt, wurde das Bürgerspital von den Bewohnern der Stadt nur in Ausnahmefällen betreten. Erst zu Beginn des 19. Jahrhunderts strömten vermehrt Bedürftige in das Haus, um im zweiten Stock des Altbaus die so genannte Rumfordsuppe, eine bekannte Armenspeise, abzuholen. Die Verwaltung reagierte auf diese „Öffnung" der Anstalt mit Sicherheitsvorkehrungen und ließ den Getreidekasten und die Vorratsräume mit Türschlössern schützen[53].

War die Kirche St. Blasius in der Frühen Neuzeit öffentlich zugänglich und damit ein öffentlicher Ort, an dem die Bürger die Möglichkeit hatten, in den von ihnen gekauften Kirchenbänken den Gottesdiensten und Andachten barocker Ausprägung zu folgen[54], am Kreuzaltar der 1686 gegründeten Kreuzbruderschaft zu beten[55], sich trauen und sich vereinzelt sogar in St. Blasius bestatten zu lassen[56], wie zum Beispiel der Salzburger Bürgermeister der Jahre 1741 bis 1755 Kaspar Wilhelmseder († 7. November 1755)[57], so galt dies für den benachbarten, 1583 erweiterten und mit einer Mauer umschlossenen Friedhof nur in eingeschränkter Weise. Laut Statuten waren die Bewohner des Bürgerspitals verpflichtet, gemeinsam mit den Verwandten den Verstorbenen am Grab die letzte Ehre zu erweisen, sofern ihr Gesundheitszustand dies zuließ[58]. Neben den mehr als 220 Opfern des Bergsturzes im Gstättenviertel vom 16. Juli 1669 befanden sich auf diesem Friedhof auch die Gräber einzelner Bürger, die ausdrücklich dort bestattet werden wollten. Im Jahr 1789 verfügte Fürsterzbischof Colloredo jedoch die Auflassung dieses Gottesackers und die Transferierung der Gräber in den Friedhof von St. Sebastian[59].

Große Aufmerksamkeit erregten im Bürgerspital und in der „Außenwelt" die Generalvisitationen der Jahre 1637 und 1795. Die Angestellten des Hauses und die versorgten Frauen und Männer wurden von den Mitgliedern der Kommission nach den Lebensumständen im

Hospital befragt und es wurde festgehalten, ob es Probleme hinsichtlich der häuslichen Ordnung, der vorgeschriebenen Versorgung mit Speisen und Getränken, der Pflege der Kranken, der religiösen Betreuung und der erwarteten Arbeitsleistungen der Hospitaliten gab. Die Klagen über das schlechte Essen waren beinahe schon als „klassisch" einzustufen, doch wurde deren Richtigkeit 1795 sogar vom Hausgeistlichen und von den Kommissionsmitgliedern bestätigt. Man räumte überdies ein, dass man Zucht und Ordnung nur dann durchsetzen könne, wenn auch die angebotenen Speisen in entsprechender Qualität auf den Tisch kämen[60]. Wurden die gemeinschaftlichen Stuben, die Schlaf- und Aufenthaltsräume der Hospitalbewohner auch täglich genau inspiziert, so getrauten sich die Kommission und das Personal hingegen im Regelfall nicht, die privaten kleinen *Stübchen* und Kammern der Insassen zu kontrollieren, da *es nicht rathsam* sei, *indem es bisher noch niemal üblich ware, und die Spitaller sich über diese Neuerung sehr sträuben, auch dem Untermeister mit Grobheiten zu begegnen nicht unterlassen würden, wobey aber dennoch im Falle eines entstehenden Verdachts wegen Feuersgefahr, bey verdächtiger Gesellschaft oder sonstiger Verirrung dem Untermeister eine desto strengere Durchsuchung der Stübchen oder Kammern aufgetragen werden könnte*[61]. Mit dieser deutlichen Aussage wurde gleichsam eine eindeutige Grenze des öffentlich zugänglichen und damit überwachbaren Raumes gezogen. Wie jedoch der Salzburger Domherr und „Armenvater" Friedrich Graf Spaur in seinen bekannten Nachrichten über das Erzstift Salzburg im März 1804 seinem Lesepublikum öffentlich berichtete, war es der Kommission aber zumindest gelungen, vorgefundene Missbräuche zu beseitigen und die *innere*[n] *Verhältnisse* durch einen Verwalter einer *spezial Aufsicht* zu unterstellen[62].

Waren die Visitationen des Hauses noch mit dem Aspekt der Öffentlichkeit verbunden, so erfolgte der Besuch des am Ende der Getreidegasse gelegenen so genannten Spitalbades, das von einem Nebenarm des Almkanals mit Wasser versorgt wurde, gewissermaßen im abgeschotteten und beinahe privaten Bereich. Die erste Erwähnung dieses Bades erfolgte bereits im Jahr 1336, 1401 scheint es erstmals in den Urbaren des Bürgerspitals auf und 1415 stiftete Ulrich Samer d. J., Gewerke, Wechsler, Fernhändler und Bürger der Stadt Salzburg ein so genanntes Seelbad, das den Pfründnern vierteljährlich neben der Benutzung des Bades überdies ein Almosen zusicherte. Der übliche Badetag war bis ins frühe 19. Jahrhundert jeden zweiten Montag, an dem nur die Insassen des Hospitals eingelassen wurden. Neben dem üblichen Schwitzbad und der Reinigung des Körpers konnten die Hospitaliten vom Bader auch die Behandlung offener Wunden, den Aderlass und das Haar- und Bartschneiden verlangen. Nach dem Schwitzbad erhielt jeder Besucher zwei Eier oder einen halben Pfennig[63]. Das Verhalten in diesem intimen Raum regelte bereits die Spitalsordnung des Jahres 1512, die bestimmte, dass *weder man noch weyb in dem pad unschämigklich noch unbedeckt nit geen, sytzen noch ligen* [sollte]. *Wer aber des gefunden wurd, dem war die pfrundt vom desselben pad genommen und vorhalten durch den Unndtermeister*[64]. Die zitierten Bestimmungen liefern einen indirekten Hinweis darauf, dass die Hospitalbewohner den „kasernierten Raum" des Bades in ihrem Sinn umzugestalten wussten, um die „Saunastunden" in möglichst angenehmer und entspannter Atmosphäre erleben zu können.

Im Alltag des Hauses hegte der verantwortliche Leiter stets die Befürchtung, dass *durch Beybringung irriger Begriffe von den Klagenden gar bald* [die] *viel jährige, und schicklich befundene Einrichtung und Ordnung untergraben werden könn*[t]*e*[65]. Aus diesem Grund wurden die Statuten nicht nur mehrmals jährlich verlesen, *folglich sich gewiß Niemand der Unwissenheit entschuldigen* konnte, sondern auch bereits im Jahr 1595 vermutlich in der großen Wohnstube auf einer Tafel aufgehängt. Ob die Bewohner diese Regeln gelegentlich lasen, darf jedoch bezweifelt werden. Das Konsistorium sah es daher als notwendig an, die Pfründner zur Teilnahme an der Verlautbarung der Ordnung zu zwingen. Wer aus fadenscheinigen Gründen fernblieb, dem drohte eine sofortige empfindliche Strafe[66].

Um überhaupt ins Haus aufgenommen werden zu können, mussten die Pfründner zumindest mit einem Bett, einem Kasten, einem Tisch und einem Stuhl versehen sein. Besaßen sie diese Einrichtungsgegenstände nicht, bestand die Möglichkeit, diese zu günstigen Preisen aus den Spitalbeständen zu erwerben. Bereits das Beziehen der Stuben bereitete jedoch gelegentlich Ärger, so dass schon um 1600 festgeschrieben wurde, dass sich die Frauen und Männer mit der vom Spitalmeister zugewiesenen Unterkunft zufrieden zeigen oder das Haus sofort wieder verlassen sollten[67].

Für die unmittelbare Überwachung der Hospitalbewohner waren der Untermeister, der die Wohnstuben zu *ungewissen Stunden* besuchen und kontrollieren sollte, und die so genannten *Ahnfrauen* zuständig. Um die Pfründner vor allem auch an ihre religiösen Verpflichtungen und Dankgebete für die Wohltäter der Anstalt zu erinnern, sollte stets vor Messbeginn ein Glockenzeichen gegeben werden. Da die gesunden Pfründner sich jedoch bevorzugt in die Stadt davonstahlen, „überhörten" sie geflissentlich die akustischen Signale[68], so dass nur wenige die Gebetsübungen regelmäßig verrichteten.

Die Klagen über das undankbare Verhalten der Insassen blieben über Jahrhunderte gleich und verweisen auf verkrustete Strukturen sowie nicht mehr zeitgemäße Anordnungen. Der Blick in die Quellen lässt erahnen, dass die Heimbewohner sehr wohl in der Lage waren, den ihnen zur Verfügung stehenden „kasernierten Raum" zumindest in eingeschränkter Weise zu verändern und subversiv Macht auszuüben. Dienten die Statuten vor allem dem Zweck, einen einigermaßen reibungslosen Tagesablauf zu sichern, die Insassen zu disziplinieren und ihren außerhäuslichen Aktivitäten einen möglichst engen Rahmen zu gewähren, so nutzten diese ihrerseits bei Visitationen die Gelegenheit, um öffentlich mit der Hospitalleitung und den Angestellten „abzurechnen". Immerhin aber wurde ihren (berechtigten) Forderungen nach oft langwierigen Diskussionen in einigen Punkten entsprochen[69].

Stellt der Historiker abschließend die Frage, ob das Salzburger Bürgerspital als öffentlicher Ort bezeichnet werden kann, so fällt die Antwort zwiespältig aus. Das Geschehen im Haus war öffentlich und wurde durch die Bewohner und die „Überwachungsinstanzen" rasch verbreitet, der Zugang zur Anstalt war hingegen nur sehr eingeschränkt möglich und auch die Aufnahme unterlag rigorosen Regeln. Dennoch war das Haus im Bewusstsein der städtischen Bewohner und der fremden Besucher fest verankert. Die Insassen, die man seitens der Verantwortlichen lieber eingesperrt gesehen und nur zu wichtigen Anlässen „vorgezeigt" hätte, bewegten sich jedoch in der Außenwelt und wurden aufgrund ihrer stigmatisierenden Kleidung in der Öffentlichkeit rasch erkannt. Insofern standen sie auch im Lebensraum Stadt unter ständiger Beobachtung und ihr Auftreten war gewissermaßen „öffentlich".

Anmerkungen

1 Arthur E. Imhof, Im Bildersaal der Geschichte oder Ein Historiker schaut Bilder an, München 1991, S. 9.

2 Vgl. Friederike Prodinger, Die Geschichte der Kuenburg-Sammlung, in: Reinhard R. Heinisch und Friederike Prodinger, Gewand und Stand. Kostüm- und Trachtenbilder aus der Kuenburg-Sammlung (Schriftenreihe des Landespressebüros Serie Sonderpublikationen 44), Salzburg-Wien 1983, S. 19–55.

3 Ebenda, Tafel 41.

4 Zur Person: Ulrike Kammerhofer-Aggermann, Prodinger, Friederike, in: Adolf Haslinger und Peter Mittermayr (Hg.), Salzburger Kulturlexikon, Salzburg-Wien-Frankfurt am Main 2001, S. 407.

5 Heinisch/Prodinger, Gewand und Stand (wie Anm. 2), Nr. 79, S. 172; vgl. auch Tafel 43 (*Ein Weib aus dem Siechenhause, wie es sammelt*) und Nr. 81, S. 172 f. Dazu die Anmerkung Prodingers: „Ähnlichkeit mit Nr. 79 in Schnitt und Farbe des Röckls; nur ist alles noch einfacher, ärmlicher" (S. 173). Die abgebildete Frau trägt ebenfalls einen auffälligen runden Halskragen in weißer Farbe.

6 Vgl. allgemein Robert Jütte, Arme, Bettler, Beutelschneider, Eine Sozialgeschichte der Armut in der Frühen Neuzeit, Weimar 2000, S. 104 f.

7 Zur Person: Gerhard Ammerer, Zezi, Familie, in: Derselbe und Rudolph Angermüller (Red.), Salzburger Mozartlexikon, Bad Honnef 2005, S. 544.

8 AES, 5/63, 30 St. Blasius, Generalvisitation 1795, Christian Zezi an den Stadtrat, 29. 8. 1795.

9 Ebenda.

10 Georg Stadler, Das Bürgerspital St. Blasius zu Salzburg, Salzburg 1985, S. 170.

11 Derselbe, Die Generalvisitation des Salzburger Bürgerspitals St. Blasius unter Fürsterzbischof Hieronymus Graf Colloredo 1795. Ein kultur- und sozialgeschichtlicher Beitrag, in: MGSL 131 (1991), S. 137–161, hier S. 146, S. 151.

12 Ebenda, S. 156; das vollständige Zitat findet sich in: AES, 5/63, 30 St. Blasius, Generalvisitation 1795, Christian Zezi an den Stadtrat, 29. 8. 1795; Zezi befürchtete überdies, dass bei einer behördlichen Genehmigung des Ansinnens der Pfründnerinnen auch die Männer den Wunsch äußern könnten, vom Tragen der Mäntel, die *unschickliche Kleidung* zudeckten, befreit zu werden.

13 AES, 5/63, 30 St. Blasius, Generalvisitation 1795, Schreiben des Stadtrats an das Konsistorium, 10. 10. 1795, Punkt 8; vgl. SLA, Regierung, XLVI/B/3, *Erneuerte Spitals Ordnung*, 30. 4. 1803, Punkt 18.

14 Vgl. AStS, Städtisches Stiftungsarchiv, Bürgerspitals-General-Visitation, Visitationsdekret des Konsistoriums, 13. 11. 1795.

15 Jütte, Arme, Bettler, Beutelschneider (wie Anm. 6), S. 168.

16 Ludwig Ohngemach, Spitäler in Oberdeutschland, Vorderösterreich und der Schweiz in der Frühen Neuzeit, in: Martin Scheutz, Andrea Sommerlechner, Herwig Weigl und Alfred St. Weiss (Hg.), Europäisches Spitalwesen. Institutionelle Fürsorge in Mittelalter und Früher Neuzeit. Hospitals and Institutional Care in Medieval and Early Modern Europe (Mitteilungen des Instituts für Österreichische Geschichtsfor-

schung Erg.-Bd. 51), Wien-München 2008, S. 255–294, hier S. 293.

17 Alfred St. Weiss und Peter F. Kramml, Das Bürgerspital. Lebensbedingungen in einem bürgerlichen Versorgungshaus und „Altenheim“, in: Thomas Weidenholzer und Erich Marx (Hg.), Hundert Jahre „Versorgungshaus“ Nonntal. Zur Geschichte der Alters- und Armenversorgung der Stadt Salzburg (Schriftenreihe des Archivs der Stadt Salzburg 9), Salzburg 1998, S. 67–110, hier S. 68.

18 Siehe dazu die Liste der Spitalmeister bei Stadler, Bürgerspital (wie Anm. 10), S. 244.

19 Weiss/Kramml, Bürgerspital (wie Anm. 17), S. 75 f.

20 Lorenz Hübner, Beschreibung der hochfürstlich-erzbischöflichen Haupt- und Residenzstadt Salzburg und ihrer Gegenden verbunden mit ihrer ältesten Geschichte, 1. T., Salzburg 1792, Nachdruck Salzburg 1982, S. 34; Ambros Becziczka, Historische und topographische Darstellung von der Stadt Salzburg mit der ausführlichen Geschichte des Benediktiner-Stiftes zu St. Peter in Salzburg mit besonderer Rücksicht auf die Geschichte Oesterreichs, und der Erzbischöfe von Salzburg (Kirchliche Topographie von Österreich 3/1), Wien 1829, S. 389.

21 Hübner, Beschreibung 1 (wie Anm. 20), S. 32 f.

22 Maria Egartner, Öffentlichkeit in einer frühneuzeitlichen Kleinstadt. Das Beispiel Zwettl, in: Friedel Moll, Martin Scheutz und Herwig Weigl (Hg.), Leben und Regulieren in einer kleinen Stadt. Drei Beiträge zu Kommunikation, Fürsorge und Brandgefahr im frühneuzeitlichen Zwettl, NÖ (Forschungen zur Landeskunde von Niederösterreich 32), St. Pölten 2007, S. 35–109, bes. S. 40–56, Zitat S. 41; vgl. Susanne Rau und Gerd Schwerhoff, Öffentliche Räume in der Frühen Neuzeit. Überlegungen zu Leitbegriffen und Themen eines Forschungsfeldes, in: Dieselben (Hg.), Zwischen Gotteshaus und Taverne. Öffentliche Räume in Spätmittelalter und Früher Neuzeit, Weimar-Wien 2004, S. 11–52, bes. S. 48 f.

23 Egartner, Öffentlichkeit (wie Anm. 22), S. 41 f.

24 Ebenda, S. 53; Joachim Eibach, Das Haus: zwischen öffentlicher Zugänglichkeit und geschützter Privatheit (16.–18. Jahrhundert), in: Rau/Schwerhoff, Zwischen Gotteshaus und Taverne (wie Anm. 22), S. 183–205, bes. S. 183 f., S. 200; vgl. Frank Hatje, Institutionen der Armen-, Kranken- und Daseinsvorsorge im nördlichen Deutschland (1500–1800), in: Scheutz/Sommerlechner/Weigl/Weiss, Europäisches Hospitalwesen (wie Anm. 16), S. 307–350, hier S. 326.

25 Martin Scheutz und Alfred St. Weiss, Spitäler im bayerischen und österreichischen Raum in der Frühen Neuzeit (bis 1800), in: Scheutz/Sommerlechner/Weigl/Weiss, Europäisches Hospitalwesen (wie Anm. 16), S. 185–229, hier S. 226.

26 Rau/Schwerhoff, Öffentliche Räume (wie Anm. 22), S. 51.

27 Alf Lüdtke, Einleitung: Herrschaft als soziale Praxis, in: Derselbe (Hg.), Herrschaft als soziale Praxis. Historische und sozial-anthropologische Studien (Veröffentlichungen des Max-Planck-Instituts für Geschichte 91), Göttingen 1991, S. 9–63, bes. S. 11–13 und S. 18; Achim Landwehr, „Normdurchsetzung“ in der Frühen Neuzeit. Kritik eines Begriffs, in: Zeitschrift für Geschichtswissenschaft 48 (2000), S. 142–162, hier S. 153 und S. 156 f.; Alfred St. Weiss, Österreichische Hospitäler in der Frühen Neuzeit als „kasernierter Raum“? Norm und Praxis, in: Gerhard Ammerer, Arthur Brunhart, Martin Scheutz und Alfred St. Weiss (Hg.), Orte der Verwahrung. Die innere Organisation von Gefängnissen, Hospitälern und Klöstern seit dem Spätmittelalter (Geschlossene Häuser. Historische Studien zu Institutionen und Orten der Separierung, Verwahrung und Bestrafung 1), Leipzig 2010, im Druck.

28 Bis ins beginnende 19. Jahrhundert waren die Stadt Salzburg und die Kirche gemeinsam verantwortlich für die weltlichen und geistlichen Belange der Anstalt. Vgl. Stadler, Generalvisitation (wie Anm. 11), S. 137.

29 AStS, Städtisches Stiftungsarchiv, Bürgerspitals-General-Visitations Akt von 1795, Visitationsdekret des Konsistoriums, 13. 11. 1795, 4. Absatz.

30 AES, 5/63, 30 St. Blasius, Generalvisitation 1795, Christian Zezi an den Stadtrat, 29. 8. 1795; Schreiben des Stadtsyndikus, des Bürgermeisters und des Rates der Stadt Salzburg an das Konsistorium, 10. 10. 1795, 4. Absatz.

31 Zusammenfassung nach Stadler, Bürgerspital (wie Anm. 10); Derselbe, St. Blasius Salzburg (Christliche Kunststätten 13), Salzburg 1960; Weiss/Kramml, Bürgerspital (wie Anm. 17); Alfred St. Weiss, Aus Unglück arm geworden. Lebensbedingungen in Bürgerspitälern während der frühen Neuzeit (mit einem Ausblick ins 19. Jahrhundert) – Beispiele aus Kärnten und Salzburg, in: Helmut Bräuer (Hg.), Arme – ohne Chance? Protokoll der internationalen Tagung „Kommunale Armut und Armutsbekämpfung vom Spätmittelalter bis zur Gegenwart“ vom 23. bis 25. Oktober 2003 in Leipzig, Leipzig 2004, S. 191–221, bes. S. 197–200; Peter Kramml und Sabine Veits-Falk, Die medizinische Versorgung in der Stadt Salzburg am Ausgang des Mittelalters und zu Beginn der frühen Neuzeit: Ärzte, Apotheker, Bader und Wundärzte sowie Hebammen, in: Heinz Dopsch (Hg.), Medizinische Ausbildung und Versorgung zur Zeit des Paracelsus (54. Paracelsustag 2005), Salzburg 2006, S. 85–137, hier S. 125–131; Brigitte Hager, Die St.-Blasius-Kirche (ehemalige Bürgerspitalskirche) in Salzburg. Eine kunstpädagogische Analyse. Phil.-Dipl.-Arb., Salzburg 1999, bes. S. 53–100; Norbert Hibler, Zur Architektur der Krankenhäuser in der Stadt Salzburg. Phil.-Diss., Salzburg 1988, S. 42–54; Dieter Jetter, Hospitäler in Salzburg, in: Sudhoffs Archiv. Zeitschrift für Wissenschaftsgeschichte 64 (1980), S. 163–186, hier S. 165–171.

32 Stadler, Bürgerspital (wie Anm. 10), S. 169–175; Franz Martin, Das Salzburger Bürgerspital. (Zum 600-jährigen Jubiläum), in: Salzburger Volksblatt, 16. 7. 1927.

33 Stadler, Bürgerspital (wie Anm. 10), S. 200–203; Johann Ernest Tettinek, Die Armen-Versorgungs- und Heilanstalten im Herzogthume Salzburg, Salzburg 1850, S. 41; Georg Abdon Pichler, Salzburg's Landes-Geschichte, Salzburg 1865, S. 965; AStS, Städtisches Stiftungsarchiv, Bürgerspitalsrechnung 1810, S. 253.

34 AStS, Städtisches Stiftungsarchiv, Bürgerspitalsrechnung 1815/16, S. 124; Tettinek, Armen-Versorgungs- und Heilanstalten (wie Anm. 33), S. 42.

35 Vgl. Thomas Weidenholzer, Vom Pfründner-Spital zu den „Vereinigten Versorgungsanstalten“. Aspekte einer Geschichte des Alters in Salzburg im 19. Jahrhundert, in: Derselbe/Marx, Hundert Jahre „Versorgungshaus“ (wie Anm. 17), S. 199–256; Carl Höller, Das erste Jahr im neuen städtischen Versorgungshause zu Salzburg, Salzburg 1900.

36 Stadler, Bürgerspital (wie Anm. 10), S. 240–243; http://www.smca.at/spielzeugmuseum/data.html (17. 10. 2007).

37 Scheutz/Weiss, Spitäler im bayerischen und österreichischen Raum (wie Anm. 25), S. 227; Ohngemach, Spitäler in Oberdeutschland (wie Anm. 16), S. 292.

38 Stadler, Generalvisitation (wie Anm. 11), S. 41; Birgit Wiedl, Alltag und Recht im Handwerk der Frühen Neuzeit. Schmiede, Wagner, Schlosser und andere Eisen verarbeitende Handwerke in Stadt und Land Salzburg (Schriftenreihe des Archivs der Stadt Salzburg 21), Salzburg 2006, S. 179 f.

39 AStS, Städtisches Stiftungsarchiv, Bitte des Webermeisters Johann Mayrhofer und seiner Gattin an den Stadtrat, März 1736; Weiss/Kramml, Bürgerspital (wie Anm. 17), S. 84 f.

40 Weiss/Kramml, Bürgerspital (wie Anm. 17), S. 84–86; Tettinek, Armen-Versorgungs- und Heilanstalten (wie Anm. 33), S. 44; Weiss, Österreichische Hospitäler (wie Anm. 27).

41 SLA, Regierung, XLVI/B/3, *Erneuerte Spitals Ordnung*, 30. 4. 1803, Punkt 13.

42 Ebenda, Punkte 12, 17 und 19; AES, 5/63, 30 St. Blasius, Generalvisitation 1795, Relationsabschrift des Konsistoriums an den Stadtrat, 27. 6. 1795, 2. Absatz.

43 AES, 5/63, 30 St. Blasius, Generalvisitation 1795, Christian Zezi an den Stadtrat, 29. 8. 1795.

44 AStS, Städtisches Stiftungsarchiv, Instruktion für den Untermeister, 4. 7. 1807; vgl. Stadler, Bürgerspital (wie Anm. 10), S. 52, Spitalsordnung 1512: das Tor sollte *bey guter Zeit* gesperrt werden.

45 AES, 5/63, 30 St. Blasius, Generalvisitation 1795, Christian Zezi an den Stadtrat, 29. 8. 1795.

46 Judas Thaddäus Zauner und Corbinian Gärtner, Chronik von Salzburg. Bd. 11/1, Salzburg 1826, S. 695 f.; Hübner, Beschreibung 2 (wie Anm. 20), S. 533; Alfred St. Weiss, „Providum imperium felix." Glücklich ist eine voraussehende Regierung. Aspekte der Armen- und Gesundheitsfürsorge in Salzburg im Zeitalter der Aufklärung, dargestellt anhand Salzburger Quellen ca. 1770–1803 (Kulturgeschichte der namenlosen Mehrheit 1), Wien 1997, S. 100.

47 Stadler, Bürgerspital (wie Anm. 10), S. 67.

48 Ebenda, S. 53.

49 SLA, Regierung, XLVI/B/3, *Erneuerte Spitals Ordnung*, 30. 4. 1803, Punkt 15.

50 Stadler, Bürgerspital (wie Anm. 10), S. 67.

51 AES, 5/63, 30 St. Blasius, Generalvisitation 1795, Relationsabschrift des Konsistoriums an den Stadtrat, 27. 6. 1795, 7. Absatz.

52 Ebenda, Christian Zezi an den Stadtrat, 29. 8. 1795.

53 Alfred St. Weiss, Das Projekt der Rumfordsuppe in Salzburg. Ein Beitrag zur Geschichte der „naturalen" Armenversorgung, in: MGSL 134 (1994), S. 399–408, hier S. 401, S. 404; Derselbe/Kramml, Bürgerspital (wie Anm. 17), S. 82; Stadler, Bürgerspital (wie Anm. 10), S. 195.

54 Stadler, Bürgerspital (wie Anm. 10), S. 86–90.

55 Rupert Klieber, Bruderschaften und Liebesbünde nach Trient. Ihr Totendienst, Zuspruch und Stellenwert im kirchlichen und gesellschaftlichen Leben am Beispiel Salzburg 1600–1950, Frankfurt am Main-Berlin-Bern-New York-Paris-Wien 1999, S. 385–392.

56 Stadler, Bürgerspital (wie Anm. 10), S. 95 f.

57 Maria Vinzenz Süss, Die Bürgermeister in Salzburg von 1433 bis 1840, Salzburg 1840, S. 93–100.

58 SLA, Regierung, XLVI/B/3, *Erneuerte Spitals Ordnung*, 30. 4. 1803, Punkt 6.

59 Stadler, Bürgerspital (wie Anm. 10), S. 72–74 und S. 172; Josef Eder, Zur Erinnerung an den fünfzigjährigen Bestand des Salzburger Kommunalfriedhofes. 1879–1929, Salzburg 1929, S. 8; Martin, Bürgerspital (wie Anm. 32), S. 5; Hübner, Beschreibung 1 (wie Anm. 20), S. 36.

60 Stadler, Bürgerspital (wie Anm. 10), S. 75–79 und S. 176–180; Derselbe, Generalvisitation (wie Anm. 11); Gerhard Ammerer, Der „Gesundheitsmarkt" der Stadt Salzburg in der Regierungszeit Erzbischof Paris Graf Lodrons (1619–1653), in: Salzburg Archiv 29 (2005), S. 187–208, hier S. 196 f.; Reinhard Rudolf Heinisch, Paris Graf Lodron. Reichsfürst und Erzbischof von Salzburg, Wien–München 1991, S. 171 f.; Weiss/Kramml, Bürgerspital (wie Anm. 17), S. 86–89; Weiss, Österreichische Hospitäler (wie Anm. 27).

61 AES, 5/63, 30 St. Blasius, Generalvisitation 1795, Christian Zezi an den Stadtrat, 29. 8. 1795.

62 [Friedrich Graf Spaur], Nachrichten Ueber das Erzstift Salzburg nach der Säkularisation. Bd. 2 (Reisen durch Oberdeutschland 2/2), Passau 1805 (Reprint, Salzburg 1985), S. 36.

63 Friedrich R. Besl, Die Entwicklung des handwerklichen Medizinalwesens im Land Salzburg vom 15. bis zum 19. Jahrhundert, Salzburg 1998, S. 108–114; Stadler, Bürgerspital (wie Anm. 10), S. 69 f.; Weiss/Kramml, Bürgerspital (wie Anm. 17), S. 94.

64 Stadler, Bürgerspital (wie Anm. 10), S. 49–53, hier S. 53, Abdruck der Ordnung des Jahres 1512; Kramml/Veits-Falk, Medizinische Versorgung (wie Anm. 31), S. 131.

65 AES, 5/63, 30 St. Blasius, Generalvisitation 1795, Christian Zezi an den Stadtrat, 29. 8. 1795.

66 Ebenda und Schreiben des Stadtsyndikus, des Bürgermeisters und des Rates der Stadt Salzburg an das Konsistorium, 10. 10. 1795, 2. Absatz; Weiss/Kramml, Bürgerspital (wie Anm. 17), S. 81 f.

67 AES, 5/63, 30 St. Blasius, Generalvisitation 1795, Christian Zezi an den Stadtrat, 29. 8. 1795; Weiss/Kramml, Bürgerspital (wie Anm. 17), S. 82.

68 AStS, Städtisches Stiftungsarchiv, Bürgerspitals-General-Visitations Akt von 1795, Visitationsdekret des Konsistoriums, 13. 11. 1795, 1. Absatz.

69 Weiss, Österreichische Hospitäler (wie Anm. 27); Derselbe/Kramml, Bürgerspital (wie Anm. 17), S. 95–97; Weiss, Unglück (wie Anm. 31), S. 214–216.

Alfred Stefan Weiß

DAS ST.-JOHANNS-SPITAL

Salzburgs erstes öffentliches Krankenhaus an der Schwelle zur Moderne?

1695	Fertigstellung des Männertraktes
1703/04	Fertigstellung des Frauentraktes und der Spitalskirche
1754	Einrichtung einer Spitalsapotheke
1790	Anstellung eines eigenen Spitalsarztes
1796	Trennung der Medizin von der Chirurgie

„Es werden ... diese Mauern viel Fürstenstühle überdauern"[1] – kurzer geschichtlicher Überblick

Das Salzburger Landeskrankenhaus, das nach dem Zweiten Weltkrieg einen großzügigen Ausbau erlebte, verfügte gegen Ende des Jahres 2007 über knapp 1180 Krankenbetten, in denen in 19 Fachabteilungen jährlich rund 48.000 Patientinnen und Patienten stationär gepflegt werden. Das Krankenhaus ist zugleich Ausbildungsstätte für den Krankenpflegenachwuchs und seit dem 7. November 2007 auch Universitätsklinikum[2].

Der Betreiber dieser Einrichtung, das Land Salzburg, kann zu Recht auf die lange Geschichte dieses Hauses verweisen. Fürsterzbischof Johann Ernst Graf Thun kaufte bereits im Jahr 1688 aus dem Besitz des Hauptmannes Johann Christoph von Grimming das alte und baufällige Schloss Müllegg, das am Rande der Vorstadt Mülln an der Ausfallstraße nach Bayern und Tirol (heute Müllner Hauptstraße) lag. Der Landesherr ließ die Gebäude mit Ausnahme des so genannten Müllegger Tores abtragen und unter der Gesamtleitung des berühmten Barockbaumeisters Johann Bernhard Fischer von Erlach in den Jahren 1693 bis 1695 zunächst den Männertrakt des nach seinem Namenspatron so bezeichneten St.-Johanns-Spitales errichten. Dieses Haus war ein multifunktionales Hospital spätmittelalterlich-frühneuzeitlicher Prägung, nach dem Wortlaut der Statuten ein *wahrhaft göttliche*[s] *Geschenk für die Menschheit*[3] und diente anfänglich vornehmlich der Versorgung von durchreisenden Pilgern, aber auch bereits der Pflege erkrankter Studenten der Universität Salzburg und anderer Kranker aus der Stadt Salzburg, die jedoch nicht an einer unheilbaren Krankheit leiden durften. Im Oktober 1699 erfolgte die Grundsteinlegung für den zentralen Kirchenbau und den rechten Spitalflügel, der am 3. September 1703 übergeben werden konnte. Die Konsekration von Kirche, Spital und anschließendem Friedhof fand am 24. Juni 1704 statt[4]. Erzbischof Thun bestritt nicht nur die enormen Baukosten, sondern sorgte auch für einen Stiftungsfonds in der Höhe von 100.000 Gulden, spendete ein Kapital von weiteren 12.000 Gulden für die Bezahlung des Pflegepersonals und gab überdies die Zusicherung, monatlich zusätzlich 1000 Gulden bis zu seinem Lebensende zu bezahlen. Das reich dotierte und repräsentativste Salzburger Hospital war um 1700 in seiner Bedeutung in etwa mit dem berühmten Juliusspital in Würzburg vergleichbar[5].

Obwohl sich das neue, architektonisch beeindruckende Hospital am Rande der Stadt befand, war es durch seine Lage beim Müllegger Tor, das einen Halt der Passierenden verlangte und mit seiner zur wichtigen Tiroler Straße weisenden Vorderfront öffentlichkeitswirksam angelegt. Der Zugang zur Institution unterlag jedoch einer strengen Regelung und nur einem in den Statuten genau festgelegten Personenkreis war der Zutritt erlaubt.

Die Eröffnung des neu errichteten Gebäudes erfolgte unter Glockengeläut und unter reger Teilnahme der Salzburger am 7. September 1695 durch den Landesherrn in eigener Person, der angeblich die Rechnungen öffentlich verbrennen ließ und den ersten Pilgern persönlich die Füße wusch und die bereits aufgenommenen Kranken segnete[6].

Der Transport der erkrankten Frauen und Männer in das Spital, das um 1800 das Vertrauen der Bürger genoss[7], erfolgte ebenfalls im „Blickpunkt" der Öffentlichkeit, denn die Hausknechte der Anstalt transportierten die Kranken in Truhen, Tragsesseln und Sänften nach Mülln und trugen mit ihrem Auftreten zum gewohnten Bild des städtischen Alltags bei[8].

Neben den Pilgern sollten in das St.-Johanns-Spital bevorzugt Arme aufgenommen werden, denn der Aufenthalt in dieser sozialkaritativen Anstalt galt als *Genuß eines Almosens*[9]. In dieser Hinsicht ist auch die öffentliche Speisung der Armen an der Spitalspforte zu interpretieren, denen die jeweiligen Reste der täglichen Mahlzeiten gereicht wurden[10]. Das Spital kann auch eindeutig als geistliches Haus angesehen werden – es sei neben der barocken Kirche nur an die Altäre in den größeren Krankensälen erinnert[11] –, in dem nicht nur die Kranken versorgt und die Pilger gespeist werden sollten, sondern auch die „Pflege" der Seelen noch im 19. Jahrhundert als mindestens gleich wichtig angesehen wurde[12]. Wer nicht bereits schwerkrank in das Haus kam, musste bezeichnenderweise zuerst beichten und nach Möglichkeit auch die heilige Kommunion empfangen[13]. Auf besondere Initiative der Spitalskapläne kam es um die Mitte des 18. Jahrhunderts überdies zur Gründung der Barbarabruderschaft im St.-Johanns-Spital, deren Mitglieder für die Kranken beteten, an Versehgängen teilnahmen und ihnen eine „selige Sterbestunde" ermöglichen sollten[14]. Eine derartige Initiative war beim Konsistorium, der geistlichen Oberbehörde des Erzstifts, der bis 1803 die Leitung der Anstalt übertragen war[15], selbstverständlich willkommen.

In den Statuten aus dem frühen 18. Jahrhundert wurde nach den ersten Ansätzen in der Stiftungsurkunde (1699)[16] der Personenkreis, der Aufnahme finden sollte, genauer präzisiert. Neben den Pilgern (immerhin knapp 60.000 Männer und Frauen in den Jahren 1695 bis 1773; die Zahlen der versorgten Kinder sind leider nicht bekannt)[17], den Salzburger Studenten und den Bürgern der Stadt konnten nunmehr auch Geistliche, fürstliche Beamte und deren Bediente, Gesellen, Lehrlinge, Dienstboten sowie Inwohner der Stadt Berücksichtigung finden[18]. Zumindest bis 1790 durften auch erkrankte Insassen des Salzburger Zuchthauses kurzfristig gepflegt werden[19]. Die Praxis der nahe gelegenen Stadt Reichenhall hingegen, ihre Kranken vor das Tor des Spitals zu karren, führte jedoch rasch zu Gegenmaßnahmen und zur Abweisung der kranken Frauen und Männer[20]. Trotz des stiftungsgemäßen *localen Charakters*[21] der Anstalt durften spätestens im frühen 19. Jahrhundert auch Personen aus den Salzburger Landgemeinden und aus dem Ausland aufgenommen werden, sofern eine ausreichende finanzielle Entschädigung geleistet wurde[22].

Wurde das St.-Johanns-Spital noch um 1770 als Pilger- und Krankenhaus benannt[23], das bereits durchschnittlich 50–60 Frauen und Männer stationär betreute, so zeichnete sich nach der Jahrhundertwende ein deutlicher Funktionswandel ab. Franz Xaver Weilmeyr, Beamter in bayerischen Diensten, charakterisierte diese Anstalt um 1810 in seinem nützlichen Salzburger *Hand- und Addreß-Buch* als *Oeffentliche Sanitäts-Anstalt für alle Heilbaren Kranke der Haupt-Stadt*[24]. Der allgemein im Zeitalter der Aufklärung festmachbare Wandel vom Hospital zur Krankenanstalt[25] als ein öffentliches Haus, *worin jemand krank liegt*[26], war damit innerhalb weniger Jahrzehnte erfolgreich vollzogen worden. Obwohl Fürsterzbischof Hieronymus Graf Colloredo nach seinem Regierungsantritt im Jahr 1772 die Aufnahme von Pilgern laut den Statuten von 1777 grundsätzlich noch erlaubte, verlangte er eine besonders strenge Kontrolle der Wallfahrer und ihrer nachweisbar zurückgelegten Wegstrecken, die zeitlich normiert waren, um *mit dem Mantel der Andacht bedeckte Landfahrer und Bettler* bereits an den Toren abweisen zu können[27]. Diese Maßnahme, die Kritik der Aufklärer am Pilger(un)wesen[28] und die Zeitumstände trugen wesentlich dazu bei, dass

Johann Ernst Graf Thun und seine Stiftungen, links unten das St.-Johanns-Spital, Kupferstich und Radierung von Philipp Jakob Leidenfrost nach Johann Friedrich Pereth, vor 1699 (Salzburg Museum).

1790 nur mehr insgesamt acht Personen als Wallfahrer kurzzeitig beherbergt wurden[29].

Neben der Anschaffung chirurgischer Instrumente erwies sich vor allem die zuvor intensiv diskutierte Entschließung des Landesherrn vom August 1790, einen entlohnten Arzt ausschließlich für das St.-Johanns-Spital anzustellen, als zeitgemäß. Seit der Eröffnung des Hauses hatte der jeweilige erzbischöfliche Leibarzt das Hospital in der Vorstadt Mülln ohne Entlohnung mitbetreut, wodurch die ständige Anwesenheit eines Mediziners im Spital nicht gewährleistet werden konnte[30]. Zum Gedeihen des Hauses trugen ferner ein Legat des 1787 verstorbenen Handelsmannes Sigmund Haffner in der Höhe von 15.000 Gulden und eine weitere Summe von ca. 60.000 Gulden bei, die Colloredo aus dem Vermögen des ursprünglich zur Aufhebung bestimmten Augustinerklosters übertragen ließ. Aufgrund des reich dotierten Stiftungsfonds und zahlreicher Legate konnte die unentgeltliche Pflege der Armen immerhin bis zum Jahr 1914 gesichert werden[31]. Die zugesprochenen finanziellen Mittel und die hohen Zinseinnahmen machten es überdies möglich, den schon mehrere Jahre zur Vermehrung der Patientenzahlen projektierten Ausbau des zweiten Stockwerkes zu forcieren. Für die Bedürfnisse der Hausverwaltung und die Versorgung der Kranken war daher gegen Ende des 18. Jahrhunderts bereits die Arbeitskraft von 29 Frauen und Männern notwendig geworden[32]. Als Ergebnis der nachhaltigen Reformtätigkeit erfolgte im Juni 1796 auch die Trennung in zwei Krankenhausabteilungen, eine medizinische und eine chirurgische (mit zumindest zwölf Betten), die einen deutlichen Hinweis auf die spätestens um 1800 einsetzende Spezialisierung liefert. Der aus Mainz stammende Leibchirurg Colloredos, Dr. Johann Jakob Hartenkeil, bemühte sich bereits kurz nach seinem Dienstantritt im Jahr 1787 um eine entsprechende Separierung der beiden Disziplinen, doch scheiterte er zunächst am Widerstand der ansässigen Ärzteschaft, die seine Anstellung als Oberwundarzt hintertrieb[33].

Das St.-Johanns-Spital als „öffentlicher" Repräsentationsbau

Fürsterzbischof Johann Ernst Graf Thun legte die Verantwortung für die bauliche Ausgestaltung des St.-Johanns-Spitals nicht ohne Grund in die Hände eines der besten Architekten seiner Zeit. Nach der Ansicht des deutschen Medizin- und Hospitalhistorikers Dieter Jetter war es die konkrete Aufgabe des Barockbaumeisters Fischer von Erlach für eine würdige Grablege des Landesherrn zu sorgen[34], die Aufnahme von Pilgern und Kranken im neu geschaffenen Hospital war dagegen nur zweitrangig[35].

Eine aufgestochene Radierung des Kupferstechers Johann Friedrich Pereth aus der Zeit um 1695 zeigt mittig das Brustbild des Herrschers mit den Insignien seiner Macht und Würde. Rundum präsentieren Tugenden und Putti die wesentlichen geistlichen und weltlichen Stiftungen Thuns: Sommerreitschule, Hofstall und Pferdeschwemme, Dreifaltigkeitskirche und Priesterseminar, Pretiosenmonstranz, Ziborium und Kelch, Kollegienkirche, Wallfahrtskirche Maria Kirchenthal bei Lofer und das St.-Johanns-Spital in einem Entwurf, der allerdings nicht verwirklicht wurde. Oberhalb des mit Akanthuslaub gerahmten querovalen Bildfeldes mit der Abbildung des neuen Hospitals befindet sich eine Darstellung der Caritas, der personifizierten Nächstenliebe, die besonders auf das Bauwerk verweist[36]. Das *Hospitale S. Ioannis* fügte sich bruchlos in ein umfassendes Regierungsprogramm, gewissermaßen einer öffentlichen Zurschaustellung der großartigen Leistungen des Landesherrn[37].

Die Gesamtanlage war mit auffallend vielen Altären ausgestaltet, in der Kirche neben dem Hauptaltar noch zwei Seitenaltäre mit Altarblättern des bekannten Salzburger Barockmalers Johann Michael Rottmayr, weitere Opfertische fanden sich in den großen Krankensälen, die jeweils einen kleinen angeschlossenen Kapellenraum aufwiesen. War so in großzügiger Weise für das Seelenheil gesorgt, so kam jedoch die Pflege des Leibes zu kurz. Zwar konnten die Öfen von den Gängen staub- und rauchfrei gefeuert werden, aber dafür war die Entlüftung ungenügend. Die Aborte waren zu weit von den Zimmern entfernt und Bäder vermisste man anfangs gänzlich[38].

Die zentral angelegte Kirche wurde mit drei Portalen ausgestattet, wobei über jenem in der Mitte das steinerne Wappenschild des Fürsterzbischofs prangt. Die auf der Balustrade befindliche überlebensgroße Marmorstatue des Hl. Johannes des Täufers erinnert an den Namenspatron des Landesherrn. Der Text der in der Kirche befindlichen Grabplatte charakterisiert Thun als *VERUS · PATER · PAUPERUM*, als echten Vater der Armen, der im Sinne der sieben Werke der Barmherzigkeit Nackte gekleidet, Hungernde gespeist und Durstigen zu essen gegeben sowie Kranken Arznei für die Seele und

Das St.-Johanns-Spital, Kupferstich und Radierung von Karl Remshard nach Franz Anton Danreiter, um 1735 (Salzburg Museum).

den Leib hatte reichen lassen. Um die Kirche in besonderer Weise auszuzeichnen und die Erinnerung an seinen Stifterwillen wach zu halten, ließ Thun seine Eingeweide in einer Urne an der Stirnseite der Priestergruft der St.-Johanns-Spitalkirche bestatten (der einbalsamierte Körper befindet sich hingegen im Salzburger Dom)[39]. Wer in der Vergangenheit und auch noch in der Gegenwart die Kirche betritt, wird damit unweigerlich an das Vermächtnis Thuns erinnert.

„Öffentliche Wahrnehmung" – Berichte in der Reiseliteratur und in der lokalen Presse

Von Spitälern ist das merkwürdigste das St. Johannis-Spital, ausser der Stadt an der Poststrasse nach Tirol gelegen. [...] Die Reinlichkeit, die in diesem Spital herrscht – die hohen Zimmer – schöne breite Gänge – die vortrefliche Apotheke – machen es jedem fremden Arzte sehenswerth.[40]

Nach dem Amtsantritt des letzten regierenden Fürsterzbischofs Hieronymus Graf Colloredo im Jahr 1772, der die bereits erwähnte Umwandlung vom Pilgerhospital in ein Krankenhaus einleitete und für weitere Verbesserungen Sorge tragen ließ, begannen auch die Aufklärer, sich für diese Anstalt zu interessieren. Am meisten trug wohl der berühmteste Vertreter der Salzburger Aufklärung, der aus Bayern stammende Weltpriester Lorenz Hübner (1751–1807)[41], der lediglich 15 Jahre in der Stadt Salzburg verbrachte, zum überregionalen Bekanntheitsgrad des St.-Johanns-Spitals bei. Hübner übernahm nicht nur die Neuorganisation und den Aufbau des Salzburger Zeitungswesens, sondern sorgte bewusst mit seinen detaillierten topographischen Werken für die Vermehrung des Wissens über das Erzstift Salzburg. In seiner weit verbreiteten und berühmt gewordenen zweibändigen „Beschreibung der hochfürstlichen-erzbischöflichen Haupt- und Residenzstadt", die aufgrund ihres Erfolgs im Jahr 1794 auch als eine spezielle Ausgabe für Fremde und Ausländer verlegt wurde[42], lieferte er eine Fülle von Informationen zur Geschichte und Bedeutung des St.-Johanns-Spitals (Aufnahmebedingungen, Speisepläne, Hausordnung, Patientenlisten etc.), eines *wahrhaft fürstliche*[n] *Gebäudes*[43]. Hübners Bücher dienten anderen Autoren als Grundlage für ihre später publizierten Werke.

Der in Salzburg tätige Pädagoge und Publizist Franz Michael Vierthaler, der im Jahr 1800 von Hübner die Redaktion der Salzburger Zeitungen übernahm, sprach sich überdies anerkennend über das im St.-Johanns-Spital tätige ärztliche Personal aus und lobte die Aktivitäten Colloredos, dem seiner Meinung nach der Name eines zweiten Stifters zuerkannt werden musste[44]. Der Salzburger Domherr, Aufklärer und „Armenvater" Friedrich Graf Spaur äußerte sich zur abgesonderten und gesunden Lage der städtischen Einrichtung, welche die Ansteckungsgefahr bei epidemischen Erkrankungen deutlich minderte. Er berichtete über den erfreulichen Vermögensstand des Spitals und berechnete die Sterblichkeit der aufgenommenen Patienten/innen in den Jahren 1797/98, die lediglich knapp vier Prozent betrug (von 2207 behandelten Kranken verstarben insgesamt 84; in den Jahren 1821–1830 verstarben hingegen annähernd sechs Prozent der Patienten[45]). Diese positive Entwicklung war nicht nur dem Einsatz der Ärzte, *sondern auch der guten Aufsicht, Wartung und Reinlichkeit zuzuschreiben, welche in den Krankenzimmern, bey der Bettwäsche, und der den Kranken gereichten Nahrung herrscht*[e][46]. Allerdings war die Salzburger Anstalt noch nicht mit jenen vorbildlichen Krankenhäusern in Würzburg und Bamberg zu vergleichen[47].

In kritischer Weise äußerte sich der zeitweise in Berlin, Weimar und Wien lebende Schriftsteller Joachim Christoph Friedrich Schulz, der das St.-Johanns-Spital überschwänglich als eine palastähnliche Anlage bezeichnete und dem Hübners Werke eindeutig als Quelle dienten[48]. Im Sinne der Aufklärung meinte er hinsichtlich der Aufnahme von Pilgern festhalten zu müssen: *In den folgenden Jahren kamen bald mehr, bald weniger Pilgrime in diese neue Herberge, doch fiel ihre Anzahl immer mehr, je näher die neuen Zeiten rückten; und wenn 1700 Ein Tausend vier hundert und fünf und neunzig fromme und liederliche Landstreicher hier gastfrey und willig aufgenommen wurden, so konnten 1784 nur – Ein und dreyßig mit Mühe unterkommen, was man aus der Anmerkung in dem Pilgrimsverzeichnisse dieses Spitals: „Fuissent quidem longe plures, sed non assumpsi eos"* [Es wären ihrer wohl viel mehr gewesen, aber ich habe sie abgewiesen] *sehr deutlich ersiehet.*[49] Das Fazit der Berichte in der Reiseliteratur lässt sich wohl am besten mit den Worten des deutschen Mediziners und Anatomen Samuel Thomas von Sömmering zusammenfassen, der im Jahr 1808 das Salzburger Krankenhaus besuchte und zum Abschied meinte: *Es ist ganz so, wie es seyn soll.*[50]

Der Zeitungsredakteur Hübner, der die städtischen und später auch die ländlichen Geburts-, Trauungs- und Sterbelisten in das Salzburger Intelligenzblatt, das nicht nur vom Bildungsbürgertum sondern auch von ausländischen Besuchern der Salzachstadt regelmäßig gelesen wurde, einrücken ließ[51], veröffentlichte im März 1786 überdies erstmals die Patientenzahlen und die Angaben zu den behandelten Krankheiten sowie zur Sterblichkeitsrate im St.-Johanns-Spital, um die erfolgreiche Arbeit dieser „aufgeklärten" Einrichtung zu dokumentieren[52]. Diese „Öffentlichkeitsarbeit" wurde in den folgenden Jahren intensiviert und die Ergebnisse in Tabellenform mit einer jeweiligen Unterscheidung zwischen männlichen und weiblichen Kranken präsentiert, wobei es jedoch dem Leser überlassen war, die abgedruckten nüchternen Zahlen zu interpretieren[53]. Seit dem Jahr 1797 berücksichtigte Hübner ferner die im Jahr zuvor vorgenommene Absonderung der chirurgischen von den medizinischen Patienten, wodurch sich eine umfangreiche Auflistung diverser Krankheiten ergab, aus der sich eine Fülle von medizinhistorisch interessanten Details ablesen lassen (z. B. die Häufigkeit diverser Fieber, Hinweise auf epidemische Erkrankungen und Verletzungen durch Unfälle etc.)[54].

Nach der Jahrhundertwende und der Übernahme der redaktionellen Betreuung des Intelligenzblattes durch Franz Michael Vierthaler erlosch langfristig das Interesse an der Bekanntgabe der statistischen Daten des St.-Johanns-Spitals[55]. Das Stadtsyndikat ließ allerdings im November 1801 die seit 1729 geltenden Aufnahmebestimmungen nochmals in Erinnerung rufen, um *Unfug* abzustellen, da *die Aufnahme fremder Personen in das* [...] *hochfürstl. St. Johannes Spital durch den falschen Vorwand hier geleisteter Dienste erschlichen worden* [war][56]. Wer seinen Dienstboten eine falsche Bestätigung ausstellte, musste im Entdeckungsfall nicht nur die angefallenen Kosten zur Gänze bezahlen sondern auch noch mit einer hohen Geldstrafe rechnen.

Das St.-Johanns-Spital und die Vorstadt Mülln, kolorierte Lithografie von Josef Stießberger nach Georg Pezolt, um 1840 (Salzburg Museum).

Ab Juni 1803 und damit bereits nach Antritt der Kurfürstlichen Regierung berichtete der im St.-Johanns-Spital als Sekundararzt tätige Dr. Franz Paul Storch in mehreren Ausgaben des Intelligenzblattes über die Erfolgsgeschichte des ersten Salzburger Krankenhauses[57]. Er referierte ausführlich zur Frage der Aufnahmestatuten, verwies erstmals auf die harte, *Unlust und Grausen erweckende Arbeit* des Personals[58] und erläuterte die für die Angestellten und Kranken geltenden Verhaltensregeln. Der Mediziner meinte, dass die internen Arbeitsabläufe *der öffentlichen Bekanntmachung würdig* [seien], *um bey Einsicht in das Edle dieses Zweckes und das zweckmäßige der Mittel andere Menschenfreunde zur Nachahmung ähnlicher Liebeswerke für die leidende Menschheit aufzumuntern*[59].

Spitalsfriedhof und Krankenhausapotheke als öffentliche Orte?

Der spitalseigene Friedhof, der stadtauswärts im Anschluss an das Mülleggertor – verdeckt und geschützt durch eine hohe Mauer – errichtet worden war, konnte noch im Jahr 1695 auf der Männerseite eingeweiht werden. Pilger und Kranke, die im St.-Johanns-Spital verstarben, aber auch ehemalige Bedienstete, später auch Mädchen und Knaben der nahe gelegenen Waisenhäuser, durften dort bestattet werden. Die Bestattung von in der Anstalt tätigen Priestern fand hingegen in der Gruft der Spitalskirche statt. War die eigentliche Seelsorge auch seit Anbeginn Aufgabe der Spitalsgeistlichen, so blieben die Pfarrrechte, darunter das Begräbnisrecht, bis zur Erhebung der Kaplanei Müllegg zur Kuratie im Jahr 1773 der Klosterpfarre der Augustiner in Mülln vorbehalten[60].

Der vorhandene Friedhofsgrund ermöglichte eine kontinuierliche Belegung für annähernd neun Jahrzehnte, dann führten Platzprobleme zur Diskussion eines großen „Zentralfriedhofs“ für die gesamte Stadtbevölkerung. Seit 1783 war dafür ein Areal vor dem Neutor in der noch kaum besiedelten Riedenburg vorgesehen. Da sich die ansässige Bevölkerung beharrlich weigerte, einen Gottesacker in ihrer unmittelbaren Umgebung zu dulden, verzögerte sich dieses Projekt bis zum Jahr 1879 (Errichtung des heutigen Kommunalfriedhofs im Thumeggerbezirk). Um die anstehende Platznot jedoch einer Lösung zuführen zu können, wurde das Gräberfeld beim Müllner Krankenhaus um 1790 *zu*[m] *allgemeinen Gebrauche*[61] (gedacht war vornehmlich an verstorbene städtische Arme, Tote aus dem Leprosenhaus und Verstorbene aus der Pfarre Mülln) in Richtung Aiglhof erweitert. Bis zur Auflösung dieses *catholisch confessionellen* Friedhofs im April 1896 wurden annähernd 16.000 bis 18.000 Personen dort bestattet. Fünf Jahre später ließ man den Gottesacker, der in den 200 Jahren seines Bestandes allerdings niemals als allgemeiner und damit öffentlicher Friedhof in Funktion war, einebnen und sämtliche Kreuze und Grabsteine abtransportieren[62].

Der hinter der Anstalt mit Blumenbeeten und Obstbäumen geschmückte Garten, in dem 1798 mit Bewilligung des Konsistoriums *eine ganz hübsche Promenade* angelegt werden durfte[63], sollte den gehfähigen Patienten zur Rekreation dienen, die jedoch nur nach Geschlechtern abgesondert diesen Erholungsort aufsuchen konnten. Um nicht „zufällig“ aufeinander zu treffen, durften Frauen und Männer die Anlage nur von verschiedenen Türen aus und zu unterschiedlichen Zeiten betreten. Der Öffentlichkeit hingegen war dieser Garten nicht zugänglich[64].

Die notwendige Versorgung der Anstalt mit den vor allem für die Kranken notwendigen Heilmitteln gestaltete sich anfänglich als schwierig, da bis zum Jahr 1722 die Hofapotheke die benötigten Medikamente, in den folgenden Jahrzehnten hingegen die Landschafts- oder Biberapotheke ins Haus liefern musste[65]. Erst im Juli 1753 wurde auf Veranlassung und mit Geldmitteln des Fürsterzbischofs Sigmund Christoph Graf Schrattenbach eine eigenständige Apotheke gegründet (gegenwärtig unter dem offiziellen Namen „Landesapotheke am Landeskrankenhaus“ bekannt), die nicht nur der Versorgung der Spitalsbedürfnisse dienen, sondern auch als öffentliche Apotheke der Allgemeinheit zugänglich sein sollte[66]. *Der Umfang des Geschäftsbetriebes der Apotheke im S. Johannesspitale ist sehr bedeutend* (um 1840, Erg. d. Verf.), *indem sie sich nicht nur eines sehr grossen Vertrauens bei den Bewohnern der Stadt Salzburg zu erfreuen hat, sondern weil auch die Mehrzahl der zur Führung einer Hausapotheke befugten Ärzte und Wundärzte* [...] *arzneiliche Zubereitungen allda beziehen.*[67] Diese öffentlich zugängliche Einrichtung florierte sehr, da vermutlich Medikamente zu einem etwas unter der Arzneitaxe liegenden Preis verkauft werden durften, und trug mit ihren Einkünften zur Vermehrung des Fondsvermögens wesentlich bei. Sie unterlag einer jährlichen, gewissermaßen „öffentlichen“ Kontrolle seitens der Stadtärzte, welche die vorhandenen Materialien in der Regel *in guett eingerichten standt*[68] vorfanden. Die Herstellung der Arzneien besorgte ein Apotheker gemeinsam mit einem Gehilfen und einem Laboranten, der die aus dem Spitalsgarten stammenden Kräuter zu verarbeiten hatte[69].

„Öffentliche Ordnung“ in der Anstalt – die normierenden Statuten

Wurden bereits im Stiftungsbrief vom 13. November 1699 grundlegende Regeln des Zusammenlebens im St.-Johanns-Spital und die Aufgaben der in der Anstalt tätigen Priester festgelegt[70], so nahm die Ausführlichkeit der erst in den folgenden Jahren erlassenen Statuten im Verlauf des 18. und frühen 19. Jahrhunderts deutlich zu. Die im Druck erschienenen Verordnungen der Jahre 1751[71], 1777 und aus der Zeit um 1820 belegen deutlich, dass diese „Öffentlichkeitscharakter“ besaßen und nicht nur dem Personal und den Patienten, sondern auch den Spitalbesuchern bekannt gemacht wurden. 1777 wurde dies in folgender Weise formuliert: *Und schließlich sollen gegenwärtige Statuta oder Satzungen alle an gehörigen Orten ausgetheilet, in einem jeden Zimmer geziemend aufbehalten, doch jederzeit zu eines jeden willkührlicher Einsicht und Lesung bey Handen gelassen, und überhin zu derer frischerer Beybehaltung, und mehr gesicherter Befolgung alle Quatember* [= vierteljährlich], *oder noch besser alle Monate einmal nach gut befindlicher Anordnung der Curaten* [= Hauspriester] *insgemein offentlich wiederholet, und abgelesen werden.*[72] Obwohl der Inhalt der jeweiligen Spitalsordnung durchaus bekannt war, achteten die Kranken und auch das Hauspersonal nicht besonders darauf. Aus diesem Grund war eine mehrfache Revision *der heilsamen Vorschriften* notwendig und es erfolgte auch mehrmals eine Anpassung an geänderte Zeitumstände[73]. Noch gegen Ende des 19. Jahrhunderts räumte der damalige fürsterzbischöfliche Domvikar Christian Greinz ein, dass die Ordnungen aufgrund ihrer Strenge an die Regeln eines Klosters denken ließen[74]. In dieser Hinsicht überrascht es auch nicht, dass noch

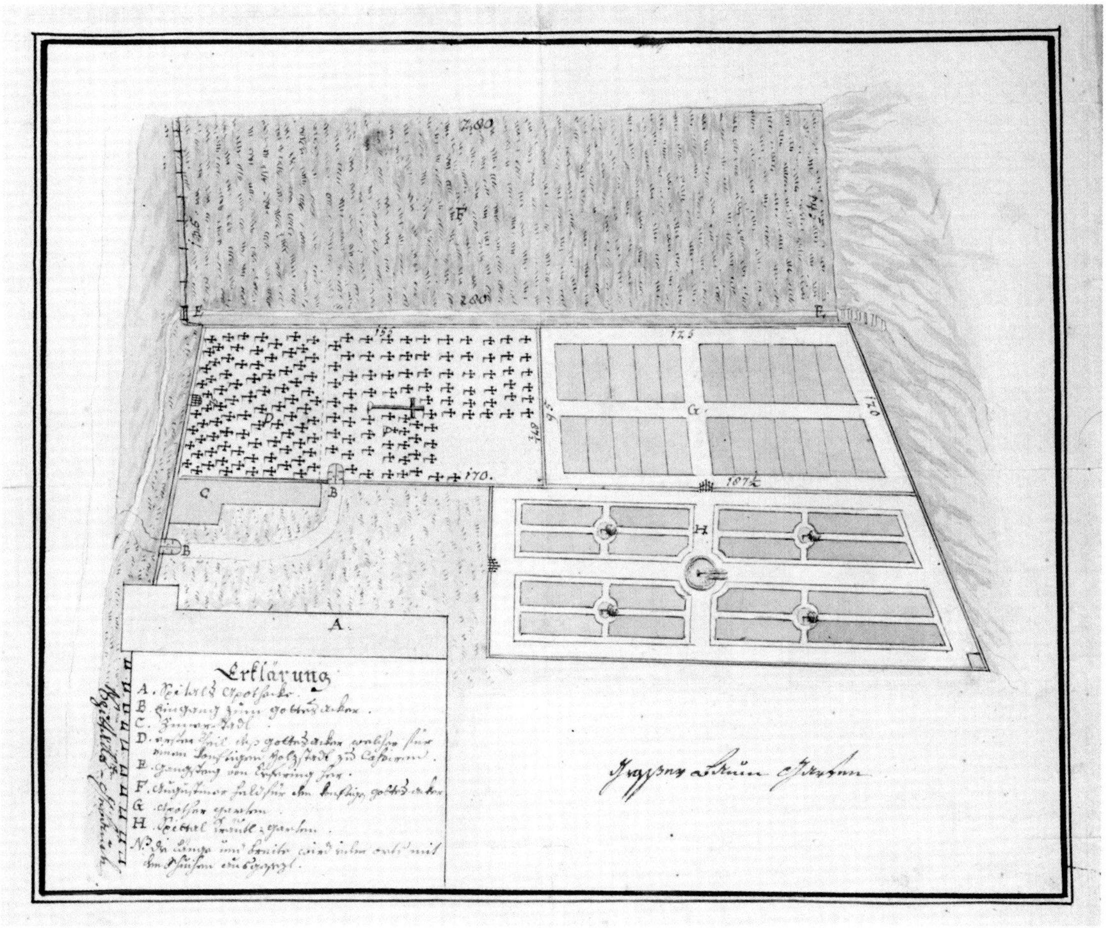

Friedhof (seit 1695) und Garten (seit 1798) des St.-Johanns-Spitals, Planzeichnung (Erzbischöfliches Archiv Salzburg).

im Jahr 1777 den bereits damals unerwünschten Pilgern am Schluss der neuen Ordnung ein eigener Paragraf gewidmet wurde[75], der jedoch nach der Jahrhundertwende ohne weitere Erläuterung wegfiel. Diese Personengruppe gehörte in der „neuen Zeit", also unter der endgültigen österreichischen Regierung (nach 1816) eindeutig nicht mehr zum Kreis der zu versorgenden Frauen und Männer.

In den Statuten des Jahres 1777, die exemplarisch hier näher erläutert werden sollen, wurde auf die Ordnung von 1751 zurückgegriffen und besonders darauf hingewiesen, dass keine gedruckten Exemplare mehr vorhanden seien[76], so dass wiederum für eine Öffentlichkeit der Regeln gesorgt werden musste. Die Kranken sollten im St.-Johanns-Spital sowohl *geistliche und leibliche Genesung* finden, wofür sittliches Verhalten für die Gesundung der Seele und entsprechende Hygiene für die Wirksamkeit der verabreichten Medikamente vonnöten waren. Die Überprüfung der Verhaltensnormen war eindeutig die Aufgabe der Hauskapläne[77], die entsprechende Versorgung der Kranken hatte hingegen der Arzt zu überwachen[78]. Um eine Ungleichbehandlung der Patienten zu vermeiden, war seit der Regierung Colloredos jegliche Geschenkannahme seitens des Pflegepersonals bei Androhung der Entlassung strengstens untersagt[79]. Die Pflichten der Krankenwärter/innen, laut den Statuten *gesunde, fleißige, reinliche, verträgliche, nüchterne, sehr folgsame, an Ordnung und Zucht gewohnte, und religiös gesinnte Person*[en] […][80], bestanden in der Pflege der Kranken und in der Teilnahme an den vorgeschriebenen Gottesdiensten und Gebetsübungen. Es war ihnen hingegen nicht erlaubt, dass sie Patienten für sich arbeiten ließen[81].

Neben den Angestellten wurden die in Pflege befindlichen Frauen und Männer noch strenger überwacht. Sie sollten stets beaufsichtigt werden, um Verstöße gegen die Sittlichkeit zu unterbinden, sie mussten die festgelegten religiösen Dienste leisten und sich sowohl den Priestern als auch dem Personal ohne Widerrede unterordnen. Besuch durften sie nur an den Sonn- und Feiertagen und auch nur unter stetiger Aufsicht empfangen, wobei der Zugang zur Anstalt einer äußerst strengen Reglementierung unterlag. Wer nicht belegen konnte, ein enger Verwandter des Patienten zu sein oder in Verdacht stand, ein unerlaubtes *Liebesverhältnis* mit einer/m Kranken zu unterhalten oder Lebensmittel in das Krankenhaus zu „schmuggeln", wurde vom Pförtner bereits am Tor abgewiesen. Fremde durften auch zu Beginn des 19. Jahrhunderts nur mit einer Sondererlaubnis des Primararztes durch das Haus geführt werden[82]. Dem (vor allem untergeordneten) Dienst- und Pflegepersonal stand es auch nicht frei, die Anstalt zu einer beliebigen Zeit zu verlassen. Sie brauchten dafür die Bewilligung des Priesters und das Einverständnis des Verwalters und wurden zusätzlich an der Pforte nochmals kontrolliert[83]. Oder mit den Worten der Statuten formuliert: *Sollen unnützes Auslaufen, Bekanntschaften und viele Erscheinungen auf Gassen und Strassen möglichst vermieden werden, unter andern das zu Sommerszeit abends nicht ohne Geschrey und Unanständigkeit gepflogene öftere Herabsitzen vor den Thüren des Spitals, als ob sie sich selbst, oder aber das Spital feil biethen wollten, welches für ein solches Ort unwürdig* […].[84]

Das St.-Johanns-Spital stellte von seiner baulichen Ausgestaltung, von seinem architektonischen Programm, vor allem jedoch durch die Grablege des Stifters Ernst Graf Thun den Anspruch auf „öffentliche Aufmerksamkeit". Die um 1800 endgültig in ein neuzeitliches Krankenhaus umfunktionierte Anstalt fand reges Interesse bei den Topographen und Reiseschriftstellern, die sehr ausführlich über die erzielten Fortschritte berichteten und damit um Öffentlichkeit warben. Ein Blick in die Innenwelt des Pilger- und Krankenhauses relativiert jedoch diesen einseitigen Blickwinkel. Das Konsistorium als Leitungsinstanz, später die Landesregierung trafen bewusst Maßnahmen, um den Raum der Bediensteten und Patienten auf die „geschlossene" Einrichtung bzw. das jeweilige Krankenzimmer zu beschränken. Der Garten war den Besuchern und Fremden kaum zugänglich, die Belegung des Friedhofs erfolgte überwiegend mit Verstorbenen aus dem Spital und der Zugang in die Anstalt unterlag strengen Auflagen. Lediglich die 1754 gegründete Apotheke wies zu ihren jeweiligen Öffnungszeiten einen freien Zugang auf. Mit dem Anspruch auf die Durchsetzung der klosterähnlichen Statuten und Ordnungen sorgten Priester, Verwalter und der ärztliche Leiter dafür, dass das St.-Johanns-Spital bis ins frühe 19. Jahrhundert nicht im strengen Sinn als öffentlicher Ort angesehen werden kann. Dennoch darf nicht übersehen werden, dass diese Einrichtung um 1800 den Weg zum öffentlichen Krankenhaus, wenn auch zunächst nur für die Stadt Salzburg, vollzogen hatte. Eine für diese Zeit durchaus beachtliche Leistung, die den kranken Frauen und Männer auch gute Aussichten bot, in diesem Haus nicht nur stationär aufgenommen zu werden, sondern nach einem meist längeren Aufenthalt geheilt oder im Gesundheitszustand zumindest gebessert entlassen zu werden.

Anmerkungen

1 Aloys Weissenbach, Die Eröffnung des St. Johanns-Spitals in Salzburg im Jahre 1696 durch seinen Stifter und Begründer, den Fürst Erzbischof Johann Ernest, Grafen von Thun etc., Salzburg (1818), o. S.

2 Ein hoher Anspruch, in: Salzburger Uni Nachrichten 2007 Nr. 4, 15. 12. 2007, S. 1; http://www.salk.at/162.html (7. 2. 2008).

3 Statuta oder Satzungen für das Hochfürstliche St. Johanns Spital zu Mühln allhier in Salzburg, Salzburg (1777), Vorrede; vgl. zur Frühgeschichte der Anstalt AES, 5/47, Fasz. 2, Müllegg Historica, Geschichte der Kuratkaplanei Müllegg im St. Johannsspitale, Bogen 10–16.

4 Josef Brettenthaler und Volkmar Feurstein, Drei Jahrhunderte St.-Johanns-Spital Landeskrankenhaus Salzburg, Salzburg 1986, bes. S. 74–81; Heike Schwerdel-Schmidt, Les Invalides in Salzburg. Fischer von Erlachs St. Johannsspital und die Genese des barocken Anstaltsbaus in Österreich und Deutschland, in: Salzburg Archiv 28 (2002), S. 61–84, hier S. 61–64.

5 Klaus Bergdolt, Forschung und Barmherzigkeit – Reflexionen zum modernen Krankenhaus, in: Festschrift zur Wissenschaftlichen Festsitzung 300 Jahre St. Johanns Spital, Salzburg 1995, S. 17–25, hier S. 19.

6 Weissenbach, Eröffnung (wie Anm. 1), o. S.; Brettenthaler/Feurstein, St.-Johanns-Spital (wie Anm. 4), S. 92 f.; Franz Michael Vierthaler, Meine Wanderungen durch Salzburg, Berchtesgaden und Österreich. Bd. 1, Wien 1816 (Reprint, Salzburg 1983), S. 22.

7 Der Medizinal-Rath und die medizinisch-chirurgische Fakultät in Salzburg (Salzburgische Medizinische Annalen 1), Salzburg 1804, S. 14; vgl. AES, 5/48, Fasz. 3, Müllegg, Visitationsberichte 1769, 1771. Bei den regelmäßig stattfindenden Visitationen wurden kaum Missstände festgestellt.

8 Dienst am Nächsten. 75 Jahre Rotes Kreuz Salzburg (Schriftenreihe des Landespressebüros. Serie Sonderpublikationen 58), Salzburg 1985, S. 21; Alfred St. Weiss, „Providum imperium felix." Glücklich ist eine voraussehende Regierung. Aspekte der Armen- und Gesundheitsfürsorge im Zeitalter der Aufklärung, dargestellt anhand Salzburger Quellen ca. 1770–1803 (Kulturgeschichte der namenlosen Mehrheit 1), Wien 1997, S. 172; Johann Ernest Tettinek, Die Armen-Versorgungs- und Heilanstalten im Herzogthume Salzburg, Salzburg 1850, S. 127, S. 130.

9 Lorenz Hübner, Beschreibung der hochfürstlich-erzbischöflichen Haupt- und Residenzstadt Salzburg und ihrer Gegenden, T. 2, Salzburg 1793 (Reprint, Salzburg 1982), S. 523.

10 Tettinek, Armen-Versorgungs- und Heilanstalten (wie Anm. 8), S. 129.

11 Dieter Jetter, Hospitäler in Salzburg, in: Sudhoffs Archiv. Zeitschrift für Wissenschaftsgeschichte 64 (1980), S 163–186, hier S. 178 f.

12 Anselm Martin, Die Kranken- und Versorgungs-Anstalten zu Wien, Baaden, Linz und Salzburg in medizinisch-administrativer Hinsicht, München 1832, S. 317 f., 320.

13 Statuta oder Satzungen 1777 (wie Anm. 3), § XI/1–2.

14 Rupert Klieber, Bruderschaften und Liebesbünde nach Trient. Ihr Totendienst, Zuspruch und Stellenwert im kirchlichen und gesellschaftlichen Leben am Beispiel Salzburg 1600–1950, Frankfurt am Main-Berlin-Bern-New York-Paris-Wien 1999, S. 460–466.

15 (Christian Greinz), Gedenkblätter zur zweihundertjährigen Jubiläums-Feier des St. Johanns-Spitales und des Ursulinen-Klosters zu Salzburg (1695–1895), in: Personalstand der Säcular- und Regular-Geistlichkeit des Erzbisthums Salzburg auf das Jahr 1895, Beilage, S. 7, S. 10.

16 Brettenthaler/Feurstein, St.-Johanns-Spital (wie Anm. 4), S. 74.

17 Hübner, Beschreibung 2 (wie Anm. 9), S. 515 f.

18 Harald Waitzbauer, Im Dienst der Menschlichkeit. Die Tradition der Medizinischen Lehre und Forschung in Salzburg (Schriftenreihe des Landespressebüros. Sonderpublikationen 166), Salzburg 2000, S. 19 f.; Hübner, Beschreibung 2 (wie Anm. 9), S. 517–520; AES 5/49, Fasz. 17, Müllegg, Tabelle oder Eigentliche Specification (undatiert, nach 1774, zweite Hälfte des 18. Jahrhunderts).

19 Helmut Beneder und Alfred St. Weiss, „Abstine aut sustine!" Das Salzburger Zucht- und Arbeitshaus 1755–1813, in: Gerhard Ammerer und Alfred St. Weiss (Hg.), Strafe, Disziplin und Besserung. Österreichische Zucht- und Arbeitshäuser von 1750 bis 1850, Frankfurt am Main-Berlin-Bern-Bruxelles-New York-Oxford-Wien 2006, S. 195–224, hier S. 208.

20 Greinz, Gedenkblätter (wie Anm. 15), S. 37; Brettenthaler/Feurstein, St.-Johanns-Spital (wie Anm. 4), S. 82.

21 Greinz, Gedenkblätter (wie Anm. 15), S. 12.

22 Wenzel Streinz, Darstellung der Heilanstalten im Erzherzogthume Österreich ob der Enns und im Herzogthume Salzburg, in: Medicinische Jahrbücher des kais. königl. österreichischen Staates 49/50 (1844), S. 85–92, hier S. 88; Carl Ozlberger, Physisch-medicinische Beschreibung des Herzogthumes Salzburg, in: ebenda, S. 227–245, hier S. 228 f.; Greinz, Gedenkblätter (wie Anm. 15), S. 38–40 (um 1840 überwogen die zahlenden Patienten/innen bereits deutlich); Derselbe, Das sociale Wirken der katholischen Kirche in der Erzdiöcese Salzburg (Das sociale Wirken der katholischen Kirche in Oesterreich 5), Wien 1898, S. 198; Die Wohlthätigkeits-Stiftungen und Fonde im Herzogthume Salzburg, Salz burg 1882, S. 2–4.

23 Statuta oder Satzungen 1777 (wie Anm. 3), Vorrede.

24 Franz Xaver Weilmeyr, Salzburg, die Hauptstadt des Salzach-Kreises. Ein Hand- und Addreß-Buch für Jedermann, Salzburg 1813, S. 191.

25 Vgl. zu diesem Funktionswandel ausführlich: Robert Jütte, Vom Hospital zum Krankenhaus: 16.–19. Jahrhundert, in: Alfons Labisch und Reinhard Spree (Hg.), „Einem Jeden Kranken in einem Hospitale sein eigenes Bett". Zur Sozialgeschichte des Allgemeinen Krankenhaus in Deutschland im 19. Jahrhundert, Frankfurt am Main-New York 1996, S. 31–50.

26 Definition nach: Johann Georg Krünitz, Oekonomische Encyklopädie, oder allgemeines System der Staats- Stadt-Haus- u. Landwirthschaft, in alphabetischer Ordnung. Bd. 47, Brünn 1789, S. 120.

27 Statuta oder Satzungen 1777 (wie Anm. 3), § 12/3.

28 Hübner, Beschreibung 2 (wie Anm. 9), S. 513.

29 Weiss, Providum imperium felix (wie Anm. 8), S. 171; Derselbe, Sankt Johanns-Spital, in: Gerhard Ammerer und

Rudolph Angermüller (Red.), Salzburger Mozartlexikon, Bad Honnef 2005, S. 412 f., hier S. 412.

30 Hübner, Beschreibung 2 (wie Anm. 9), S. 524 f.; Waitzbauer, Im Dienst der Menschlichkeit (wie Anm. 18), S. 24; Weiss, Providum imperium felix (wie Anm. 8), S. 173.

31 Erwin Domanig, Beitrag zur Geschichte des Salzburger St.-Johanns-Spitals, in: Wiener Medizinische Wochenschrift 126 (1976) Nr. 16/17, S. 207–209, hier S. 207; Kapitalstand und Ausgaben des St. Johannspitals seit dessen Gründung, in: MGSL 3 (1863), S. 288; Gerhard Ammerer, Notizen zur städtischen Wirtschaft, Gesellschaft und Verwaltung in der Frühen Neuzeit, in: Dopsch/Spatzenegger, Bd. II/4, S. 2071–2159, hier S. 2146 f.; 50 Jahre Landtag, Salzburg (1911), S. 358.

32 Weiss, Providum imperium felix (wie Anm. 8), S. 172; vgl. AES, 5/49, Fasz. 17, Müllegg, Personalverzeichnis 1798.

33 Greinz, Gedenkblätter (wie Anm. 15), S. 24; Weiss, Providum imperium felix (wie Anm. 8), S. 173; Brettenthaler/Feurstein, St.-Johanns-Spital (wie Anm. 4), S. 153; Friedrich R. Besl, Die Entwicklung des handwerklichen Medizinalwesens im Land Salzburg vom 15. bis zum 19. Jahrhundert, Salzburg 1998, S. 237–240; AES, 5/49, Fasz. 17, Müllegg.

34 Zur Geschichte der Kirche vgl. zuletzt: Johannes Neuhardt, 300 Jahre St. Johannes-Kirche am LKH. Kirche im Krankenhaus, in: Alfred Pucher (Red.), 1704–2004. Festschrift 300 Jahre St. Johannes-Kirche am Landeskrankenhaus Salzburg, Salzburg 2004, S. 14–23; Norbert Hibler, Zur Architektur der Krankenhäuser in der Stadt Salzburg. Bd. 1, Diss., Salzburg 1988, S. 76–81.

35 Dieter Jetter, Das europäische Hospital. Von der Spätantike bis 1800 (DuMont-Dokumente), Köln 1986, S. 125; Derselbe, Hospitäler in Salzburg (wie Anm. 11), S. 173. Vgl. Schwerdel-Schmidt, Les Invalides (wie Anm. 4), S. 80. Die Autorin vertritt die begründete These, dass Fischer von Erlach eventuell die Pläne des Pariser Hôtel Royal des Invalides als Grundlage für den Bau des St.-Johanns-Spitals dienten.

36 Schwerdel-Schmidt, Les Invalides (wie Anm. 4), S. 67 f.; Adolf Hahnl, Die bauliche Entwicklung der Stadt Salzburg von Markus Sittikus bis zur Säkularisation (1612–1803), in: Dopsch/Spatzenegger, Bd. II/4, S. 2183–2240, hier S. 2208–2216; Brettenthaler/Feurstein, St.-Johanns-Spital (wie Anm. 4), S. 67 f.

37 Jetter, Das europäische Hospital (wie Anm. 35), S. 125.

38 Ebenda, S. 127.

39 Schwerdel-Schmidt, Les Invalides (wie Anm. 4), S. 66; Brettenthaler/Feurstein, St.-Johanns-Spital (wie Anm. 4), S. 86, S. 88; Lorenz Hübner, Beschreibung der hochfürstlich-erzbischöflichen Haupt- und Residenzstadt Salzburg und ihrer Gegenden, T. 1, Salzburg 1792 (Reprint, Salzburg 1982), S. 463 f.; Ambros Becziczka, Historische und topographische Darstellung von der Stadt Salzburg mit der ausführlichen Geschichte des Benediktiner-Stiftes zu St. Peter in Salzburg mit besonderer Rücksicht auf die Geschichte Oesterreichs, und der Erzbischöfe von Salzburg (Kirchliche Topographie von Österreich 3/1), Wien 1829, S. 430.

40 Carl Ehrenbert von Moll, Briefe an den Hrn. Prof. Heinrich Sander, über eine Reise von Kremsmünster nach Moßheim im Salzburgischen, 1780, T. 2, in: Johann Bernoulli's Sammlung kurzer Reisebeschreibungen und anderer zur Erweiterung der Länder- und Menschenkenntnis dienender Nachrichten 12 (1783), S. 185–236, hier S. 214.

41 Zuletzt zur Person: Alfred St. Weiss, Hübner, Lorenz, in: Ammerer/Angermüller, Mozartlexikon (wie Anm. 29), S. 190 f. mit weiterführender Literatur.

42 Friedrich Hermann, Einbegleitung zur Neuauflage und historische Würdigung Lorenz Hübners. Begleitheft zu Lorenz Hübners Beschreibung der hochfürstlich-erzbischöflichen Haupt- und Residenzstadt Salzburg und ihrer Gegenden, Salzburg 1982, S. 12 f.

43 Hübner, Beschreibung 1 (wie Anm. 39), S. 459–467, hier S. 459; mit ähnlichen Worten Klemens Alois Baader, Reisen durch verschiedene Gegenden Deutschlandes in Briefen. Bd. 1, Augsburg 1795, S. 241; Hübner, Beschreibung 2 (wie Anm. 9), S. 512–532; Derselbe, Beschreibung der hochfürstlich-erzbischöflichen Haupt- und Residenzstadt Salzburg und ihrer Gegenden vorzüglich für Ausländer und Fremde, Salzburg 1794, S. 170–174.

44 Franz Michael Vierthaler, Reisen durch Salzburg, Salzburg 1799 (Reprint, Salzburg 1983), S. 178.

45 Benedikt Pillwein, Das Herzogthum Salzburg oder der Salzburger Kreis. Ein Originalwerk (Geschichte, Geographie und Statistik des Erzherzogthums Oesterreich ob der Enns und des Herzogthums Salzburg 5), Linz 1839 (Reprint, Salzburg 1983), S. 204.

46 [Friedrich Graf Spaur], Nachrichten Ueber das Erzstift Salzburg nach der Säkularisation (Reisen durch Oberdeutschland. In Briefen an einen vertrauten Freund 2/2), Passau 1805 (Reprint, Salzburg 1985), S. 31.

47 Ebenda.

48 [Joachim Christoph Friedrich Schulz], Reise eines Liefländers von Riga nach Warschau, durch Südpreußen, über Breslau, Dresden, Karlsbad, Bayreuth, Nürnberg, Regensburg, München, Salzburg, Linz, Wien und Klagenfurt. Bd. 6, Berlin 1796, S. 63. *Ich verweise den wissbegierigen Leser hierüber zur Quelle selbst* (ebenda, S. 66).

49 Ebenda, S. 65 f.

50 Zitiert nach Pillwein, Herzogthum Salzburg (wie Anm. 45), S. 335.

51 Irmgard Walter, Das Salzburger Intelligenzblatt, 1784–1848. Ein Zeit- und Kulturspiegel. Ein Beitrag zur Geschichte und Kulturgeschichte Salzburgs und zur Geschichte der Intelligenzblätter im allgemeinen (sic!), Diss., München 1945, S. 107–112.

52 Salzburger Intelligenzblatt, 11. 3. 1786, S. 80; vgl. auch Salzburger Intelligenzblatt, 3. 3. 1787 und 3. 1. 1788; Weiss, Providum imperium felix (wie Anm. 8), S. 173.

53 Vgl. Hübner, Beschreibung 2 (wie Anm. 9), S. 529–532. Hübner publizierte die aus dem Salzburger Intelligenzblatt entnommenen Daten der Jahre 1784–1791 auch in seinem topographischen Hauptwerk.

54 Salzburger Intelligenzblatt, 11. 3. 1797; vgl. Salzburger Intelligenzblatt, 27. 1. 1798 und 3. 2. 1798.

55 Vgl. Walter, Salzburger Intelligenzblatt (wie Anm. 51), S. 112.

56 Intelligenzblatt von Salzburg, 14. 11. 1801.

57 Franz Paul Storch, Das St. Johanns Spital in Salzburg, in: Intelligenzblatt von Salzburg, 4. 6. 1803; Derselbe, Notizen von dem Kurfüstlichen St. Johannes-Spitale in Salzburg, in:

Intelligenzblatt von Salzburg, 27. 8. 1803, 3. 9. 1803, 10. 9. 1803, 17. 9. 1803, 24. 9. 1803, 8. 10. 1803, 22. 10. 1803; zu den Patientenzahlen vgl. 11. 6. 1803 und 18. 6. 1803.

58 Storch, Notizen (wie Anm. 57), in: Intelligenzblatt von Salzburg, 24. 9. 1803.

59 Storch, Notizen (wie Anm. 57), in: Intelligenzblatt von Salzburg 27. 8. 1803.

60 Brettenthaler/Feurstein, St.-Johanns-Spital (wie Anm. 4), S. 100 f., S. 106 f.

61 Hübner, Beschreibung 1 (wie Anm. 39), S. 467; Derselbe, Beschreibung (wie anm. 43), S. 174.

62 AES, 5/50, Fasz. 5–7, Müllegg; Brettenthaler/Feurstein, St.-Johanns-Spital (wie Anm. 4), S. 100 f., 106 f.; Greinz, Gedenkblätter (wie Anm. 15), S. 60 f. Vgl. die Aufzählung der von 1696 bis 1791 verstorbenen Personen bei Hübner, Beschreibung der Haupt- und Residenzstadt 2 (wie Anm. 9), S. 528 f.

63 AES, 5/48, Fasz. 4, Müllegg, Bitte der St.-Johanns-Spitalsinspektion an Colloredo, 11. 5. 1798.

64 Streinz, Darstellung der Heilanstalten (wie Anm. 22), S. 91; Hübner, Beschreibung 1 (wie Anm. 39), S. 466.

65 50 Jahre Landtag (wie Anm. 31), S. 170.

66 Siehe dazu ausführlich: 250 Jahre Landesapotheke am St.-Johanns-Spital Salzburg, Salzburg 2004. Darin besonders folgende Beiträge: Reinhard R. Heinisch, Pharmazie und Geschichte – Erzbischof Schrattenbach und die Gründung der Spitalsapotheke, S. 31–29; Hermine Ernst, Die Apotheke am Sankt-Johanns-Spital in Salzburg, S. 30–32; Dieselbe, Auf der Suche nach dem Stiftungsbrief der Apotheke, S. 33–41.

67 Streinz, Darstellung der Heilanstalten (wie Anm. 22), S. 90 f., Zitat S. 91; Brettenthaler/Feurstein, St.-Johanns-Spital (wie Anm. 4), S. 267–284, bes. S. 278 f.; vgl. Weilmeyr, Salzburg (wie Anm. 24), S. 192.

68 Zitiert nach: Ernst, Stiftungsbrief (wie Anm. 66), S. 38, Protokoll der Visitation des Jahres 1755.

69 Kurt Ganzinger, Zur Geschichte des Apothekenwesens in Stadt und Land Salzburg, in: Georg Edmund Dann (Red.), Die Vorträge bei der Hauptversammlung der Internationalen Gesellschaft für Geschichte der Pharmazie in Hamburg-Harburg vom 14.–17. Juni 1949, Eutin 1950, S. 9–25, hier S. 20 f.; Martin, Kranken- und Versorgungs-Anstalten (wie Anm. 12), S. 213; Greinz, Gedenkblätter (wie Anm. 15), S. 32 f.; Hibler, Architektur der Krankenhäuser 1 (wie Anm. 34), S. 75 f.

70 Brettenthaler/Feurstein, St.-Johanns-Spital (wie Anm. 4), S. 74 f.

71 Ein Exemplar befindet sich im AES, 5/49, Fasz. 9, Müllegg, Statuten 1751. Die Ordnung des Jahres 1777 ist stellenweise deckungsgleich mit jener des Jahres 1751.

72 Statuta oder Satzungen 1777 (wie Anm. 3), § XI/40.

73 Martin, Kranken- und Versorgungs-Anstalten (wie Anm. 12), S. 313.

74 Greinz, Gedenkblätter (wie Anm. 15), S. 45.

75 Statuta oder Satzungen 1777 (wie Anm. 3), § 12/1–10; Jetter, Hospitäler in Salzburg (wie Anm. 11), S. 176 f.

76 Statuta oder Satzungen 1777 (wie Anm. 3), Vorrede.

77 AES, 5/49, Fasz. 14, Müllegg, Instruktion für die Kuratkapläne, 16. 2. 1791.

78 Statuta oder Satzungen 1777 (wie Anm. 3), §§ 1, 3, 5, 7.

79 Tettinek, Armen-Versorgungs- und Heilanstalten (wie Anm. 8), S. 127 f.

80 Martin, Kranken- und Versorgungs-Anstalten (wie Anm. 12), S. 316.

81 Statuta oder Satzungen 1777 (wie Anm. 3), §§ 10/1 und 15.

82 Martin, Kranken- und Versorgungs-Anstalten (wie Anm. 12), S. 315 f., 320; Greinz, Gedenkblätter (wie Anm. 15), S. 49 f.; Tettinek, Armen-Versorgungs- und Heilanstalten (wie Anm. 8), S. 126; Statuta oder Satzungen 1777 (wie Anm. 3), § 11/23–26.

83 Statuta oder Satzungen 1777 (wie Anm. 3), § 10/16.

84 Ebenda, § 10/32.

Begräbnusen bis in die tiefste Nacht, zu welcher Zeit unther denen häuffig zuweillend-sonderbahr ledigen Manns- und Weibspersohnen nicht vill Gutes zu geschechen pfleget [...]*; weillen man denen Bedienten der Herrschaften, wo angesagt ist worden, hat zuwarthen, ja zuweillen selbe aus denen Würthshäusern herhollen müssen*[34], wurde nicht selten ein Begräbnis bis in die tiefe Nacht hinein verzögert. Ein neues Mandat, das vor allem zeitliche und personelle Einschränkungen vorsah, sollte Abhilfe schaffen. Der nächtliche Kondukt sollte spätestens eine Viertelstunde nach dem besagten Ave-Maria-Läuten beginnen. So konnte man am ehesten erwarten, dass alle Beteiligten nüchtern waren und nicht aus den Gaststätten herbeigeholt werden mussten. Die weiteren Vorschriften des Konsistoriums bezogen sich auf die Zahl der Fackeln und damit indirekt auf die Zahl der Teilnehmer. Ohne die notwendige Beleuchtung war die Teilnahme an einem solchen „Spektakel" weitaus weniger lohnenswert. Die „Leichen-Bitter" hatten dafür Sorge zu tragen, dass die private Mitnahme von Fackeln unterblieb[35]. Um den *neuen gnädigsten Befehl* möglichst allen Beteiligten zur Kenntnis zu bringen, erging dieser an die Stadtkapläne sowie an alle Hofämter zur Publikation[36].

Entgleisungen im Gefolge von Bestattungen hatten die Aufmerksamkeit der Behörden geweckt, die streng gegen derartige Ruhestörungen vorgingen. Auch andernorts findet man derartige Reaktionen: Einige Salzburger Studenten hatten sich bei Begräbnissen ihrer Kommilitonen durch Tumulte, dreiste Urkundenfälschungen, Lügengeschichten und andere Gesetzesübertretungen den Unmut des Stadtkaplans zugezogen. Am 8. März 1798 sah sich Kaplan Kaspar Gmachl schließlich dazu *verpflichtet, die gehorsamste Anzeige zu machen, mit welcher Eigenmacht, und Troz die Herren Studenten bey Begräbnissen ihrer Mitbrüder über die höchsten Verordnungen sich wegsetzen zu dürfen glauben*[37]. Mehrmals schon waren die Studenten mit *Chören und Posaunen*[38] zu einem Begräbnis angerückt. So traf Gmachl *eine Menge Zuschauer, die die Trauer-Musik herbeylockte, und etlich 20 Studenten in Chorröcken an, welche die Leiche begleiteten, und mit ihrem Trauergesang den Zug so feyerlich machten, als ob Reliquien der Martyrer von einer Kirche in die andere übertragen würden*[39]. Gmachl befürchtete – ob zu Recht oder nicht –, *dass diese dreiste Übertrettung der höchsten Stoll-Ordnung den widrigsten Eindruck auf das Publikum machen müsse, wenn selbst arme Studenten mit so einem Pomp begraben werden, die wohlhabenden und verdientesten Familien der Stadt hingegen ohne Ausnahme und mit Strenge an die betreffende Klasse angewiesen werden, besonders wenn eben diese Familien, wie es bey der vorjährigen Studenten Begräbniss geschehen seyn soll, noch mit Betteley um Beyträge zu Bestreittung der Unkosten angegangen werden*[40]. Ohne hier die Stellungnahmen des Konsistoriums oder die Beschwichtigungsversuche von Universitätsrektor P. Augustin Schelle (1742–1805) referieren zu müssen, zeigt sich doch, dass Begräbnisse vielfach nicht in stiller Trauer, sondern in Volksfestmanier abgehalten und damit Ruhe und öffentliche Ordnung in der Stadt gestört wurden. Ferner – so der Kaplan in seiner Klageschrift – würden die Studenten, insbesondere im Sommer, wenn sie sich zahlreich auf der Salzachbrücke einfänden, *nur Hohngelächter, sichtbare Merkmaale der Geringschätzung gegen den begleitenden Priester*[41] signalisieren, wenn dieser, eine Leiche begleitend, Richtung St. Sebastian zog.

Ganz anderer Qualität war die Einschränkung der Öffentlichkeit bei Begräbnissen, wenn es sich um Mörder oder Selbstmörder handelte. Der Postverwalter Georg Felix Gensler, der wohl *schon längere Zeit melancholisch*[42] war und als „verrückt" beschrieben wurde, hatte sich am 14. Jänner 1795 in der Salzach ertränkt. Das Konsistorium traf in Rücksicht auf die Familie folgende mehrheitlich gefällte Entscheidung: *Per majora von 6 gegen 4 Vota ist der entseelte Leichnam bey Nachts-Zeit, und ohne aller sonstigen Feyerlichkeiten jedoch in Begleitung eines Priesters und mitls ordentlicher Einseegnung in das geweyhte Erdreich zu bestatten.*[43] Diese Vorgangsweise sollte neuerliche Menschenansammlungen vermeiden und keinen Platz für Unmutsäußerungen lassen.

Noch drastischer waren die Vorkehrungen bei Mördern. Sie durften nicht innerhalb der Stadtmauern beerdigt oder gar kirchlich eingesegnet werden, wie der Fall des Johann Adamen Pittner aus dem Jahr 1700 veranschaulicht: Über den wegen Mordes an seiner Ehefrau am Salzburger Hochgericht durch Rädern hingerichteten *Tragonner Leutenandt*[44] aus Weitwörth wurde entschieden, *daß diser toden Cörper nicht in die Statt gebracht, sondern auf einen dem Hoch-Gericht negst gelegnen Freythoff begraben werden solle*[45] und ihn nicht *christcatholischem Gebrauch nach bestatten zu lassen, wan anderst hierzue das Grab eröffnet, der Cörper dahin geführt und dem Caplan in Nunthall Tag und Stund der vorhabenden Begröbnuß nachrichtlich bedeitet werden*[46]. Die vom Konsistorium getroffenen Anordnungen sollten gewährleisten, dass der Leichnam des Johann Pittner ohne geistliche Einsegnung und Exequien sowie unter Ausschluss der Öffentlichkeit bestattet würde. Lediglich der Tag und die Stunde der Verrichtung sollten dem Kurator im Nonntal gemeldet werden. Ort des Geschehens war der Pfarrfriedhof von Morzg[47]. Die Begräbnisverweigerung im Fall des Mörders Pittner bezog sich letztlich nur auf den kirchlich-liturgischen Aspekt, nicht aber auf den technischen Akt der Beisetzung in geweihter Erde.

Der Salzburger Friedhof war kein öffentlicher Ort im Sinne eines vorbehaltlosen und freien Zugangs. Bei der Bevölkerung angefangen, über Kapläne und Konsistorium, bis hinauf zum Erzbischof wurde penibel darauf geachtet, wann, wie, wo und unter welchen Umständen ein Mensch gelebt und zu Tode gekommen war. Nötigenfalls wurde die kirchliche Einsegnung verweigert und die Öffentlichkeit der Sepultur eingeschränkt.

Kirchenrechtlich waren nicht nur „Kapitalverbrecher“ vom Begräbnis ausgeschlossen. Der Ortsordinarius konnte den Heiden, den Juden und allen Ungläubigen, den notorischen Ketzern, Apostaten, Schismatikern und Exkommunizierten, den Interdizierten (aus der kirchlichen Gemeinschaft ausgeschlossene), den im Zweikampf Gefallenen, den allbekannten Sündern, den so genannten „Taufscheinchristen“ sowie Kindern, die vor der Taufe verstorben waren, das kirchliche Begräbnis versagen[48].

Nur Vergessene sind wirklich tot[49] – Der Salzburger Friedhof als Ort der öffentlichen Repräsentation

Ist der Friedhof bereits von seiner Wortbedeutung her als ein Ort gesellschaftlichen Lebens charakterisiert, so war er in der frühen Neuzeit keineswegs für jedermann zugänglich. Erst mit der Eröffnung des Kommunalfriedhofs 1879 wurde ein allgemein zugänglicher Friedhof geschaffen[50], ein „landschaftlicher Parkfriedhof“ als „naturnahes ‚Gesamtkunstwerk‘ des bürgerlichen Zeitalters“[51], der den Salzburgern seither auch als Naherholungsgebiet dient.

Ein Camposanto – hierfür ist der Sebastiansfriedhof gewiss ein gutes Beispiel – diente immer auch der singulären und der Repräsentation ganzer Familien. Das galt

Begräbnisszenerie am Sebastiansfriedhof, Kupferstich von Georg Andreas Wolfgang nach einer Vorlage von Burckhard Schramman, in: P. Fr. Procopium von Templin OFMCap, Funerale, Das ist: Hundert unnd Funffzig Todten- oder Leich-Predigen. In vier Opuscula abgetheilt, Salzburg 1670 (Stiftsbibliothek Admont).

für den einfachen Bürger genauso wie für Äbte und Kirchenfürsten.

Der am 16. Jänner 1617 kurz vor Mittag verstorbene ehemalige Salzburger Erzbischof Wolf Dietrich von Raitenau hatte sich schon zu Lebzeiten in der Gabrielskapelle, inmitten des von ihm erbauten Sebastiansfriedhofs, seine letzte Ruhestätte ausersehen und die Art und Weise seiner Bestattung testamentarisch verfügt: ein einfaches Begräbnis sollte es werden, ohne Prunk und öffentliche Trauer[52].

Sein Nachfolger auf dem Stuhl Ruperts hingegen wollte es anders: Am Abend seines Todes wurde Wolf Dietrich *von ermeltem Haubtschloß* [Festung] *herabgetragen, und in St: Veiths Capellen bey St. Peter, die mit schwarzem Tüech alle umbzogen worden auf ein erhebtes mit schwarzem Samt bedeckhtes Gerüsst, in einem Bischoflichem Ornath gestellet.*[53] Von Seiten der Priesterschaft, der Benediktiner, Franziskaner und Kapuziner wurde für ihn gesungen und psalliert sowie *bey St: Peter alß in der Pfarkhürchen und anderstwo durch undterschidtliche Geistliche und Religiosen für disen abgeleibten herrn vill Seelmessen gelesen*[54].

Mit einem *ansehelichen Conduct*[55] und in *schönner Ordnung, wurde die Leich von gemelter St: Veiths Capellen auß yber die Pruggen hinyber gen St. Sebastian*[56] geleitet. Allein die Namen der Persönlichkeiten und Gruppen, die sich dem Leichenzug anschlossen, füllen zwölf Seiten. Unter den Trauernden befanden sich die Dom- und die St. Petrischen Schüler, die Aller Christgläubigen Seelen-, die Unserer Lieben Frau-, die Monika- und die Corpus Christi-Bruderschaft, der Pfarrmesner mit der Totenfahne, zwölf Domchoralisten, die zwei Stadtkapläne, die Barmherzigen Brüder, die Augustiner-Eremiten, die Kapuziner und die Franziskaner, der Domchor-Klerus und die Priesterschaft, die Ministranten, die Korporale, weitere Domchoralisten, die Priesterseminaristen, die Hofmusiker, die hochfürstlichen Leibtrabanten sowie die Domkapitulare. Unter diesen hochwürdigen Herren sei exemplarisch der Salzburger Domprobst und Erzpriester Paris Lodron erwähnt[57]. *Darauf wurde die Leich offen, in Bischoflichem Ornath, durch etliche der fürnembsten Brueder Corporis Christi, deren mit Rundeln vor, neben und hindter der Baar, in die Vierundzwainzig gewesen abwechßlundt getragen*[58]. Unmittelbar auf die Bahre folgten der *hauptleidtragende*[59] Cousin und Nachfolger Wolf Dietrichs, Markus Sittikus von Hohenems, dahinter vier Klageherren, die gräflich Hohenemser Edelknaben, die Kammerdiener, die Lakaien und Bedienten, die Hof- sowie andere Herren, die *Bürgerschafft und Gmain*[60]. Den Abschluss des Kondukts bildeten *adeliche und anndere Frauenzimmer Bürgerin, und allerlay Waibspersohnen*[61].

Der Tote wurde in die Gabrielskapelle, *welche wie auch der darin stehennde Althar sambt dem Wappen, mit schwarzem Tuech, behengt und umbzogen, auf das, alda ob der begrebnuß aufgerichte Claggerüsst gestellt, durch die Coralisten und des Thumb Chors Priesterschafft, mit ganzer Vigill Besungen*[62]. Im Anschluss an die Nachtwache, die zwischen 18 und 19 Uhr beendet war, wurde der Leichnam in sein Grab gebettet. Paris Lodron selbst nahm die Einsegnung an jenem Donnerstagabend vor. Auch diese Verrichtung verfehlte ihre demonstrative Wirkung nicht: So *ist das Seel Ambt, durch wollbesagt Ihre Hochwürden herrn Thumbbrobsten, undter der Inful und Stab Pontificaliter gesungen, und durch die hochfür*[stliche] *Musciam Figuriert worden. & welchem Ihre Hochfür*[stliche] *G*[naden] *das Hochwürdige Thumb Capitl, Cammer: und Hofherrn, Räth, Adel und Hofgesündt andechtigelich beygewohnet, Es sein auch höchstermelt Ihre Hochfür*[stliche] *g*[naden] *selbst, hernach das Hochwürdige Thumb Capütl* […] *ganngen. Vor und undter wehrendtem Ambt sein durch die Priesterschafft des Chors, wie auch die Patres Franciscanos vill Todtenmessen für den abgelaibten herrn seeligen angedenkhens, gelesen worden*[63]. An diesem 19. Jänner wurden in der Gabrielskapelle *bey dero Begrebnuß, durch die Ehrwürdige Vätter S: Francisci Ordens Capucciner, drey Seelmessen nacheinannder* [gelesen], *wie dann hernach täglich aine, ausser der Ordinary, durch Ihne in Lebenszeit gestüfften Täglichen Meß* [gefeiert wurde], *welche die Patres Franciscanj abwechßlundt*[64] verrichteten. Am 25. Januar hielt der Dompropst für den Verblichenen die Vigil und am Morgen darauf das Seelenamt, jeweils unter reger Anteilnahme der Kanoniker, der Kammer- und Hofherren, des Adels und des anderen Hofgesindes. Selbiges wiederholte sich am Abend des 14. und Morgen des 15. Februars[65].

Vom testamentarischen Willen des Raitenauers war damit nicht viel übrig geblieben. Die Bestattung soll dermaßen eindrucksvoll und stattlich gewesen sein, dass sich niemand entsinnen konnte, je ein derartiges „Aufgebot“ gesehen zu haben[66].

Es ist viel über die Motive gemutmaßt worden, die Markus Sittikus zu diesem schweren Eingriff in den letzten Willen seines Antezessors verleitet haben. Ob es die befürchtete üble Nachrede gewesen sein könnte[67], eine späte Reue seines Herzens[68] oder lediglich die Eitelkeit eines Lebenden, bleibt fraglich. Es verwundert jedoch kaum, dass sich bald nach dem Ableben des Raitenauers Legenden über dessen Tod verbreiteten: „Wolf Dietrich sei eigentlich nicht todt, sondern sitze in seiner Gruft unterhalb der Gabrielskapelle aufrecht da, Baupläne und Stiftsbriefe in der Hand haltend"[69], hieß es in einer populären Sage; in einer anderen erzählte man sich, „Wolf Dietrich sei keines natürlichen Todes, er sei an Gift gestorben."[70]

Da das Bürgertum in der Regel nicht über die Mittel verfügte, um einen derartigen Begräbnispomp zu veranstalten, versuchte man gelegentlich, durch ausgefallene Inschriften die Aufmerksamkeit auf sich zu lenken. Aus dem Jahr 1724 stammt folgender Grabsteinspruch: *Der Glückin wünsche Glück dazu,/ Daß sie Genießt die ewige Ruh*[71]. Auf einem anderen Grabstein von St. Sebastian konnte man folgende Zeilen lesen: *Zwei Herzen ruhen unter diesem Steine/ Zu gleicher Zeit vom Todeshauch erkaltet,/ In denen einst das Sonnenlicht, das reine,/ Der echten Liebe strahlend sich entfaltet./ Ein Epheu Sie, der sanft sich angeschmieget/ An Ihn, der einst das ganze Haus sollt' tragen,/ Und Er, ein Baum in schönsten Blüthentagen,/ Der eher bricht, als er im Sturm sich bieget.*[72]

Reisende kamen von nah und fern, um die Salzburger Friedhöfe aufzusuchen. Der italienische Reiseschriftsteller Galeazzo Gualdo Priorato ist in seiner Darstellung der Sehenswürdigkeiten der Stadt Salzburg voll des Lobes über den Sebastiansfriedhof. Dieser sei *einer der schönsten Dinge, die man in Deutschland sehen kann, wahrhaft der Aufmerksamkeit wert*[73]. Bereits wenige Jahrzehnte nach dem Tod des Paracelsus dürfte dessen Grab ebenfalls zu einem Anziehungspunkt für Reisende geworden sein. Interessant ist die Tatsache, dass viele Reiseschriftsteller des 17. Jahrhunderts vor allem die Festung, die Residenz und den Sebastiansfriedhof für besonders sehens- und bemerkenswert hielten[74]. Auch Lorenz Hübner verlieh dem Gottesacker das Prädikat, dass dieser es *verdienet von jedem beobachtenden Fremden besuchet zu werden*[75]. Der Sebastiansfriedhof wurde als neuartiger Sepulkralraum aufgefasst, auf dem sowohl die Trauer über den Verstorbenen als auch das gesellschaftliche Prestige des Verblichenen der Nachwelt präsentiert werden konnten[76]. Das Wolf-Dietrich-Mausoleum[77] ist Ausdruck dieser postmortalen Machtdemonstration.

Der Salzburger Friedhof hatte neben der Funktion eines Bestattungsortes auch die eines Kommunikations- und Erinnerungsortes[78]. Bei jedem Kirchgang führte der Weg über den Gottesacker oder an ihm vorbei. Das Zömeterium war Lebensraum der Toten und zugleich Begegnungsort zwischen den Lebenden und den Toten – eine Verwirklichung der biblischen „Communio Sanctorum"[79]. Begräbnisse und Seelenmessen waren gemeinschaftsstiftende und vor allem gemeinschaftserhaltende Aktionen und waren aus diesem Grund für soziale Gruppen wie Familien, Gilden und Bruderschaften seit jeher bedeutsam[80].

Fazit

Stadt, Gesellschaft und Friedhof waren in der frühen Neuzeit ineinander verschränkt und nicht unabhängig voneinander zu denken, auch wenn ein neues, aufgeklärteres Menschenbild, eine Sensibilisierung für Hygiene, eine geänderte Geruchswahrnehmung[81], der geistige Einfluss des Protestantismus und zwingende räumliche Gegebenheiten ihre Auswirkungen zeigten. Dem Stadtzentrum entrückt, konnte sich der Camposanto von St. Sebastian zu einem Ort entwickeln, welcher der Trauer und Selbstdarstellung vorbehalten blieb. Der polyfunktionale mittelalterliche Friedhof hatte in der frühen Neuzeit einige seiner alten Funktionen verloren, jedoch waren neue hinzugekommen.

Anmerkungen

1 Franz Martin, Salzburger Friedhöfe, in: Bergland. Illustrierte Alpenländische Monatsschrift 19 (1937), Nr. 11, S. 11–15, hier S. 11.

2 Johannes Schweizer, Kirchhof und Friedhof. Eine Darstellung der beiden Haupttypen europäischer Begräbnisstätten, Linz 1956, S. 15.

3 Die Liste der einschlägigen AutorInnen, die sich mit dieser Thematik auseinandergesetzt haben, ist nicht allzu lang. Vgl. etwa: Heike Düselder, Der Tod in Oldenburg. Sozial- und kulturgeschichtliche Untersuchungen zu Lebenswelten im 17. und 18. Jahrhundert, Hannover 1999; Norbert Fischer, Geschichte des Todes in der Neuzeit, Erfurt 2001; Derselbe, Vom Gottesacker zum Krematorium. Eine Sozialgeschichte der Friedhöfe in Deutschland seit dem 18. Jahrhundert (Kulturstudien 17), Köln-Weimar-Wien 1996; Derselbe und Markwart Herzog (Hg.), Nekropolis: Der Friedhof als Ort der Toten und der Lebenden (Irseer Dialoge. Kultur und Wissenschaft interdisziplinär 10), Stuttgart 2005; Barbara Happe, Die Entwicklung der deutschen Friedhöfe von der Reformation bis 1870 (Untersuchungen des Ludwig-Uhland-Instituts der Universität Tübingen 77), Tübingen 1991; Martin Illi, Wohin die Toten gingen. Begräbnis und Kirchhof in der vorindustriellen Stadt, Zürich 1992.

4 Schweizer, Kirchhof und Friedhof (wie Anm. 2), S. 15 f.

5 Deutsches Wörterbuch von Jacob und Wilhelm Grimm, Leipzig 1958, Bd. 4 (Reprint Bd. 8, München 1991), Sp. 323–325 und Sp. 361 f., Sp. 1201–1203, Sp. 1202.

6 Hans-Kurt Boehlke und Michael Belgrader, Friedhof, in: Gerhard Krause u. a. (Hg.), Theologische Realenzyklopädie. Bd. 11. Familie – Futurologie, Berlin-New York 1983, S. 646–653, hier S. 647.

7 Grimm, Deutsches Wörterbuch (wie Anm. 5), Sp. 1202.

8 Ebenda, Sp. 1202; Schweizer, Kirchhof und Friedhof (wie Anm. 2), S. 18; Peter Lex, Das kirchliche Begräbnisrecht historisch-kanonistisch dargestellt, Regensburg 1904, S. 11.

9 Ebenda.

10 Grimm, Deutsches Wörterbuch (wie Anm. 5), Sp. 1202.

11 Raimund Ločičnik, Wolf-Dietrich-Mausoleum, Sebastiansfriedhof und Sebastianskirche in Salzburg (Christliche Kunststätten Österreichs 151), Salzburg 1987, S. 3.

12 Paul Kretschmer, Wortgeographie der hochdeutschen Umgangssprache, Göttingen 1918, S. 275.

13 Martin, Salzburger Friedhöfe (wie Anm. 1), S. 14; Conrad Dorn, Der Friedhof zum heiligen Sebastian in Salzburg, Salzburg 1969, S. 12; Franz Wagner, St. Sebastian in Salzburg (Christliche Kunststätten Österreichs 439), Salzburg 2005, S. 4.

14 Dorn, Sebastiansfriedhof (wie Anm. 13), S. 12.

15 Josef Eder, Salzburger Kommunal-Friedhof 1879–1929. Zur Erinnerung an den fünfzigjährigen Bestand des Salzburger Kommunalfriedhofes, Salzburg 1928, S. 12.

16 Dorn, Sebastiansfriedhof (wie Anm. 13), S. 12; Wagner, Sebastiansfriedhof (wie Anm. 13), S. 4.

17 Eder, Kommunalfriedhof (wie Anm. 15), S. 12; Hans Tietze und Franz Martin, Die kirchlichen Denkmale der Stadt Salzburg. Mit Ausnahme von Nonnberg und St. Peter (Österreichische Kunsttopographie 9), Wien 1912, S. 134.

18 Fischer, Vom Gottesacker zum Krematorium (wie Anm. 3), S. 12–15; Norbert Fischer und Markwart Herzog, Diskurse über Tod, Trauer und Erinnerung. Zur Kulturgeschichte der Friedhöfe, in: Dieselben, Nekropolis (wie Anm. 3), S. 13–19, hier S. 13.

19 Eder, Kommunalfriedhof (wie Anm. 15), S. 12; Dorn, Sebastiansfriedhof (wie Anm. 13), S. 13.

20 Franz Martin, Erzbischof Wolf Dietrichs letzte Lebensjahre 1612–1617, in: MGSL 50 (1910). Zugleich Festschrift zur Feier ihres halbhundertjährigen Bestandes, Salzburg 1910, S. 157–230, bes. S. 219–230.

21 Wagner, Sebastiansfriedhof (wie Anm. 13), S. 17 f.

22 Siehe hier vor allem Dorn, Sebastiansfriedhof (wie Anm. 13), S. 185–201.

23 O. A., St. Sebastian, Salzburg. Kirche und Friedhof (Christliche Kunststätten Österreichs 60), Salzburg 1966, S. 14. Ein weiterer bekannter Camposanto nördlich der Alpen ist der 1594 fertiggestellte Stadtgottesacker von Halle/Saale. Vgl. Fischer, Geschichte des Todes (wie Anm. 3), S. 16 f.

24 Martin, Salzburger Friedhöfe (wie Anm. 1), S. 14.

25 Ebenda, S. 14; Eder, Kommunalfriedhof (wie Anm. 15), S. 15.

26 Eder, Kommunalfriedhof (wie Anm. 15), S. 15.

27 Fischer/Herzog, Tod, Trauer und Erinnerung (wie Anm. 18), S. 13.

28 Mit „wo“ sind nicht nur die verschiedenen Salzburger Friedhöfe gemeint, denn vor allem die Lage eines Grabes am Begräbnisort war entscheidend. Ob man in den Arkadengrüften, entlang der Friedhofswege oder auf dem freien Feld beigesetzt wurde, spielte für die Wahrnehmung der letzten Ruhestätte eine durchaus wichtige Rolle.

29 Das Ave-Maria-Läuten war das abendliche Angelusläuten der römisch-katholischen Kirche. Es handelte sich dabei um ein dreimaliges Glockenzeichen der Betglocke und sollte an die Menschwerdung Christi erinnern. Vgl. dazu Andreas Heinz, Angelus, in: LThK, Bd. 1., 3. Aufl. 1993, Sp. 653 f.

30 Judas Thaddäus Zauner (Hg.), Auszug der wichtigsten hochfürstlichen Salzburgischen Landesgesetze zum gemeinnützigen Gebrauch nach alphabetischer Ordnung, Salzburg 1785, S. 241 f.; AES, 22/70, Dekret des Konsistoriums an beide Stadtkapläne, 28. 3. 1770.

31 Josef Schöttl, Kirchliche Reformen des Salzburger Erzbischofs Hieronymus von Colloredo im Zeitalter der Aufklärung (Südostbayerische Heimatstudien 16), Hirschenhausen 1939, S. 82–104.

32 AES, Visitatio generalis in Decanatu Hallein, Decretum proprium, 23. 6. 1784, zit. n. Schöttl, Kirchliche Reformen (wie Anm. 31), S. 95 f.

33 AES, 22/70, Dekret des Konsistoriums an beide Stadtkapläne, die Abstellung der nächtlichen Begräbnisse betreffend, 16. 2. 1770.

34 AES, 22/70, Gutachten der beiden Stadtkapläne Leopold Lamprecht und Johann Andreas Decker, 23. 3. 1770.

35 AES, 22/70, Dekret des Konsistoriums an beide Stadtkapläne, 28. 3. 1770.

36 AES, 22/70, Bestimmungen des Konsistoriums, 28. 3. 1770.

37 AES, 22/70, Beschwerde des Stadtkaplans Kaspar Gmachl an das Konsistorium, 8. 3. 1798.

38 Ebenda.

39 Ebenda.

40 Ebenda.

41 Ebenda.

42 AES, 22/70, Dom-Stadtkaplan Johann Wimsbacher an Konsistorium über die Todesumstände des Postverwalters Georg Felix Gensler, 28. 1. 1795; Konsistorium an Johann Wimsbacher, 29. 1. 1795.

43 Ebenda.

44 AES, 22/70, Summarischer Extractus im Anhang einer Signatur der Salzburger Hofkammer an das Konsistorium betreffend die Unkosten für das Begräbnis der Maria Voglin, 16. 7. 1700.

45 AES, 22/70, Extract einer Resolution Johann Ernsts von Thun vom 12. 8. 1700 an den Bischof von Chiemsee, Sigmund Carl von Castel-Barco, 16. 8. 1700.

46 AES, Protokoll des Konsistoriums, 16. 8. 1700, fol. $1094^{r/v}$, zugleich Dekret an die Oberin des Klosters Nonnberg, betreffend das Begräbnis des Johann Pittner.

47 Ebenda. Der Morzger Pfarrfriedhof war bis zur Errichtung eines eigenen Friedhofs gegenüber St. Erhard 1725/27 der Begräbnisplatz der Nonntaler. Vgl. Georg Stadler, Kirche und „Spital" St. Erhard im Nonntal – Geschichte und Kunst, in: 300 Jahre Kirche St. Erhard 1689–1989, hg. v. d. Landeshauptstadt Salzburg in Zusammenarbeit mit der Pfarre St. Erhard, Salzburg 1989, S. 14–53, bes. S. 31–33; Lorenz Hübner, Beschreibung der hochfürstlich-erzbischöflichen Haupt- und Residenzstadt Salzburg, 1. T., Salzburg 1793 (Reprint, Salzburg 1982), S. 417.

48 Rituale Salisburgense. Ad usum Romanum accomodatum. Authoritate, et jussu celsissimi ac reverendissimi domini domini Francisci Antonii, Archi-Episcopi, et S.R.I. Principis Salisburgensis, S. Sedis. Apostolicæ Legati, Germaniæ Primatis, Principis De Harrach. Denuò recognitum, et revisum, Salzburg 1716, S. 160 f.

49 Ira Spieker und Gudrun Schwibbe, Nur Vergessene sind wirklich tot. Zur kulturellen Bedeutung virtueller Friedhöfe, in: Fischer/Herzog, Nekropolis (wie Anm. 3), S. 229–242.

50 Eine knappe Geschichte des Salzburger Kommunalfriedhofs findet sich bei Eder, Kommunalfriedhof (wie Anm. 15), S. 16–25; Ernst Ziegeleder, 100 Jahre Kommunalfriedhof (Kulturgut der Heimat 8), Salzburg 1980; siehe auch Johann Baumgartner, Der Kommunalfriedhof Salzburg. Materialien zu: Arkadengrüfte, Altes Leichenhaus, Maler Jacob Forster. Dipl.-Arb., Salzburg 2003. Bezüglich der Öffnung des Kommunalfriedhofs für Andersgläubige vgl. Eder, Kommunalfriedhof (wie Anm. 15), S. 17.

51 Fischer/Herzog, Tod, Trauer und Erinnerung (wie Anm. 18), S. 13.

52 Martin, Wolf Dietrichs letzte Lebensjahre (wie Anm. 20), S. 219 f. Zum Testament Wolf Dietrichs aus dem Jahr 1607 vgl. Dorn, Sebastiansfriedhof (wie Anm. 13), S. 165.

53 Haus-, Hof- und Staatsarchiv, Hs. R 35/4, Johann Stainhauser, Denkwürdigkeiten der Regierung Marcus Sitticus von Hohenems: Des Hochwürdigen in Gott Vatters und Herrns, Herrn Wolff Diettrichen gewesten Erzbischoven zu Salzburg Tödtlicher Abgang und Leichbestätigung, Salzburg o. J., fol. 23^{r}.

54 Ebenda, fol. 23^{r}.

55 Ebenda, fol. 32^{r}.

56 Ebenda, fol. 32^{v}.

57 Ebenda, fol. 26^{v}–31^{r}. Zu den genannten Bruderschaften vgl. Rupert Klieber, Bruderschaften und Liebesbünde nach Trient. Ihr Totendienst, Zuspruch und Stellenwert im kirchlichen und gesellschaftlichen Leben am Beispiel Salzburg 1600–1950, Frankfurt am Main u. a. 1999.

58 Stainhauser, Denkwürdigkeiten (wie Anm. 53), fol. 31^{v}.

59 Eva Stahl, Marcus Sitticus. Leben und Spiele eines geistlichen Fürsten, Wien-München 1988, S. 123.

60 Stainhauser, Denkwürdigkeiten (wie Anm. 53), fol. 32^{r}.

61 Ebenda, fol. 32^{r}.

62 Ebenda, fol. 32^{v}.

63 Ebenda, fol. 33^{r}–34^{r}.

64 Ebenda, fol. 34^{r}. Zu den gestifteten täglichen Messe vgl. Dorn, Sebastiansfriedhof (wie Anm. 13), S. 164.

65 Stainhauser, Denkwürdigkeiten (wie Anm. 53), fol. 34^{v}.

66 Martin, Wolf Dietrichs letzte Lebensjahre (wie Anm. 20), S. 221.

67 Ebenda, S. 220 f.

68 Stahl, Marcus Sitticus (wie Anm. 59), S. 122 f.

69 Rudolf von Freisauff (Hg.), Salzburger Volkssagen. Mit 900 Illustrationen, Initialen und Vignetten von J. Eibl, Wien-Pest-Leipzig 1880, S. 451.

70 Ebenda, S. 451.

71 Martin Reiter, Ausg'rutscht & z'sammtutscht. Heitere und ernste Marterlsprüche und Grabinschriften aus dem Alpenraum, Salzburg 2004, S. 96.

72 Ebenda, S. 96.

73 Georg Stadler, Von der Kavalierstour zum Sozialtourismus. Kulturgeschichte des Salzburger Fremdenverkehrs, Salzburg 1975, S. 69. Im Original: *San Sebastiano Parocchia doue è offervabile un Cimiterio cosi grande, ornato d'epitaffij, con lapidi di marmo, che è una delle piú belle cose che si vedino in l'Alemagna, nel quale Cemiterio stà una Capella à cupola in cui giace il corpo di Volfango Teodorico della Casa di Ratenau già Acivescovo* […]. Vgl. dazu Galeazzo Gualdo Priorato, Relatione dell'Arcivescovato, e Principato Di Saltzburg, Delli Vescovati, e Prinicpati Di Bamberg, d'Eistet, e dell'Abbatia Di Fulda, Köln 1668, S. 15.

74 Stadler, Kavalierstour (wie Anm. 73), S. 71.

75 Hübner, Beschreibung 1 (wie Anm. 47), S. 347.

76 Fischer, Geschichte des Todes (wie Anm. 3), S. 16 f.

77 Ločičnik, Wolf-Dietrich-Mausoleum (wie Anm. 11); Franz Martin, Erzbischof Wolf Dietrich von Salzburg und sein Mausoleum (Österreichische Kunstbücher 39/40), Wien 1923; Dorn, Sebastiansfriedhof (wie Anm. 13), S. 145–184.

78 Zum Thema „Memoria" sind in den letzten Jahren zahlreiche Publikationen erschienen: Carolin Behrmann, Arne Karsten und Philipp Zitzlsperger (Hg.), Grab-Kult-Memoria. Studien zur gesellschaftlichen Funktion von Erinnerung, Köln-Weimar-Wien 2007; Mark Hengerer (Hg.), Macht und Memoria. Begräbniskultur europäischer Oberschichten in der Frühen Neuzeit, Köln-Weimar-Wien 2005;

ARNE KARSTEN und PHILIPP ZITZLSPERGER (Hg.), Tod und Verklärung. Grabmalskultur in der Frühen Neuzeit, Köln-Weimar-Wien 2004; OTTO GERHARD OEXLE (Hg.), Memoria als Kultur (Veröffentlichungen des Max-Planck-Instituts für Geschichte 121), Göttingen 1995.

79 REINER SÖRRIES, ‚Kirchhof' oder Coemeterium? Anmerkungen zum mittelalterlichen Friedhof, zu den Sonderfriedhöfen und zur Auslagerung vor die Stadt, in: FISCHER/HERZOG, Nekropolis (wie Anm. 3), S. 23–34, hier S. 32; Zur „Communio Sanctorum" vgl. GERHARD LUDWIG MÜLLER, Gemeinschaft der Heiligen, in: LthK, Bd. 4., 3. Aufl., 1995, Sp. 433–435.

80 FISCHER, Geschichte des Todes (wie Anm. 3), S. 13.

81 Ein Beispiel hierfür sind die Schilderungen des Lebzelters am Platzl, Georg Gruber, der sich heftig, aber vergeblich, gegen die vor seiner Ladentür abgestellten Leichen wehrte. Vgl. exemplarisch AES, 22/70, Leichenstola, Seelenrecht, Friedhofsachen 1640–1760, Georg Gruber an Konsistorium, 4. 4. 1682.

Birgit Wiedl

WIRTSHAUS UND BRAUEREI

Aspekte von Öffentlichkeit am Beispiel des Stieglbräus

1492	Frühester urkundlicher Beleg einer Braustätte an der Gstättengasse
1523	Erstmals als „Bräuhaus bei dem Stieglein" bezeichnet
1664	Bierzwang durch Erzbischof Guidobald Graf Thun
1863	Übersiedelung des Brauereibetriebs nach Maxglan, Weiterführung des Hauses am Stiegl als Wirtshaus

Am 17. Juli 1792 bot sich einigen Bewohnern der Stadt Salzburg ein nicht alltägliches Schauspiel: Plaudernd und lachend zog eine Gruppe von Frauen und Männern unter Musikbegleitung durch die abendlichen Straßen. Als der Lärm *die gegendbewohner zum fenster* lockte, konnten diese in den vorbeischlendernden Personen die heimischen Braumeister und deren Ehefrauen erkennen. In einem Hof[1] des Stieglbräus Johann Ambros Elixhauser war fünf Stunden lang opulent gespeist worden. Man hatte außergewöhnliche Nachspeisen wie *schocolati böchal, vanilli milch* und *lemonipomeranzen* genossen; *um die frauen aufzumuntern*, spielten die Musiker, die bereits das Mahl begleitet hatten, danach zum Tanz auf. Kaffee mit Konfekt und *waffn crapfn* bildeten den Abschluss, eine Flasche *Schampanier* unterstrich das Besondere der Zusammenkunft[2]. Es ist anzunehmen, dass die Festteilnehmer ihren Rückweg durch die Stadt dementsprechend angeheitert, und unter den staunenden Augen der Anrainer, antraten.

Gaststätten im Spätmittelalter und in der Frühen Neuzeit

Diese Art der Präsentation in der Öffentlichkeit, nämlich sich selbst und das eigene Fest in den Mittelpunkt der Aufmerksamkeit zu stellen, ging über den gewohnten Rahmen gastronomischer Öffentlichkeit hinaus. Normalerweise boten Brauer und Wirte mit ihren Schankstuben, ihren Gäste- und Fremdenzimmern lediglich den Rahmen, in dem Öffentlichkeit aller möglichen Ausprägungen stattfinden konnte – von der reduzierten, per definitionem limitierten oder auf persönlichen Einladungen basierenden Handwerkerversammlung oder Hochzeit bis hin zur tagtäglichen Interaktion von Personen von unterschiedlichstem Stand und Herkommen[3]. Gasthäuser waren Umschlagplätze von Information und Gerüchten, von Klatsch, Wichtigem und Unwichtigem, von Politischem, Privatem und Religiösem. In ihnen kristallisierte sich gewissermaßen das städtische Leben. Konflikte entfachten sich in ihnen und kalmierten sich gleichzeitig. Gastwirtschaftliche Betriebe verschiedenster Art sind bereits im Mittelalter nachzuweisen, die Palette der kommerziellen Gastbetriebe der Frühen Neuzeit reichte von prunkvollen Gasthöfen bis zu kleinen, oft nur als Nebenerwerb betriebenen Schänken.

Vielleicht sind für das Jahr 1241 die ersten „Gasthäuser" in Salzburg greifbar. In diesem Jahr schenkte Erzbischof Eberhard II. Ortolf Fuchs dem Jüngeren für seine Verdienste neben Weingärten im Stein und anderem auch *dua hospicia* in der Stadt Salzburg[4]. Es ist kaum

Porträt des Stieglbräus Johann Ambros Elixhauser (1737–1793), Öl auf Leinwand, um 1770 (Salzburg Museum).

anzunehmen, dass damit Armen- oder Krankenhospize gemeint waren. Traditionelle Gastfreundschaft und christliche Hospitalität waren bis weit ins Hochmittelalter wirksam, aber allmählich und parallel zu den alten entwickelten sich bezahlte Formen der Gastlichkeit. Als eigenständiges auf Erwerb ausgerichtetes Gewerbe entfaltete sich das Gastgewerbe erst im Laufe des 14. Jahrhunderts[5]. Beherbergung über Nacht sowie Ausschank und Verpflegung waren dabei zunächst getrennte Tätigkeiten. Das älteste Salzburger Bürgerbuch (1441–1541) kennt sowohl „Gast-" als auch „Leitgeber". Während erstere für die Beherbergung zuständig waren, sorgten letztere für das leibliche Wohl. Der „Leitgeber" war derjenige, der (alkoholische) Getränke ausschenkte[6]. 1447 erhielt der „Gastgeber" Kunradt Wydenmann das Salzburger Bürgerrecht, 1443 und 1448 die „Leitgeber" Chuntz Scheller bzw. Gambrecht Nöll[7]. Erst fünfzig Jahre später begegnen wir der Berufsbezeichnung Wirt, dem sowohl Beherbergung als auch Verpflegung oblag.

Neben diesen professionellen Wirten, die aus ihrer Tätigkeit als „Gast-" oder „Leitgeber" ihren Lebensunterhalt bestritten, bestanden ältere Formen der Gastlichkeit weiter. Noch die Polizeiordnung Erzbischof Matthäus Langs aus dem Jahr 1524 verbriefte (auf ältere Bestimmungen zurückgreifend) allen Bürgern und ausdrücklich auch Bürgerinnen das Recht, Wein, Bier oder Met auszuschenken[8]. Wer in seinem Keller („Grube", „Weingrube") Wein gelagert hatte, durfte diesen im dazu gehörigen „Sitz" ausschenken[9]. Viele der Salzburger Bürgerhäuser besaßen derartige Keller. Sie waren meist von der Straße aus über eine Stiege zugänglich und bescheiden mit Tischen und Bänken ausgestattet. Zur Einrichtung gehörten auch ein „Almar" (Speisekasten[10]) sowie Kandeln und Gläser[11]. Ein „Zeiger", der vor dem Eingang in einem leeren Fass steckte, wies den Weg zum Schank[12]. Dieser „Sitz" war keine Taverne, die das ganze Jahr hindurch geöffnet hatte, sondern ausgeschenkt wurde nur, solange der Vorrat reichte. Durch das „Ausstecken" eines Busches („Zeiger") – wie auch heute bei den Heurigen noch üblich – wurde der Ausschank angezeigt. Noch im 18. Jahrhundert wurde in den Salzburger Gasthäusern etwa der Ausschank von Märzenbier mit dem Ausstecken eines Buschens angezeigt.

Auf dem Land waren die so genannten Bann- oder Ehtavernen als einzige zur Ausschank von Wein und Bier berechtigt, was über Jahrhunderte für Konfliktstoff sorgte[13]. Städtische Wirtshäuser, ob an einer Ausfallstraße oder im Zentrum gelegen, waren wie ihre dörflichen Pendants gesellschaftliche, kommunikative, wirtschaftliche und politische Zentren und stets Orte, an denen Öffentlichkeit stattfand[14]. Der Zugang war kaum beschränkt, allenfalls topografische Lage und Preisgebarung wirkten sozial filternd. Im Gasthaus kamen nicht nur Einheimische unterschiedlichster sozialer Herkunft zusammen, sondern es war auch eine der Schaltstellen für Kontakte der Einheimischen mit Fremden und ein Ort, an dem sich Gäste unterschiedlicher Herkunft beabsichtigt oder zufällig trafen.

Im Zuge der Professionalisierung des Gastgewerbes geriet dieses immer mehr in den Fokus obrigkeitlichen Reglements. In einer Marktordnung aus dem beginnenden 16. Jahrhunderts hieß es, jene, die *vail trannkh haben*, dürften *ire heuser, sitzstet oder gemach* nicht vor der Wandlung des Hochamtes im Dom öffnen. Auch der Betrieb mehrerer Schänken war untersagt. Eine klar ordnungspolitische Maßnahme war schließlich das Verbot, Wein oder Bier in Gnigl, *zu Pirgla* (Bürglstein) und *zwischen baider klausn* (Gstättengasse) auszuschenken[15]. Diese Örtlichkeiten befanden sich alle außerhalb der Stadttore, in Vororten oder waren wie Gnigl vergleichsweise weit entfernt und so der obrigkeitlichen Kontrolle entzogen. In die gleiche Richtung zielten die Bestimmungen der Stadt- und Polizeiordnung von 1524. Sie wiederholte das Ausschanksrecht der Bürger, sorgte sich aber auch um „guten Trunk", griff preisregulierend ein, verbot Weinpanscherei und das Strecken von Wein, Bier und Met mit Wasser.

Die Polizeiordnung unterschied noch zwischen „gemainen", also privaten, nur gelegentlichen Gastgebern und den „offen", den öffentlichen, den förmlichen Gastwirten sowie zwischen einzelnen Sparten des Gast- und Schankgewerbes[16]. „Gastgeber", „Leitgeber", Met- und Bierbrauer sowie die Sudelköche erhielten eigene Ordnungen. Die Polizeiordnung zeigt aber auch die beginnende Vermischung der einzelnen Sparten. So geht hervor, dass z. B. Bierwirte Gäste beherbergten oder „Gastgeber" Reisenden Verpflegung anboten.

Das unkontrollierte Überhandnehmen von Braustätten veranlasste Erzbischof Matthäus Lang zur Schließung aller innerhalb der letzten zehn Jahre entstandenen, die übrigen wurden nun durch die Stadtobrigkeit streng kontrolliert. Zur genauen Berechnung des Umgeldes[17] mussten sie in Hinkunft präzise Angaben über ihre Brauaktivitäten machen[18]. Als Gegenleistung erhielten *was aber allter prewheuser sein* eine förmliche Konzession[19].

Auch die obrigkeitliche Kontrolle auswärtiger Gäste wurde nun Thema. Ausdrücklich wurde den Wirten aufgetragen, *petler, Lanndtsknecht, haussierer, vnd dergleichen Leut* nicht länger als eine Nacht zu beherbergen. Sollten diese länger bleiben wollen oder sonst wie verdächtig sein, mussten sie der gerichtlichen Obrigkeit gemeldet werden[20]. Bestimmungen dieser Art wurden vor allem während der Dultenzeiten den (förmlichen) Wirten eindringlich eingeschärft. Diese übten gemeinsam mit der Obrigkeit ein kontrollierendes Regime aus. Auf durchreisende Personen sollte besonders Acht gegeben werden, *unnüze herrnlose leuth* durften ohne Wissen des Stadthauptmanns nicht *behaust und beherbergt* werden. *Ungebürlichs geschrai und Gottslestern* sei abzustellen, hieß es 1520[21]. Das *spiln* und die *ungeschampern lieder in iren häusern und herbergen* waren auch 1564 Thema[22]. Die Wirte hatten *rumor, Zanckh und unwillen bey tag und nacht Zuverhuetten*[23]. 1582 wurde ihnen eingeschärft, dass ihre Gäste über *8 Uhr nit sitzen, spilen oder jubiliren*, sondern *zeitlich ruhe und Nacht machen*, und erwartete bei *gefahrlichs und aufruerisch zurdrage, daz man mit nottdurfft und gegenwör gefast, und der obrigkhaid beystand* leiste[24]. Dem Gastgewerbe kamen nicht zu unterschätzende Kontrollfunktionen zu, gleichzeitig konnte aber von diesem auch Obrigkeit bedrohendes ausgehen. Wirte in den Vorstädten und nicht-förmliche Schänken entzogen sich trotz eindeutiger Gebote der „gemeinen" Ordnungspolitik, indem sie etwa *argkhwennigen* Personen Herberge gaben[25]. 1581 klagte der Metschänker Andrä Han (Hahn), jeder Handwerker, jeder Kramer und allerlei Bürger würden in den *Winckheln* Wein und Branntwein feilbieten, untern *Raiffen* verkaufen, auch vom *zappfen* und in Fassln abgezogenen Wein Zechern anbieten, forderte die Kontrolle dieser Schenken und die Aufhebung *allerley Winckhlwiertt*[26].

Der ehemalige Stieglbräuhof in Aiglhof, heute demoliert, 1953 (Archiv der Stadt Salzburg, Fotosammlung).

Die Abschaffung der Winkelwirtschaften hatte dann auch die Regulierung der Gewerbe unter Erzbischof Wolf Dietrich im Sinn. Die Überhandnahme *der würt, wein- und pierschenken*, hieß es in einem 1595 öffentlich im Rathaus angeschlagenen Mandat, habe zu nichts anderem als *verderbung* geführt, *unnüzes gsündl* angezogen, zur *verfelschung* des Weines und dann zu *allerley unordnung und mißbräuch* geführt[27]. Das Mandat beschränkte die Zahl der Gaststätten auf 35 Wein-, drei Süßwein- und fünf Metschenken sowie 13 Braustätten. Diese erhielten förmliche Konzessionen.

Das „preuhaus auf der Gestetten"

Bis zum Jahr 1501 waren sieben Braustätten in der Stadt entstanden[28], unter denen 1492 das Stieglbräu anlässlich der Übernahme durch Margarethe Peuntnerin, der Witwe des Inhabers des *preuhausess auff der Gestetten*, erstmals belegt ist[29]. Anlässlich des Kaufes eines angrenzenden Hausanteils durch sie und ihren zweiten Ehemann Stefan Herzog findet sich 1523 erstmals der spätere Markenname: *auf der gsteten, im preuhaus bey dem stieglein*[30].

Dieses Brauhaus ist auch ein schönes Beispiel für das Auseinanderklaffen normativer Regeln und Realität. Nach stadtrechtlichen Bestimmungen hätte es auf der Gstetten zwischen den beiden Klausentoren keinen Ausschank geben dürfen. Gelegen direkt vor der Engstelle zwischen Salzachufer und Mönchsberg im äußersten Norden der Stadt, war der Stieglbräu in seinen Anfängen wohl nicht unter die bedeutendsten und wohlhabendsten Brauer Salzburgs zu zählen. Dass sich dies änderte, war vor allem das Verdienst Michael Gaplers, eines Bierbrauersohnes aus Brandenburg. In einer für das frühneuzeitliche Handwerk durchaus typischen Konstellation hatte er bereits einige Zeit als Brauknecht im Stieglbräu gearbeitet, als er 1638 die verwitwete Braumeisterin Maria Risin ehelichte[31]. Das Ehepaar Gapler steigerte nicht nur die Bierproduktion[32], sondern kaufte auch zahlreiche Grundstücke in- und außerhalb der Stadt. Nach der weitgehenden Zerstörung der Häuser an der Gstättengasse bei einem Felssturz im Jahr 1669 ließ Michael Gapler einen großen Neubau direkt neben dem alten, unversehrt gebliebenen Gebäude des Stieglbräus anbauen, anlässlich dessen Fertigstellung 1672 er den längst gängigen Namen der Brauerei auch in Form eines Hauszeichens, eines schmiedeeisernen Schildes mit einer Stiege im Mittelpunkt, öffentlich präsentierte[33]. Zudem kaufte er ein Grundstück im Aiglhof, auf dem bald ein Bauernhof entstand und dem spätere Besitzer etliche Gründe hinzufügen sollten[34].

Das Stieglbräu als Ort der Feiern und der Arbeitsvermittlung

Als eines der größten und umsatzstärksten Braugasthäuser der Stadt war das Stieglbräu auch derjenige Ort, den zahlreiche Bürger und bürgerliche Institutionen, aber auch Auswärtige, für ihre Feste wählten. Die Feierlichkeiten fanden zwar teilweise in einem abgesonderten, quasi privaten, Raum statt, hatten aber, da sie in einem prinzipiell allgemein zugänglichen Ort stattfanden, einen zumindest semi-öffentlichen Charakter. Hochzeits- und Tauffeiern, Leichenbegängnisse, Einladungen und Jahrtage von Handwerkszünften dienten nicht nur der Zelebrierung des eigentlichen Anlasses, sondern waren auch Gelegenheiten, sich zu präsentieren. Im 18. Jahrhundert konnten die Stieglbräuerin Maria Johanna Knospin sowie ihre beiden Ehemänner Josef Andrä Grafendorfer und Johann Ambros Elixhauser[35] etliche Zünfte als Dauerkundschaft gewinnen. Neben den bereits ansässigen Tischlern entschieden sich die Lodenherrichter, die Fischer sowie die Schmiede und Wagner für das Stieglbräu[36]. Auch die eigene Zunft der Brauer übersiedelte ihre Herberge[37] 1773 ins Stieglbräu. Deren Versammlungen wurden mindestens einmal pro Jahr zum Fest des Zunftpatrons[38], dem hl. Florian, abgehalten, und der Wirt hatte dabei nicht nur für den reibungslosen Ablauf zu sorgen, sondern musste auch, da die Handwerker bei solchen Zusammenkünften nicht nur tafelten, sondern auch Gericht hielten und Interna besprachen, absolut vertrauenswürdig sein.

Für den Wirt bedeutete dies neben Prestige auch einen pekuniären Gewinn, denn die jeweiligen Handwerke ließen sich ihre Selbstrepräsentation je nach Finanzlage durchaus etwas kosten, auch wenn dies vielleicht nur über Klatsch nach außen drang. Der Stieglbräu passte seine Angebote den Wünschen der jeweiligen Zeche an. So erhielt etwa die nicht gerade zu den finanzkräftigsten gehörende Zunft der Fischer ein schlichtes Menü[39], während die ungleich reicheren Tischler allein schon durch das noblere Geschirr und Besteck auf der Festtafel ihren Status betonten. Auch ihre Menüfolge war üppig und beeindruckte wohl auch Außenstehende: Pasteten, Rehschlögl und Nierenbraten, Nachspeisen wie *pischgothen dorthen* und *holl kiechl*, und als Abrundung der immer beliebter werdende Kaffee[40]. 1791 gönnten sich die Tischler gar Musikanten, die für sie zum Tanz aufspielten und wohl auch „nach außen hin" hörbar waren[41]. Ein Herbergswechsel war dem neuen Wirt

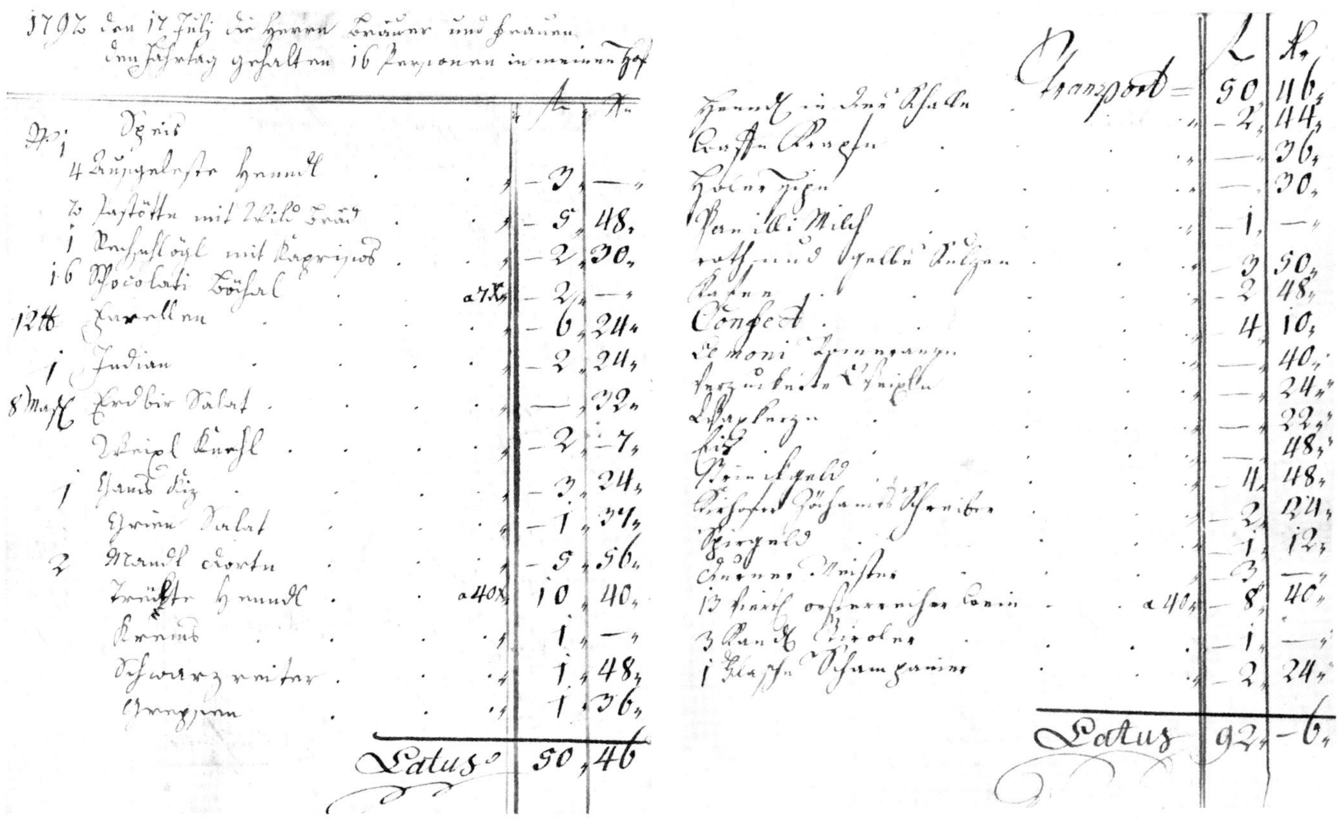

Wirtschaftsbuch der Stieglbrauerei 1755–1809 (Archiv der Stadt Salzburg).

daher durchaus eine Feier wert. Als etwa 1779 die Zeche der Hufschmiede und Wagner vom Stockhammerbräu *mit der lath zu uns* ins Stieglbräu übersiedelte, konnte sie dies auf Kosten des Stieglbräus Elixhauser feiern[42].

Auch etliche Gesellenverbände wählten den Stieglbräu: Neben den Schmied- und Wagnerknechten[43] hatten die Brauknechte sowie die Tischler- und Sattlergesellen ihre Herberge im Stieglbräu eingerichtet. Die Herberge war nicht nur als Unterkunft für fremde und durchreisende Gesellen eingerichtet[44], sondern stellte auch für die ansässigen einen Mittelpunkt ihres Lebens dar – nicht von ungefähr wurde der Wirt als „Herbergsvater" angesprochen. Neben handwerksinternen Aufgaben wie der Verwahrung der Gesellenlade und der Beisitz beim Gesellengericht war er nach außen hin Schaltstelle für die Vermittlung von Arbeit. Neu in die Stadt kommende Gesellen durften nur über ihn an die Meister vermittelt werden, während sich Meister, die Arbeitskräfte suchten, bei ihm melden mussten[45]. Der Wechsel einer Herberge musste daher nach außen hin kundgetan werden, da auch Nicht-Mitglieder der Zunft Kenntnis über ihre Lage haben mussten. Als daher die Schmiede- und Wagnergesellen 1779 vom Stockhammerbräu (Getreidegasse) ins Stieglbräu übersiedelten, taten sie dies unter möglichst öffentlichkeitswirksamem Pomp und ließen sich bei ihrem Umzug von Musikern begleiten. Beim Stieglbräu brachten sie ihr Handwerkszeichen in der Nähe des Eingangs an. Als sie *ihren schild aufgemacht* hatten, um auch öffentlich ihre Inanspruchnahme kundzutun, speisten sie ebenfalls auf Kosten des Stieglbräus, der sich der Wichtigkeit dieses Ereignisses durchaus bewusst war[46].

Der Aufwand für die Festlichkeiten der Gesellen stand denen der Meister in nichts nach und übertraf diese bisweilen an Opulenz und Publikumswirksamkeit. Die Schmiede- und Wagnergesellen ließen sich mit dem *gelben tischzeug* (Messingbesteck) aufwarten und ihre Tische mit Büschen dekorieren, am Gesellenjahrtag

Stieglbräu von der Gstättengasse aus, Fotoatelier Würthle, 1906 (Archiv der Stadt Salzburg, Fotosammlung).

provisoner mit Frau und vier Kindern niedergelassen[67]. Im *preu haus in stiegl*[68] wohnten nicht nur die Mitglieder der Brauerfamilie, sondern auch der Brauknecht, der Hausknecht sowie zehn Mieter, darunter mehrere Almosenempfänger, eine Baddirn des Rapelbades, ein Herrendiener und ein Pferdeknecht sowie zwei Fischer, die *alle 8 tag ab im zimmer und cost daselbst wexlen.* Die Anwesenheit dieser Personen, die durch die Gaststuben ein- und ausgingen und herumtollende Kinder gehörten für die Gäste zur Alltagserfahrung in den Wirtsstuben. Gerade die Kleinhandwerker unter den Bewohnern mochten unter den Gästen potentielle Kunden finden, wohingegen auch Gäste die Möglichkeit ergriffen haben könnten, von diesen Handwerkern im Gasthaus Erzeugnisse zu erwerben und Dienstleistungen in Anspruch zu nehmen.

Für die Stammgäste stellten Wirt und Wirtin eines Gasthauses oft Vertrauenspersonen dar, was seinen Niederschlag unter anderem in deren Bereitschaft, an ihre Gäste Geld zu verleihen – quasi als Darlehenskassa zu fungieren – finden konnte[69]. In der Verlassenschaft von Johanna Elixhauserin war 1787 die enorme Summe von über 12.200 Gulden noch einzubringender Schulden verzeichnet, die sich auf insgesamt elf Debitoren aufteilte, darunter der bei seiner Hochzeit so zuvorkommend behandelte Metzger auf der Gstätten, Joseph Zas. Die meisten dieser Schulden bestanden bereits seit etlichen Jahren oder gar Jahrzehnten. Demzufolge hatten sich – bei einem Zinssatz von etwa 3 bis 4 Prozent – oft erhebliche Zinsen angehäuft, wie etwa im Fall des Höllbräuers Michael Joseph Knosp, zu dessen 1768 geliehener Summe von 3000 Gulden sich bereits 200 Gulden Zinsen angesammelt hatten[70]. Sein Konkurs brachte Elixhauser schließlich in den Besitz des Höllbräu[71].

Kegelscheiben beim Stiegl – ein städtisches Großereignis

Bereits 1783, so vermeint man den Direktor des Salzburger Hofrates Franz Thaddäus von Kleimayrn in einem Zirkularbefehl des Jahres 1797 aufseufzen zu hören, hätte man das mehrtägige Kegelscheiben in den Gasthäusern abstellen lassen. Obwohl somit kein landesfürstlicher Beamter einem Wirt oder Brauer ein länger als drei Tage dauerndes Kegelscheiben gestatten hätten dürfen, wurden dennoch immer wieder Bewilligungen erteilt[72].

Waren es in den aufkommenden Kaffeehäusern das Billard oder die (verbotenen) Hasardspiele, so vergnügte man sich in den Wirtshäusern und Bräustuben neben dem Kartenspiel vor allem mit einem: dem Kegelspiel[73]. Ein Wirtshaus mit einer eigenen Kegelbahn, wie etwa das Stieglbräu oder der Pflegerwirt[74], durfte auf einen regen Zulauf von Gästen hoffen. Noch 1802 war es einer der Hauptbeschwerdepunkte der konzessionierten Wirte und Brauer gegenüber ihren „pfuschenden“ Konkurrenten, dass etliche unter diesen Kegelspiele veranstalteten[75]. Ab den 1770er Jahren hielt auch der Stieglbräu Johann Ambros Elixhauser solche ab. Die Organisation eines sich über mehrere Tage erstreckenden Kegelscheibens war aufwendig und kostenintensiv. Die Preise wurden vom Stieglbräu gestellt, der Hauptpreis war üblicherweise ein Tier aus dem eigenen Stall: 1777 etwa ein 17 Zentner schwerer und 120 Gulden teurer Schweizer Stier[76], 1779 ein Ochse im Wert von sogar 160 Gulden, wobei der Brauer dem Sieger zumeist die Tiere wieder abkaufte.

Die *gros kögl scheiben* dauerten lange, 1777 zehn, 1779 14 Tage, und wurden immer aufwändiger präsentiert: Neue Kugeln wurden gekauft, eine neue Bahn angefertigt und publikumswirksam mit Kränzen geschmückt. Musikanten unterhielten Spieler und Zuseher, zusätzliches Servierpersonal wurde eingestellt, ein Schreiber und mehrere Kegelaufsetzer sorgten für den reibungslosen Ablauf des Spiels. Die Anstrengungen lohnten sich: *haben in garthen ville leith von hochen standt und auch nithern* [niederem] gehabt, vermerkte Elixhauser stolz. 1779 wurden insgesamt 82 Preise vergeben und ein Gewinn von über 2000 Gulden erzielt[77]. Der große Erfolg veranlasste Elixhauser, sowohl 1780 als auch 1781 erneut ein 14-tägiges Kegelscheiben abzuhalten[78]. 1780 wurde dieses sogar noch um weitere drei Tage verlängert, da der Gewinner als neuen Preis eine Taschenuhr spendete.

Die Veranstaltungen waren gesellschaftliche Großereignisse. *Es ware alles voll Leute, und das Scheiben kann noch eine Woche dauern*, notierte etwa 1777 Hofrat Joachim Ferdinand von Schidenhofen[79]. Auch die Geschwister Mozart und deren gemeinsame Bekannte Katherl Gilowsky besuchten 1780 diese Veranstaltung[80].

Damit nicht hierdurch die bauernsöhne, knechte, und taglöhner bey derley kegelscheiben müßige zuseher abgeben, oder wohl gar selbst, wo nicht bey dem hauptscheiben, doch wenigsten bey denen gemeiniglich in diesen fällen veranstalteten neben-kegelscheiben ihr geld zu verspielen und solcher gestalten sich der nöthigen feldarbeit zu entziehen veranlasset werden, hatte Kleimayrn die Einstellung dieser Vergnügung gefordert, wobei Arbeitskraft und -einsatz der ländlichen Bevölkerung wohl nur einen (vorgeschobenen?) Teilaspekt der Sorge darstellte[81]. Dennoch kamen die Teilnehmer an den Veranstaltungen des Stieglbräu nicht nur aus der Stadt: Hatte 1779 ein Henndorfer Wirt gewonnen, so konnte sich 1781 ein Thalgauer Kellerschreiber über den zweiten Platz hinter einem *knecht vom hochfürstl. gestüet hof* freuen.

Veranstaltungen wie das Kegelscheiben beim Stieglbräu führten die städtische Gesellschaft zusammen und vereinten für einen bestimmten Zeitraum ein sozial differenziertes Potpourrie an Menschen. Auch der Hofrat und der Hofmusiker hatten es sich nicht nehmen lassen, zumindest beobachtende Teilnehmer zu sein. Ähnlichen Charakter hatten die Aufführungen von Theatergruppen und Künstlern jeder Art in den mitunter großen Sälen der Gasthäuser. Der Lasserwirt (Platzl), das „Weiße Lamm" (Linzer Gasse), das Kugelbräuhaus, die „Blaue Gans" (Getreidegasse), die „Pelzhütte" (Steingasse) und die Stadttrinkstube etwa sahen solche Theateraufführungen wandernder Schauspielertruppen[82]. Mechaniker, Schattenspieler, Optiker, Zauberkünstler zogen nicht nur ein polterndes depriviertes Publikum an, sondern übten Faszination auf breite städtische Schichten aus.

Stieglbräu vom oberen Gries aus (heute Anton-Neumayr-Platz), Fotoatelier Würthle, 1906 (Archiv der Stadt Salzburg, Fotosammlung).

Diesen inkludierenden Tendenzen der Gastronomie standen exkludierende gegenüber. Gehobene Gaststätten wie die Stadttrinkstube und das „Goldene Schiff" etwa sind Beispiele, in denen sich die „bessere" Gesellschaft ein exklusives Refugium schuf. Exkludierende Wirkung, wenn auch am anderen Ende der sozialen Rangleiter angesiedelt, hatten aber auch die „Winkelstuben", das sind jene in den abgelegenen Gassen und vor den Toren der Stadt sowie jene, die ohne förmliche Genehmigung illegal betrieben wurden. Diesen galt der nach polizeilichem Eingreifen verlangende Konkurrenzkampf der förmlichen Wirte und Brauer genauso wie die kontrollierende Sorge der Obrigkeit um Ruhe, Ordnung und Sittlichkeit.

Zunftpolitik

Die Zeche der Brauer und Mälzer war ein weitgehend in sich geschlossener Kreis[83]; dies zeigt sich auch an immer wieder auftauchenden Namen wie Elixhauser, Gabler oder Wilhelmseder[84]. Vielleicht nicht ganz so geschlossen war die Gruppe der Wirte, das Vorgehen gegen nichtkonzessionierten Ausschank bildete allerdings einen Grundzug der ‚Zunftpolitik', wofür ein paar Beispiele angeführt werden sollen. 1601 wandten sich die Brauer und Wirte etwa gegen Gregor Paumberger, der in seiner Wirtschaft neben Wein auch bayerisches Bier ausschenkte und seine Eignung zum Bierzäpfler daraus ableitete, dass er das Stieglbräu jahrelang bestandsweise innegehabt hätte. Die Stadthauptmannschaft hatte zwar wiederholt den Bierimport aus Bayern verboten, sie zeigte jedoch auch Verständnis für Paumberger, *in diesen jenigen schweren und theuren zeiten* jede nur erdenkliche Einnahmequelle zu nutzen. 1628 protestierte die Zeche der Bierbrauer gegen Paumberger. Dabei wurde nicht nur seine Tätigkeit als „Pfuscher" angesprochen, sondern Paumberger auch seine öffentlich geäußerten Schmähreden vorgeworfen[85]. Trotz etlicher Argumente ließ sich die Obrigkeit nicht von einem Verbot überzeugen. *Die billichkheit an sich selbsten erfordert,* argumentierten die Brauer in den 1690er Jahren wütend gegen den Bier ausschenkenden Schuhmachermeister Simon Leidl, *das der schneider bey seiner schörr, der schuechmacher beym laist, und der würth beym zapffen verbleiben* [...] *solle.* Da Leidl jedoch vornehmlich erzbischöfliches Hofbier ausschenkte und damit zur Auffüllung des landesfürstlichen Säckels beitrug, blieb ihr Protest wirkungslos[86].

Eine lange Tradition hatte der Kampf der Wirte und Brauer gegen die Schänken in St. Peter und gegen jenen im Augustinerkloster in Mülln. Die Augustiner würden darüber hinaus, ohne dazu berechtigt zu sein, in ihren zwei Wirtshäusern in Mülln Märzenbier ausschenken und nicht davor zurückschrecken, *und mit Aussteckung der grünen Bäume die Leute aus der Stadt zahlreich anlocken,* so die Brauer 1774 klagend[87]. St. Peter würde zu diesem Zweck gar eine Kegelstatt unterhalten[88]. Die beiden Klostergemeinschaften hätten das Ausschankrecht usurpiert. Immer wieder argumentierten die Brauer und Wirte, die nichtkonzessionierte Konkurrenz (nicht nur die klösterliche) würde sich außerhalb kommunaler Ordnung bewegen. Der *räuberische klubb von pfuschern* sei kaum kontrollierbar, wurde weiters vorgebracht, nur von den förmlichen Wirten wisse man, woran man sei. Auf obrigkeitlich-kontrollierende Funktion der Wirte anspielend argumentierte auch das Polizeiamt 1802 gegen den Peterskeller, hier werde *vorzüglich in der gewöhnlichen Zechstube* [...] *mit einer ganz zügellosen Kannengießerey u. Freyheit räsonirt, die in keinem anderem Staat geduldet* würde[89].

In dieser Frage prallten zwei Welten aufeinander. Die Klöster leiteten ihr Ausschanksrecht „von alters" her und es gehöre gewissermaßen auch zur klösterlichen Gastfreundschaft. Dagegen hatte sich das allgemeine bürgerliche Ausschanksrecht des Spätmittelalters allmählich zu exklusiven Gewerben professionalisiert. Der zünftisch motivierte Kampf gegen die „Pfuscher" bewegte sich dabei durchaus innerhalb der alten Konfliktzonen des Professionalisierungsprozesses. Die zünftisch-bürgerliche Kritik am klösterlichen Ausschank thematisierte darüber hinaus die ständische Privilegierung und die steuerliche Ungleichbehandlung. Um 1800 waren mehrere Argumentationsketten virulent. Mit der Berufung, „Staatsbürger" zu sein, verteidigten die Brauer gerade die exkludierende Verfasstheit des zünftischen Gewerbesystems[90].

Anmerkungen

1 Vermutlich fand das Fest auf dem Hof des Stieglbräus in Maxglan (Aiglhof) statt. Vgl. AStS, PA 633/7, Güterverzeichnis 1784; AStS, PA 633/8, Verlassenschaftsverzeichnis 1787; SLA, Hieronymuskataster Stadt Salzburg, Band 1, fol. 227 r/v.

2 AStS, PA 1.161/1 und PA 1.161/2, 17. 7. 1792.

3 MARTIN SCHEUTZ, „hab ichs auch im würthshauß da und dort gehört [...]". Gaststätten als multifunktionale öffentliche Orte im 18. Jahrhundert, in: DERSELBE, WOLFGANG SCHMALE und DANA ŠTEFANOVÁ (Hg.), Orte des Wissens (Jahrbuch der Österreichischen Gesellschaft zur Erforschung des achtzehnten Jahrhunderts 18/19), Bochum 2004, S. 169–203, hier S. 170–172.

4 SUB III, Nr. 966.

5 Allgemein: HANS CONRAD PEYER, Von der Gastfreundschaft zur Gastlichkeit im Mittelalter (Monumenta Germaniae Historica. Schriften 31), Hannover 1987; Dazu auch die Arbeiten von Beat Kümin zum Wirtshaus in der Frühen Neuzeit, zuletzt: BEAT KÜMIN, Drinking Matters. Public Houses and Social Exchange in Early Modern Central Europe, Basingstoke 2007; vgl. den Beitrag von Thomas Weidenholzer über das „alte" Gerichtshaus in diesem Band.

6 JOHANN ANDREAS SCHMELLER, Bayerisches Wörterbuch, Nachdr. der 2. von KARL FROMMANN bearb. Ausg., München 1985, Sp. 1534–1539.

7 AStS, BU 15, Bürgerbuch 1441–1541, fol. 3r, 8r, 9r; CHRISTINE E. JANOTTA, Das älteste Salzburger Bürgerbuch 1441–1541, in: Jahresschrift Salzburger Museum Carolino Augusteum 32 (1986), Salzburg 1987, S. 6–192, hier S. 29, 37, 39.

8 Die Salzburger Stadt- und Polizeiordnung von 1524, hg. von FRANZ VIKTOR SPECHTLER und RUDOLF UMINSKY (Göppinger Arbeiten zur Germanistik 222. Frühneuhochdeutsche Rechtstexte 1), Göppingen 1978, S. 185; SCHEUTZ, Gaststätten (wie Anm. 3), S. 179–187.

9 HERBERT KLEIN, Der Sitz. Ein Beitrag zur Geschichte des Salzburger Gaststättenwesens, in: MGSL 112/133 (1972/73), S. 124–126.

10 ISABEL ALEXANDRA KNOERRICH, Romanismen im Bairischen: ein kommentiertes Wörterbuch, Diss., Passau 2003, S. 26, Nr. 191.

11 AStS, Sendbriefe der Stadt Salzburg, 1456–1465, fol. 187r f.

12 Ebenda, fol. 199r.

13 PEYER, Gastfreundschaft (wie Anm. 5), S. 104; HEINZ KREIBICH, Die Geschichte der Salzburger Hofbrauereien 1498–1815, Diss., Innsbruck 1957, S. 328.

14 SCHEUTZ, Gaststätten (wie Anm. 3), S. 177.

15 MICHAEL LIPBURGER, Das sogenannte Cristan Reutter'sche Stadtbuch. Beiträge zur Geschichte der Stadt Salzburg zwischen dem Ratsbrief Friedrich III. von 1481 und der Stadt- und Polizeiordnung von 1524 (Prüfungsarbeit am Institut für Österreichische Geschichtsforschung), Wien 1983, S. 30.

16 SPECHTLER/UMINSKY, Stadt- und Polizeiordnung (wie Anm. 8), S. 193–194.

17 Vgl. zu Umgeldordnungen und -vorschreibungen AStS, Pezoltakten 146 und 327; Allgemein: GERHARD AMMERER, Funktionen, Finanzen und Fortschritt. Zur Regionalverwaltung im Spätabsolutismus am Beispiel des geistlichen Fürstentums Salzburg, Salzburg 1987, S. 309–312; KREIBICH, Hofbrauereien (wie Anm. 13), S. 549–592.

18 SPECHTLER/UMINSKY, Stadt- und Polizeiordnung (wie Anm. 8), S. 188–191.

19 SPECHTLER/UMINSKY, Stadt- und Polizeiordnung (wie Anm. 8), S. 189; für Zwettl: FRANZ PÖTSCHER und FRIEDEL MOLL, Braustadt Zwettl (Zwettler Zeitzeichen 6), Zwettl 2001, S. 9–23; für Wien: HEINRICH BERG und KARL FISCHER, Vom Bürgerspital zum Stadtbräu. Zur Geschichte des Bieres in Wien, Wien 1992; allgemein: SCHEUTZ, Gaststätten (wie Anm. 3), S. 173 f.

20 SPECHTLER/UMINSKY, Stadt- und Polizeiordnung (wie Anm. 8), S. 192.

21 AStS, Protokolle des Stadtrates, Ordnung für Wirte und Schenken während der Dult, 12. 9. 1520.

22 AStS, Protokolle des Stadtrates, 20. 3. 1564.

23 AStS, Protokolle des Stadtrates, 15. 9. 1588.

24 AStS, Protokolle des Stadtrates, 17. 9. 1582.

25 AStS, Protokolle des Stadtrates, 12. 8. 1555.

26 AStS, Protokolle des Stadtrates, 5. 6. 1581.

27 AStS, ZA 833, öffentlicher Anschlag, die Regulierung des Gaststättenwesens betreffend, 1595; vgl. auch SLA, Hofkammer Generale 1580–1595 B.

28 THOMAS WEIDENHOLZER, Das „Höllbräu". Zur Geschichte eines Salzburger Braugasthofes von 1700 bis in die Gegenwart, in: ERICH MARX (Hg.), Das „Höllbräu" zu Salzburg. Geschichte eines Braugasthofes (Schriftenreihe des Archivs der Stadt Salzburg 4), Salzburg 1992, S. 61–132, hier S. 65.

29 Zwischen 1492 und 1800 wurde das Stieglbräu sechs Mal über die weibliche Erblinie weitergegeben, ähnliche Beispiele für das Höllbräu bei WEIDENHOLZER, Höllbräu (wie Anm. 28), S. 64.

30 AStS, Urkundenreihe, 12. 3. 1523. HARALD WAITZBAUER, 500 Jahre Salzburger Stiegl-Bier 1492–1992, Salzburg 1992, S. 53 f.

31 AStS, PA 633, Heiratskontrakt, 20. 12. 1638.

32 WAITZBAUER, 500 Jahre (wie Anm. 30), S. 57.

33 Ebenda, S. 62.

34 SLA, Hieronymuskataster Stadt Salzburg, Bd. 1, fol. 227 r/v.

35 HEINZ KREIBICH, Aus der Geschichte der Salzburger Brauerfamilien, in: Adler. Zeitschrift für Genealogie und Heraldik 1955, S. 192.

36 AStS, PA 1.16./1, erste Seiten.

37 AStS, ZA 723, Handwerksordnung der Bierbrauer, 1627, § 2: Verpflichtende Einrichtung einer Herberge *bey einem ersamen burger oder gastgeben.*

38 Ebenda.

39 AStS, PA 1.161/1, z. B. 21. 6. 1778, 4. 7. 1779, 25. 12. 1780, 5. 7. 1789. Der durchschnittliche Verdienst war 130–140 Gulden.

40 AStS, PA 1.161/1, jeweilige Pfingstmontage.

41 AStS, PA 1.161/1, 13. 6. 1791.

42 AStS, PA 1.161/1, 19. 12. 1779.

43 Vgl. zu Aufgaben und Kompetenzen des Herbergsvaters: BIRGIT WIEDL, Alltag und Recht im Handwerk der Frühen Neuzeit. Schmiede, Wagner, Schlosser und andere Eisen verarbeitende Handwerke in Stadt und Land Salzburg (Schriftenreihe des Archivs der Stadt Salzburg 21), Salzburg 2006, S. 79–87.

44 AStS, ZA 732, Handwerksordnung der Bierbrauer 1627, § 2: *auch die wandernden knecht ihr herberg haben mögen*; Wiedl, Alltag und Recht (wie Anm. 43), S. 81.

45 Ebenda, S. 84–87.

46 AStS, PA 1.161/1, 26. 6. 1779.

47 AStS, PA 1.161/1, 13. 7. 1790.

48 Wiedl, Alltag und Recht (wie Anm. 43), S. 73.

49 AStS, PA 1.161/1, z. B. 11. 7. 1774.

50 Vgl. z. B. AStS, PA 1.161/1, 14. 5. 1792 und parallel ZA 417, Rechnungsbuch 1790–1832, S. 39.

51 AStS, Pezoltakten 355.

52 AStS, ZA 422, Lehrjungenordnung der Brauer.

53 AStS, PA 1.161/1, 26. 9. 1782.

54 AStS, PA 1.161/1, 12. 8. 1777.

55 AStS, PA 1.161/1, 13. 8. 1777.

56 AStS, PA 1.161/1, 28. 1. 1778; in PA 1.161/2 unter demselben Tagesdatum auf 1780 datiert.

57 AStS, PA 1.161/1, 4. 9. 1781.

58 AStS, PA 1.161/1, 1. 9. 1777.

59 AStS, PA 1.161/1, 7. 10. 1777: 1 Gulden 16 Kreuzer Mahlgeld pro Person; 1. 1. 1778, etwa vergleichbare Hochzeit des Huterers der Linzer Gasse: 2 Gulden 30 Kreuzer.

60 AStS, PA 1.161/1, 22. 11. 1777 und 20. 2. 1778.

61 AStS, PA 1.161/1, 25. 1. 1778 und 28. 1. 1782.

62 SLA, Protokolle des Hofrats, Polizeisachen 1794, fol. 577^{v}–578^{r} und 732^{r}–735^{v}.

63 Vgl. Klein, Der „Sitz" (wie Anm. 9), S. 124–126.

64 SLA, Geheimes Archiv XXVII/20, S. 115: 1758 beschäftigte der Stieglbräu 2 Brauknechte, 1 Helfer, 1 Köchin, 1 *kuchlmensch*, 2 Kellner, 1 Kellnerin, 1 Hausdiener und 1 Kindermädchen.

65 Die gesamte Beschreibung in AStS, PA 633/8, Verlassenschaftsverzeichnis Johanna Elixhauserin, 1787.

66 AStS, PA 1.161/1, zwischen Jänner und April 1782.

67 SLA, Geheimes Archiv XXVII/16, Seelenbeschreibung 1713, fol. 200^{v}–201^{r}, fol. $210^{r/v}$.

68 Waitzbauer, 500 Jahre (wie Anm. 30), S. 62; SLA, Hieronymuskataster Stadt Salzburg, Bd. 1, fol. $227^{r/v}$.

69 Vgl. dazu auch Scheutz, Gaststätten (wie Anm. 3), S. 178.

70 AStS, PA 633/8, Verlassenschaftsverzeichnis Johanna Elixhauserin 1787.

71 Weidenholzer, Höllbräu (wie Anm. 28), S. 78.

72 AStS, Pezoltakten 7, Nr. 13.

73 Vgl. allgemein Manfred Zollinger, Geschichte des Glücksspiels. Vom 17. Jahrhundert bis zum Zweiten Weltkrieg, Wien 1997.

74 Thomas Weidenholzer, Handel, Gewerbe und Verkehr Gasthäuser und Brauereien zur Mozartzeit, in: Historischer Atlas der Stadt Salzburg, hg. v. Peter F. Kramml, Erich Marx und Demselben (Schriftenreihe der Stadt Salzburg 11), Salzburg 1999, Bl. V/3.

75 AStS, Pezoltakten 330, Beschwerdeschrift, 11. 8. 1802.

76 AStS, PA 1.161/1 und AStS, PA 1.161/2, vor Oktober 1777.

77 AStS, in PA 1.161/1 und AStS, PA 1.161/2; Zitat aus PA 1.161/2, 22. 8. 1779.

78 AStS, PA 1.161/1 und AStS, PA 1.161/2, 13. 8. 1780 und 7. 10. 1781.

79 Hannelore und Rudolph Angermüller (Hg.), Johann Ferdinand von Schidenhofen. Ein Freund der Mozarts. Die Tagebücher des Salzburger Hofrats (MGSL. Erg.-Bd. 24), Bad Honnef 2006, S. 279, Eintrag vom 11. 9. 1777.

80 Wilhelm A. Bauer und Otto Erich Deutsch (Hg.), Mozart. Briefe und Aufzeichnungen, Bd. 3, Kassel 1962, Nr. 533, S. 8.

81 AStS, Pezoltakten 7, Nr. 13.

82 Friedrich Johann Fischer, Bühnen und Spielplätze in der Stadt Salzburg im 18. Jahrhundert, in: Salzburger Museum Carolino Augusteum. Jahresschrift 1959, Salzburg 1960, S. 223–238.

83 Vgl. dazu auch: Rupert Klieber, Bruderschaften und Liebesbünde nach Trient. Ihr Totendienst, Zuspruch und Stellenwert im kirchlichen und gesellschaftlichen Leben am Beispiel Salzburg 1600–1950, Frankfurt am Main u. a. 1999, S. 343–346.

84 Kreibich, Brauerfamilien (wie Anm. 35), S. 192.

85 AStS, ZA 855/1, Nr. 32 und 36.

86 AStS, ZA 592.

87 AStS, ZA 855, Nr. 551, Beschwerde der Brauer, expediert 13. 11. 1774

88 Vgl. den Beitrag von Gerald Hirtner in diesem Band; AStS, Pezoltakten 330, 3. 8. 1802; 11. 8. 1802.

89 AStS, Pezoltakten 330, Polizeiamt an Hofrat, 16. 11. 1802.

90 AStS, ZA 855, Nr. 830, Eingabe der Brauer, 12. 10. 1803.

Gerhard Ammerer

DAS KAFFEEHAUS

Ort des Gesprächs, des Streites, des Spiels, der Lektüre und des Konsums

1700	Bewilligung des Gewerbes und Eröffnung des ersten Salzburger Kaffeegewölbes in der Goldgasse (Nr. 5) durch den Händler Johann Fontaine
1764	Erwerb des Hauses Marktplatz (Alter Markt 9) und Übersiedlung des „Café Staiger"
1788	Kauf von Liegenschaftsanteilen am „Nikoladonihaus" (Alter Markt 10) und Erweiterung der Betriebsräumlichkeiten
1852	Erwerb des Kaffeehauses durch Carl Tomaselli
1860	Inbetriebnahme des „Tomaselli-Kiosks"
1945–1950	Beschlagnahme durch die Amerikaner

„Unruheherd" Kaffeehaus?

Wir haben vernommen, daß öffentliche Gast- und Kaffeehäuser nicht selten bis tief in die Nacht [...] *offen gehalten werden; eine der ersten Ursachen nicht bloß nächtlicher Tumulte und Ruhestörungen in den Strassen der Stadt* [...] *Um also dem Uebel von dieser Seite wirksam zu steuern, verordnen Wir hiermit, 1) daß alle Wirths- Gast- und Bräuhäuser von nun an längstens bis 11 Uhr, – die Kaffeehäuser aber bis 12 Uhr Nachts geschlossen* [werden sollen ...] *5) ist gegenwärtige Verordnung nicht nur öffentlich anzuheften, und durch Trommelschlag bekannt zu machen, sondern auch mittels gedruckter Exemplare in alle Gast- und Kaffeehäuser zu vertheilen.*[1]

Dieses Zitat aus einem vom Salzburger Erzbischof Hieronymus Graf Colloredo 1799, ein gutes Jahr vor dem Herannahen der französischen Truppen und seiner Flucht, erlassenen (und 1801 erneuerten) Mandat zeigt, dass die Gaststätten – nicht nur die Kaffeehäuser – in politisch virulenten Zeiten als potentielle Unruheherde galten und argwöhnisch betrachtet wurden. Die obrigkeitlich verordneten Reduzierungen der Öffnungszeiten waren Versuche, die öffentliche politische Diskussion unter den nächtlichen Besuchern der Lokale zu reduzieren.

Zwischen 1792 und 1802 kam es in Salzburg zu zahlreichen „Unruhen", in denen die Bevölkerung ihrer Unzufriedenheit mit der als drückend empfundenen Regierung des letzten absolutistischen Fürsterzbischofs Ausdruck gab[2]. Bereits im Juni 1796, als sich die Säkularisation des Erzstifts abzuzeichnen begann, war es in der Haupt- und Residenzstadt zu einer ersten präventiven Vorverlegung der Kaffeehaus-Sperrstunde gekommen. Anfang Juli erging an den Salzburger Hofrat ein Schreiben, in dem von einem nächtlichen Tumult die Rede war. Nach den Bauern[3] waren es nun auch die Stadtbewohner, vornehmlich Gesellen und Studenten, welche die Ideen und Schlagworte der französischen Revolution aufgriffen, öffentlich kundmachten und damit die Gefahr eines Aufstandes der Bevölkerung heraufbeschworen – das befürchtete zumindest Erzbischof Colloredo, der bereits im Jahr davor an seinen Bruder geschrieben hatte, dass man damit rechnen müsse, *einer*

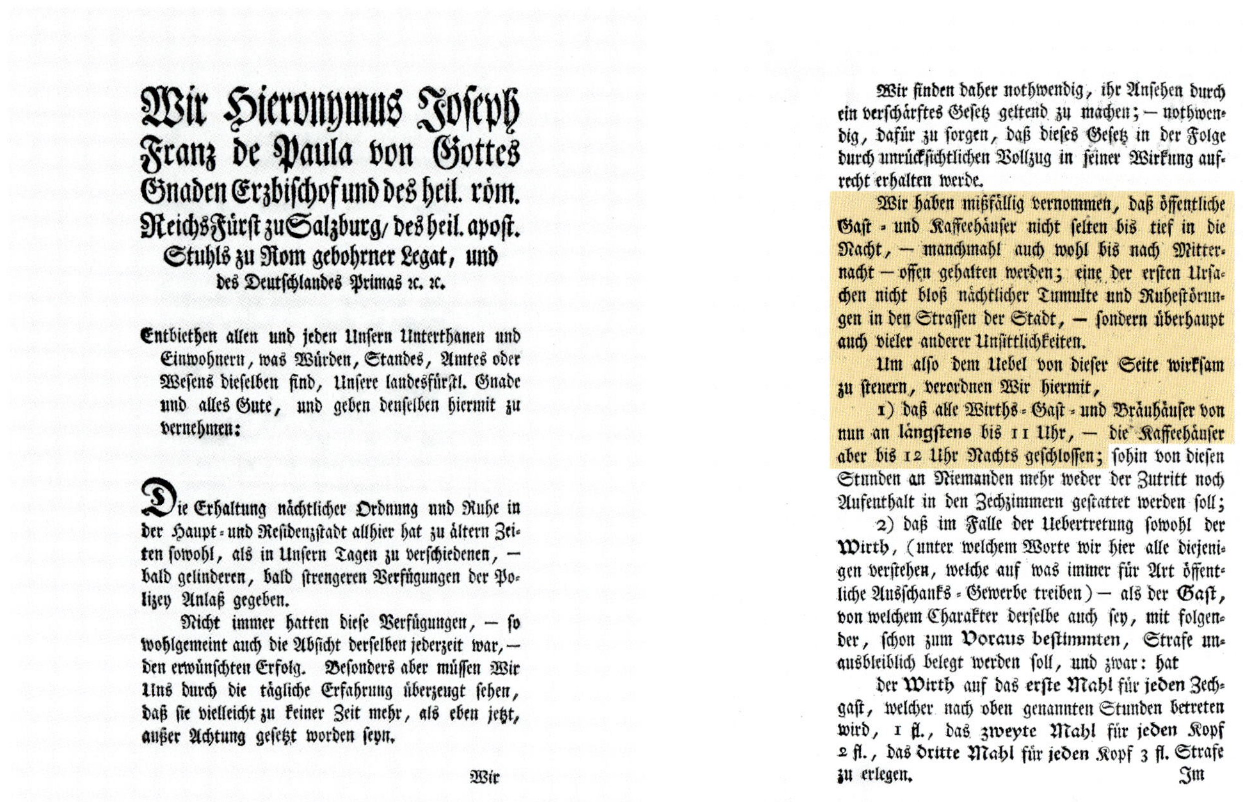

Wir Hieronymus Joseph Franz de Paula von Gottes Gnaden Erzbischof und des heil. röm. Reichs Fürst zu Salzburg, des heil. apost. Stuhls zu Rom gebohrner Legat, und des Deutschlandes Primas 2c. 2c.

Entbiethen allen und jeden Unsern Unterthanen und Einwohnern, was Würden, Standes, Amtes oder Wesens dieselben sind, Unsere landesfürstl. Gnade und alles Gute, und geben denselben hiermit zu vernehmen:

Die Erhaltung nächtlicher Ordnung und Ruhe in der Haupt- und Residenzstadt allhier hat zu ältern Zeiten sowohl, als in Unsern Tagen zu verschiedenen, — bald gelinderen, bald strengeren Verfügungen der Polizey Anlaß gegeben.

Nicht immer hatten diese Verfügungen, — so wohlgemeint auch die Absicht derselben jederzeit war, — den erwünschten Erfolg. Besonders aber müssen Wir Uns durch die tägliche Erfahrung überzeugt sehen, daß sie vielleicht zu keiner Zeit mehr, als eben jetzt, außer Achtung gesetzt worden seyn.

Wir

Wir finden daher nothwendig, ihr Ansehen durch ein verschärftes Gesetz geltend zu machen; — nothwendig, dafür zu sorgen, daß dieses Gesetz in der Folge durch unrücksichtlichen Vollzug in seiner Wirkung aufrecht erhalten werde.

Wir haben mißfällig vernommen, daß öffentliche Gast- und Kaffeehäuser nicht selten bis tief in die Nacht, — manchmahl auch wohl bis nach Mitternacht — offen gehalten werden; eine der ersten Ursachen nicht bloß nächtlicher Tumulte und Ruhestörungen in den Strassen der Stadt, — sondern überhaupt auch vieler anderer Unsittlichkeiten.

Um also dem Uebel von dieser Seite wirksam zu steuern, verordnen Wir hiermit,

1) daß alle Wirths- Gast- und Bräuhäuser von nun an längstens bis 11 Uhr, — die Kaffeehäuser aber bis 12 Uhr Nachts geschlossen; sohin von diesen Stunden an Niemanden mehr weder der Zutritt noch Aufenthalt in den Zechzimmern gestattet werden soll;

2) daß im Falle der Uebertretung sowohl der Wirth, (unter welchem Worte wir hier alle diejenigen verstehen, welche auf was immer für Art öffentliche Ausschanks-Gewerbe treiben) — als der Gast, von welchem Charakter derselbe auch sey, mit folgender, schon zum Voraus bestimmten, Strafe unausbleiblich belegt werden soll, und zwar: hat

der Wirth auf das erste Mahl für jeden Zechgast, welcher nach oben genannten Stunden betreten wird, 1 fl., das zweyte Mahl für jeden Kopf 2 fl., das dritte Mahl für jeden Kopf 3 fl. Strafe zu erlegen.

Im

Sperrstundenverordnung für Gast-, Kaffee- und Bräuhäuser, 23. September 1799 (AStS, Generalia).

nach dem anderen verjagt zu werden, nicht durch den Feind, sondern durch unsere eigenen Untertanen[4]. Die vor den Hofrat geladenen Vorsteher der großen Zünfte sollen den Bürgerwunsch geäußert haben: *Es solle doch endlich genug seyn, wenn die Oefnung der Wirths- und Bräuhäuser bis 11. Uhr, dann die Oefnung der Kaffeehäuser bis ½ 12 Uhr Nachts in den 6. Sommermonaten, und in den Wintermonaten bis 10. Uhr geduldet wird.*[5] Dadurch könne dem *nächtlichen Herumschwärmen wodurch die jungen Leute aus aller Ordnung gebracht werden, Einhalt gemacht* wie auch die *fortdauernden Saufgelage, die schwärmerischen Köpfe erhizen* und zu Raufhändel führten, abgestellt werden. Aktueller Anlass für die Vorverlegung der Sperrstunde waren fortgesetzte nächtliche „Ausschreitungen" im Juni 1796, Sympathiekundgebungen für die Werte der französischen Revolution. *Der vorgestern Nachts zwischen Studenten, Handwerksgesellen und dem Militair entstandene, und heute Nacht gegen den Adjutanten und den Gemeinen Zehener fortgesezte Tumult und Auflauf mit Rufung: Freyheit, Gleichheit*[6] führte zum obrigkeitlichen Einschreiten und zur abermaligen Sperrstundenverkürzung.

Noch vor der Besetzung von Salzburg durch das siegreiche französische Heer zielten, *je mehr sich der Schauplatz des Krieges* […] *nähert* […] *und die Zeitläufte neuerlich bedenklicher und gefahrvoller werden*, die obrigkeitlichen Maßnahmen darauf, das Politisieren und Räsonnieren über Tagesereignisse möglichst hintanzuhalten[7]. Es sollte auf *Bescheidenheit, Mäßigung und Rückhalt mit politischen Gesprächen* […] *und dergleichen Kannegießereyen* [, die] *meistens bey öffentlichen tief in die Nacht verlängerten Trinkgelagen und Zusammenkünften* passierten, Bedacht genommen werden. Um *die Gelegenheiten zu solchen politischen Gesprächen möglichst zu mindern* […] *von nun an bey naher Feindesgefahr alle Wirths- und Kaffeehäuser ohne Unterschied um 10 Uhr Nachts geschlossen seyn.* Auch wurde *allen Gastgeben, Schankwirthen, Kaffeesiedern, und allen andern, bey welchen öffentliche Zusammenkünfte gehalten, und offne Gewerbe getrieben werden, gemessenst auf*[ge-

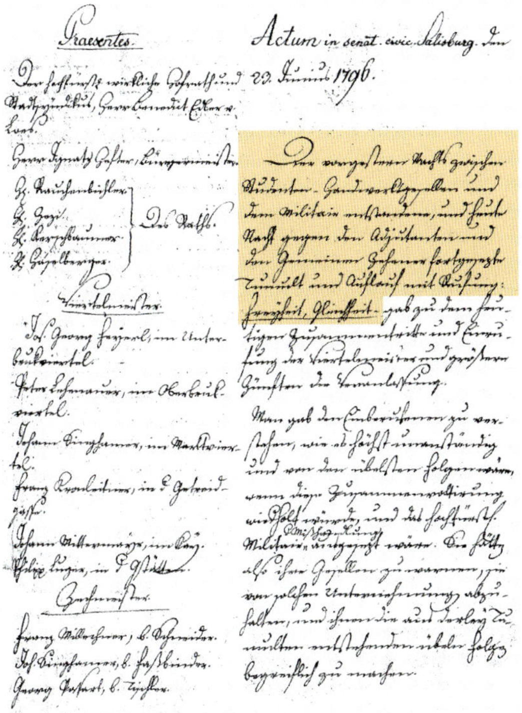

Erste Seite des vom Salzburger Hofrat und Stadtsyndikus Benedict Edler von Loes unter Anwesenheit von Stadtrat und Zunftvertretern am 23. Juni 1796 aufgenommenen Protokolls über nächtliche Ausschreitungen in Salzburg (SLA, Landschaft).

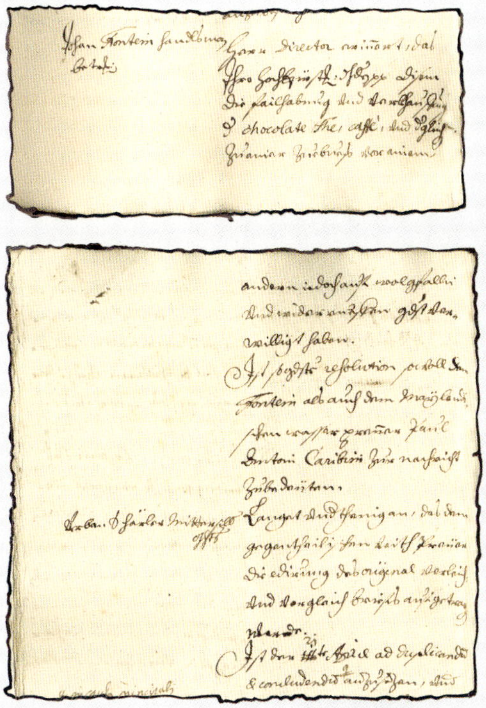

Bewilligung für den Salzburger Händler Johann Fontaine zum Ausschank von Schokolade, Tee, Kaffee etc., Protokoll des Hofrates, 31. März 1700 (SLA, Protokolle des Hofrates 1700, fol. 588r und 588v).

tragen], *daß sie auf keine Art bey sich einem Gespräche, Discurse oder Dispute über die gegenwärtige Kriegsangelegenheiten und öffentliche Veranstaltungen statt geben, oder dergleichen führen und fortsetzen lassen.*[8]

In den für die Salzburger Gastronomie auch ökonomisch so schwierigen Jahren um 1800 mussten also die vier Salzburger *Schokolade- und Kaffeeschenken*[9] mit dem Argwohn von Obrigkeit und Kritikern rechnen und leben, die sich um „Recht und Ordnung" im Gemeinwesen sorgten und denen die öffentliche Diskussionskultur im Kaffeehaus ein Dorn im Auge war, die es bestmöglich zu kontrollieren galt.

Lage, Sperrstunde und Konflikte

Die Kontrolle der öffentlichen Orte, insbesondere des Kaffeehauses als Treffpunkt von Intellektuellen, Beamten und Studenten, war jedoch nicht nur eine Sache des Reagierens aus aktuellem Anlass, sondern Teil der obrigkeitlichen Ordnungsstrategie und fand bereits bei der Vergabe von gewerberechtlichen Konzessionen Beachtung. Die polizeiliche Aufsicht über die Kaffeehäuser sollte durch die Bedingung gewährleistet werden, dass das Lokal *unweith einer Wacht*[10] anzusiedeln sei.

Neben der Lage war auch die Sperrstunde ein normativ verankertes Ordnungselement, das obrigkeitlich kontrolliert wurde. Bereits ein Jahrhundert vor den Franzosenkriegen, in der Zeit der Anfänge von Kaffeekonsum und -kultur in Salzburg, sah sich der hier ansässige Händler Johann Fontaine nach dem Beschluss des Salzburger Hofrats vom 31. März 1700, der ihn als ersten Gewerbetreibenden zur *failhabung vnd Verkhauffung der Chocolate, The, Caffè, vnd dergleichen*[11] berechtigte, nach einem geeigneten Standort für sein Kaffeegewölbe um, doch hatten seine Bemühungen um eine Liegenschaft im Zentrum der Stadt, die offen und einsichtig gelegen war, keinen Erfolg. Seine Wahl fiel schließlich auf ein im Sinne der Obrigkeit wenig geeignetes Gewölbe in der Goldgasse (Nr. 5) und damit auf Räumlichkeiten, die in einer der engsten Gassen der Stadt lagen[12].

Das schlecht gelegene und bescheiden ausgestattete Café ereilte denn auch rasch ein zweifelhafter Ruf. Zudem unterschied es sich mit Ausnahme des Ausschanks der neuen Heißgetränke und der Möglichkeit, Billard zu spielen, wenig von den qualitativ mittelmäßigen Gaststätten der Stadt. Ähnliches galt für das Publikum, darunter viele Studenten, das auch hier des Nachts nie heimgehen wollte, wobei es sich bei diesem Phänomen wohl um eine historische Konstante im gesellschaftlichen Leben jeder Stadt handelt.

Da der Betreiber eines Kaffeegewölbes als „Hausherr" für alle Vorkommnisse in seinem Lokal – ob die Gäste nun länger verblieben als gesetzlich vorgesehen, Streithändel anfingen, was in der Goldgasse wiederholt der Fall war, oder verbotenes Glücksspiel betrieben – zur Verantwortung gezogen wurde, führten die zahlreichen Beanstandungen besonders wegen wiederholter Missachtung der Sperrstunde schließlich dazu, dass Johann Fontaine bereits wenige Jahre nach der Eröffnung seines Kaffeehauses seine Gewerbeberechtigung *wegen Ungebühr* wieder verlor[13]. Einige Zeit später wurde *ihme der Caffee Verschleiß cum Annexis, wie auch das Billard Spill wiederumb* gestattet, jedoch mit der Auflage, dass *er gleichwohlen darob sein solle damit weeder in dennen Reden noch sonsten einige Vngebühr vorbeygehe, auch zu Abents vmb Ave Marie Léuthen niemandt mehr die aufenthaltung bey ihme verstattet, sondern sowohl ein ans ander gespärt sein, zu solchem endt auch sobald man am Schloß die Spärr gloggen Leuthet, seine Gösst in Sachen ein end zumachen, ermahnt, widrigen fahls vnd da er hierwider zu excedieren sich vnterstehen wurdte, ihme nit alein der Caffeé Verschleiß vnd Billardt Spill Völlig abgeschafft sondern auch der Billardt würcklich confisciert werden solle.*[14]

Trotz dieser ernsten Warnung blieben die Öffnungszeiten auch in den Folgejahren ein Thema. So hatte sich die Behörde bereits 1706 – wiederum nach einer Anzeige – erneut mit der Sperrstunde des Fontainschen Kaffeegewölbes zu beschäftigen. Der zur Beweisaufnahme über das *nächtliche Thrinken des Caffee, chocolate und anders* in der Goldgasse zur Einvernahme vorgeladene Kammerdiener Johann Georg Feyersenger sagte aus, dass sich die Besucher, insbesondere die Studenten, immer wieder *nachts bis auf 11. und 12. Uhr auch lenger* im Lokal aufhalten würden. Damit konfrontiert, widersprach Fontaine den Vorwürfen gar nicht, sondern erklärte dem Hofrat, dass viele Gäste erst nach der Sperrstunde der Wirtshäuser um 21 Uhr bei ihm einkehrten, *umb sich mit obigen Trankh abzukielen*, um also durch den Kaffeekonsum ihren Alkoholpegel zu reduzieren[15]. Der neuerliche und nachdrückliche Auftrag zur Beachtung der Sperrstunde, vor allem die Androhung der Schließung des Kaffeehauses scheint wirkungsvoll gewesen zu sein, denn der mit der Nachschau beauftragte Stadtsyndikus fand fortan keinen weiteren Grund zur Klage[16] – die obrigkeitliche Kontrolle des öffentlichen Raumes schien damit gewährleistet.

Eine andere Form von Ordnungswidrigkeit wurde ein halbes Jahrhundert später dem Hoftrompeter Franz Engelhart vorgeworfen, der das Lokal 1753 übernommen hatte. Die Behörde wies auf den Umstand hin, dass ihr zwar bekannt sei, dass *bey dieser Zeit der Bürgersstandt so schlecht und verächtlich gehalten werde,* [...] *diesß orths hete man* [allerdings] *geglaubet, dem guetten Engelhardt würde zu einer mehreren Ehre gereichen* [...], *den Namen eines Ehrsamen Bürgersmannß oder Inwohners zu tragen* [, und nicht] *ohne allen Caracter ein blosßer Caffe-Sieder* zu sein[17]. Ein qualifizierter rechtlicher Status, so die Meinung des Stadtrates, sei innerhalb des urbanen Gemeinwesens schon erforderlich, um öffentlich das Kaffeesieder-Gewerbe ausüben zu dürfen. Trotz dieser ernstlichen Aufforderung schob Engelhart das Ansuchen um den Erwerb der Bürger- bzw. Inwohnerschaft immer wieder, vermutlich aus finanziellen Gründen, hinaus. Parallel zu seiner Verzögerungstaktik suchte er angesichts der ungünstigen Lage und des schlechten Rufs seines Lokals auch nach einem neuen Standort und bemühte sich etwa (vergeblich) um das *Grundtnersche Gewölbe* in der Kirchgasse (Sigmund-Haffner-Gasse 3)[18].

Weiterhin kamen im Kaffeegewölbe in der Goldgasse Streit- und Raufhändel vor. Im Verlauf einer dieser handfesten Auseinandersetzungen verletzte Franz Engelhart 1753 einen Studenten der Theologie und Philosophie lebensgefährlich, wofür er nicht nur zu einer Schanzstrafe verurteilt wurde, sondern auch seine Gewerbeberechtigung verlor[19].

Der Ruf des Cafés, das bald danach an Anton Staiger übertragen wurde, verbesserte sich zwar unter dessen

Leitung, doch blieben kleine Zwischenfälle auch weiterhin nicht aus. Eine dieser Begebenheiten belegt anschaulich, dass das Kaffeegewölbe neben dem Wirtshaus eines der öffentlichen Foren war, wo männliches Geltungsbedürfnis in Form von Beleidigungen und Ehrabschneidungen zur Schau gestellt wurde[20]. Im Juni 1761 gelangte beim Rektor der Salzburger Universität ein glücklicherweise glimpflich ausgegangener Streit zur Anzeige. Daran beteiligt waren ein unbekannter Badergeselle sowie eine Handvoll Priester und Theologiestudenten[21]. Die Gerichtsbehörde, an die der Fall weitergegeben wurde, erhob, dass der fremde Handwerksbursche etwa um halb zehn Uhr nachts zwei nacheinander ins Café eintretende Geistliche, den Diakon Pater P. Peintner und den Passauer Minoriten Wolfgang Mayr, mit den Worten „begrüßt" hatte: *Da kommt mehrmal ein liederlicher Pfaff* bzw. hernach: *Es komme alle liederliche Pursch allhier zusamm.* Nach einem heftigen Wortgefecht griff Peintner den Provokateur an und drängte ihn an die Wand. Als dieser versuchte, auf den Diakon einzuschlagen, stellten sich drei im Lokal anwesende Theologiestudenten zwischen die beiden und verhinderten damit ein Eskalieren der Situation. Im Regelfall, so scheint es, fungierten also die Kaffeehausgäste und der Lokalbesitzer nicht nur als öffentliches Publikum für Sticheleien, Beleidigungen und Provokationen, sondern boten bei Bedarf als Schlichter und Vermittler auch die (wenn auch unsichere) Gewähr, dass die Auseinandersetzung ein „Schaukampf" blieb. Sie boten damit eine gewisse Garantie für die körperliche Unversehrtheit der Streitparteien.

Das öffentliche Spiel

Die öffentlichen Funktionen des Kaffeehauses waren vielfältig. Sie reichten von Angeboten des Zeitvertreibs und der Information – wobei gerade das Billardspiel und die aufliegenden (internationalen) Zeitungen, Broschüren, Flugblätter etc. dieses grundlegend von allen anderen Lokalitäten unterschied – über die Möglichkeit der Kommunikation zwischen auswärtigen Händlern und der Stadtbevölkerung oder sogar der Nutzung als Verkaufslokal während der Dultzeit[22] bis hin zu einer vom Cafetier obrigkeitlich eingeforderten Kontrolle über seine Gäste. In erster Linie war das Kaffeehaus jedoch ein Ort für Kurzweil und Unterhaltung, wo getrunken, geredet, (um Geld) gespielt, bisweilen auch getanzt und musiziert wurde.

Kaffeehausschild, Öl auf Metall, 19. Jahrhundert? (Privatbesitz).

Bereits bei seiner Eröffnung im Jahr 1700 war das Fontainesche Kaffeehaus mit einem *Billard-Spill* ausgestattet und besaß damit einen der ersten quellenmäßig dokumentierten öffentlichen Spieltische im deutschsprachigen Raum. Diese gehörten bald zur Standardausstattung eines Kaffeehauses und boten dem Betreiber einen zuweilen recht einträglichen Zusatzverdienst[23]. Üblicherweise kostete eine Billardpartie etwa gleich viel wie eine Tasse Kaffee[24].

Schon im ersten Betriebsjahr fühlte sich Johann Fontaine allerdings in seinen Einkünften aus den Spielgebühren durch einen Konkurrenten beeinträchtigt. Er zeigte den hochfürstlichen Fechtmeister Franz Mischelet bei der Behörde an, der ein öffentliches Billard aufgestellt hatte, ohne dafür eine Konzession zu besitzen. Fontaine forderte die sofortige Unterlassung dieses unerlaubten Spielbetriebs, die der Hofrat denn auch aussprach[25].

Nach der Übersiedlung des Kaffeehauses an den Marktplatz (Alter Markt 9)[26] im Jahr 1764 gab es zunächst keinen Spieltisch. Erst acht Jahre später (1772) suchte Anton Staiger um die Erlaubnis an, *zu besserer Bediennung des Publici ein ordentliches Billarde zu errichten und zu exerciren*[27]. Die Gäste nahmen das neue

Spielangebot sogleich an und bereits in den folgenden Jahren finden sich in den Tagebüchern des Beamten Joachim Ferdinand von Schidenhofen mehrfach Hinweise darauf, dass er sich mit seinen Freunden und Amtskollegen dem Billard widmete[28]. Es war zum Modespiel der gehobenen Gesellschaft geworden, das einen klaren Kopf erforderte – und der Kaffee war dafür das passende Getränk[29].

Über ausreichende finanzielle Mittel und genügend Zeit musste man allerdings schon verfügen, um sich den Kaffeehausvergnügungen hingeben zu können. Das hohe Beamtentum mit seiner relativ unabhängigen und großzügigen Zeiteinteilung[30] konnte das ungestraft tun, ein kleiner Amtsbediensteter wie der spielversessene 30-jährige Stadtgerichtsakzessist Johann Gottlieb Lieber allerdings weniger. Als dieser an einem Tag im August 1770 im Staigerschen Café bei einer Tarockpartie saß und der Stadtsyndikus, der einen Akt benötigte, nach ihm schickte, gab dieser, statt ins Amt zu gehen, dem entsandten Diener lediglich den Schlüssel für sein Pult und die Anweisung mit, wo sich die Aufzeichnungen befanden. Abermals von seinem Vorgesetzten herbei zitiert, folgte Lieber der Aufforderung auch erst nach der Beendigung der Spielpartie und wurde folglich vom Stadtrichter mit den Worten gemaßregelt: *Mit diesem Spiellen im Caffee-Haus, welches sich für Constituto ohnehin nicht schicke, recomendire er sich bey ihme Herrn Stadt Syndico gar schlecht*[31]. Einem raschen Aufstieg auf der Karriereleiter waren der exzessive Besuch des Kaffeehauses und das Spielen also wohl hinderlich.

Das Spielen, vor allem das öffentliche Billard, unterlag jedoch in mehrfacher Hinsicht gesellschaftspolitischen Kriterien. Das zeigte sich recht deutlich beim Ansuchen um die Aufstellung eines solchen Spiels durch Josef Pechtl (siehe unten), Cafetier in der Linzer Gasse, mit dem sich der Hofrat 1791/92 zu beschäftigen hatte[32]. Mit der nach einer Intervention durch die zwei etablierten Salzburger Cafetiers gefällten Abweisung des Antrags war Erzbischof Colloredo allerdings gar nicht einverstanden und fügte dem amtlichen Protokoll eigenhändig den Vermerk hinzu: [...] *scheinet uns etwas hart zu seyn, dass Coffesieder diesseiths denen jenseiths d. Brücke ein Billard zu halten verwehren sollten, Hoff Rath soll es noch einmal überlegen.* Nach dieser Kritik lenkte die Behörde ein und überließ die Entscheidung dem Landesherrn mit der Begründung: Da die beiden Lokale diesseits der Salzach eine hochfürstliche Konzession zur Haltung eines Billards besitzen würden, sei es ohnehin Sache des Erzbischofs, ein weiteres zu bewilligen. Ihre zuvor gefällte Entscheidung versuchten die Hofräte mit den hohen Anschaffungskosten zu rechtfertigen, die, so ihr Hinweis, möglicherweise nicht „hereingespielt" werden könnten. Denn, so die Beamten weiter, die beiden bereits bestehenden Kaffeehaus-Billards würden vom Publikum nicht übermäßig stark frequentiert, weshalb es für die Aufstellung eines weiteren öffentlichen Spieltisches keinen nennenswerten Anlass zur Besorgnis gäbe. Auch die studierende Jugend investiere nicht allzu viel Geld in dieses Spiel und werde daher nicht von ihren Studienzielen abgelenkt. Das behördliche Rechtfertigungsargument zielte also auch auf die Tatsache ab, dass die Salzburger Kaffeehäuser des 18. Jahrhunderts nicht zu „Spielsalons" avanciert waren.

Dennoch gerieten Kaffeehausbesucher wie der Amtsdiener Lieber durch die Aufwertung der Arbeit im aufkommenden bürgerlichen Zeitalter[33] leicht in den Verdacht des Müßiggangs. Aber auch das Kaffeehaus selbst geriet, trotz der Tatsache, dass Hasardspiele in den Salzburger Lokalen ohnehin verboten waren, mit zunehmender Gefährdung der staatlichen Ordnung durch die Französische Revolution ins Kreuzfeuer der Kritik und wurde der Förderung des sittlich-moralischen Verfalls verdächtigt, da hier das öffentliche Spiel gepflogen wurde. Als Salzburg schließlich nach dem Abschluss des Friedens von Pressburg am 26. Dezember 1805 erstmals ins Habsburgerreich eingegliedert worden war, teilte der bevollmächtigte Kommissar, Ferdinand Graf von Bissingen-Nippenburg, 1806 der provisorischen Landesregierung mit, ihm sei *die Anzeige gemacht worden, dass in einigen Kaffeehäusern der hiesigen Stadt bis spät in die Nacht gespielet und gezechet werde* und die Sperrstunden-Verordnung von 1801 gänzlich außer Übung gekommen sei[34]. Deshalb müsse diese neuerlich publiziert und deren Befolgung durch Patrouillen überwacht werden. Bereits zwei Tage später wurde eine Bekanntmachung in Druck gegeben, die unter anderem die Mitteilung enthielt: *Nach dem Wunsche Eurer Excellenz gebe ich mir die Ehre, Hochdenenselben das allerhöchste Patent in Betreff der Hazard-Spiele* [...] *und auf Spiele der Dienstleute insbesondere im Anschlusse mitzutheilen. Was Euer Excellenz zur Herstellung der Ordnung in den Gast- und Kaffeehäusern einstweilen anzuordnen für gut fande, ist um so zweckmässiger, da die Verhältnisse des Augenblicks auch in dieser Beziehung einer strengen Auf-*

Der Marktplatz zu Salzburg (Café Staiger: erstes Haus auf der linken Seite), Radierung von Carl Schneeweis, um 1800 (Salzburg Museum).

merksamkeit auf öffentliche Orte mehr als jemahls notwendig machen.[35]

Die Bemühungen um die öffentlichen Orte (!) blieben ohne sichtbaren Erfolg, weshalb die Behörde Anfang August abermals wegen des *in einigen der hiesigen Kaffeehäusern herrschenden hohen Spieles* aktiv wurde und die rasche Einführung der österreichischen Bestimmungen über Hasardspiele und hohes Spiel von 1804 förderte. Das am 30. Juli an Bissingen-Nippenburg übersandte Patent hatte als Zielgruppe wiederum vor allem die Dienstboten im Auge, die nicht leichtfertig ihre ohnehin bescheidenen Löhne verspielen sollten[36]. Das öffentliche Interesse bezog sich also vornehmlich auf die Abwehr des möglichen finanziellen Ruins vermögensschwacher Untertanen[37].

1816, nach der endgültigen Eingliederung Salzburgs in die Habsburgermonarchie, wurde das Lottopatent von 1813 in Kraft gesetzt, auf das in den folgenden Jahren wiederholt verwiesen wurde, etwa in einem *an sämtliche hiesige bürgerl. Kaffeesieder und Gastwirthe* gerichteten Zirkulare vom 29. September 1823. Auf dieses Rundschreiben wurde wiederum im Mai 1826 rekurriert, als dem Magistrat zur Kenntnis gebracht worden war, dass das verbotene Zahlenlotto in einer gegenüber früher etwas veränderten Form in zwei Kaffeehäusern der Stadt gespielt würde. Das mit den Nachforschungen beauftragte Polizeioberkommissariat konnte allerdings nur im Waldmüllerischen Café solche Aktivitäten entdecken, während im Lokal von Ambros Augustini am Tag der Nachschau offenbar nicht gespielt wurde[38]. Allerdings gab der zweieinhalb Monate später befragte pensionierte Kanonier Balthasar Lakner zu Protokoll, dass auch in letzterem sehr wohl Lotterie gespielt würde, allerdings nicht mit Nummern, wie früher, sondern mit Kartenblättern[39].

Öffentlichkeit und Kommunikation

Der Hofmeister des Bischofs von Lavant, Anton Staiger, suchte 1753 um die Bewilligung an, *dies Orts ein Kaffeehaus errichten zu dürfen.*[40] Nach der Ablehnung seiner Supplik erwies sich ein neuerlicher Versuch am 30. Juni 1753 als erfolgreich und der Bittsteller erhielt die Genehmigung, in einem *offenen Gewölb Caffe, und Chocholade zu verleutgeben*[41]. Die Gründe für die Vergabe der neuen Gewerbeberechtigung dürften in der Verstimmung des Hofrats gegenüber dem Kaffeehausinhaber Franz Engelhart zu suchen sein, der sich einerseits weigerte, das Bürgerrecht zu erwerben, andererseits auch

Anton Staiger, Bleistift und Kreide von Franz Laktanz Graf Firmian, um 1775 (Salzburg Museum).

die fortgesetzten Raufhändel in seinem Lokal nicht zu unterbinden vermochte. Der Order der Obrigkeit gemäß sollte Staiger seinen Kaffeeausschank – wie es bereits Johann Fontaine vorgeschrieben worden war – an einem gut einseh- und kontrollierbaren Ort errichten, was sich auch diesmal wiederum als schwierig erwies, gab es in Salzburg doch nur wenige geeignete Liegenschaften, die zur Pacht angeboten wurden. So wies denn auch der Hofrat selbst darauf hin, dass die Bemühungen Staigers, *ein Gewölb zu offentlicher auskhochung des Caffeé, und Chocolad unweith einer Wacht zu erlangen* [bis] *dato nicht vermögens gewesen* […] *hingegen die Ruperti Markhts Zeit sehr nahe, und zu Diensten der Gemeinde und ankhommenden Gästen ein Caffeé Gwölb biß dahin annoch zu eröffnen gedenkhe.*[42] Daher sprach sich der Referent dafür aus, Anton Staiger das nach dem gerichtlichen Entzug der Gewerbeberechtigung frei gewordene *Engelhardische Gwölb* in der Goldgasse anzubieten, worüber dieser allerdings nicht sonderlich begeistert war. Kurz danach forderte der Hofrat unmissverständlich, den Kaffeeschank auf der Stelle zu akzeptieren, andernfalls werde *die erlangte Concession alsdan cassiert, und wiederruffen.*[43] Noch vor Herbst-Ruperti, also vor der zweiwöchigen Dultzeit um den Feiertag des Landespatrons am 24. September, musste Staiger daher das *Engelhartsche Cafegwölb*[44] übernehmen. Diese „Zwangsbeglückung", die einer Nötigung nahe kam, deutet auf eine Instrumentalisierung der Vergabe von Gewerbeberechtigungen hin, wobei der Zweck des Beamtenhandelns offensichtlich war: die zufriedenstellende gastronomische Versorgung auswärtiger Kaufleute während des Salzburger Ruperti-Marktes.

In der Folge vermochte Anton Staiger zwar den Ruf und das Ansehen des kleinen Lokals erheblich zu verbessern, doch setzte auch er die Suche nach einer neuen Heimstatt für das Café konsequent fort. Er fand schließlich, allerdings erst nach elf Jahren, eine geeignete Liegenschaft und erwarb am 10. November 1764 das als Standort vom Hofrat akzeptierte Haus am Marktplatz (Alter Markt 9).

Das erste „Große Kaffeehaus" Salzburgs zeichnete sich nach der Adaptierung durch eine luxuriöse Atmosphäre aus[45], war komfortabel und elegant eingerichtet und damit für eine gehobene urbane Klientel bestens geeignet. Doch auch Reisende und fremde Kaufleute schätzten bald die Annehmlichkeiten des Hauses[46].

Die symbolische Kommunikation nach außen stellte ein großes, am Gebäude angebrachtes Blechschild dar, welches das Publikum zum Eintreten aufforderte. Ob das Staigersche Familienwappen, das heute neben dem Haupteingang des Kaffeehauses angebracht ist, bereits im 18. Jahrhundert an der Fassade hing, ist nicht belegt, doch wahrscheinlich. In den Akten erwähnt wurde auch ein obrigkeitliches Präsenzsymbol[47] im Inneren: Im *großen Kaffeezimmer* des Erdgeschoßes prangte ein ansehnliches Porträt des Landesfürsten. Neben diesem zentralen Raum, der mit Spiegeln, Wandleuchtern, Hängeuhren, Wandkanapees, Hockern, kleinen Tischen und einer langen Tafel ausgestattet war[48], gab es deckungsgleich im Stockwerk darüber das 1772 eingerichtete Billardzimmer. Unmittelbar daneben lag, wie es der zeitgenössischen Forderung einer Separierung dieser Konsumentengruppe entsprach (*da man nicht von Tabaksrauche erstikt zu werden befürchten darf*[49]), das *Tobakstübel*, ein, von den Ausmaßen her zu schließen, nur für eine kleine Minderheit der Kaffeehausbesucher bestimmter Raum.

Das nunmehr an einem der zentralen öffentlichen Plätzen gelegene, vornehme und umsichtig geführte Kaffeehaus entwickelte sich rasch zu einem wichtigen gesellschaftlichen Treffpunkt, zu einem Ort der gehobenen Unterhaltung, der Kommunikation und der bürgerlichen Kultur. Neben den wenigen privaten Salons des vermögenden Adels (etwa der Robinig oder der Lodron) wurde das Café Staiger damit zu einem Kristallisationspunkt der sich im späten 18. Jahrhundert ausbildenden bürgerlichen Öffentlichkeit, worunter sich in Salzburg allerdings eine große Anzahl an nobilitierten Händlern und adeligen Beamten befand[50]. Hier versammelte sich eine „offene Elite" ohne wesentliche ständische, nationale oder religiöse Barrieren[51] und diskutierte freimütig über persönliche, literarische oder auch (tages-)politische Ereignisse. Wegen seiner Konzentration und Leistungsfähigkeit steigernden Eigenschaften passte der Kaffee als das Modegetränk der Aufklärungszeit gut zum rationalen Diskurs und den neuen Ideen des Vernunftzeitalters. Seine stimulierende Wirkung, mehr noch die aufliegenden Zeitungen regten zu kritischen Gesprächen an, wobei das „Politisieren", wie bereits angedeutet, nicht zu allen Zeiten die besonderen Sympathien der Obrigkeit genoss.

Den Hinweis von Jürgen Habermas, dass sich in den Kaffeehäusern als Zentren der politischen Kritik eine zwischen aristokratischer Gesellschaft und bürgerlichen Intellektuellen angesiedelte Parität der Gebildeten[52] entwickelte, bestätigt das Staigersche Café. Einer der wichtigsten Vertreter der katholischen Aufklärung in Salzburg, der Domherr und Literat Friedrich Franz Joseph Graf von Spaur, beschrieb es als urbanes Kommunikationszentrum und als Ort eines breiten Lesepublikums, dem Zeitungen, Intelligenzblätter, Monats- und Wochenschriften – darunter auch zwei französische – zur Lektüre bereitstanden[53]. Gerade das große literarische Angebot war es, das in einer Zeit, in der es noch keine Tagespresse im heutigen Sinn gab und die Auflagenhöhe von Druckwerken in der Regel zwischen 300 und 500 Exemplaren lag, ein intellektuelles Publikum anzog, das die Möglichkeit nutzte, für das körperliche Wohlbefinden eine Tasse Kaffee und für die geistige Anregung die öffentliche Informationsquelle Zeitung[54] zu konsumieren. Das Staigersche Kaffeehaus war damit noch vor der Einrichtung des Salzburger Lektürekabinetts 1784[55], dem wegen seiner relativ hohen Gebühren zudem nur wenige Mitglieder beitraten (Stand 1785: 55 Personen), sowie der ersten, allerdings kostengünstigeren Leihbibliothek des Leopold Ladislaus Pfest in den 1790er-Jahren der wichtigste öffentliche Ort der Rezeption gedruckter Nachrichten[56]. Die Möglichkeit der Gratislektüre nutzten besonders die Studenten, die sich nach Berichten durch eine „große Lesebegierde" auszeichneten[57]. Das Staigersche Café erfüllte mit seinem breit gefächerten Lektüreangebot somit auch wesentliche Vermittlerfunktionen für den politischen Diskurs der Spätaufklärung, der ohne (Zugang zur) Publizistik undenkbar gewesen wäre[58].

Dennoch war das Kaffeehaus nicht die – in der wissenschaftlichen Literatur häufig idealisiert dargestellte – öffentliche, allen Ständen und Schichten frei zugängliche Stätte. Schon die Preisgestaltung orientiere sich an einer wohlhabenden Gesellschaft. Der zahlenmäßig größere Teil der Stadtbewohner konnte oder wollte sich diesen „Luxus" gar nicht leisten. Die „plebejische Öffentlichkeit" bevorzugte die billigeren Schenken und Gaststätten der Stadt. Zudem wies das Kaffeehaus eine klare geschlechtsspezifische Ausrichtung bzw. Ausgrenzung auf: Frauen waren von dieser Institution mit Ausnahme von Bällen während der gesamten frühen Neuzeit grundsätzlich ausgeschlossen. Der gesellschaftliche Kodex, der es diesen nicht gestattete, an der männlichen Freizeitdomäne zu partizipieren, hielt sich auch im späteren Café Tomaselli noch über Jahrzehnte, bis zur Eröffnung eines eigenen *Damen-Salons* im 1. Stock des Hauses im Jahr 1891[59]. Punktuelle Ausnahmen von dieser Regel kamen im 18. Jahrhundert wohl nur bei speziellen Anlässen wie Konzerten oder Bällen[60] vor.

Kaffeehausgäste

Die Besucherstruktur des Kaffeehauses ist nur fragmentarisch fassbar, doch scheint es, dass in Salzburg im Gegensatz zu anderen Städten, wo vor allem der Mittelstand diese Geselligkeitsform pflog, der Adel und das Großbürgertum bestimmend war. Der Hofrat und spätere Landschaftskanzler Joachim Ferdinand von Schidenhofen etwa besuchte gemeinsam mit anderen hochrangigen Beamten, wie beispielsweise seinem Amtskollegen Georg Freiherr von Pappius, dem Reichstagsgesandten und Konsistorialrat Franz Felix Freiherr von Mölk oder Hofrat Joseph Schloßgängl von Edlenbach, dem Juristen, hochfürstlichen Truchsess und Hofrat Johann Joseph Anton Ernst Gilowsky von Urazowa oder Gottlieb von Weyrother laufend das Staigersche Kaffeehaus[61]. Die Beamten aßen dort nicht nur zu Mittag und spielten am Nachmittag Billard, sondern überzogen bisweilen auch die offizielle Sperrstunde, wie im Schidenhofschen Tagebuch nachzulesen ist[62].

Als „unparteiischer Ort"[63] bot das Kaffeehaus ein breites Spektrum an Verhaltens- und Kommunikationsmöglichkeiten an, von höchst aktiven bis vollkommen passiven: Man konnte sich dort mit anderen Personen unterhalten oder auch nur dem Treiben beiwohnen, ohne daran aktiv teilzunehmen. Wohl um den Gästen diese individuelle Gestaltungsmöglichkeit zu gewähren, war das zentrale Kaffeezimmer mit zwölf kleinen Tischen ausgestattet, an denen man auch alleine sitzen konnte. Das Gefühl, in die Gesellschaft der Anwesenden integriert zu sein, ohne die Mauern des Privaten durchbrechen zu müssen, wurde zusätzlich durch zahlreiche Wandspiegel gesteigert. Jeder konnte so den Diskussionen beiwohnen, Klatsch und Tratsch hören, Meinungen und Gemeinplätze, Kritik und Bosheiten vernehmen oder – in den Worten Friedrich Graf Spaurs – *les nouvelles du jour*[64] erfahren.

„Gute" und „schlechte" Kaffeehaus-topographie?

Die Werthaltung gegenüber dem Konsum von Kaffee schwankte im 18. Jahrhundert zwischen Luxus und Notwendigkeit. Was für die Intellektuellen genehm war, musste es noch lange nicht für den „Pöbel" sein. Schriftlich formuliert wurden solche Einschätzungen wiederum bei den Verhandlungen um Gewerbeberechtigungen. So supplizierte 1777 beispielsweise der bereits genannte Josef Pechtl an den Salzburger Hofrat um die Errichtung eines Kaffeehauses auf der rechten Salzachseite. Nicht nur opponierten die beiden zu diesem Zeitpunkt bereits etablierten Cafetiers und möglichen Konkurrenten Anton Staiger und Michael Pachmayr sofort dagegen und äußerten unter anderem sittliche Bedenken[65], sondern auch die Beamten, die 1778 das Gesuch abwiesen, argumentierten mit dem mangelnden Bedarf und mit dem Schutz des „niederen Volks" vor den teuren Luxus-Genussmitteln: *Da die dermaligen 2 Kaffeeschänken fürs hiesige Publikum genug zu sein scheinen und ihnen nicht zu wünschen ist, daß jenseits der Brücke, wo meisten Theils geringere Bürger und sonderheitlich viele Handwerker sich befinden, die Leute an solche kostbare Getränke gewöhnt werden* [...][66]. Damit stimmte die Behörde mit der merkantilistischen Ansicht überein, dass das Kaffeetrinken leicht zur *Zerrüttung* [...] *in der Privatfinanz einzelner Familien*[67] führen könne. Im Falle Pechtl erhielt dieser nach fortgesetzten Verhandlungen mit der Behörde aber dennoch – zunächst beschränkt auf die Dauer von drei Jahren – die Bewilligung zum Kaffeeausschank in der Linzer Gasse. Diese dritte vergebene Konzession wurde allerdings unter der Auflage erteilt, als Personal lediglich *Mannsbilder* anzustellen, sich *aller sittenverderblicher Zusammenkünfte zu enthalten und keine Glücksspiele im Lokal zu dulden*[68] – normativ formulierte, gezielte Eingriffe zur obrigkeitlich genehmen Ausgestaltung des öffentlichen Raums.

Die Argumente der Geldverschwendung durch den „Pöbel" sowie der Ordnungswidrigkeiten durch Alkoholexzesse und verbotenes Spiel lebten in der Publizistik und in den Beamtenbescheiden allerdings ungehindert bis ins nächste Jahrhundert fort. So wurde beispielsweise das Konzessionsansuchen der Leutnantstochter Franziska Grinnagl vom Juli 1805, eine *Kaffeterie in Mühlen* eröffnen zu dürfen, wiederum mit dem Hinweis auf die mangelnde Notwendigkeit und Gefährlichkeit von Kaffeehäusern für die unteren Klassen der Bevölkerung abschlägig beschieden: *In einer abgelegenen Vorstadt könne ein solches Lokal nur zum Zufluchtsort für Säufer und Nachtschwärmer*[69] werden, hieß es. Da die gewerberechtlichen Entscheidungen allerdings in den Jahren des mehrfachen Regierungswechsels keineswegs konsequent diesen Richtlinien folgten, bestanden 1811 in der Stadt Salzburg bereits sieben Kaffeehäuser. Die öffentliche Ordnung als über- und durchgreifendes Argument kehrte dennoch auch in den folgenden Jahren wieder. Die Lokale sollten möglichst leicht kontrollierbar und vor allem Einrichtungen in der Stadt bleiben. Ein kaiserliches Hofkanzlei-Dekret wollte 1817 die *Errichtung der Kaffeehäuser und die Billards auf dem Lande, da sie nur zur Spielsucht, zum Müßiggange und Ausschweifungen führen, beschränkt wissen*[70].

Öffentlich und privat

Das mehrstöckige Gebäude des Café Staiger wies neben einer großzügigen Wohnung für die Familie des Cafetiers auch Zimmer für die Bediensteten auf. Nach 1800 wurden in den oberen Stockwerken des Gebäudes Räume vermietet. Die prominentesten Mitbewohner waren das Ehepaar Konstanze (Witwe Mozarts) und Georg Nikolaus Nissen, die um 1821 Salzburg als Alterswohnsitz wählten.

Damit nahm das Café eine Zwitterstellung zwischen Öffentlichem und Privatem ein, da es jenseits der für jeden Gast zugänglichen Räumlichkeiten auch zu privaten Treffen und Zusammenkünften in den Wohnungen kam – ja, sogar mehr als das: Das „offene Haus" Anton Staigers etablierte sich als wesentlicher Träger des gesellschaftlichen Lebens der Stadt. Der Cafetier lud nicht nur Salzburger Freunde und Bekannte zu sich ein, sondern etwa auch auswärtige Würdenträger[71]. Bei Anton

Der Marktplatz, kolorierte Lithographie von Josef Stießberger, nach Georg Pezolt, um 1840 (Salzburg Museum).

Staiger, der im ersten Stock mit Blick auf den Marktplatz wohnte, gingen Geistliche, Adelige und Bürgerliche ein und aus, aber auch Hofbedienstete, wie die Mitglieder der Familie Mozart oder Johann Michael Haydn. Sie alle nahmen an geselligen Ereignissen teil, etwa an Formationstanzproben für bevorstehende Feste, Maskenbälle oder Hochzeiten[72]. Aus Anlass von Namenstagen, die man in privater Runde feierte, führte man innerhalb des Freundeskreises im „Staigerhaus" auch Laientheater auf.

Die Sphären des öffentlichen Wirtschaftsbetriebs des Kaffeehauses und des privaten Wohnbereichs des Hauses scheinen ziemlich unproblematisch nebeneinander existiert zu haben – sieht man von etwaigen, auch gerichtlich verfolgten Diebstählen aus Privatgemächern durch Kaffeehausbesucher ab. Es hat sogar den Anschein, dass manche enge Freunde des Cafetiers das Haus überhaupt nur privat aufsuchten und nicht zu den Kaffeehausgästen zählten.

So findet sich in keiner bis dato bekannten Quellen, auch in keinem Brief, ein Hinweis darauf, dass ein Mitglied der Familie Mozart jemals im Kaffeehaus des Anton Staiger ein Glas Mandelmilch getrunken oder Erdbeergefrorenes konsumiert bzw. eine der aufliegenden Zeitungen oder gar einen Queue (Billardstock) in die Hand genommen hätte.

Anmerkungen

1 AStS, Generalia, Mandat [Sperrstundenverordnung für Gast-, Kaffee- und Bräuhäuser], 23. 9. 1799.

2 Vgl. dazu vor allem GILDA PASETZKY, Das Erzbistum Salzburg und das revolutionäre Frankreich (1789–1803) (Europäische Hochschulschriften III, 680), Frankfurt am Main-Berlin-Bern-New York-Paris-Wien 1995, S. 91–123.

3 Dazu vor allem NORBERT SCHINDLER, Wilderer im Zeitalter der Französischen Revolution. Ein Kapitel alpiner Sozialgeschichte, München 2001.

4 Zit. n. PASETZKY, Salzburg und Frankreich (wie Anm. 2), S. 98.

5 SLA, Landschaft I/10, Stadtsyndikus an den Hofrat, 2. 7. 1796.

6 SLA, Landschaft I/10, Protokoll, aufgenommen vom Salzburger Stadtsyndikus, v. 23. 6. 1796, vgl. FRANZ V. ZILLNER, Geschichte der Stadt Salzburg, 2. Bd., 2. H., Salzburg 1890 (Reprint, Salzburg 1985), S. 604.

7 SLA, Landschaft I/10, Erzbischöfliche Verordnung, 1. 7. 1800.

8 Ebenda.

9 LORENZ HÜBNER, Beschreibung der hochfürstlich-erzbischöflichen Haupt- und Residenzstadt Salzburg und ihrer Gegenden verbunden mit ihrer ältesten Geschichte, 2. Bd., Salzburg 1793, S. 410.

10 SLA, Protokolle des Hofrates 1753, fol. 783v f.

11 SLA, Protokolle des Hofrates 1700, fol. 588v.

12 Vgl. dazu: THOMAS WEIDENHOLZER, Goldgasse, in: GERHARD AMMERER und RUDOLPH ANGERMÜLLER (Hg.), Das Salzburger Mozart-Lexikon, Bad Honnef 2005, S. 144 f.

13 ZILLNER (wie Anm. 6), S. 656 f.

14 Zit. n. Mozart-Archiv, Materialien Buch III, S. 269 f; Entscheidung des Geheimes Rates, 30. 4. 1704.

15 SLA, Protokolle des Hofrates, 1706/I, Beilage zu fol. 20.

16 Ebenda, fol. 30.

17 Mozart-Archiv, Materialien Buch III, S. 270 f.

18 Ebenda, S. 54 u. S. 272.

19 SLA, Protokolle des Hofrates, 1753, fol. 753v.

20 Vgl. B. ANN TLUSTY, ‚Privat' oder ‚öffentlich'? Das Wirtshaus in der deutschen Stadt des 16. und 17. Jahrhunderts, in: SUSANNE RAU und GERD SCHWERHOFF (Hg.), Zwischen Gotteshaus und Taverne. Öffentliche Räume in Spätmittelalter und Früher Neuzeit, Köln-Weimar-Wien, S. 53–73, hier S. 55.

21 Universitätsarchiv Salzburg, Universitätsgerichtsakten Causae IX, 5. 1. 1761, Protokollsextrakt v. 5. Juni 1761; für den Hinweis bedanke ich mich bei Friedrich Adomeit.

22 Vgl. GERHARD AMMERER, Das Tomaselli und die Salzburger Kaffeehaustradition seit 1700, Wien 2006, S. 93 f.

23 Vgl. JOHANN PEZZL, Kaffeehäuser, in: HANS VEIGL (Hg.), Lokale Legenden. Wiener Kaffeehausliteratur, Wien 1991, S. 19–21, hier S. 21.

24 ULLA HEISE, Kaffee und Kaffeehaus. Eine Bohne macht Kulturgeschichte, Leipzig 1996, S. 193.

25 SLA, Protokolle des Hofrates, 1701, fol. 657r, fol. 892r.

26 Vgl. GERHARD AMMERER, „... dann liess ich mir schwarzen koffeè hollen ..." Kaffeehaus und Kaffeekonsum in Salzburg zur Mozart-Zeit in: DERSELBE, (Red.), Viva! MOZART. Das Journal zur Sonderausstellung in der Neuen Residenz vom 17. 1. 2006–7. 1. 2007, Bad Honnef 2005, S. 87 f.

27 SLA, Protokolle des Hofrates, 1772, fol. 325r.

28 Vgl. z. B.: *Nachmittag spilte ich beÿ Steiger Billard*, zit. n. HANNELORE und RUDOLPH ANGERMÜLLER (Hg.), Johann Ferdinand von Schidenhofen. Ein Freund der Mozarts. Die Tagebücher des Salzburger Hofrats (MGSL. Erg.-Bd. 24), Bad Honnef 2006, S. 41 (Zitat) u. S. 283, Einträge vom 25. 1. 1775 u. 29. 9. 1777.

29 Vgl. HEISE (wie Anm. 24), S. 193.

30 Vgl. GERHARD AMMERER, Beamtentum, in: Salzburger Mozart-Lexikon (wie Anm. 12), S. 37.

31 Mozart-Archiv, FRIEDRICH BREITINGER, Personen VII, S. 222.

32 Das Weitere nach: ebenda, S. 136–138.

33 Vgl. dazu: HANNES STEKL, Ambivalenzen der Bürgerlichkeit, in: GERHARD AMMERER und HANNS HAAS (Hg.), Ambivalenzen der Aufklärung. Festschrift für Ernst Wangermann, Wien-München 1997, S. 33–48.

34 SLA, Regierung XLVIII/1, Hofkommissär an Landesregierung, 16. 7. 1806.

35 SLA, Hofkommission V/28, Schreiben an Ferdinand Graf Bissingen, 30. 7. 1806.

36 Ebd., Schreiben an den Polizeipräsidenten, 16. 7. 1806; Hofkommissär an die Landesregierung, 7. 8. 1806.

37 Vgl. CHRISTIAN DIRNINGER, 1803 und die wirtschaftlichen Folgen, in: GERHARD AMMERER und ALFRED ST. WEISS (Hg.), Die Säkularisation Salzburgs 1803. Voraussetzungen – Ereignisse – Folgen (Wissenschaft und Religion. Veröffentlichungen des Internationalen Forschungszentrums für Grundfragen der Wissenschaften Salzburg 11), Frankfurt am Main-Berlin-Bruxelles-New York-Oxford-Wien, 2005, S. 157–178.

38 AStS, NStA, 1826/1178, Polizeioberkommissariats an Magistrat 9. 5. 1826; Meldung der Polizeiwache, 9. 5. 1826.

39 Ebenda, Befragungsprotokoll, 20. 7. 1826.

40 SLA, Protokolle des Hofrates 1753, fol. 515v.

41 Ebenda, fol. 660v; u. 1753/ II, fol. 571v.

42 Ebenda, fol. 783v f.

43 Ebenda, fol. 911r.

44 Zit. n. FRANZ MARTIN, Das erste Kaffeehaus in Salzburg, in: Salzburger Volksblatt, 24. 12. 1925, S. 8.

45 Vgl. z. B. PETER ALBRECHT, Kaffeetrinken als Symbol sozialen Wandels im Europa des 17. und 18. Jahrhunderts, in: ROMAN SANDGRUBER und HARRY KÜHNEL (Hg.), Genuss und Kunst. Kaffee, Tee, Schokolade, Tabak, Cola. Katalog zur Ausstellung auf Schloß Schallaburg (Katalog des NÖ Landesmuseums, Neue Folge 341), Innsbruck 1994, S. 32 u. S. 34.

46 Vgl. SCHIDENHOFEN (wie Anm. 27, S. 283), Eintrag v. 29. 9. 1777: erwähnt werden Augsburger Kaufleute.

47 Vgl. BEAT KÜMIN, Wirtshaus und Gemeinde. Politisches Profil einer kommunalen Grundinstitution im alten Europa, in: RAU/SCHWERHOFF, Zwischen Gotteshaus und Taverne (wie Anm. 20), S. 75–97, hier S. 78.

48 Zum gesamten Inventar des Staigerschen Kaffeehauses vgl. GERHARD AMMERER, Testament, Todfallsinventar und Erbübereinkommen des Salzburger Kaffeesieders Anton Staiger von 1781, in: MGSL 145 (2005), S. 93–128.

49 Oeconomische Encyklopädie, oder allgemeines System der Staats- Stadt- Haus- und Landwirthschaft, in alphabetischer

Ordnung; von D. Johann Georg Krünitz, 32. Bd., Brünn 1789, S. 261.

50 Auf diese Tatsache hat bereits Habermas hingewiesen; vgl. JÜRGEN HABERMAS, Strukturwandel der Öffentlichkeit. Untersuchungen zu einer Kategorie der bürgerlichen Gesellschaft. Mit einem Vorwort zur Neuauflage 1990, Frankfurt am Main, 6. Aufl., 1999, vgl. bes. S. 92; SUSANNE RAU und GERD SCHWERHOFF, Öffentliche Räume in der Frühen Neuzeit. Überlegungen zu Leitbegriffen und Themen eines Forschungsfeldes, in: DIESELBEN, Zwischen Gotteshaus und Taverne (wie Anm. 20), S. 27.

51 Vgl. HASSO SPRODE, Der Grosse Ernüchterer. Zur Ortsbestimmung des Kaffees im Prozess der Zivilisation, in: DANIELA U. BALL (Hg.), Kaffee im Spiegel europäischer Trinksitten (Veröffentlichungen des Johann Jacob Museums zur Kulturgeschichte des Kaffees 2), Zürich 1991, S. 224.

52 Vgl. HABERMAS, Öffentlichkeit (wie Anm. 50), S. 52.

53 Vgl. FRIEDRICH SPAUR, Spaziergänge in den Umgebungen von Salzburg, Salzburg 1834, S. 90; THOMAS WEIDENHOLZER, Handel, Gewerbe und Verkehr. Gasthäuser und Brauereien zur Mozartzeit, in: Historischer Atlas der Stadt Salzburg, hg. v. PETER F. KRAMML, ERICH MARX und DEMSELBEN (Schriftenreihe der Stadt Salzburg 11), Salzburg 1999, Bl. V/3.

54 Vgl. HABERMAS, Öffentlichkeit (wie Anm. 50), S. 35.

55 Vgl. THOMAS WEIDENHOLZER, Bürgerliche Geselligkeit und Formen der Öffentlichkeit, in: ROBERT HOFFMANN (Hg.), Bürger zwischen Tradition und Modernität (Bürgertum in der Habsburgermonarchie 5), Wien-Köln-Weimar 1997, S. 62–65.

56 Vgl. ANDREAS GESTRICH, Absolutismus und Öffentlichkeit. Politische Kommunikation in Deutschland zu Beginn des 18. Jahrhunderts (Kritische Studien zur Geschichtswissenschaft 103), Göttingen 1994, S. 131.

57 Darauf wiesen die Salzburger Stadtkapläne im Jahr 1788 hin (zit. n. THOMAS WEIDENHOLZER, Aufklärung und Säkularisation in Salzburg um 1800 – Ambivalenzen des Fortschritts, in: AMMERER/WEISS, Säkularisation (wie Anm. 37), S. 64.

58 Ein Teil des Publikums, das im Staigerschen Café verkehrte, gehörte allerdings auch dem Leseverein an. Vor allem war das bei der hohen Salzburger Beamtenschaft der Fall (Schidenhofen, Mölck, Gilowsky, Rehlingen etc.); vgl. WEIDENHOLZER, Bürgerliche Geselligkeit (wie Anm. 55), S. 63.

59 Vgl. Salzburger Volksblatt, 27. 6. 1891, S. 2.

60 So berichtet Schidenhofen (wie Anm. 28), S. 223 von einem dort stattfindenden Ball am 28. Jänner 1777.

61 Ebenda, Einträge vom 5. 2. und 6. 7. 1777.

62 Vgl. ebenda, Eintrag vom 21. 7. 1775.

63 Zit. n. ULRICH WEINZIERL, Alfred Polgar. Eine Biographie, Wien–München 1985, S. 55.

64 SPAUR, Spaziergänge (wie Anm. 53), S. 90.

65 Vgl. PETER F. KRAMML, SABINE VEITS-FALK und THOMAS WEIDENHOLZER, Stadt Salzburg. Geschichte in Bildern und Dokumenten. Kostbarkeiten aus dem Stadtarchiv (Schriftenreihe des Archivs der Stadt Salzburg 16), Salzburg 2002, S. 50.

66 Mozart-Archiv, FRIEDRICH BREITINGER, Handwerker, Wirte und Händler in Alt-Salzburg, S. 304.

67 Oeconomische Encyklopädie (wie Anm. 49), S. 193.

68 SLA, Regierung XXXVIII, Befehlsabschrift aus dem Besitz des Cafetiers Endres.

69 AStS, Bauakten Innere Stadt 9, Mitteilung des Polizeiamt-Berichts vom 27. 7. 1805 an die Landesregierung, 16. 8. 1805.

70 JOHANN N. HÖSS (Hg.), Systematisch geordnete Darstellung der in Oesterreich ob der Enns und in Salzburg in Wirksamkeit stehenden Gewerbs-Vorschriften, dann der gesetzlichen Bestimmungen über lincenzierte und freye Beschäftigungen, über öffentliche Märkte, über das Zunftwesen, und über die Wanderung der Handwerks-Gesellen, 1. Bd., Linz 1835, S. 326.

71 *Dann gienge ich ... zur Musick, die Steiger dem Fürsten v*[on] *Lavant* [Vinzenz Joseph Franz Graf von Schrattenbach] *machen liesse* (SCHIDENHOFEN [wie Anm. 27], S. 262, Eintrag vom 6. 7. 1777). – Nur fünf Wochen später berichtet Schidenhofen von einer Einladung *Nachts zu einer Musick, die der Steiger dem B:* [Leopold Josef] *v*[on] *Lasser HofMarschal zu Kempten machen liesse,* ebenda, S. 263, Eintrag vom 14. 7. 1777.

72 Ebenda, Eintrag vom 9. 11. 1777: *Um 4 uhr zu Steiger zur Contredanse Probe, wo wegen des Registrator Strasser Hochzeit die Contredanses probiert worden.*

Thomas Weidenholzer

BIBLIOTHEKEN

Über Sakrales, Arkanes, Aufgeklärtes und das Lesen

1623	Einrichtung der Salzburger Universitätsbibliothek
1668	Gründung der Hofbibliothek
ab 1766	Neugestaltung der Bibliothek von St. Peter
1777	Öffnung der Hofbibliothek
1784	Gründung einer Lesegesellschaft durch Lorenz Hübner
1790/93	Freier Zugang zur Bibliothek der Universität für Professoren und Studenten
1793/94	Leihbibliothek des Leopold Ladislaus Pfest
1803	Öffnung der Bibliotheken für den allgemeinen Publikumsverkehr
1807	Leihbibliothek des Johann Ehrenberger
1810	Zusammenlegung von Hof- und Universitätsbibliothek

Anfänge: Die sakralen Bibliotheken

Die Anfänge einer Salzburger Schreibschule bzw. Bibliothek gehen auf den irischen Abtbischof Virgil zurück, in dessen letztem Lebensjahr oder wenig später das berühmte Verbrüderungsbuch von St. Peter entstand. Es hielt eine Gebetsgemeinschaft über den Tod hinaus fest und entzog diese, schriftlich fixiert, dem Vergessen. Skriptorium und Bibliothek erlangten unter Erzbischof Arn eine erste Blüte[1]. Die heiligen Bücher waren Teil des Kirchenschatzes. Ihre Aufgabe war die Bewahrung und Sicherung der religiös-kulturellen wie der liturgischen Tradition, des „Wort Gottes" und der Ordnung des Gottesdienstes[2]. Die kanonisierten Schriften[3] – von der Bibel bis zu den „Kirchenlehrern" – bildeten den Bestand der sakralen Bibliothek. Missalien und Evangeliarien waren wichtige Elemente des liturgisch-rituellen Geschehens. Die Gemeinschaft der Gläubigen, die sich im Ritus konstituierte, stand der priesterlichen Deutungshoheit gegenüber[4]. Die Kirche war Inhaber des literalen Monopols[5]. Die (latein-sprachliche) Literalität bedurfte in einer oral strukturierten Welt priesterlicher Exegese.

Seit dem 10. Jahrhundert entwickelten sich das Kloster St. Peter und das Erzbistum parallel, ehe es 987 zur förmlichen Trennung kam. Der Bücherbesitz des Kapitels und der Mönche scheint schon zuvor getrennt worden zu sein, auch dürften jeweils eigene Skriptorien existiert haben[6]. Eine „camera librorum" für die Domkirche ist im 11. Jahrhundert wohl in der Sakristei zu suchen[7].

1433 wurden die annähernd 400 Kodizes der Dombibliothek von Johannes Holveld verzeichnet[8], eine Anzahl, die sich nicht mehr erhöhen sollte. Der Buchdruck erreichte diese Raritätenkammer des Heiligen nicht. Sie war ein Arkanum des Sakralen, solitär und einmalig.

Max-Gandolph-Bibliothek (Foto Walter G. Scheinast).

Bestückt von Augustinus bis Gregor, mit den Evangelien und ihren Erklärungen, mit Gradualia und Epistel, mit einem Benedictionale und einem Exorzismus-Codex sicherte auch die Bibliothek von St. Peter religiös-liturgisches Wissen[9]. Der Abt war angewiesen, die *libri sancti* an einem sicheren Ort zu verwahren[10].

Der Buchbestand entwickelte sich in weiterer Folge analog dem Wechselspiel von Reformation und Gegenreformation. Abt Martin Hattinger (1584–1615) ließ sowohl Schriften Martin Luthers, als auch die seines Vorgängers Johann Staupitz (1522–1524), der der Nähe zu den Reformatoren verdächtig war, verbrennen. An ihrer Stelle wurden um stolze 3000 Gulden *catholicis* angekauft[11]. Bei der Neueinrichtung der Bibliothek zu Beginn des 18. Jahrhunderts folgte man einem (katholischen) Bibliotheksprogramm, dessen umfangreichstes Fach das aszetisch-mystische war[12]. Das Heilige bewahrte sein Refugium.

Auch eine Bibliothek wie jene in Nonnberg[13] war eine sakrale und daher geheim. *Ihre denkwürdige Vergangenheit* enthüllte sie, wenn überhaupt, dann nur *mürrisch*. Nur in einem *conclave*, in einem verschließbaren Raum, wurden die Kodizes einem (ausgesuchten) Publikum gezeigt[14] .

Mit dem Verlust der Singularität alter Bibliotheken durch den Buchdruck stieg deren historisch-bibliophiler Wert auf Kosten des sakralen. Die alten Manuskripte gewannen an Leuchtkraft und wurden kostbar[15]. Den aufgeklärten Abt von St. Blasien, Martin Gerbert[16], beeindruckten um 1760 zwar noch immer die *Vorlesungen der Rechtglaubigen und Catholischen*, ihn ergriff aber auch ein zwischen Bibliophilem und Heiligem changierendes Erschauern, als er das *Schottländisch geschriebene* Cutbercht-Evangeliar[17] in Händen hielt. Seine Vermutung, der heilige Rupert könne dieses Buch in Händen gehabt haben, gehört jedoch ins Reich der vergebenen Hoffnungen. Gut zwanzig Jahre später zeigte ein aufgeklärter bibliophiler Autor nur mehr ausschließlich historisches Interesse an einigen wenigen Stücken; die meisten anderen Bücher waren ihm lediglich *theils Leben der Heiligen, theils Breviere, theils Hauspostillen*[18].

Die Hofbibliothek

Zum Gedeih seiner *guten Regierung* unterhalte der Salzburger Fürst zwei Stützen, eine *publica Librarìa* und ein *berühmtes Arsenal*, hieß es 1670[19]. Erzbischof Max Gandolph hatte um 1668 die Handbibliotheken seiner Vorgänger zusammengefasst und zur Hofbibliothek ausgebaut[20]. *Publica Librarìa* ist mit „öffentliche Bibliothek" übersetzt worden, was die Sache jedoch nicht ganz trifft. „Pubblico" hat im ausgehenden 17. Jahrhundert nicht die Bedeutung von ‚öffentlich' im Sinn von „allen zugänglich", sondern die auch heute in Italien in Zusammensetzungen wie bei amministrazione pubblica noch übliche, d. h. staatlich oder genauer fürstlich[21]. Eng mit der Entwicklung des absoluten Fürstenstaates zusammenhängend lud sich die ursprüngliche Bedeutung von ‚öffentlich' im Sinne von coram publico semantisch in Richtung Herrschaft auf. Diese Sphäre des „Staatlichen" wurde öffentlich repräsentiert[22]. Innerhalb dieser ‚öffentlichen' (staatlichen) Sphäre entwickelte sich der arkane Bereich absoluten Regierens. Es hieß „Geheimer Hofrat", „Geheimes Archiv" oder auch „Geheimer Hofbibliothekar". Der repräsentativen Sphäre nach außen entsprach eine arkane im Inneren. „Repräsentative Öffentlichkeit" hatte mindestens zwei Schichten, eine staatliche, prinzipiell auf alle Stände der Gesellschaft erweiterte, sowie eine auf das Distinktive des Höfischen abzielende.

‚Öffentlich' war die Hofbibliothek nur in einem eingeschränkten Sinn. Sie, die *publica Librarìa*, war in dem Sinn ‚öffentlich', indem sie eine ‚staatliche' Bibliothek war, aber nicht in der Bedeutung von allgemein zugänglich. Sie war Attribut der Herrschaft, also repräsentativ.

Während andere (fürstliche) Hofbibliotheken, etwa jene in Wolfenbüttel, sich im Laufe des 18. Jahrhunderts zu Landes- oder Nationalbibliotheken, also zu öffentlichen Institutionen in einem erweiterten Sinn entwickelten, die sowohl dem Zweck einer „guten Regierung" dienten, als auch offen zugänglich und weniger repräsentativ waren, setzte diese Entwicklung in Salzburg erst spät ein.

Wissensvermittlung war mitnichten Aufgabe der Hofbibliothek. Sie war – wie das Zeughaus auch – Medium höfischer Selbstdarstellung[23]. Für die Bücher selbst war wenig Platz. Die Fenster und der Blick auf den Raum wollten nicht verstellt sein. Die Anzahl der Bände war bescheiden. Einheitlich mit weißem Schweinsleder gebunden, ausgestattet mit Supralibros der Erzbischöfe, präsentierten sich die Folianten den Fürsten repräsentierend. Die ästhetische Harmonisierung der Bücher steigerte deren optische Präsenz und nahm diese gleichzeitig zurück. Nicht Wissen ist Macht, sondern die Präsentation von Wissen[24]. Die Bibliothek war antecamera der Macht. Daher verwundert es nicht, wenn die *Rücken der Bücher, so wie die Wände und Mauern* [...] *mit Tünche* bestrichen wurden, *damit alles gleichförmig* aussehe[25].

Im 18. Jahrhundert büßte die Bibliothek ihre repräsentative Bedeutung ein. Sie wurde unter Erzbischof Jacob Ernst von Liechtenstein nicht nur geschlossen, sondern sogar versiegelt[26]. Sie existierte nicht um der Leser willen, sondern bewahrte Kurioses und Altes, sie war Archiv des Vergangenen[27].

Die Bibliothek der Universität

Die Bibliothek der Benediktineruniversität, 1619 gestiftet[28], entwickelte sich zunächst bescheiden mit dem Ankauf einzelner Bücher durch Professoren. Einen bedeutenden Zuwachs erhielt sie durch den Erwerb der Büchersammlung des Rechtsgelehrten Christoph Besold im Jahr 1649[29], eine Bibliothek, die mehr „ketzerische" als katholische Bücher enthielt[30]. Im Zuge des Ausbaus des Universitätsgebäudes 1652 bis 1655 wurde auch ein *Bücher-Saal*[31] eingerichtet. Die Bibliothek wuchs langsam, um schätzungsweise 50 Titel pro Jahr. Der Bestand war nicht allzu groß, für Buchankäufe wurde wenig ausgegeben[32], 1708 etwa 41 Gulden für Bücher und für Buchbindearbeiten gut 140 Gulden, 1709 nichts und 1710 für einen Atlas zehn Gulden[33]. Ende des 18. Jahrhunderts zählte die Bibliothek kaum mehr als 12.000 Bände[34]. Die *Büchersammlung der Universität* sei

Supra Libros von Erzbischof Max Gandolph, Universitätsbibliothek Salzburg (Archiv der Stadt Salzburg, Fotosammlung).

nicht gar stark und die Gelehrten seien auf die *reiche Sammlung* Sankt Peters angewiesen, hieß es noch 1780[35]. Der Aufbau der Bibliothek folgte dem scholastisch-thomistischen Lehrgebäude und hob sich damit keineswegs von anderen katholischen Universitätsbibliotheken ab[36]. Der Salzburger Konsistorialrat Klemens Alois Baader hielt gegen Ende des 18. Jahrhunderts die Salzburger Universität zwar für eine der besten im katholischen Deutschland, ihre Bibliothek könne es aber weder an Größe, *noch weniger an innerer Güte* zum Beispiel mit jener in Ingolstadt aufnehmen[37]. Die Bibliothek der Bibliotheken, jene in Göttingen, blieb ohnehin weit außer Reichweite[38].

Der Streit der Fakultäten

Ein Ofen aus dem 2. Viertel des 18. Jahrhunderts, der wohl in der Bibliothek des Stiftes Mattsee stand, brachte das Programm katholischer Rechtgläubigkeit auf den Punkt handwerklicher Kunstfertigkeit. Den unteren Teil des Ofens bilden an drei Seiten Buchrücken an Buchrücken gereiht Werke von „Ketzern". Es finden sich

Medizinische Handschrift des 15. Jahrhunderts aus der Salzburger Hofbibliothek, mit weiß getünchtem Buchrücken (Universitätsbibliothek Salzburg).

dort die *opera Luteri*, die *opera Calvini* und die anderer „Abtrünniger“[39]. Dahinter loderte das reinigende Feuer der Rechtgläubigkeit mönchische Leser wärmend. Ein Spruchband weihte die häretische Bibliothek dem Gott Vulkanus (*Bibliotheca Vulcano Consecrata*) und überantwortete sie der Hölle[40]. Die Ikonographie des Spottofens ist aber auch anders deutbar. Selbst die Überantwortung der häretischen Schriften an das Feuer kann den im Mittelfeld des Ofenaufsatzes dargestellten protestantischen Prediger hindern, sein Wort zu erheben. Meint der reliefartig gestaltete Vogel Phönix den unausrottbaren reformatorischen Geist oder die Wiedergeburt einer von Häresien gereinigten Kirche?

Jedenfalls folgte auf die fiktive Bücherverbrennung die reale Vertreibung der Protestanten. Noch 1750 wurde in Salzburg die Mühldorfer Dienstmagd Marie Pauerin als Hexe hingerichtet und ihr Leichnam auf dem Scheiterhaufen verbrannt[41].

Die Salzburger Universität war einer konservativen, streng thomistischen Programmatik verpflichtet[42]. Der theologischen Fakultät waren die anderen untergeordnet, waren Vorbereiter und Zuträger[43]. Jurisprudenz und Naturwissenschaften waren im Vergleich zu protestantischen Universitäten heillos im Rückstand[44]. Aber der Streit der Fakultäten erreichte auch Salzburg, leise zunächst und auf einer apologetischen Folie mehrfach gebrochen.

Bibliotheken gab es, mit durchaus nennenswerten Beständen, sie waren aber kaum benutzbar. Das scholastische Wissen schottete sich ab und verstaubte in unbenutzten Bibliotheksräumen. Der katholische Reformer Anselm Desing[45] warf den Klöstern vor, sie würden in ihren Bibliotheken zwar unermessliche Bücherschätze stapeln, diese aber vor einem lesenden Publikum verbergen[46]. Mauriner wie Jean Mabillon oder Bernhard Pez – beide hatten die Salzburger Bibliotheken besucht – vernetzten mit ihren groß angelegten Editionsprojekten bisher abgeschiedene und mehr oder weniger geheime Bibliotheken mit der res publica litteraria. Ihre Projekte waren wichtige Marksteine der (katholischen) Frühaufklärung[47]. Auch wenn diese Quelleneditionen noch den Geist barocken Kompilierens atmeten, entgrenzten sie doch die Bücherkästen und die thomistischen Gedankengebäude.

Berthold Vogl[48] aus Kremsmünster und Anselm Desing aus Ensdorf in der Oberpfalz versuchten um 1740 Teile der Wolffschen Philosophie sowie neuere Unterrichtsmethoden in Salzburg einzubringen[49]. Ihr Engagement für pädagogische Reformen und ihr verhaltenes Plädoyer für Christian Wolff gründete in der Sorge um katholische Rechtgläubigkeit. Ihnen kamen vorsichtige Zweifel an der Scholastik. Die *Teutschen* würden *gemeiniglich* mit dem Aristoteles *fortschweiffen*, obwohl es *einen richtigeren Weg zur Welt-Weisheit* gebe[50]. Die Scholastizistik gefährde das Katholische, da Wissbegierige ihr Wissen aus akatholischen Werken schöpfen müssten[51]. Nolens volens stießen die Reformer weit in protestantische und aufgeklärte Gefilde vor.

Getrieben von Neugier und gleichzeitiger Angst um Rechtgläubigkeit polemisierte Desing gegen Syllogiieren und Paukerei, beruhigte sich aber gleichzeitig an der Existenz des römischen Index, den nur Protestanten und *Frey- und Frechheit* liebende Katholiken bekämpften und ohne den nur *grobe Pasquilen und Schmach-Schriften, die Zauber-Bücher* und die *unflätigen Venus-Bücher* gelesen würden[52].

Der scholastische Unterricht entsprach weitgehend einer oralen Kultur der Informationsvermittlung, vergleichbar dem liturgischem Geschehen in der Messe. Er vollzog sich über weite Strecken in Form der Wiederholung[53]. Der scholastische Lehrer war Vermittlungsinstanz zwischen zentralisiertem Buchwissen und

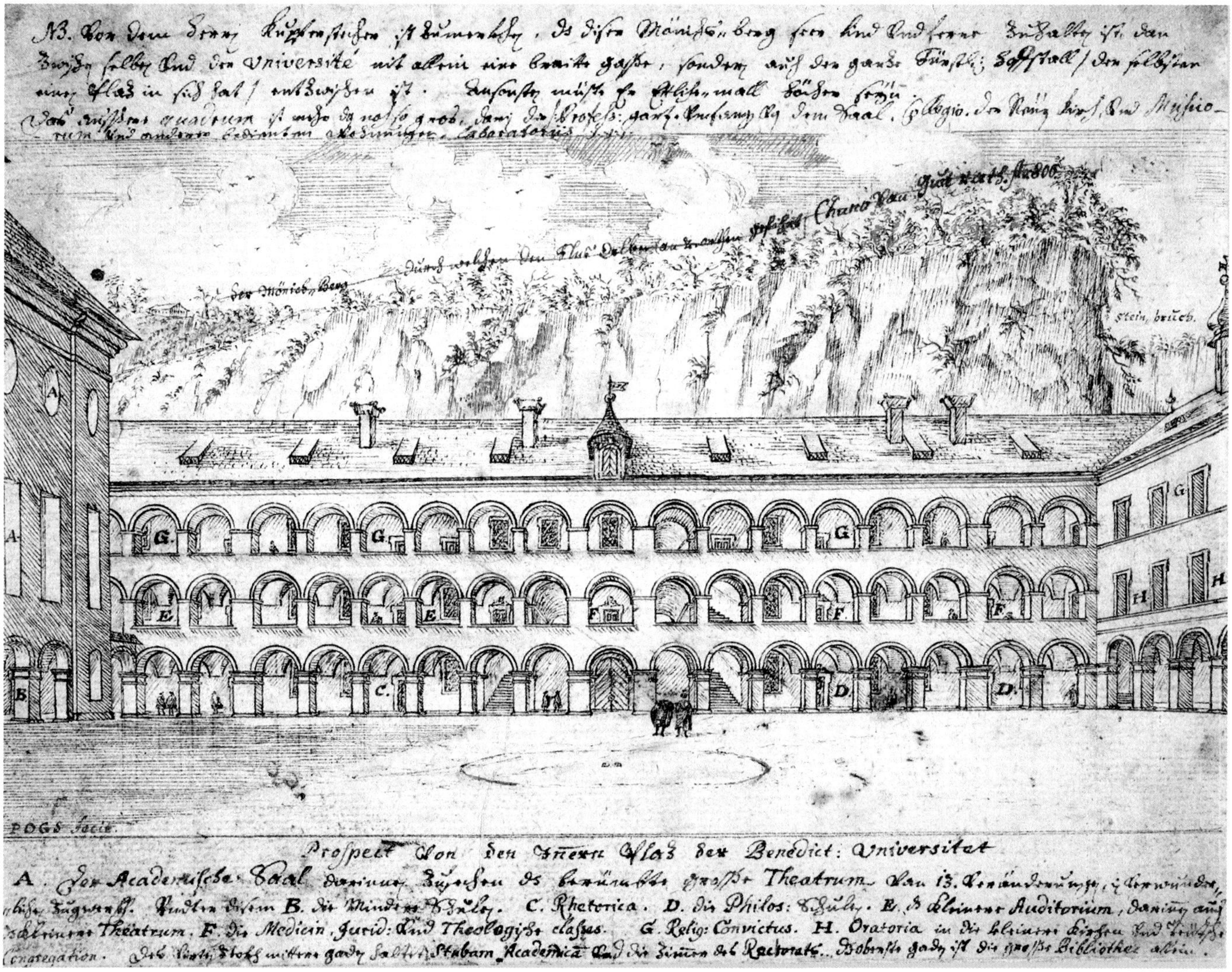

Innenhof der Salzburger Universität, Feder in Bister auf Papier von Odilo von Guetrat, Anfang des 18. Jahrhunderts. Über das dritte Stockwerk heißt es: „der oberste Gaden ist die große Bibliothec allein" (Salzburg Museum).

Publikum[54]. Neue Unterrichtsmethoden und die Verwendung neuartiger Unterrichtsbehelfe[55] durchbrachen diese Konstellation. Vogl ermunterte wiederholt seine Schüler, Leibnitz und Wolff selbständig zu lesen und sich mit Experimentalphysik und Mathematik zu befassen. Er lieh interessierten Schülern Bücher und forderte sie auf, sich Werke Wolffs selbst zu kaufen[56]. Das unscholastisch Neue war, dass die *Problemata*, die Aufgaben, nicht mehr vorgerechnet wurden, sondern die Studenten zu selbsttätigem Lösen zwangen[57].

Die scholastische Buchweisheit, die sakrales (Geheim-)Wissen war, emanzipierte sich den Speichern. Anschaulichkeit und Kommunizierbarkeit sprengten den thomistischen Horizont. Bescheidene Breschen in das fest gefügte Gebäude scholastischen Spekulierens waren geschlagen. Die didaktischen Zwischeninstanzen zwischen Buch und Rezipienten retardierten, Buchwissen dezentralisierte sich[58]. Die didaktischen Reformen trugen auch in Salzburg zur Entzauberung der Schrift bei.

Die Reformer sahen sich allerdings heftiger Abwehr seitens konservativer Kreise ausgesetzt und gerieten gleichzeitig auch von außerhalb der Universität unter Druck, von einem Kreis von (säkularen) *Eruditi*[59], von Gebildeten, der sich um den erzbischöflichen Histo-

Der so genannte Spottofen, eine häretische Bibliothek dem Feuer überantwortend, 2. Viertel 18. Jahrhundert (Salzburg Museum).

riographen, Johann Baptist Gaspari, gebildet hatte[60]. Dieser diskutierte die reformkatholischen Schriften Lodovico Muratoris[61], hinterfragte die Vertreibung der Salzburger Protestanten, polemisierte gegen den Scholastizismus an der Universität und kritisierte Heiligenverehrung und Marienkult. Gaspari publizierte eine Streitschrift, in lateinischer Sprache zwar, mit der er die Professoren der Universität als *Sykophanten*, etwa Wortverdreher oder Ränkeschmiede[62], verspottete. Damit überschritt Gaspari die Grenzen, welche die scholastische Universität zwischen sich und den Laien gezogen hatte[63]. Seine Satire wendete sich in gedruckter Form an einen erweiterten, wenn auch eingeschränkten Rezipientenkreis, an die *Eruditi*. Im Anhang publizierte Gaspari die Predigt, – vor allem eine mündliche Literaturform – die Pater Plazidus Böckhn, Professor an der Salzburger Universität, gegen die *Eruditi* gehalten hatte. Gasparis Verschriftlichung der mündlichen Agitation kippte deren Wirkung ins Gegenteil und gab sie der Lächerlichkeit vor einem abstrakten Rezipientenkreis preis. Seine Satire steht am Beginn des Übergangs einer vor allem auf mündlicher Kommunikation beruhenden in eine literale Welt.

Die Auseinandersetzungen zwischen den Reformern und den Traditionalisten eskalierten. Alle Formen und Foren öffentlicher Auseinandersetzung wurden bemüht. Die mündliche Predigt und der halböffentliche Raum des gelehrten Briefwechsels mutierten zu Foren der Auseinandersetzung. Man verlegte sich auf flüsternde Propaganda, publizierte satirische Schriften, nutzte den sakralen Raum der Domkirche zum Auszischen von Gegnern und die Straße als Aufmarschgebiet gewaltsamen Agitierens.

Nach diesen Auseinandersetzungen mussten die Reformen zurückgenommen werden, die Theologie behauptete das Feld, trotzdem erwies sich: Wissen bedurfte keiner scholastischen Anleitung mehr.

Reformen in St. Peter

Noch um 1740 kam Anselm Desing zum Schluss, Klosterbibliotheken würden ihre Schätze nur für *Schaben und Würmer* aufbewahren[64]. Auch zwanzig Jahre später, um 1760, habe ihn beim Anblick der St. Petrischen Bibliothek *äusserste Beschämung* befallen, erinnerte sich Pater Beda Hübner, ab 1766 Bibliothekar in St. Peter, und ortete *Khaos, Unordnung und Wust*, diese sei ein *Kleinod unter Staub, wie unter Schweinen*[65].

Das *graue Alterthum in allen Wissenschaftlichen* habe *grausamlich* hervorgeguckt. *Jede neuere Lehre, sonder die Philosophie* [der Aufklärung] sei *verdächtig* und *bedenklich* gewesen[66]. Hübners Programmatik war eindeutig: *Ganze Bibliotheken* seien *leider! Mit dem Geschmier der Moralisten, Kasuisten, Aszeten, Predigten angepfropft*. Die *abscheuliche Kasuistick* sei nur der *Makulatur* würdig. *Aszeten* gehörten nur in die Klosterzellen und hätten *in gelehrten Bibliotheken nichts verloren*[67]. *Der schöne Name Bibliothek* habe *wahrlich nur in der Bestimmung eines geräumigen Ortes, wo bey 24.000 Bücherbände* [...] *untereinander geworfen*[68] waren, be-

Titelkupfer des Index Librorum Prohibitorum, 1764 (Universitätsbibliothek Salzburg).

standen. Gegen manchen Widerstand wurde um 1770 die Bibliothek neu gestaltet[69]. Auch wenn die indizierten Bücher zwar mit *durchsichtigen* aber doch mit *Drahtgüttern*[70] vor neugierigem Zugriff gesichert blieben, markiert die Erneuerung der Bibliothek ein neues, weltoffeneres, Verhältnis zu den Büchern und damit zur Welt. Bei der Anlage eines neuen Kataloges beriet der protestantische Gelehrte Georg Wilhelm Zapf[71]. Nun wurde Literatur nachgekauft und danach getrachtet, die neueste zu erwerben. Die Ausgaben für Bücherkauf stiegen auf die ansehnliche Summe von durchschnittlich 300 Gulden jährlich[72]. Die neu gestalteten Räumlichkeiten der Bibliothek zierten nicht mehr nur die allegorische Darstellung der triumphierenden Kirche über die Häretiker, sondern auch ein Idealporträt Christian Wolffs[73]. Ernüchtert konstatierte Beda Hübner allerdings später: das *Bücheranschaffen* habe *nach meiner ganz aufgehört*[74].

Hof- und Universitätsbibliothek auf dem halben Weg zur öffentlichen Landesbibliothek

Mit dem Regierungsantritt von Erzbischof Hieronymus Graf Colloredo änderte die Hofbibliothek ihr arkanes Erscheinungsbild. Das Fortschreiten der Aufklärung durch Wissen und Wissenserwerb symbolisierend, plante Erzbischof Hieronymus Graf Colloredo den Eingang zur Hofbibliothek einladender, Leser gewinnend, zu gestalten. Das Projekt zerschlug sich allerdings[75].

Nun bestimmte nicht nur bibliophiles, sondern auch aufgeklärtes Interesse die Erwerbspolitik der Hofbibliothek[76]. Werke, die sich mit der Vertreibung der Salzburger Protestanten befassten, fanden Platz auf den Regalen. Johann Jacob Mosers *Salzburgische Emigrations-Acten*[77] oder Göckings *Emigrations-Geschichte*[78] etwa tragen das Supra Libros Colloredos. Pierre Bayles *Dictionaire historique*, jansenistisch orientierte Bücher, Werke von Muratori, Leibnitz, Wolff, Voltaire, Newton und anderen wurden beschafft[79]. Karl Ehrenbert von Moll schätzte 1783 die Anzahl der Bücher auf 19.000 bis 20.000, die *durch die edle Verwendung Hironymens so ho*[c]*h hinan* gestiegen sei[80]. Nun steigerte auch die Zusammensetzung der Bibliothek mit einer aufgeklärten Nomenklatura den Ruhm des Fürsten.

Es bestand die Absicht, die Hofbibliothek als Hilfsinstrument der Verwaltung auszubauen[81], die aufgeklärten Anstrengungen blieben jedoch auf halbem Weg stecken. Der aufgeklärte Elan erlahmte. Zwar war öffentlicher Publikumsverkehr gestattet, allein es fehlte an einem Lesezimmer. Franz M. Vierthaler beklagte 1803, die Ausgaben für Buchankäufe würden seit zehn Jahren *im Durchschnitte jährlich kaum 30 f* (Gulden) betragen. Die Hofbibliothek sei *suspendiert* gewesen. Sie sei zwar *in Ansehung ihres inneren Werthes die erste Bibliothek in Salzburg*, was die *kostbaren Manuscripte, seltenen Incunablen und Prachtwerke* betreffe[82], sie hätte aber *stärkste Lücken* im philosophischen, mathematischen, medizinischen, naturhistorischen und juridischen Fach, insbesondere fehlten die *neuesten Werke* [...] *beynahe ganz*[83]. Im selben Jahr hieß es auch, die Universitätsbibliothek sei *sehr schlecht eingerichtet*. Ausreichend sei sie nur mit Bibeln ausgestattet. Im Bereich der Jurisprudenz sei nur das geistliche Recht *mit alten Kanonisten* gar nicht so übel, das Kriminal-, das Feudal- und das Staatsrecht jedoch schlecht besetzt. Für die theoretische Philosophie sei *wenig brauchbares vorräthig*, von der *kritischen Philosophie* dagegen *gar nichts* usw.[84] Ernüchternd hieß es, *beyde Bibliotheken zusammen genommen* würden *bei weitem nicht hinreichen, eine brauchbare Universitätsbibliothek zu bilden*[85]. Die Hofbibliothek, in der vorher kleinere Bibliotheken aufgegangen waren[86], wurde schließlich 1810 der Universitätsbibliothek angegliedert[87]. Nach Aufhebung der Universität erhielt sie den Status einer Lycealbibliothek, deren erster Direktor Judas Thaddäus Zauner auch mit Katalogisierungsarbeiten begann[88].

Kunstraub während der Napoleonischen Kriege dezimierte die Bestände aller Salzburger Bibliotheken. Die Verluste waren empfindlich. Wertvollste Salzburger Bestände befinden sich heute in Paris, München und Wien[89].

Adelige und gelehrte Bibliotheken – Einfallstore der Aufklärung

Kein Zweifel, in der Aufklärung erheischten Bücher gesteigerte Aufmerksamkeit. Die inhaltliche Ausrichtung einer Bibliothek gab Auskunft über die Aufgeklärtheit ihres Eigentümers. Die Distinktion fürstlicher Repräsentativität und jene gelehrter Scholastik schwanden. Die entgrenzenden Bestrebungen der Aufklärung schufen jedoch neue, die nun entlang von Bildung und Aufgeklärtheit verliefen.

Für den aufgeklärten Wissenstransfer waren die „privaten“ Adels- und die Gelehrtenbibliotheken bedeutender als die Abgeschiedenheit repräsentativer oder scholastischer Bibliotheksräume[90]. In Salzburg waren diese – und nicht die so genannten öffentlichen – Einfallstore der Aufklärung[91]. Noch 1797 konstatierte Judas Thaddäus Zauner, er wohne, *in einem Ort, wo es im wahren Sinne des Wortes keine öffentliche Bibliothek* gebe[92].

Über die Graf Kuenburgische Bibliothek im Langenhof urteilte dagegen Johann Kaspar Riesbeck, sie enthalte alle *unsere guten Schriftsteller* und bei ihrer Anlage sei *kein Index librorum prohibitorum zu Rathe* gezogen worden[93]. Französische Klassiker und die Hauptwerke der deutschen Aufklärer belegen die große Bandbreite dieser aufgeklärten Bibliothek. Zu ihrem Bestand gehörte aber auch ökonomische, staatsrechtliche, naturwissenschaftliche und medizinische Literatur. Sie war reich bestückt an antimonastischer und antizölibatärer Literatur. Alle oder beinahe alle Thematiken der Aufklärung waren auf die eine oder andere Art präsent. Zur Sammlung gehörte etwa auch das – selbst in den liberalen Niederlanden verbotene – atheistische Philosophikum *L'homme machine* La Mettries[94].

Der eigentliche Zweck einer aufgeklärten Bibliothek war der Umschlag des gedruckten Wortes. Das Journal verbreitete es Räume überwindend in bisher ungekannter Geschwindigkeit. Zeitschriften und Lexika waren dynamische Wissensspeicher und hatten daher für die Aufklärung eine kaum zu überschätzende Bedeutung. In den aufgeklärten gelehrten und adeligen Bibliotheken sowie in den Beständen der Lesegesellschaften, von denen noch die Rede sein wird, finden wir daher die ephemeren Literaturen. Die traditionelle Bibliothek war ein Repositorium der Bücher gewesen[95], Journale fanden sich daher dort nicht und wurden erst spät erworben.

Ähnlich strukturiert – vielleicht noch aufgeklärter – war die Firmiansche Bibliothek. Über sie hieß es, sie sei *vorzüglich in der Geschichte, Naturgeschichte, an Classikern, Wörterbüchern, Reisebeschreibungen und Romanen*[96] bestückt. Die 8000 Bände starke Büchersammlung entfaltete den aufgeklärten Bildungskosmos in repräsentativer Dichte. Die gräfliche Bibliothek war auf der Höhe der Literatur. Das Neueste fand den Weg in die Regale. Aber auch sie entzog sich im ausgehenden 18. Jahrhundert nicht dem Trend der „Romanleserei“. „Empfindelnde“ Literatur und die große Bandbreite der Ritter-, Geister- und Liebesromane (mit einem Erscheinungsdatum nach 1780) fanden sich auch in deren Regale[97].

Es ist hier nicht der Platz für eine umfassende quantifizierende Analyse, so viel kann aber gesagt werden: Bücher mit explizit theologischem Inhalt fehlen weitgehend, und wenn sie vorhanden waren, dann waren sie meist reformkatholischen oder jansenistischen Inhalts, häufiger noch deistischer Gottesvorstellung verpflichtet. Allgemein philosophische und naturwissenschaftliche Bücher, Nachschlagewerke, Journale und Ratgeber besiedelten die Stellagen.

Beide Bibliotheken erhoben einen universellen Anspruch. Sie kontrastierten erheblich mit den Büchersammlungen des Hofes und der Universität. Durch ihre repräsentative Bindung wurde zwar eine luxuriöse Aura entfaltet, aufgeklärte Repräsentativität erlangte aber gegenüber ästhetischer gesteigerte Bedeutung. Kulturelles Kapital löste repräsentatives ab.

Aufgeklärte Reisende, ständig bestrebt, ihren Bildungshorizont zu erweitern, berichteten auch über private Bibliotheken von Gelehrten. Beachtung fanden jene der Juristen Johann Phillip Stainhauser-Treuberg[98] und Johann Carl von Koflerns, weiters diejenigen von Hofkammerdirektor Karl Ehrenbert von Moll, von Konsistorialrat Johann Michael Bönike, des Halleiner Pflegers Sigmund von Helmreich sowie jene des Philosophen und späteren Rektors der Universität Augustin Schelle. Bekannt waren auch die Bibliotheken von Philipp Gäng, von Judas Thaddäus Zauner sowie von Dominikus Beck[99], welche beinahe das gesamte Œuvre Christian Wolffs enthalten haben soll[100].

In der Bibliothek Stainhausers[101] überwog bei Weitem juristische und reichsgeschichtliche Literatur[102]. Diese Bibliothek belegt – wie andere Gelehrten-Bibliotheken auch – die Rezeption der Frühaufklärung in Salzburg.

Das theologische Fach lässt wenig dogmatisches Interesse erkennen. So finden sich etwa Werke des radikalen Pietisten Gottfried Arnold oder das Hauptwerk Johann Nikolaus Hontheims *De statu Ecclesiae*[103]. Stainhausers Bibliothek reflektierte etwa auch die Kontroversen rund um den Emser Kongress[104] und beschäftigte sich mit der Vertreibung der Salzburger Protestanten. Als man Stainhauser vorwarf, einseitig und ausschließlich in seinem Fach gebildet zu sein, rief dieser seine Bibliothek als Zeugin an, die seinen *Censor* widerlegen würde. In ihr könne er *von so verschiedenen Fächern* Bücher sehen[105]. Sie würde allen Interessierten offen stehen und sei etwa auch dem Rechtsgelehrten Judas Thaddäus Zauner *zum Gebrauche* gestanden[106].

Zauners Bibliothek selbst entsprach ebenfalls dem Typus einer Gelehrtenbibliothek. Selbstverständlich war auch sie mit gut 500 juridischen Titeln in diesem Fach ausgezeichnet bestückt. Die Vernetztheit Zauners mit den intellektuellen Diskursen der Zeit zeigt der große Bestand an Zeitschriften und Rezensionsjournalen. Zauner war Teil der aufgeklärten „res publica literaria“, ein Intellektueller auf der Höhe der Zeit.

Hübners Lesekabinett

Bildung und Wissen waren die Signa aufgeklärten Fortschreitens. In den 1780er Jahren durchlebte die aufgeklärte Forderung nach Publizität noch ihre emphatische Phase. Neue Foren des Lesens und neue Tableaus des Gelesenen entstanden. Lorenz Hübner und andere gründeten in Salzburg eine Reihe von Journalen, die das publizistische Netz weit spannten. 1784 regte Hübner *zur Verbreitung einer landesgedeihlichen Aufklärung* einen Leseverein an[107], der ein Jahr später immerhin 55 Mitglieder zählte[108]. Hübner schwebte vor, dass sich aus einer *Journal-Lesegesellschaft* ein *Kabinett* und aus diesem ein *Kasino, Clubb oder der Sammelplatz der inländischen Gelehrten* entwickle[109].

Exlibris der Kuenburg-Bibliothek (Salzburg Museum).

Der beachtliche Bestand an Zeitschriften zeigt das weit über das Wissenschaftliche hinaus reichende Interesse am Politischen[110]. Selbstverständlich gab es hier *Schlözers Staatsanzeigen*, die zu diesem Zeitpunkt weder die Bibliothek des Hofes noch die der Universität zu ihren Beständen zählten. 1785 lagen 32 Zeitschriften auf[111]. Ephemere, praktisch-orientierte und sachbezogene Literatur überwog. Gelehrte Vorträge[112] gehörten genauso zum Programm wie die Darbietung musikalischer und deklamatorischer Aufführungen[113]. Die Lesegesellschaft, untergebracht im Zeitungskomptoir, war ein Ort der Aufklärung, in der das Bedürfnis nach Information eine organisatorische Struktur und das nach „Zerstreuung" einen geselligen Rahmen erhielt[114].

Die Zusammensetzung des Lesevereins entsprach der vergleichbarer Vereine[115]. Im Vorstand überwogen hohe Beamte, Vertreter freier Berufe sowie ein Kaufmann ergänzten diesen. Dass *weder Stand, noch Geschlecht, noch Alter*[116] von der Teilhabe an dieser gehobenen Sphäre der Bildung und Geselligkeit ausgeschlossen sein sollte[117], blieb Utopie. Dafür sorgten schon die Mitgliedsbeiträge. Die Kunst des Lesens und des gelehrten Gesprächs waren zwangsläufig für Viele weitere unüberwindbare Barrieren.

Bildung, Geselligkeit, politischer und literarischer Austausch waren die Kennzeichen einer neu entstehenden Kultur. In der Lesegesellschaft antizipierte sich eine „bürgerliche Öffentlichkeit", die über alte Ständegrenzen hinausgriff und mit neuen Kommunikationsformen und einer spezifischen kulturellen Praxis eine allmählich entstehende neue Elite definierte, die keine Privilegierten, sondern nur „Experten" kannte, und damit ihrerseits neue Distinktionen schuf.

In den 1790er Jahren scheint das Lesekabinett geschlossen worden zu sein.

Pädagogische Anstrengungen

Adelige Bibliotheken wie die Firmiansche oder die Kuenburgische erweiterten ohne Zweifel den engen Salzburger Horizont und stießen in die Weite der aufgeklärten Welt vor. Sie reflektierten Fragen der Zeit, rezipierten neue naturwissenschaftliche Erkenntnisse und spiegelten die Säkularisierung des Denkens wider. Salzburg war kein aufgeklärtes Land. Aufgeklärte Kreise waren in Salzburg erratische Blöcke und doch gingen von ihnen entscheidende und weit reichende Impulse aus.

Das Projekt der Aufklärung brauchte Lesende. Der Lesende sei für die Gesellschaft nützlicher als der Nicht-Lesende[118] und Lektüre sei ein *treffliches Mittel zur Volksbildung*, so Franz Michael Vierthaler[119]. Bislang seien den Schulkindern alle Kenntnisse nur als *dürftiges gedankenloses Gedächtniswerk* [...], *aus dem Katechismus eingebläuet* worden, hieß es 1777[120], nicht unähnlich scholastischem Unterrichtens und den abwandlungsfreien Wiederholungen katholischer Liturgie[121].

Die aufgeklärten Anstrengungen, Kulturtechniken wie das Lesen zu verbreiten, waren engagiert wie vielfältig. Sie reichten von den intensiven Bemühungen um eine Schulreform und die Verbesserung der Lehrerausbildung über die Produktion geeigneter Schul- und Lesebücher bis zur Idee der Einrichtung einer *Volksbibliothek*[122]. Immerhin – so Franz M. Vierthaler – lasse sich *die Kunst zu lesen, zu schreiben und zu rechnen nicht mehr in Klöster und Paläste einschließen*[123].

Leihbibliotheken und „Lesesucht"

Mit der *Leihbibliothek in Salzburg*, die Leopold Ladislaus Pfest, Beamter und poetischer Dilettant in der Manier Friedrich Schillers[124] ab 1793/94 betrieb, kündigte sich der gewerbliche Typus einer Bibliothek an[125]. Der Markt usurpierte die feinsten Verästelungen der Distribution gedruckter Information. In Pfests Leihbibliothek konnten Bücher alle Tage außer sonn- und feiertags während der Mittagszeit entliehen werden[126]. Monatliche Lesegebühren von 30 Kreuzern ermöglichten auch mittleren und unteren sozialen Schichten den Zugang zur Welt des Gedruckten[127]. Pfests deklarierte Absicht war, nur solche Bücher in *Umlauf zu bringen* [...], *welche ohne Nachtheil des Herzens und des Geistes unterhalten* oder *über interessante Gegenstände* [...] *belehren*[128]. Die aufgeklärte und gleichzeitig unterhaltende Ausrichtung der Leihbücherei dürfte den Erwartungen entsprochen haben. Die Rubrik *Schöne Wissenschaften* machte mit knapp 900 Titeln mehr als die Hälfte des Bestandes aus und enthielt vor allem Literatur „zerstreuenden" Charakters, „Romane" und „Schauspiele". Es fanden sich aber auch, die Gebildetheit des Betreibers ausweisend, Werke von Wieland, Lessing, Goethe u. a. Diese Leihbibliothek spiegelt den Übergang einer „räsonierenden Öffentlichkeit" zu einem „kulturkonsumierenden Publikum" wider[129]. Der Kosmos der Leihbibliothek fixierte nicht mehr ausschließlich die „publica literaria", sondern erweiterte den Horizont auf ein „größeres Publikum".

Die großen Büchersammlungen hatten ihr speicherndes Monopol verloren, Gedrucktes zirkulierte und entzog sich der Kontrollierbarkeit. In Salzburg kursierten selbst verbotene Bücher, u. a. solche, welche *die französische Revolution* rühmten[130] oder jede offenbarte Religion radikal ablehnten[131]. Ein Teil dieser Bücher stammte aus Pfests Leihbibliothek.

Auf das Betreiben des Konsistoriums musste Pfest diese 1797 schließen und deren Bestände nach obrigkeitlicher Kontrolle versteigern[132]. Das Konsistorium fürchtete das Politisieren *im Kreise des Pöbels*[133]. Aber noch mehr als das Verleihen politisch „gefährlicher" Bücher empfand es die unkontrollierbare Zirkulation der Bücher als Bedrohung. Selbst nach dem Verbot der Leihbibliothek Pfests wurden aus dessen reichlich bestückter privater Bibliothek Bücher weiter geliehen und mit ihnen *ein nicht unbedeutender Verkehr getrieben*[134].

Dass jeder erhalte, was er lesen wolle, war dann auch Argument für das Verbot zweier *Winkel-Büchereien* im Jahr 1804[135]. Diese enthielten *blos Romane und Broschuren*[136], argumentierte das Polizeiamt, und gewöhnlich würden nur solche Bücher nachgefragt, welche die *moralische Kultur am meisten verderben*[137]. Überdies seien beide Betreiber nicht gebildet genug[138]. Aber auch die Absicht des Buchhändlers Kaspar Zaunrith, der sicherlich zum „gebildeten" Kreis zu zählen war, eine Leihbibliothek zu eröffnen[139], erregte konservatives Misstrauen. Der Abt von St. Peter, Dominikus Hagenauer, wusste das Vorhaben Zaunriths durch Intervention an höchster Stelle zu hintertreiben[140].

Die österreichische Verwaltung stand den Leseinstituten generell skeptisch gegenüber und wollte Leihbibliotheken nur zulassen, wenn sie aus *verständigen und anerkannt gutgesinnten* Männern bestanden[141]. 1807 erhielt aber schließlich Johann Ehrenberger eine förmliche Konzession zum Betrieb einer Leihbibliothek. Diese enthielt (1813 in bayerischer Zeit) mehrere tausend Bände *der beliebte*[n] *Mode-Lektüre*[142]. Belletristik überwog bei weitem, auffallend war der hohe Anteil erotischer Literatur. 1812 standen den 1600 belletristischen Titeln etwa 166 *Erziehungsschriften*, 161 Titel aus Geschichte und Geographie, 164 medizinische Schriften, 34 physikalische und mathematische Werke, 75 philosophische und immerhin 144 Predigten gegenüber[143]. Als Salzburg 1816 österreichisch wurde, verschärfte sich die Zensur. Die Leihbibliothek des Johann Ehrenberger und die 1811 eröffnete des Georg Weidinger[144] wurden umgehend visitiert[145]. Etwa zehn Prozent ihres Bestandes verfielen dem österreichischen Verdikt[146].

Aber nicht nur die gegenaufklärerischen Kreise fürchteten die freie Zirkulation der Bücher. Die Aufklärung war auf den literarischen Markt angewiesen, sah aber gerade durch diesen schließlich ihr Projekt durch die massenhafte Verbreitung von Unterhaltungsliteratur gefährdet. Das Lesen geriet sowohl in das Vexierbild der Gegenaufklärung wie auch in jenes einer erschreckten Aufklärung. Die Furcht um das Projekt der Aufklärung bzw. die Bestätigung, es immer schon gewusst zu haben, hatten ein gemeinsames Problem: die „Lesesucht". Diese würde *die Zerstreuung habituell* machen und die Gedankengänge fragmentieren, so etwa Immanuel Kant[147]. Irreligiosität befürchteten die anderen, sexuelle Libertinage beide. Die Zurücknahme volksaufklärerische Maßnahmen war die eine Reaktion, der Ruf nach obrigkeitlicher Kontrolle die andere.

Leihbibliothek.

Preis gebunden 24 kr.

1794.

Titelblatt des Kataloges der Leihbibliothek des Leopold Ladislaus Pfest, 1794 (Salzburg Museum).

Der Ausweitung der gelesenen Räume entsprach eine gegenläufige Tendenz: das Zurückgeworfensein auf das Selbst des einsamen Lesers, ein Vorgang, der der parallelen Entwicklung von „bürgerlicher Öffentlichkeit“ und von Privatheit entsprach.

Das einsame und „extensive“ Lesen setzte Einbildungskraft frei und erweiterte die abstrakten Kommunikationsräume ins Unermessliche. Die Arkana der scholastischen wie der weltlichen Macht säkularisierten[148] und individualisierten sich im Arkanum des Privaten. Der einsame Leser und die einsame Leserin standen damit potentiell außerhalb der traditionalen Interaktionsformen einer korporativ strukturierten Gesellschaft. Sie stießen in Räume jenseits der überkommenen Gesellschaft vor[149]. Religion, traditionale Gewohnheiten wie auch das Projekt der Aufklärung selbst sahen sich im Nebel der frei gesetzten Phantasmen der Geister- und Ritterromane und in der Schwüle des Pornografischen gefährdet.

Öffnung der großen Büchersammlungen

Die Zunahme des Lesevermögens, der „Lesekunst“, änderte auch die Bestimmungen der großen Büchersammlungen. Sie öffneten sich, langsam und zögerlich, einem lesenden Publikum, das über den Kreis der Beamten, Professoren und Mönche hinausreichte[150]. Die Zugänge zu den Wissensräumen wie zum Wissen blieben lange umkämpft. Ab 1777 konnte die Hofbibliothek dreimal in der Woche zu gewissen Stunden benutzt werden[151]. Pater Florian Dalham, Hofbibliothekar, wachte aber noch immer über den Zugang. An Stelle von Werken des *gerade denkenden Febron* seien von ihm diejenigen des *Papisten Bellarmin* ausgegeben worden[152]. Die Bibliothek der Universität wiederum sehe zwar einer Bibliothek gleich, hieß es noch in den 1780er Jahren, existiere aber *ganz in Geheim*. Ein *theologischer Cerberus* läge an ihrer Tür und belle *jeden Profanen*, sogar *seine Amts- und Ordens-Brüder* zurück[153]. Mit der Übernahme des Rektorats durch Augustin Schelle begann auch für diese *bisher so düstere Büchermasse*[154] eine publikere Zeit. 1790 gestattete man den Professoren, *Bücher auf lange, oder kurze Zeit nach Hause* zu nehmen. Samstags konnte zwischen ein und zwei Uhr in den Katalog Einsicht genommen werden. Nach einer Woche erhielt man die bestellten Bücher ausgehändigt[155]. 1793 wurde die Bibliothek schließlich auch für Studenten *zum öffentlichen Gebrauch* eingerichtet[156]. Aber erst 1803 wurde die Universitätsbibliothek – wie auch die Hofbibliothek und die Bibliothek in St. Peter[157] – für andere *Literaturliebhaber* allgemein zugänglich[158] und öffneten sich so einem größeren, allgemeinen Publikum.

Das „Museum“ – Ort geselliger Distinktion

Anläufe zur (Wieder-)Gründung einer Lesegesellschaft verzögerten sich nach 1800 kriegsbedingt[159]. Lorenz Hübners Lesekabinett hatte sich durch sein Bemühen um Aufklärung und Bildung definiert. Mit dem beginnenden 19. Jahrhundert setzte sich jedoch das Bedürfnis nach zweckfreier Geselligkeit immer mehr durch, der aufklärerische Impetus verlor sich. Im 1810 gegründeten „Museum“ entstand ein neuer kultureller Mittelpunkt der gesellschaftlichen Elite Salzburgs.

Die Namenswahl lässt die Erwartungen erahnen: „Museion“ nannte man Tempel, in denen die Musen verehrt wurden, „museion“ wurde aber auch die alexandrinische Bibliothek genannt. Kunst, Kultur und Geselligkeit emanzipierten sich von ständischen Beschränkungen. Die „Kultur“ trat als zweite Welt neben die bürgerliche Lebens- und Arbeitswelt. Im Streben nach Edlem sollten sich alle enger aneinander schließen und dem *finstern Geiste selbstsüchtigen Zurückziehens, kleinstädtischer Partheisucht oder betäubender Rohheit* widerstreben[160]. Im „Museum“ könne man die Welt draußen lassen und *im traulichen Gespräche mit Gleichgesinnten und auf gleiche Stufe Erhobenen* [...] *sich wieder finden*, meinte der Priester und Dichter Johann Anton Susan. Der exklusive Rahmen verschaffte Gewinn an Distinktion.

Die harmonische Welt im „Museum“ förderte abseits von Alltag und Arbeit die Gruppenbildung. Der beinahe tägliche Kontakt einer ständeübergreifenden[161] Elite machte die abstrakte Sozialkategorie Bürgertum konkret erfahrbar. Nach außen schottete sich das „Museum“ ab. 1812 übersiedelte es ins Rathaus. Nachdem in bayerischer Zeit die kommunale Selbstverwaltung staatlicher Zentralisierung zum Opfer gefallen war, nahm zumindest das „Museum“ vom Rathaus Besitz. Auch in dieser Sphäre distinktiver Geselligkeit segregierte sich die Lektüre in eigenen Zimmern im zweiten Stock des Rathauses[162]. Das Lesen von Zeitungen und Zeitschriften war ein wichtiger Bestandteil des Vereinslebens. Zum Bibliotheksfundus gehörten u. a. die „Jenaer Literaturzeitung“, die „Göttinger gelehrten Anzeigen“, die „Heidelberger Annalen“, Landkarten und Lexika[163]. Für

Periodika und Literatur gab man 1812 immerhin 548 Gulden, etwa ein Viertel der Gesamtausgaben, aus[164]. Jährlich diskutierte die Plenarversammlung des „Museums", welche Periodika man zu halten gedenke.

Aber selbst diesem Verein achtbarer Honoratioren traute die österreichische Verwaltung nicht. Nach der Angliederung Salzburgs an Österreich 1816 konnte das Museum erst nach Überprüfung der Journale *nach dem Geiste der oesterreichischen Zensurvorschriften* und der Mitgliederliste die staatliche Anerkennung erlangen.

Schluss

Zunehmende Schriftkultur säkularisierte das Transzendente scholastischer und machte das Arkane repräsentativer Bibliotheken publik. Die Bibliotheken verloren allmählich ihren abgeschlossenen und geheimen Nimbus. Das aufgestapelte Wissen und dessen gelehrte Filetierung sowie seine rituelle Vermittlung waren nicht mehr gefragt. Das Wissen dynamisierte sich.

Die aufgeklärten Wissensspeicher waren weniger die traditionellen Büchersammlungen der Klöster und des Hofes, sondern die Lexika, die Zeitschriften, die Rezensionsorgane und die ephemeren Literaturformen. In ihnen setzte sich aufgeklärtes Wissen um. Private Büchersammlungen, der Leseverein und die um 1800 entstandenen Leihbibliotheken waren jene Institutionen, die für den raschen Umschlag des Gedruckten sorgten und damit weit über die oralen Kommunikationsstrukturen einer korporativ geprägten Gesellschaft hinauswiesen und die Räume der Kommunikation erweiterten.

Der Alphabetisierung galten die vielfältigen Anstrengungen der Aufklärung. Alphabetisation (Koschorke) war das Ergebnis. Diesen Anstrengungen erwuchs aber ein immanentes Problem: die „Lesesucht". Man kann zwar den kulturpessimistischen Standpunkt Johann Wolfgang von Goethes teilen, der die demiurgischen Phantasmen des Zauberlehrlings in habituelle Unkontrollierbarkeit umschlagen ließ und man kann auch die beklagenden Reminiszenzen über verfallende „bürgerliche Öffentlichkeit" teilen, doch Faktum ist, „Lesesucht" ist der pathologisierende Begriff für Alphabetisierung. Die Lesefähigkeit emanzipierte die „Einbildungskraft" von rituellen Beschränkungen und steigerte die Fähigkeiten zu Abstraktion und Synthese. Der gesteigerte Gebrauch der Schrift gefährdete sowohl den auf Oralität beruhenden Zusammenhalt ständischer Gesellschaften als auch die arkanen Praktiken absoluter Herrschaft und setzte an ihre Stelle potentielle Unkontrollierbarkeit. Verlorene Machtmonopole sollten daher durch verschärfte Zensur wieder gewonnen werden. Durch die „Stilisierung" des Lebens (Max Weber), durch die Abwehr des „Sinnengeschmackes" und seine Ersetzung durch „Reflexionsgeschmack" (Kant), gewann eine neu entstehende Elite neue Distinktionsräume.

Anmerkungen

1 Bernhard Bischoff, Die südostdeutschen Schreibschulen und Bibliotheken in der Karolingerzeit, T. 2: Die vorwiegend österreichischen Diözesen, Wiesbaden 1980, S. 52–179; Karl Forstner, Die karolingischen Handschriften in den Salzburger Bibliotheken (MGSL. Erg.-Bd. 3), Salzburg 1962, S. 9; Derselbe: Die Schreibschule von St. Peter in der Karolingerzeit, in: St. Peter in Salzburg (Landesausstellung 3), Salzburg 1982, S. 182–186; Otto Mazal, Die Salzburger Domkapitelbibliothek zwischen 1250 und 1500 (Jahresberichte der Stiftung Aventinum 1), Abensberg 1987, S. 6.

2 Otto Ludwig, Geschichte des Schreibens. Bd. 1: Von der Antike bis zum Buchdruck, Berlin 2005, S. 119–123.

3 Jan Assmann, Das kulturelle Gedächtnis. Schrift, Erinnerung und politische Identität in frühen Hochkulturen, 4. Aufl., München 2002, S. 116–118.

4 Assmann, Gedächtnis (wie Anm. 3), S. 92.

5 Cornelia Epping-Jäger, Die Inszenierung der Schrift. Der Literalisierungsprozeß und die Entstehungsgeschichte des Dramas, Stuttgart 1996, S. 68.

6 Martina Pippal, Vom 10. Jahrhundert bis zum Ende des Hochmittelalters: die Skriptorien der kirchlichen Institutionen in der Stadt Salzburg (Domstift, Benediktinerstift St. Peter, Petersfrauen), in: Hermann Fillitz (Hg.), Geschichte der bildenden Kunst in Österreich. Früh- und Hochmittelalter, München-New York 1998, S. 461–522, hier S. 461; Forstner, Handschriften (wie Anm. 1), S. 9.

7 Karl Foltz, Geschichte der Salzburger Bibliotheken, Wien 1877, S. 29.

8 Mazal, Domkapitelbibliothek (wie Anm. 1), S. 9–38.

9 Gustavus Becker (Hg.), Catalogi bibliothecarum antiqui, Bonn 1885, S. 233–238; Karl Friedrich Hermann, 987: Trennung der Abtei vom Bistum, in: Festschrift Erzabtei St. Peter in Salzburg 582–1982, Salzburg 1982, S. 26–55, hier S. 44.

10 ASP, Hs. A 202, Nr. 182, zit. n. Adolf Hahnl, Conservando cresco. Die Bibliotheksräume von St. Peter in Salzburg, in: Barock in Salzburg. Festschrift Hans Sedlmayr, hg. v. Johannes Moy, Salzburg 1977, S. 9–56, hier S. 10.

11 [Placidus Berhandsky], Auszug der Neuesten Chronick des alten Benediktiner Klosters zu St. Peter in Salzburg, 2. T., Salzburg 1782, S. 89 f.; Foltz, Bibliotheken (wie Anm. 7), S. 25; Lorenz Hübner, Beschreibung der hochfürstlich-erzbischöflichen Haupt- und Residenzstadt Salzburg, 2. T., Salzburg 1793 (Reprint, Salzburg 1982), S. 318.

12 Hahnl, Conservando cresco (wie Anm. 10), S. 18–21.

13 Susanne Lang, Die mittelalterliche Bibliothek des Benediktiner-Frauenstifts Nonnberg, Diss., Salzburg 2004.

14 Bernhard Pez, Thesaurus anecdotorum novissimus seu veterum monumentorum praecipue ecclesiasticorum ex Gonnanitis potissimum bibliothecis adornata collectio recentissima, T. 4, Augsburg 1726, S. 8; Übersetzung Ursula Königsberger.

15 Assmann, Gedächtnis (wie Anm. 3), S. 100 f.

16 http://de.wikipedia.org/wiki/Martin_Gerbert (Abruf 15. 7. 2008).

17 Martin Gerbert, Reisen durch Alemannien, Welschland und Frankreich, welche in den Jahren 1759, 1760, 1761 und 1762 angestellt worden, Ulm-Frankfurt am Main-Leipzig 1767, S. 384, zit. n. Gerhard Ammerer, Peter F. Kramml, Sabine Veits-Falk und Alfred St. Weiss (Hg.), Reisestadt Salzburg. Salzburg in der Reiseliteratur vom Humanismus bis zum beginnenden Eisenbahnzeitalter (Schriftenreihe des Archivs der Stadt Salzburg 17), Salzburg 2003, S. 225; Susan von Daum Tholl, Das Wiener Cutbercht-Evangeliar. Innere Gründe für eine frühe Datierung, in: MGSL 133 (1993), S. 7–25; Otto Mazal, Byzanz und das Abendland. Katalog einer Ausstellung der Handschriften- und Inkunabelsammlung der Österreichischen Nationalbibliothek, Graz 1981, S. 485–486; Karl Forstner, Die Datierung des Cutbert-Codex. Ein Hauptproblem des Skriptoriums von St. Peter, in: Festschrift St. Peter (wie Anm. 9), S. 776–901.

18 Anzeige der vorzüglichsten Manuscripte, welche das Domcapitel in Salzburg besitzt, in: Journal von und für Deutschland 1785, 3. St., S. 243–244, hier S. 244.

19 Domenico Gisberti, Die Reise der durchlauchtigsten kurfürstlichen Familie von Bayern nach Salzburg anno 1670, übersetzt, kommentiert und mit einer Einleitung versehen von Irene Schrattenecker, hg. vom Salzburg Museum, Salzburg 2008, S. 77 (Übersetzung) bzw. S. 119 (italienisch). Es handelt sich dabei nicht um die Universitätsbibliothek, wie in der Fußnote ausgeführt, sondern um die Hofbibliothek. Vgl. Jürgen Habermas, Strukturwandel der Öffentlichkeit. Untersuchungen zu einer Kategorie der bürgerlichen Gesellschaft. Mit einem Vorwort zur Neuauflage, 2. Aufl., Frankfurt am Main 1991, S. 60.

20 Foltz, Bibliotheken (wie Anm. 7), S. 67.

21 Lucian Hölscher, Die Öffentlichkeit begegnet sich selbst, in: Hans-Wolf Jäger (Hg.), „Öffentlichkeit" im 18. Jahrhundert (Das achtzehnte Jahrhundert. Supplementa 4), Göttingen 1997, S. 11–32, hier S. 24; Derselbe, Öffentlichkeit und Geheimnis. Eine begriffsgeschichtliche Untersuchung zur Entstehung der Öffentlichkeit in der frühen Neuzeit (Sprache und Geschichte 4), Stuttgart 1979, S. 69–80.

22 Habermas, Strukturwandel (wie Anm. 19), S. 60 f.

23 Werner Arnold, Der Fürst als Büchersammler. Die Hofbibliotheken in der Zeit der Aufklärung, in: Bibliotheken und Aufklärung, hg. v. Werner Arnold und Peter Vodosek (Wolfenbütteler Schriften zur Geschichte des Buchwesens 14), Wiesbaden 1988, S. 50.

24 Habermas, Strukturwandel (wie Anm. 19), S. 61–67.

25 Franz M. Vierthaler, Reisen durch Salzburg, Salzburg 1799 (Reprint, Salzburg 1983), S. 99, Fußnote.

26 Vierthaler, Reisen (wie Anm. 25), S. 96; Elisa von der Recke, Tagebuch einer Reise durch einen Theil Deutschlands und durch Italien in den Jahren 1804 bis 1806, hg. v. [Carl August] Böttiger, Bd. 1, Berlin 1815, S. 28, zit. n. Reisestadt (wie Anm. 17), S. 175.

27 Uwe Jochum, Kleine Bibliotheksgeschichte, 3. verb. u. verm. Aufl., Stuttgart 2007, S. 108.

28 Urkunde vom 30. 10. 1619, zit n. Alois Hämmerle, Die Salzburger k. k. öffentliche Studien-Bibliothek, Salzburg 1889, S. 2; Lotte Riedelsberger und Diana McCoy, Universitätsbibliothek Salzburg, in: Bernhard Fabian (Hg.), Handbuch der historischen Buchbestände in Deutschland, Hildesheim 2003. Die beiden letzten Darstellungen nehmen 1623 als Gründungsdatum analog zur Universität an. Die Stiftung scheint jedoch bereits 1619 erfolgt zu sein.

29 http://www.ubs.sbg.ac.at/sosa/besold.htm (Abruf 29. 7. 2008); Foltz (wie Anm. 7), S. 75–78.

30 Carlos Gilly, Die Büchersammlung Christoph Besolds als Grundstock der Universitätsbibliothek in Salzburg, in: Fürsterzbischof Wolf Dietrich von Raitenau, Gründer des barocken Salzburg. 4. Landesausstellung, Salzburg 1987, S. 281–283; UBS, M II/366, Catalogus librorum in exima bibliotheca celeberrimi jurisconsulti Christoph. Besoldi p. m. Ingolstadii reservatorum 1648.

31 [Judas Thaddäus Zauner], Salzburg, in: Friedrich Ekkard, Litterarisches Handbuch der bekannten höhern Lehranstalten in und ausser Teutschland in statistisch-chronologischer Ordnung. Oder Fortsetzung der akademischen Nachrichten, Erlangen 1780, S. 96–101, hier S. 96.

32 Hämmerle, Studien-Bibliothek (wie Anm. 28), S. 5.

33 SLA, Geheimes Archiv XIX/27, Oekonomie Raittungen 1708–1710.

34 Hübner, Beschreibung 2 (wie Anm. 11), S. 565.

35 Zauner, Handbuch (wie Anm. 31), S. 96 f.

36 Bernhard Fabian, Bibliothek und Aufklärung, in: Bibliotheken und Aufklärung (wie Anm. 23), S. 1–19, hier S. 5.

37 Klemens Alois Baader, Reisen durch verschiedene Gegenden Deutschlandes in Briefen, Augsburg 1795, S. 227.

38 Bernhard Fabian, Göttingen als Forschungsbibliothek im 18. Jahrhundert, in: Öffentliche und private Bibliotheken im 17. und 18. Jahrhundert. Raritätenkammern, Forschungsinstrumente oder Bildungsstätten? Hg. v. Paul Raabe (Wolfenbütteler Forschungen 2), Bremen-Wolfenbüttel 1977, S. 209–228.

39 Ofen in der Emigrationsstube, in: Jahresbericht des städtischen Museums Carolino Augusteum für das Jahr 1902, Salzburg 1903, S. 88–90.

40 Christa Svoboda, Der „Spottofen". Bibliotheca Vulcana [sic!] Consecrata (Kunstwerk des Monats 177), Salzburg 2003.

41 August Friedrich Neumeyer, Der Mühldorfer Hexenprozeß der 16jährigen Dienstmagd Marie Pauer von der Katharinenvorstadt 1749/50, 3. überarb. Aufl., Mühldorf 1992.

42 Emmanuel J. Bauer, Thomistische Metaphysik an der alten Benediktineruniversität Salzburg. Darstellung und Interpretation einer philosophischen Schule des 17./18. Jahrhunderts (Salzburger theologische Studien 1), Innsbruck-Wien 1996.

43 Unter dem Aspekt von Rangfragen: Marian Füssel, Gelehrtenkultur als symbolische Praxis. Rang, Ritual und Konflikt an der Universität der Frühen Neuzeit, Darmstadt 2006, S. 188–206.

44 Walter Del-Negro, Die Pflege der Naturwissenschaften an der alten Universität, in: Universität Salzburg 1622–1962–1972, Salzburg 1972, S. 109–119.

45 Manfred Knedlik und Georg Schrott (Hg.), Anselm Desing (1699–1772). Ein benediktinischer Universalgelehrter im Zeitalter der Aufklärung, Kallmünz 1999; Ildefons Stegmann, Anselm Desing, Abt von Ensdorf 1699–1772. Ein Beitrag zur Geschichte der Aufklärung in Bayern (Studien und Mitteilungen zur Geschichte des Benediktiner-Ordens und seiner Zweige. Erg.-H. 4), München 1929.

46 Stegmann, Desing (wie Anm. 45), S. 205.

47 Heinrich Bosse, Die gelehrte Republik, in: Hans-Wolf Jäger (Hg.), „Öffentlichkeit" im 18. Jahrhundert (Das achtzehnte Jahrhundert. Supplementa 4), Göttingen 1997, S. 51–76; Ludwig Hammermayer, Zum „deutschen Maurinismus" des frühen 18. Jahrhunderts, in: Zeitschrift für Bayerische Landesgeschichte 40 (1977), S. 391–444, hier S. 395; Ludwig Hammermayer, Die Aufklärung in Salzburg (Ca. 1715–1803), in: Dopsch/Spatzenegger, Bd. II/1, S. 375–452, hier S. 378 f; Georg Heilingsetzer, Die Benediktiner im 18. Jahrhundert, in: Harm Klueting (Hg.), Katholische Aufklärung. Aufklärung im katholischen Deutschland (Studien zum 18. Jahrhundert 15), Hamburg 1993, S. 208–224, hier S. 210–212.

48 Alfons Mandorfer, Das Wirken des Abtes Berthold Vogl von Kremsmünster an der Salzburger Universität (1735–1759), Theol.-Diss, Salzburg 1962.

49 Hammermayer, Aufklärung (wie Anm. 47), S. 381–386.

50 Anselm Desing, Auxilia historica, oder Behülff zu denen historischen und dazu erforderlichen Wissenschafften, Stadtamhof 1747, Bd. 8, S. 655.

51 Universitätsbibliothek München (MUB) Ms 2° 701, S. 288 f., Brief Anselm Desings, indirekt zit. bei Stegmann, Desing (wie Anm. 45), S. 205.

52 Desing, Auxilia (wie Anm. 50), Bd. 8, S. 634, S. 636.

53 Über die Rolle von Repetition und Interpretation zur Herstellung „kultureller Kohärenz": Assmann, Gedächtnis (wie Anm. 3), S. 88–91.

54 Helmut Zedelmaier, Lesetechniken. Die Praktiken der Lektüre in der Neuzeit, in: Die Praktiken der Gelehrsamkeit in der Frühen Neuzeit, hg. v. Helmut Zedelmaier und Martin Mulsow, Tübingen 2001, S. 11–30; Albrecht Koschorke, Alphabetisation und Empfindsamkeit, in: Hans-Jürgen Schings (Hg.), Der ganze Mensch. Anthropologie und Literatur im 18. Jahrhundert (Germanistische Symposien. Berichtsbände 15), Stuttgart-Weimar 1994, S. 605–628, hier S. 606.

55 Markus Wellnhofer, Die Pädagogik Anselm Desings, in: Knedlik, Desing (wie Anm. 45), S. 185–196, hier S. 194.

56 Nach Aufzeichnungen von Plazidus Fixlmiller, zit. n. Mandorfer, Vogl (wie Anm. 48), S. 32.

57 Anselm Desing, Auxilia geometrica ad tyrocinium et contemplationis et usus accomodata, Salzburg 1752; Stegmann, Desing (wie Anm. 45), S. 123 f.

58 Albrecht Koschorke, Körperströme und Schriftverkehr. Mediologie des 18. Jahrhunderts, 2. Aufl., München 2003, S. 171.

59 So bei: Giovanni Battista de Gaspari, Adeisidaimonos Philorōmaiu vindiciae adversus Sycophantas Juvavienses, Coloniae [Salzburg] 1741.

60 Florian Daser, Der Sykophantenstreit, in: Studien und Mitteilungen aus dem Benediktiner- und dem Cistercienser-Orden 20 (1899), S. 25–35 und S. 325–335; Hammermayer, Aufklärung (wie Anm. 47), S. 383–386.

61 Eleonore Zlabinger, Lodovico Antonio Muratori und Österreich (Studien zur Rechts-, Wirtschafts- und Kulturgeschichte 6), Innsbruck 1970, S. 25–39.

62 Johann Lagelsdorfer, Der Salzburger Sykophantenstreit um 1740, Diss., Salzburg 1971, S. 1.

63 Bosse, gelehrte Republik (wie Anm. 47), S. 53.

64 Desing, Auxilia (wie Anm. 50), Bd. 8, S. 625; Stegmann, Desing (wie Anm. 45), S. 205.

65 Bibliothek St. Peter, Kod. a IX 53, Beda Hübner [Erinnerungen], in: Derselbe, Die weislich vorsichtig geläuterte Reli-

gion und Moralität in Salzburg, hs., Salzburg um 1800, S. 710–978, hier S. 869; Teilweise zit. auch bei HAHNL, Conservando cresco (wie Anm. 10), S. 22–24 f.

66 Ebenda, S. 868.

67 Ebenda, S. 877 f.

68 Ebenda, S. 871.

69 Ausführlich: HAHNL, Conservando cresco (wie Anm. 10).

70 HÜBNER, Erinnerungen (wie Anm. 65), S. 898.

71 HAMMERMAYER, Aufklärung (wie Anm. 47), S. 405.

72 HAHNL, Conservando cresco (wie Anm. 10), S. 25 f; vgl. auch ALOIS SCHMID, Die Rolle der bayerischen Klosterbibliotheken im wissenschaftlichen Leben des 17. und 18. Jahrhunderts, in: RAABE, Bibliotheken (wie Anm. 38), S. 143–186, hier S. 144.

73 HAHNL, Conservando cresco (wie Anm. 10), S. 31.

74 HÜBNER, Erinnerungen (wie Anm. 65), S. 901.

75 VIERTHALER, Reisen (wie Anm. 25), S. 97.

76 [JUDAS THADDÄUS ZAUNER], Salzburg, 9. Sept. 1782, in: Stats-Anzeigen 1782, 2. Bd., S. 219–223, hier S. 222; PHILIPP WILHELM GERCKEN, Reisen durch Schwaben, Baiern, die angränzende Schweiz, Franken, die Rheinische Provinzen und an der Mosel etc in den Jahren 1779–1783, Bd. 2, Stendal 1784, zit. n. Reisestadt (wie Anm. 17), S. 21.

77 JOHANN JACOB MOSER, Derer Saltzburgischen Emigrationsacten, Frankfurt am Main-Leipzig 1732.

78 GERHARD GOTTLIEB G. GÖCKING, Vollkommene Emigrationsgeschichte, Frankfurt am Main-Leipzig 1734.

79 CARL EHRENBERT VON MOLL, Briefe an den Herrn Professor Heinrich Sanders in Karlsruhe über eine Reise von Kremsmünster nach Moßheim im Salzburgischen im Herbst 1780, in: Johann Bernoulli's Sammlung kurzer Reisebeschreibungen, Berlin 1783, S. 219; BARBARA SCHÖLER, Die Stadt Salzburg im Bild der Reiseliteratur ca. 1780–1820, Dipl.-Arb., Salzburg 2003, S. 133–136.

80 MOLL, Reise (wie Anm. 79), S. 218 f.

81 PETER KARSTEDT, Studien zur Soziologie der Bibliothek (Beiträge zum Buch- und Bibliothekswesen 1), Wiesbaden 1954, S. 20–24; JOCHUM, Bibliotheksgeschichte (wie Anm. 27), S. 114 f.

82 SLA, Geheime Hofkanzlei XXVII/1a, Vierthaler an Kurfürst, o. Dat. [wohl 1803].

83 SLA, Geheime Hofkanzlei LXIV/17/1/2, Vierthaler an Universitätskommission, 25. 7. 1803; ARNOLD, Büchersammler (wie Anm. 23), S. 43.

84 SLA Geheime Hofkanzlei LXIV/17/1/2, [Joseph] Lindauer an Universitätskommission, 28. 7. 1803; Noch 1930 betrug der Anteil theologischer Literatur in der Salzburger Studienbibliothek nicht ganz zwanzig Prozent, knapp gefolgt von der Philologie, d. h. heißt den Literaturen der wichtigsten europäischen Sprachen (Geschätzt nach der Aufschlüsselung der Bestände der Studienbibliothek durch deren systematischem Katalog aus 1930).

85 SLA Geheime Hofkanzlei LXIV/17/1/2, Vortrag der Universitätskommission, 28. 7. 1803.

86 http://www.ubs.sbg.ac.at/sosa/webseite/sosageschichte.htm (Abruf 27. 11. 2008); SLA, Geheime Hofkanzlei XXVII/1a, Ministerialreskript vom 29. 11. 1804.

87 SLA, Hofkommission II/125, Katalog der Hofbibliothek. Wie vollständig dieser Katalog ist, ließ sich nicht überprüfen. In der Literatur wird meist 1807 als das Jahr der Zusammenlegung angegeben. Am 19. 10. 1810 bestätigte jedoch Rektor Corbinian Gärtner die Übernahme der Hofbibliothek.

88 UBS, M II 37–44, 48, 120, 121, Kataloge von Judas Thaddäus Zauner.

89 Ausführlich: INGONDA HANNESSCHLÄGER, „Die „geraubten" Salzburger Kunstschätze, in: GERHARD AMMERER und ALFRED ST. WEISS (Hg.), Die Säkularisation Salzburgs 1803. Voraussetzungen – Ereignisse – Folgen, Salzburg 2005, S. 242–281, insbesondere S. 266 f.; FRIEDRICH PIRCKMAYER, Salzburg's Kunstschätze und Alterthümer, in: MGSL 12 (1872), S. 352–386, hier S. 353; FRIEDERIKE ZAISBERGER, Salzburg in napoleonischer Zeit und die Verschleppung seiner Kunstschätze, in: Die Alpenländer zur Zeit Napoleons (Arge Alp. Informationsblatt 11), Innsbruck 1985, S. 82–121; JUDAS THADDÄUS ZAUNER, Beiträge zur Geschichte des Aufenthalts der Franzosen im Salzburgischen und in den angränzenden Gegenden, Salzburg 1801, S. 318–330.

90 FABIAN, Bibliothek und Aufklärung (wie Anm. 36), S. 9; HERMANN STAUB, Privatbibliotheken der frühen Neuzeit, in: Wolfenbütteler Notizen zur Buchgeschichte 9, Wiesbaden 1984, S. 110–124.

91 DETLEF DÖRING, Die Leipziger öffentlichen Bibliotheken des 18. Jahrhunderts, in: HANS ERICH BÖDEKER und ANNE SAADE (Hg.), Bibliothek als Archiv (Veröffentlichungen des Max-Planck-Instituts für Geschichte 221), Göttingen 2007, S. 185–208, hier S. 186; STEFAN BENZ, Die Hofbibliothek zu Wien als Ort des Wissens, in: MARTIN SCHEUTZ, WOLFGANG SCHMALE und DANA ŠTEFANOVÁ (Hg.), Orte des Wissens (Jahrbuch der österreichischen Gesellschaft zur Erforschung des 18. Jahrhunderts 18/19), Bochum 2004, S. 15–48, hier S. 21.

92 JUDAS THADDÄUS ZAUNER, Judas Thaddäus Zauner's Nachtrag zu den biographischen Nachrichten von den Salzburgischen Rechtslehrern von der Stiftung der Universität an bis auf gegenwärtige Zeiten. Nebst einem Entwurf einer akademischen Bibliothek von Salzburg, Salzburg 1797, S. 48.

93 JOHANN KASPAR RIESBECK, Briefe eines reisenden Franzosen über Deutschland, Bd. 1, 2. Aufl., Zürich 1784, S. 156; SLA, Familienarchiv Kuenburg A I 22, Katalog der Bibliothek, nach 1800.

94 JULIEN OFFRAY DE LAMETTRIE, L' Homme Machine, Leyden 1748.

95 FABIAN, Bibliothek und Aufklärung (wie Anm. 36), S. 9.

96 Prächtige Bibliothek von 8186 Theilen gebunden in 7449 Bänden, Wien 1802, Vorbericht.

97 MICHAEL HADLEY, Romanverzeichnis. Bibliographie der zwischen 1750 und 1800 erschienenen Erstausgaben, Bern-Frankfurt am Main-Las Vegas 1977.

98 HÜBNER, Beschreibung 2 (wie Anm. 11), S. 565; BAADER, Reisen (wie Anm. 37), S. 229; Reise von Venedig über Triest, Kärnten, Steuermark, und Salzburg samt historisch, statistische Bemerkungen, über die Regierung, und Einwohner dieser Länder, Frankfurt am Main und Leipzig, 1793, 3. Bd., S. 267.

99 MOLL, Reise (wie Anm. 79), S. 222; PETR MAŠEK, Die benediktinische Klosterbibliothek Ochsenhausen, in: Libri sapientiae, libri vitae. Von nützlichen und erbaulichen Schriften. Schätze der ehemaligen Bibliothek der Benediktiner-Reichsabtei Ochsenhausen, Ochsenhausen 1993, S. 48–56, hier S. 51.

100 BAUER, Thomistische Metaphysik (wie Anm. 42), S. 612.

101 Verzeichnis von auserlesenen, durchaus gut gebundenen meist juristischen und historischen Bücher, welche in der ehemaligen Prof. von Stainhauserischen Behausung ... versteigert werden, Salzburg 1799.

102 HÜBNER, Beschreibung 2 (wie Anm. 11), S. 565.

103 JUSTINUS FEBRONIUS, De statu Ecclesiae et Legitima Potestate Romani Pontificis ad reuniendas dissidentes in Religione, Bullioni [Frankfurt am Main], 1763.

104 LUDWIG HAMMERMAYER, Die letzte Epoche des Erzstifts Salzburg, in: DOPSCH/SPATZENEGGER, Bd. II/1, S. 453–535, hier S. 470–488.

105 JOHANN PHILIPP STAINHAUSER VON TREUBERG, Abgenöthigte Erklärung an das Publikum, in: Neueste Staatsanzeigen, Hamburg 1797, 5. H., S. 405–412, hier S. 408.

106 Ebenda, S. 407.

107 Salzburger Intelligenzblatt, 19. 1. 1784; THOMAS WEIDENHOLZER, Bürgerliche Geselligkeit und Formen der Öffentlichkeit, in: ROBERT HOFFMANN (Hg.), Bürger zwischen Tradition und Modernität (Bürgertum in der Habsburgermonarchie 6), Wien-Köln-Weimar 1997, S. 53–82, hier S. 63 f.; allgemein: MARLIES PRÜSENER, Lesegesellschaften im achtzehnten Jahrhundert. Ein Beitrag zur Lesergeschichte (Archiv für Geschichte des Buchwesens 13), Frankfurt am Main 1972, Sp. 369–594; OTTO DANN (Hg.), Die Lesegesellschaften des 18. Jahrhunderts und bürgerliche Emanzipation. Ein europäischer Vergleich, München 1981.

108 Salzburger Intelligenzblatt, 2. 4. 1785.

109 Salzburger Intelligenzblatt, 2. 2. 1784; HAMMERMAYER, Aufklärung (wie Anm. 47), S. 437; WEIDENHOLZER, Geselligkeit (wie Anm. 107), S. 63 f.

110 Vgl. dazu: GOTTHARD FRÜHSORGE, Zur Rolle der Universitätsbibliotheken im Zeitalter der Aufklärung, in: Bibliotheken und Aufklärung (wie Anm. 23), S. 61–81, hier S. 66; PRÜSENER, Lesegesellschaften (wie Anm.107), Sp. 425–448.

111 Salzburger Intelligenzblatt, 7. 5. 1785.

112 Universitätsarchiv Salzburg, Akten 5, Colloredo an Hübner 14. 12. 1784, zit. n. HAMMERMAYER, Aufklärung (wie Anm. 47), S. 438.

113 Salzburger Kundenblatt, 10. 12. 1785.

114 OTTO DANN, Eine höfische Gesellschaft als Lesegesellschaft, in: HANS ERICH BÖDECKER (Hg.), Lesekulturen im 18. Jahrhundert, in: Aufklärung. Halbjahresschrift zur Erforschung des 18. Jahrhunderts und seiner Wirkungsgeschichte, 6 (1992), H. 1. S. 43–57, hier S. 50.

115 Wir kennen nur die Namen der „Oberaufseher": Salzburger Intelligenzblatt, 8. 3. 1784; WEIDENHOLZER, Geselligkeit (wie Anm. 107), S. 63; PRÜSENER, Lesegesellschaften (wie Anm. 107), Sp. 384–387, Sp. 407–411; ULRICH IM HOF, Das gesellige Jahrhundert. Gesellschaft und Gesellschaften im Zeitalter der Aufklärung, München 1982, S. 123–133.

116 Salzburger Intelligenzblatt, 19. 1. 1784.

117 PRÜSENER, Lesegesellschaften (wie Anm. 107), Sp. 393.

118 Oberdeutsche Allgemeine Litteraturzeitung, 1795, Bd. 2, S. 801.

119 FRANZ M. VIERTHALER, Elemente der Methodik und Pädagogik, nebst kurzen Erläuterungen derselben, Salzburg 1791, in: DERSELBE, Ausgewählte pädagogische Schriften, hg. v. LEOPOLD GLÖCKL, Freiburg im Breisgau 1893, S. 72.

120 Vorläufige Nachricht von der neuen Einrichtung der deutschen Schule in Salzburg, Salzburg 1777, zit. n. ALFRED ST. WEISS, Die Schulsituation in der Stadt Salzburg am Ausgang des 18. Jahrhunderts. Reformbestrebungen als Auswirkung der Aufklärung, in: Salzburg Archiv 12, Salzburg 1991, S. 221–246, hier S. 227; CLAUDIA EIDENHAMMER, Das niedere Schulwesen unter Erzbischof Hieronymus Colloredo, Dipl.-Arb., Salzburg 1992.

121 ROLF ENGELSING, Analphabetentum und Lektüre. Zur Sozialgeschichte des Lesens in Deutschland zwischen feudaler und industrieller Gesellschaft, Stuttgart 1973, S. 65 f.; ASSMANN, Gedächtnis (wie Anm. 3), S. 89.

122 Salzburger Intelligenzblatt, 12. 5. 1787.

123 FRANZ M. VIERTHALER, Entwurf der Schulerziehungskunde in der Reihe von Vorlesungen und zum Gebrauche derselben, Salzburg 1794, in: GLÖCKL, pädagogische Schriften (wie Anm. 119), S. 190.

124 JOSEF SCHWARZBACH, Leopold Ladislaus Pfest. Biographische Skizze, in: MGSL 33 (1893), S. 213–218.

125 BAADER, Reisen (wie Anm. 37), S. 233.

126 Salzburger Intelligenzblatt, 11. 10. 1794.

127 ALBERTO MARTINO, Die deutsche Leihbibliothek, Wiesbaden 1990, S. 6–9.

128 Salzburg Museum, [LEOPOLD LADISLAUS PFEST], Leihbibliothek [Salzburg] 1794, Vorwort.

129 Deutlich früher als von Habermas angenommen, HABERMAS, Strukturwandel (wie Anm. 19), S. 248–266; dazu auch: ERICH SCHÖN, Der Verlust der Sinnlichkeit oder Die Verwandlungen des Lesers. Mentalitätswandel um 1800 (Sprache und Geschichte 12), Stuttgart 1987, S. 305–308; ROBERTO SIMANOWSKI, Die Verwaltung des Abenteuers. Massenkultur um 1800 am Beispiel Christian August Vulpius, Göttingen 1998, S. 105–108; vgl. die relativierenden Bemerkungen von Habermas im Vorwort zur Neuauflage von 1990; HABERMAS, Strukturwandel (wie Anm. 19), Vorwort, S. 30.

130 SLA, Protokolle des Hofrates 1795, S. 1121.

131 THOMAS PAINE, Untersuchungen über wahre und fabelhafte Theologie [Lübeck] 1794; SLA, Protokolle des Hofrates, 24. 12. 1796; Protokolle des Hofrates, 11. 3. 1797, Vortrag Johann Carl von Koflern.

132 Salzburger Intelligenzblatt, 4. 12. 1797.

133 AES, 22/108, Gutachten des Konsistoriums [1796].

134 SLA, Stadtgericht, Verlässe 220, Inserat in der Beylage zur Augsburgischen Ordinaire Postzeitung, 31. 12. 1816.

135 AStS, Generalia, Verbot der Privat-Leihbibliotheken, 9. 4. 1804.

136 SLA, Regierung, XC/54, Regierung an Polizeiamt, 3. 9. 1803.

137 SLA, Regierung, XC/54, Polizeiamt an Regierung, 8. 12. 1803.

138 SLA, Regierung, XC/54, Polizeiamt an Regierung, 8. 12. 1803; KLAUS HEYDEMANN, Abwehr schädlicher Bücher. Zu Buchhandel und Zensur im Erzstift Salzburg im 18. Jahrhundert, in: Zwischen Aufklärung und Restauration, Festschrift für Wolfgang Martens, Tübingen 1989, S. 131–160; THOMAS WEIDENHOLZER, Aufklärung und Säkularisierung in Salzburg um 1800 – Ambivalenzen des Fortschritts, in: Säkularisation (wie Anm. 89), S. 56–83, hier S. 69–71.

139 SLA, Regierung, XC/53, Gutachten des Hofrates, 19. 9. 1803.

140 Abt Dominikus Hagenauer (1746–1811) von St. Peter in Salzburg. Tagebücher 1786–1810, bearb. und kommentiert v. Adolf Hahnl, Hannelore und Rudolph Angermüller (Studien und Mitteilungen zur Geschichte des Benediktinerordens und seiner Zweige. Erg.-Bd. 46), München 2009, S. 946, 18. 11. 1803.

141 Hof-Dekret vom 3. 8. 1798.

142 Franz Weilmeyr, Salzburg. Die Hauptstadt des Salzachkreises. Ein Hand- und Adressbuch, Salzburg 1813, S. 142.

143 UBS, Neuestes Bücherverzeichnis der Johann Ehrenbergerschen Buchhandlung [Salzburg 1812]; Vgl.: Reinhart Siegert, Der „gemeine Mann" und die Welt der Bücher um 1800, in: Jahrbuch für Kommunikationsgeschichte, 4 (2002), S. 32–51.

144 Vinzenz Maria Süss, Beiträge zur Geschichte der Typographie und des Buchhandels im vormaligen Erzstifte nun Herzogthume Salzburg, Salzburg 1845, S. 66 f.; Salzburg Museum, Bücher-Verzeichniß der Weidinger'schen Leihbibliothek, welche in der Mayr'schen Buchhandlung aufgestellt ist, Salzburg 1811.

145 SLA, Bücherrevisionsamt 529/1817, Bernhard Gottlieb von Hingenau an Bücherrevisionsamt, 16. 8. 1817.

146 SLA, Bücherrevisionsamt 529/1817, Verzeichnis der am 4. October 1817 an das Bücher-Revisions-Amt in Salzburg abgegebenen Bücher von der Johann Ehrenbergerschen Leihbibliothek.

147 Immanuel Kant, Anthropologie in pragmatischer Hinsicht, in: Werkausgabe, hg. v. Wilhelm Weischedel, Frankfurt am Main 1991, S. 521.

148 Roger Chartier, Lesewelten. Buch und Lektüre in der frühen Neuzeit, Frankfurt am Main-New York 1990, S. 131.

149 Koschorke, Körperströme (wie Anm. 58), S. 177.

150 Helmut Gamsjäger, Subjektive Anmerkungen zur Geschichte des Wissenschaftlichen Buchwesens, in: Zur Geschichte der öffentlichen Bibliotheken in Österreich, hg. v. Alfred Pfoser und Peter Vodosek, Wien 1995, S. 64–69, hier S. 67.

151 Hübner, Beschreibung 2 (wie Anm. 11), Bd. 2, S. 562; Foltz, Bibliotheken (wie Anm. 7), S. 68; Vierthaler, Reisen (wie Anm. 25), S. 97; Baader, Reisen (wie Anm. 37), S. 218; [Judas Thaddäus Zauner], Salzburg 9. Sept. 1782, in: Stats-Anzeigen 1782, 2. Bd., S. 219–223, hier S. 222.

152 Journal von und für Deutschland, 1784, Bd. 2, S. 425 f.

153 Ebenda, S. 425.

154 Hübner, Beschreibung 2 (wie Anm. 11), S. 565.

155 Salzburger Intelligenzblatt, 2. 1. 1790.

156 Lorenz Hübner, Beschreibung der hochfürstlich-erzbischöflichen Haupt- und Residenzstadt Salzburg und ihrer Gegenden, vorzüglich für Ausländer und Reisende nebst dem Grundrisse der Stadt, und ihres Bezirks, Salzburg 1794, S. 377.

157 Hagenauer, Tagebuch (wie Anm. 140), S. 946, 18. 11. 1803.

158 AStS, Generalia, Circular-Befehl [über das Verbot von Leihbibliotheken], 9. 4. 1804.

159 SLA, Regierung, XC/52, Versuche Theodor Hartlebens und Ludwig von Schallhammers, eine Lesegesellschaft zu gründen.

160 SLA, Hs. 623, Generalversammlung vom 31. 12. 1812.

161 So verlangten es die Statuten; SLA, Hs 623, Statuten 1810.

162 AStS, Pezoltakten 177, Mieth-Kontrakt, Juli 1811.

163 UBS, M III/92, Joseph D'Outrepont, Geschichte des Museums bis zur Eröffnung des Protokolls am 21. 11. 1811.

164 SLA, Hs. 623, Protokoll der Generalversammlung vom 31. 12. 1812.

Wilfried Schaber

GÄRTEN UND PARKS

Hohe Mauern und offene Zugänge – exklusive und öffentliche Orte

931	Erwähnung des „Pomerium S. Mariae" (Frauengarten)
1596	„Tumlplatz" für Hofpferde im Frauengarten
1613–1615	Anlage des Lustgartens Hellbrunn
1689	Neugestaltung des 1606 errichteten Mirabellgartens
um 1730	Erste Parkanlage in Aigen
1785	Umgestaltung Aigens in einen englischen Garten
1790	Errichtung des Minnesheim-Gartens in Gnigl
1870	Allgemeine Öffnung des Mirabellgartens

Öffentliche, für jedermann zugängliche Grün- und Parkanlagen sind für uns heute eine Selbstverständlichkeit, doch das war nicht immer so. Die Öffnung und dabei auch inhaltliche und formale Änderungen von Gärten und Parkanlagen gehen parallel mit der gesellschaftlichen Entwicklung, ja spiegeln diese geradezu. Die Gärten zur Zeit des Absolutismus waren Abbilder der herrschenden Hierarchien, die Natur wurde den Gesetzen der Architektur unterworfen, Geradlinigkeit, Formalismus, Symmetrien, unendliche Achsen und vor allem Ordnung, Unterordnung, sind deren Kennzeichen.

Die Gartenarchitekten der Aufklärung sahen in der steifen Geziertheit fürstlicher Gärten der Barockzeit eine Versklavung der Natur, denn Sträucher und Bäume wurden zu geometrischen Formen geschnitten, ein freies Wachsen und sich Entwickeln der Pflanzen wurde nicht toleriert. „Man lässt sich nicht gehen in dieser Umgebung, der streng stilisierte Garten erfordert Haltung und Würde, man durchschlendert nicht diese Wege, sondern man durchwandelt sie, womöglich mit großem Aufzuge, mit Damen und Pferden und Wagen"[1]. Für die konservative, elitäre Einstellung gegenüber einer Öffnung der alten Gärten in der Zeit der Aufklärung lässt Arthur Schnitzler in seiner „Komödie der Verführung" einen Maler sich zur Absicht eines Fürsten äußern, seinen Park dem Volk zum Geschenk zu machen: *Warum hat er den Park nicht lieber mir zum Geschenk gemacht? Was fängt der Pöbel mit solch einem Geschenk an? Sie werden Lärm machen, Butterbrot essen und übel riechen.*[2]

Der Garten war, wie der Palast, vor der Aufklärung ein Symbol der sozialen Abgrenzung, war feudaler Raum der der absolutistischen Repräsentation diente[3], das Volk, die unteren Stände, hatten keinen Zutritt. Die Mauer, ein altes Symbol des „hortus conclusus", die den „Garten Eden" umschloss, stand symbolhaft für Abgrenzung und Ausgrenzung, topographisch und sozial gemeint. Die Aufklärung und die französische Revolution rissen diese Mauern nieder – Parks entstanden nun ohne Zutrittsbeschränkung; es wundert nicht, dass den aufgeklärten Domherrn Friedrich Graf Spaur die hohen Mauern um den Kleßheimer Park unangenehm berührten (1805)[4].

Der englische Landschaftsgarten eroberte in der zweiten Hälfte des 18. Jahrhunderts ganz Europa. Der englische Landschaftsarchitekt Humphry Repton (1752–1818) zählte zum Beispiel neben dem Parlamentarismus die englische Gartenkunst zu den wichtigsten Exportartikeln des Landes[5]. Im englischen Landschaftsgarten waren die alten Hierarchien aufgehoben, verschlungene Wege (denn die Natur kennt keine gerade Linie) bar jeder Symmetrie, Teiche, Wiesen und Hügel wechselten in einer Weise ab, dass sie von möglichst vielen Blickpunkten aus ein harmonisches, romantisches Bild ergaben. Bäume und Sträucher sollten sich frei ohne formalen Zwang, ohne Schnitt entwickeln können. Die englische „Gartenrevolution" war Ausdruck der politischen, gesellschaftlichen und geistesgeschichtlichen Wende der Aufklärung.

So wie die französischen Revolutionäre das Haar nach Bauernart wild und offen trugen, so war jetzt der Schnitt der Bäume verpönt, die *rauhe Anmut der Wildnis* (Shaftesbury)[6] verzauberte die Menschen. Der Blick auf die unberührte oder glücklich nachgebildete Natur, vor allem der Anblick des Grüns stärkte auch *nervenschwache zu Ohnmachten geneigte Evenskinder*[7]. Die einfachen Menschen, die diese Szenerien bewohnten, die Hirten und Sennerinnen, Bauern und Jäger[8] traten ins Blickfeld. Erzherzog Johann hat den Umgang mit ihnen hoffähig gemacht. Dennoch blieb es im Allgemeinen beim distanzierten Bild, beim malerischen Anblick der Landschaftspanoramen, der Sonnenauf- und -untergänge. Man war aber nicht Teil dieses „Bildes", war nicht in, sondern „vor" der Natur, war nicht „Beteiligter" – Graf Spaur riet dem „schönen Geschlecht", seine Reize sorgfältig zu verhüllen, denn die realen Sonnenstrahlen drohten die schneeweißen Brüste zu bräunen[9]. Gebräunte, wettergegerbte Haut war ein Kennzeichen der niederen, arbeitenden Klassen, Sonnenbäder nahm man erst nach dem Zweiten Weltkrieg, als die Freikörperkultur zur Mode wurde. Salzburger Bürger nahmen sogar noch 1836 Anstoß am „Bocksbart" und der „bloßen Brust" des Malers Friedrich Baudri, sie fanden das offene Hemd offenbar unanständig. Baudri wurde zum Oberpolizeikommissär zitiert, der ihn informierte, dass Beschwerden eingegangen seien und meinte, er sei lange genug hier gewesen und solle schauen, dass er weiterkomme[10].

Die Entwicklung des Gartens ging hin zum „Volksgarten", zum tatsächlich „öffentlichen Ort", der im 19. Jahrhundert eine städtische, reduzierte Variante des englischen Landschaftsgartens darstellte und entweder schon als Volksgarten geplant war oder für dessen Zwecke ein ehemals feudaler Garten oder Park adaptiert wurde.

Die klassischen Beispiele sind die Öffnung des Wiener Praters und des Augartens durch Joseph II.[11]. Der Prater war seit Kaiser Maximilian II. (1564–1576) beliebtes Jagdgebiet des Kaiserhauses gewesen, dessen Betreten für das Volk verboten war[12]. Am 9. April 1766 wurde die Öffnung im „Wiener Diarium" folgendermaßen angekündigt: *Es wird hiemit jedermaniglich kund gemacht, wasmaßen Se. Kaiserl. Majest. aus allerhöchst zu dem hiesigen Publico allermildest hegenden Zuneigung Sich allergnädigst entschlossen und verordnet haben, dass künftighin und von nun an zu allen Zeiten des Jahrs und zu allen Stunden des Tags, ohne Unterschied jedermann in den Bratter sowohl als auch das Stadtgut frey spazieren zu gehen, zu reiten und zu fahren,* [...] *erlaubet, auch Niemanden verwehrt seyn soll, sich daselbst mit Ballonschlagen, Kegelscheiben und anderen erlaubten Unterhaltungen eigenen Gefallens zu divertieren* [...][13]. Am 8. April 1775 wurde im „Wiener Diarium" die Ankündigung der Öffnung des Augartens für Sonntag, den 30. April, mit dem Zusatz versehen: *Es sei alles erlaubt was eine vernünftige Polizei gestattet und was in allen übrigen Tanzsälen und Garten erlaubet ist.* Über dem Eingangstor war zu lesen: *Allen Menschen gewidmeter Erlustigungsort von ihrem Schätzer*[14]. Der Zutritt war also für jedermann und jederfrau – außer den *Weibspersonen mit Schlepphauben und Korsetten und den Dienern in Livree*[15] gestattet. Nachdem im 18. Jahrhundert Schlepphauben das Kennzeichen für Dienstmägde waren[16], bedeutete diese Einschränkung, dass Dienstpersonal keinen Zutritt hatte, wie auch Personen *ohne Schuhwerk* der Eintritt verwehrt wurde[17]. Diese Zutrittsbeschränkungen fielen erst in den „Volksgärten", 1823 hat Kaiser Franz I. den Wiener Volksgarten ausschließlich der Öffentlichkeit gewidmet[18].

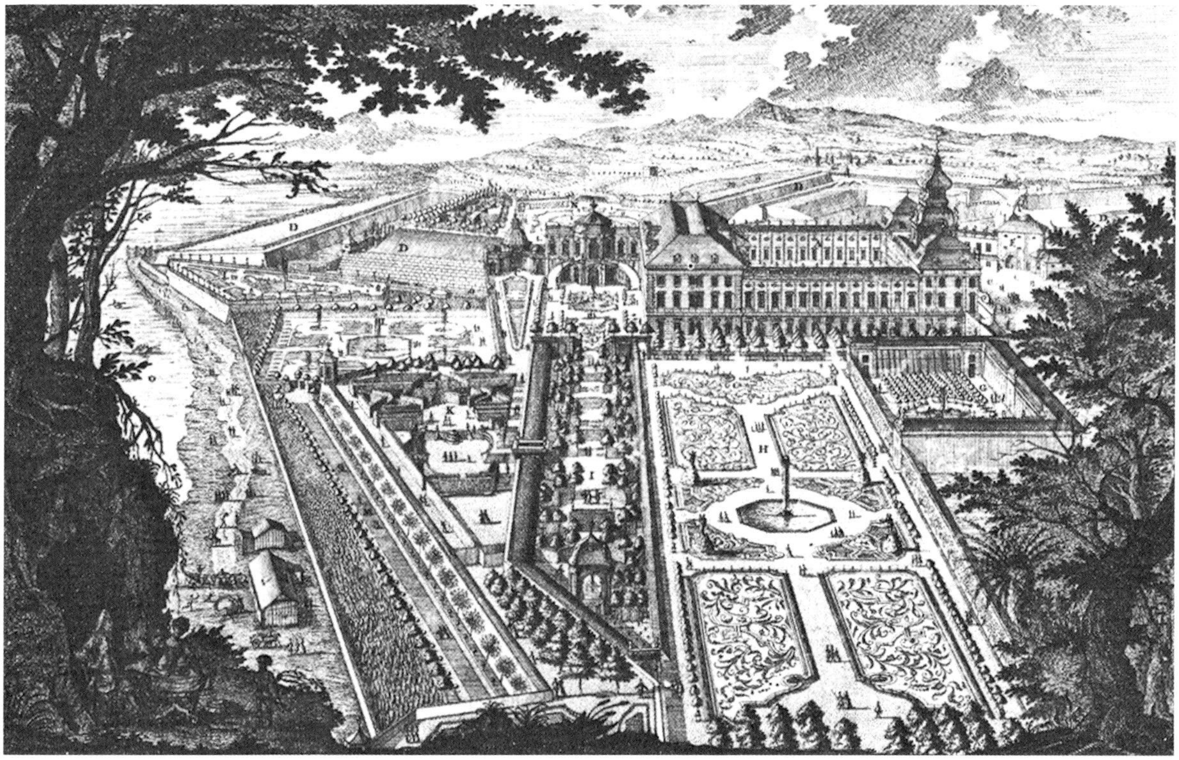

Schloss und Garten Mirabell, Vogelschau von Süden, Radierung von Franz Anton Danreiter, 1727/28.

Der „Volksgarten" in Mirabell

In Salzburg wird der gesamte Mirabellgarten erst 1868 bzw. 1870, nachdem er in den Besitz der Stadtgemeinde übergegangen war, zum „öffentlichen Ort"; allerdings ist bereits im Garteninventar von 1838/1856 ein Teil als „Volksgarten" bezeichnet worden[19]. Dieser „Volksgarten"-Bereich in Mirabell geht, zumindest in Teilen, bereits auf die bayerische Zeit (1810–1816) zurück. Im Jahr 1811 wurde der Münchner Gartenarchitekt Friedrich Ludwig von Sckell mit einer Änderung der gesamten Anlage und Ausarbeitung eines neuen Gartenkonzepts beauftragt. In diesem Konzept war in der den Garten zur Stadt hin abschließenden Säulenhalle aus der Zeit Erzbischof Harrachs (1709–1727) – abgebrochen in den 1880er Jahren – bereits ein Café-Lokal vorgesehen[20]. Im Gartenplan von Joseph Herz[21] (um 1820) ist dieses Café-Lokal ausdrücklich eingetragen. Neben diesem Café, das ein eindeutiger Hinweis auf eine öffentliche Benutzung der Anlagen ist, zählt das Inventar von 1838/1856 unter den „Garten Abtheilungen" auch einen „Volksgarten" auf. Er bestand aus folgenden Partien: Das „Neuhausgärtchen" lag an der Stelle der zwischen 1811 und 1813 abgebrochenen Sala Terrena, dort wo 1893/94 die heutige Einhorntreppe errichtet worden war. Die „Parthie vor dem Schloß" meinte jenes kleine Parterre, wo heute der Pegasusbrunnen steht. Den „großen Garten" nannte man die beiden zur Stadt hin gerichteten Gartenachsen. Die „Lindenparthie mit einem Caffeegarten" war der Bereich am Ende der großen Gartenachse innerhalb der in den 1880er Jahren abgebrochenen Säulenhalle, die den heutigen Vorplatz vor dem Eingang im Süden einnahm.

Privat waren zur Nutzung den Mitgliedern der kaiserlichen Familie folgende Bereiche verblieben: Das ehemalige Pomeranzenhaus, das Heckentheater, die englischen Partien (ehemaliger Zwergelgarten), die Vogelhauspartie, die Nutzgärten und das Glashaus[22].

Die nach bayerischen Planungen (1811–1816) erfolgte Einrichtung eines „Volksgartens" in Mirabell geht vermutlich ab 1816 direkt auf Kaiser Franz I. zurück, der als Beruf, den jeder österreichische Erzherzog erlernen musste, Gärtner gewählt hatte (sein Gartenwerkzeug mit Mahagonigriffen ist erhalten). Er wandte den Gärten, Blumen und exotischen Pflanzen seine besondere Aufmerksamkeit zu und hatte in Wien 1823 den „Wiener Volksgarten“ der Öffentlichkeit gewidmet[23]. Als er 1807 Salzburg besuchte, hatte er sich im Mirabellgarten *unter die Leute gemischt*, die ihm freudig zujubelten[24]. Der Garten war also bereits damals weitgehend öffentlich zugänglich.

Minnesheim

Der erste in Salzburg ausdrücklich deklarierte „Lustort für Alle“ war der 1790 von Franz Graf Lodron im Stadtteil Gnigl angelegte englische Garten Minnesheim. Eine der kolorierten Radierung von Friedrich Müller ehemals beigelegte „Erklärung“ spricht diese Widmung an die Öffentlichkeit deutlich aus:

Lustort für Alle
Hier wohne brüderlich Vergnügen Bey Wein, und Bier, und Spiel!
Hier sey Genuß in vollen Zügen, Für jeden der genießen will.
Doch Zwang, und Komplimente müssen Den Ort der Freude nicht entweihn.
Nur lasst uns schonend ihn genießen Um dauerhaft vergnügt zu seyn.[25]

Der Garten war gedrängt voll mit zahlreichen belehrenden Monumenten und Denkmälern[26], die dem Kenner allerdings *kaum Beyfall ablocken werden* (Friedrich Spaur 1805)[27]. Josef August Schultes nannte diesen 1804 gar das „gemeine Giggl“ (gewöhnliche Gnigl). Er äußerte sich sehr kritisch zu allem, was nicht seiner Vorstellung vom Landschaftsgarten entsprach: *Ueber dies sind auch hier* [in Salzburg], *wie fast überall, die fadesten Spaziergänge die besuchtesten: der romantische Mönchsberg, das schöne Aigen ist, verglichen mit dem altfranzösischen Mirabell und dem gemeinen Giggl, unbesucht*[28].

Minnesheim war in diesen Jahren tatsächlich ein beliebter Ausflugsort, *an schönen Tagen ist dieser Garten von Spaziergängern belebt, die sich aus dem ganz nahen Wirthshause, die Kendl, Erfrischungen bringen lassen. Selten wird man die im Garten befindlichen Tische und Bänke ohne Gruppen finden, die bey Kaffee oder Bier gelagert sind, und in diesem jedermann geöffneten und dem öffentlichen anständigen Vergnügen gewidmeten Garten die Menschenfreundlichkeit des Besitzers rühmen.*[29]

Es scheint tatsächlich so gewesen zu sein, dass der Adel dieses „gemeine“, weil von den Salzburgern so gern besuchte Ausflugsziel, gemieden hat. Joachim Ferdinand von Schidenhofen (1747–1823), ein Angehöriger des Salzburger Beamtenadels, der in den Jahren 1774–1778 in seinen Tagebüchern immer wieder den Besuch nahezu aller Gärten und Schlösser verzeichnete, war in diesen vier Jahren nicht einmal in Minnesheim[30]. Erzherzogin Elisabeth von Österreich, die Schwester Joseph II., die auf der Flucht vor den Franzosen 1797 durch Salzburg reiste, besuchte im Rahmen einer größeren Besichtigungstour allerdings auch den *neuangelegten Garten* des Grafen Lodron, doch mag man diesem Routinebesuch kein besonderes Gewicht zulegen, wahrscheinlich war es nur aus Höflichkeit gegenüber dem Reichsgrafen Lodron[31].

Um die Entwicklung in Salzburg hin zum „Lustort für Alle“, zum Garten als „öffentlichem Ort“ nachzuzeichnen, gehen wir zu den frühesten bekannten Quellen zurück, die uns vom Besuch, den Besucherinnen und Besuchern der Gärten erzählen.

Der Frauengarten

Die Bezeichnung „Frauengarten“ für das riesige, bis 1596/1598 unbebaute innerstädtische Areal vom Mönchsbergfelsen bis zu den Häusern am Universitätsplatz und vom Bürgerspital bis zur Wiener-Philharmoniker-Gasse könnte im Rahmen einer Gartengeschichte in die Irre führen. Dieses große Gebiet gehörte dem Kloster St. Peter, war von einer Mauer umgeben, die innerhalb der heute an der Wiener-Philharmoniker-Gasse und dem Universitätsplatz stehenden Häuser verlief (im Laufe der Jahrhunderte hatten diese Häuser die Grenzmauer überbaut) und war landwirtschaftlich genutzt und kein Garten im Sinne eines gestalteten Lustgartens. Das Gebiet, erstmals 931 als *pomerium S. Mariae* erwähnt[32], hat seinen Namen von der 1167 zerstörten Marienkirche, dem Vorgängerbau der heutigen Franziskanerkirche[33].

Eine Chronik über die Regierung Erzbischof Wolf Dietrichs (1587–1612) berichtet: *In diesem Jahr* [1596] *bauet er im Frauengarten einen Tumlplatz wiewol der Abt und das Convent ungehrn sachen, dan der Fraugarten war ein grosse Waxung, der etlich Fueder Hey ein Jar trueg unnd tarff nyemannt von kainen Hauss darein, noch dardurch gehen allein von Michaely biss auf S. Georgentag* [29. September–23. April][34]. Auch Johann Stainhauser, der Sekretär Erzbischof Wolf Dietrichs, be-

Grundriss und Prospekt des Gartens zu Minnesheim, um 1793, kolorierte Radierung von Friedrich Müller (Salzburg Museum).

richtet ähnlich: *Anno Domini 1598 hat Erzbischoff Wolff Ditrich vom Abbt zu St. Peter, Marthin Hättinger, den Fraun-Garten, so ain herlich schener und dem Closter hantsamb gelegner Grunt ware, auch järlich vil Hei und Graimat getragen und vil Kraut, Rueben und anderes darinnen erpaut* [angebaut] *worden, an sich gebracht.* [...] *weil* [als] *der Fraun-Garten noch gehen St. Peter hat gehort, ist man des Früelings umb die osterliche Zeit bis auf sant Geörgen-Abent* [23. April] *darein spazieren gangen, die ledige Pursch allerlai Kurzweil als mit Balan-werfen* [Ballwerfen], *Köglscheiben, Stäckln* [Stockwerfen], *Kuglschießen* [mit einer Armbrust, der so genannten Balester, wurden Tonkugeln verschossen], *zum Pfriembwerfen* [eine Art Dart], *Rögkspringen, Brugkenspringen und ser vil dergleichen Kurzweil mehr getriben. An St. Geörgen-Tag aber zu spatem Abent, er sei balt oder lang nit nach Ostern kommen, hat man disen Garten gespert und den ganzen Sommer Niemant mehr darein gelassen.*[35]

Charakteristik dieses Areals war die umgebende Mauer und der streng geregelte, befristete Zugang. Der Sankt Georgentag, der 23. April, war ein Lostag für die Landwirtschaft, an diesem Tag wurden zum Beispiel auch die Äcker umzäunt, um die Saat vor den wühlenden Schweinen zu schützen[36].

Der Frauengarten, der Heu, Gemüse und Obst für das Kloster St. Peter lieferte, war ein Wirtschaftsgarten, für die Ernte hatten die angrenzenden Häuser einen Haiger (Heuer) zu stellen beziehungsweise Haigerzins zu zahlen[37]. Wirtschaftsgärten waren entweder ummauert, umzäunt oder mussten bewacht werden. Das Krautwächterhaus im Nonntal, Almgasse 7, ist ein Beispiel für Letzteres. Ummauert waren auch die Jagdgärten beziehungsweise die Jagdparks wie Kleßheim oder Hellbrunn. Die umschließende Gartenmauer ist geradezu das Symbol für den „hortus conclusus“, für Abschließung und kontrollierten Zugang.

Im Sinne der späteren Gärten mag der Frauengarten während seiner Öffnungszeit wenig spektakulär gewesen sein, doch weist gerade Stainhauser mit seinen Details zur Nutzung doch auf einen weiteren Zweck dieses

Areals hin. Man ging in den Monaten der Öffnung hier spazieren und trieb Kurzweil mit allerlei Spielen, wie sie ähnlich in späterer Zeit auch in anderen Salzburger Gärten belegt sind. Der Frauengarten diente doch – wenn auch zeitlich befristet – der Lustbarkeit und spielerischen Erholung der Bevölkerung. Für die Petersfrauen, die ihr Kloster gleich nebenan, südlich der Franziskanerkirche hatten, war er ein Rekreationsort, einmal im Monat, am Tag des Aderlasses, durften sie im Frauengarten spazieren gehen[38]. Der Abt von St. Peter hatte – zumindest im 16. Jahrhundert – ein vom Frauengarten abgetrenntes Areal im Bereich des heutigen Franziskanergartens, das *Prellaten Gärtl*, zur eigenen Verfügung *und ain Prellat sein Lust und Kurzweil darinnen gehabt*[39]. Bereits im 15. Jahrhundert war er ein *schöner Baumgarten*[40]. Als „pomarium", als Obstgarten, wird er auch in einem Brief des Abtes Andreas Graser (1577–1584) bezeichnet, der sich beklagt, Erzbischof Johann Jakob von Kuen-Belasy (1560–1586) habe im Frauengarten 1579 einen Steinbruch eingerichtet[41]. In seiner Nutzungsvielfalt ähnelt der Frauengarten mittelalterlichen Gärten, in denen Obstbau und Acker sowie Spiel und Lustbarkeit nebeneinander bestanden[42].

Der Bericht des Stephanus Vinandus Pighius (1574)

Im 16. Jahrhundert fehlen uns weitere genauer lokalisierbare Berichte über Salzburger Gärten. Mirabell und Hellbrunn waren noch nicht gebaut und für das erzbischöfliche Schloss Rif bei Hallein, das Johann Jakob von Kuen-Belasy (1560–1586) mit Gartenanlagen und Wasserspielen ausgestattet hatte, bleiben die Quellen unbestimmt. Immerhin wissen wir, dass jener römische Löwenkopf-Tischfuß, den Erzbischof Markus Sittikus in der Kronengrotte in Hellbrunn auf den Felsen mit Wassergewürm stellen ließ und auf dessen Haupt sich damals schon eine vom Wasserstrahl in die Höhe gehobene Krone befand, aus dem Sommersitz Rif stammte. Erzbischof Johann Jakob Kuen-Belasy hatte diese römische Antike über Mittelsmänner in Istanbul erworben[43]. Stephanus Vinandus Pighius (1520–1604), der mit dem Herzogssohn Karl Friedrich von Kleve, Jülich und Berg (1555–1575) 1574 Salzburg besuchte und den Reisebericht unter dem Titel „Hercules Prodicius seu principis juventutis vita et peregrinatio – Hercules Prodicius oder des Fürsten Jugendleben und Reise", 1587 in Antwerpen in Druck gab, berichtet ausführlich über den Besuch der Festung und den Bischofshof[44]. Die Festung durfte – aus militärischen Gründen – nur mit schriftlicher Erlaubnis oder in persönlicher Begleitung des Erzbischofs besucht werden. Im Anschluss an die Beschreibung der prächtigen Bischofsresidenz folgte ein Besuch der lieblichen erzbischöflichen Gärten, der *hortos amoenissimos*, mit *fontium artificiosis scaturiginibus et diligenti arborum herbarumque cultura speciosos* – kunstvollen sprudelnden Brunnen und sorgsam gepflegten herrlichen Bäumen und Pflanzen. Diese lieblichen Gärten lagen wohl im Bereich der alten Residenz, denn wenn der Erzbischof mit seinen Gästen den Sommersitz Rif besucht hätte, wäre das wohl im Text ausdrücklich vermerkt worden.

Das 17. Jahrhundert

Der Besuch von Sehenswürdigkeiten und eben auch der Gärten war im 17. Jahrhundert normalerweise nur hochgestellten Gästen und Reisenden, dem *étranger de distinction*[45], und deren Begleitung gestattet. Im Jahr 1607 besuchte Felix Guetrater als 19-jähriger Edelknabe des Freiherrn Christoph von Pötting *alle Lustgärten, künstliche Sachen, das Haubtschloß* usw. Dieser Besuch war möglich, da Christoph von Pötting Erzbischof Wolf Dietrichs „Schulgesell" gewesen war – es handelte sich sozusagen um eine private Einladung[46]. 1617 war er nochmals als Beamter des Christoph Pötting in Salzburg *aldorten den neu erpauten Lustgarten Mirawel oder Hellaprunn genannt,* gesehen[47].

Peter Lauremberg hat in „Die edle Garten-Wissenschaft" 1671 ältere Gartenliteratur kompiliert[48], wie etwa Carl Stengel, der 1647 berichtet: *Nach diesen* [den Gärten in München] *kommen die anmuthigste Gärten zu Saltzburg welche wegen der künstlichen Fontainen und der fleissigen Bäum- und Kräuter-Cultur über die massen schön sind sonderlich diejenigen welche sie Mirabella nennen. Aber diejenigen welche ihre Namen von den hellen und klaren Brunnen haben* [Hellbrunn] *übertreffen gar alle Verwunderung* [...] *Sintemaln man allhier findet das herrlichste Palatium von der Arbeit Dädali; die schönste Wohnung der Eremiten oder Einsiedler; Säulen* [Bildsäulen, Skulpturen] *nach der Kunst Phidias* [...] *die anmuthigste spiegelreine Bächlein und Wasserleitungen* [...].[49]

Carl Stengel und Franciscus Schott[50] schreiben vor allem über Mirabell und Hellbrunn, nach der Textvorlage des Letzteren beschreibt Wolf A. Stromer die beiden Gärten folgendermaßen: *In der Vorstadt zu Salzburg ist das zwar kleine aber schöne Palatium Mirabella genandt so Ertz-Bischoff Wolff Dietrich erbauen und zurichten lassen zu sehen. Auf eine Stunde von der Stadt ligt das Fürstliche Lust-Haus und Garten zum Hellen-Brunn genandt allda wir die vielfältige ansehnliche Wasser-Künste dergleichen in so großer Menge anderstwo in Teutschland nicht leicht werden zu finden seyn neben den allerhand schönen Grotten, Weihern, herrlichen Fischen, fremden Endten u. dergleichen Geflügel so wohl auch die fürstliche Zimmer besichtiget von welchen in Itinerario Scoti*[51]*, weitläuffig kann gelesen werden. Man hat uns auch in beede Lusthäuser Belvedere* [besteht nicht mehr] *und Wald-Embs* [Monatsschlössl] *geführet so nahend darbey gelegen: allda die unterschiedliche Einsiedlers-Zellen und dergleichen wunderliche Sachen so wohl auch in der Höhe im Thiergarten gelegene und ausgebreitete Fels da man bisweiln Comödien zu spielen pfleget wohl zu sehen.*[52]

Wolf A. Stromer kompiliert weiters aus Christoph Eislingers „Reißgefehrt“[53], der selbst 1657 zum vierten Mal in Salzburg gewesen ist und zählt in Hellbrunn sichtlich übertrieben 300 Hirsche, und 1000 Murmeltiere, erwähnt aber auch die Einsiedeleien, das Lusthaus, den Erdbeerberg und eine schöne Grotta mit dem „Guckgauch“ (Kuckuck in der Vogelsanggrotte). *Solches Werk ist mit allerhand heimlich-springenden Röhren künstlich ausgefüllet.* Über Mirabell sagt er: *Über die Brucken auf der anderen Seiten vor der Stadt hat es noch einen fürstlichen Garten welcher auch sehr zierlich und künstlich zugerichtet ist und mit allerhand welschen Früchten und Blumen-Werk auf das herrlichste versehen*[54]. Im dritten Teil seines Kompilats lobt Stromer nochmals *die schöne Gärten zu Saltzburg* [...][55].

Die Formulierung bei Franz Schott, *man hat uns auch* [...] *in beede Lusthäuser* [...] *geführet* bezeugt einen ausführlichen Besuch, der im 17. Jahrhundert für Reiseschriftsteller und botanisch Interessierte natürlich sowohl in Mirabell als auch in Hellbrunn möglich war. Selbstverständlich wurden hohe Gäste der Erzbischöfe wie zum Beispiel der Kronprinz Wladislaw Wasa von Polen 1624, der Großherzog Ferdinand II. von Toskana 1628[56], die Gäste beim Domweihfest 1628[57], Kaiser Leopold I. 1665[58] oder das bayerische Kurfürstenpaar 1670 nach Mirabell und Hellbrunn geführt[59].

„Verehrungen“ und Trinkgelder

„Normale“ Besucher etwa mussten nach dem Zeugnis Wolf A. Stromers im 17. Jahrhundert in Mirabell sowohl dem Verwalter als auch am Gartentor beim Verlassen des Gartens eine „Verehrung“ spendieren: *In diesem Lußthaus wohnet ein Verwalter deme wie auch bey dem Thor des gartens da man gantz hinauß wiederkommet eine Verehrung zu spentirn stehet*[60].

Konkrete Beträge für eine derartige „Verehrung“ erfahren wir erst aus dem 18. Jahrhundert. Frater Heinrich Pichler aus Kremsmünster studierte von 1745 bis 1748 an der Salzburger Universität. Das Konvikt pflegte einmal im Jahr, einen Ausflug nach Hellbrunn und Mirabell zu machen. In seinem Tagebuch berichtet er über den Besuch in Hellbrunn im Mai 1746 unter anderem folgendes: *dem Brunnenmeister aber gab P. Senior und dem Jager in allen 6 Sibenzwanziger* (1 Gulden 42 Kreuzer)[61]. Ein paar Tage später wurde vom Konvikt auch der Mirabellgarten besucht: *P. Senior gibt dem Gartner 4 Sibenzwainziger Trinkgeld und so vil auch dem Zimerwarther* [62]. Für den Besuch von Schloss und Garten wurden also *8 Sibenzwainzger* [3½ Gulden] *verehrt* [63]. Die Jause für alle in Hellbrunn kam auf zwölf Gulden zu stehen.

Johann Peter Willebrandt empfiehlt 1761 in seinen „Praktischen Anmerkungen für Reisende“ für den Besuch der Salzburger Gärten folgende Trinkgelder bereitzuhalten: *Der Garten, und das Erzbischöfliche Sommerschloß, Mirabella, wird von einem Gärtner und Schloß-Aufseher für eine Erkänntlichkeit von 1 Gulden oder 1 Rthlr.*[64]*, einem jeden Fremden gezeiget.* [...] *zu Hellbrunn hat man auf eine doppelte Erkänntlichkeit zu denken, theils den Gärtner, theils den Brunnenmeister damit zu beschenken; 2 Gulden können beyde zufrieden stellen.*[65]

Diese „Eintrittspreise“ sind durchaus als sehr hoch zu bezeichnen und sorgten allein dadurch für eine deutliche Beschränkung der Besucher. Auch wenn die Wiedergabe von Geldbeträgen der Vergangenheit durch Beträge heutiger Währung problematisch bleibt, kann man den Versuch wagen[66]. Ländliche Dienstboten und Taglöhner kamen um 1700 exklusive Naturalleistungen, neben Kost und Logie, nur auf wenige Gulden pro Jahr. Städtische Handwerksmeister hatten um 1700 etwa ein Jahreseinkommen von 300 Gulden[67]. Ein Gulden zu Beginn des 18. Jahrhunderts entspricht nach der Getreideparität etwa fünfzig Euro[68]. Auch wenn man in den folgenden Jahrzehnten mit einer gewissen Geldentwertung rechnen muss, sind die zwei Gulden Eintritt für Schloss und Wasserspiele Hellbrunn ein enormer Betrag, der für eine sehr starke Selektion der Besucher sorgte.

„Offene Gärten" und adeliger Zeitvertreib

Daraus erst wird der starke Zulauf der „für alle offenen Gärten“ wirklich verständlich. Wenn Stephan Ludwig Roth 1817 und 1845[69] in seinem Reisetagebuch vermerkt, dass *einige Weiber aus der Umgegend,* die mit ihren Männern nach Salzburg gekommen waren, um eine Exekution zu erleben, auch Hellbrunn und die Wasserspiele besuchten, so hat es sich bei diesen zweifellos um „einfaches Volk“ gehandelt, das sich diese Vergnügungen eben leistete[70]. Roth bezahlte damals für eine halbe Maß Bier, eine magere Suppe und zwei Semmeln einen Gulden.

Bei hohen Eintrittspreisen wundert es nicht, dass die *Spaziergänge außerhalb der Stadt* [vor allem...] *von den mittlern und geringern Klassen (von letzteren nur an Sonn- und Festtagen) besucht* werden[71]. Damit sind die Promenaden am Salzachufer[72], vor den Wällen und in den Vorstädten gemeint, aber auch Gärten wie Minnesheim, die frei zugänglich waren, oder die Gartenanlage Roseneggers auf dem Bürglstein[73], in die am Sonntag der Handwerksmann seine Familie ausführte[74]. Das waren durchaus „öffentliche Orte“, niemand wurde ausgeschlossen, wenngleich das standesbewusste Bürgertum und der niedere Adel diese Gärten des „gemeinen Volks“ eher mieden. Joachim Ferdinand von Schidenhofen hat in den Jahren 1774 bis 1778 genauso wie das „gemeine“ Minnesheim auch den Bürglsteingarten nie betreten[75]. Waren bisher die unteren Volksschichten vom Besuch der fürstlichen Gärten ausgeschlossen gewesen, so mieden jetzt der Adel und das gehobene Bürgertum aus Standesdünkel jene Gärten, die „für alle“ geöffnet waren. Natürlich blieb der hohe Adel unter sich.

Erzbischof Hieronymus Colloredo (1772–1803) war ein aufgeklärter Landesfürst. Obwohl der Hof jedes Jahr ab 19. Mai seinen Sommersitz in Mirabell bezog (1746)[76], hatte er den Mirabellgarten an Sonn- und Feiertagen für das Volk öffnen lassen und *man findet dort artige Gesellschaft, und mitunter auch manch anderes buntes Gemische aller Volksklassen* (1805)[77]. Bei besonderen Ereignissen, wie zum Beispiel Seiltänzern, die ihre Künste im Mirabellgarten „producierten“ (12. Juli 1753), war der Garten wohl schon früher für die Salzburger Bevölkerung geöffnet worden[78].

Wenn der Adel Hellbrunn besuchte oder Mirabell, wurden nach dem Spaziergang im Schloss Spieltische aufgestellt und man vergnügte sich stundenlang beim Kartenspiel[79]. Diese so genannten Assembléen begannen um sechs und endeten um acht Uhr[80].

Schidenhofen, der zwischen 1774 und 1778 17 mal Hellbrunn besuchte und zehn mal Mirabell, berichtet, dass man dort entweder Karten spielte, soupierte, auf Scheiben schoss oder Musik hörte. Schloss Emslieb mit seinem neuen Garten, um 1805 im Besitz einer Gräfin Esterhazy, war in diesen Jahren nach dem Zeugnis des Domherrn Spaur angeblich der beliebteste Aufenthalt des Salzburger Adels[81]. Abt Dominikus Hagenauer von St. Peter (1786–1811) verzeichnet in seinen Tagebüchern (1786–1810) sehr gewissenhaft seine Ausflüge und die jeweiligen Begleiter. Entweder sind es *Luterische Professores* aus Göttingen mit ihren Frauen (1788)[82], Graf Zeil, der Fürstbischof von Chiemsee und Graf Strassoldo (1797)[83] oder die Äbtissin Maria Antonia von Eiselsberg vom Nonnberg[84], mit denen man Hellbrunn besuchte, oder es wurde vormittags *im Mirabel, ein Dejeuné, Mittag bey Hof ein Dinée, und Abends im Hellenbrun ein Soupée gegeben*[85].

Der wohlbestallte Adel und das Salzburger Patriziat besuchten sich mit Vorliebe auf ihren Höfen und Gärten vor der Stadt, Schidenhofen erwähnt in seinem Tagebuch Besuche im Barisani-Garten[86], im Robinig-[87], Fronburg-[88], Mölck-[89] und Rauchenbichler-Hof[90], im Helmreich-[91] und im Staiger-Garten[92].

Der Naturpark Aigen

Aigen war auf Grund seiner Heilquelle schon seit dem Beginn des 16. Jahrhunderts bekannt[93] und von der Bevölkerung besucht worden. Franz Josef Waldherr schuf um 1730 die ersten Parkanlagen, die unter dem Domherrn Anton Willibald Graf Wolfegg ausgestaltet und zur Belustigung der Besucher mit einem Karussell, einer Kegelbahn etc. versehen worden waren (1780–1788)[94]. Die Behauptung, dass Hieronymus Graf Lodron aus dem 1788 erworbenen Besitz die zur Belustigung dienenden Einrichtungen entfernen ließ und die Öffentlichkeit vom Besuch des Parks ausgeschlossen hat, ist in dieser Ausschließlichkeit nicht richtig[95]. Denn Lorenz Hübner empfiehlt 1792 sogar den Besuch Aigens, die Schönheiten *verdienen es, dass man Fremde hierher führt*[96]. Zu den ehemaligen Einrichtungen Wolfeggs (z. B. der Kegelbahn) berichtete er allerdings: *Hiervon ist nun das meiste nicht mehr*[97] und *das Caroussel ist auf die Seite geräumet worden*[98].

Von einer Schließung kann nicht gesprochen werden, durch das Entfernen der Einrichtungen zur allgemeinen Belustigung wird aber wohl der Zulauf des einfachen

Volks nachgelassen haben. Eine vollkommene Sperre hätte zweifellos zu Empörung innerhalb der Bevölkerung geführt – dafür gibt es aber keine Quellen.

Die Schließung bereits geöffneter Gärten hat immer deutliche negative Reaktionen hervorgerufen. Marie-Antoinette, die den Tuilerien-Garten für die Bevölkerung hatte schließen lassen, erregte den Volkszorn und als die Gemahlin Georgs II. (1727–1760), der König von England, König von Schottland sowie Kurfürst von Hannover war, den Wunsch äußerte, den Londoner Kensington- Garten wieder zu schließen, fragte sie ihren Minister Walpole was das kosten würde. Dieser antwortete lakonisch: *Only three crowns* – nur drei Kronen[99]. Man war schon einmal aus dem Garten Eden vertrieben worden, ein zweites Mal sollte das nicht gelingen.

Hellbrunn

Dass die Wasserspiele in Hellbrunn heute noch immer funktionieren und immer funktioniert haben, das verdanken wir nur dem Hellbrunn-Tourismus, der vermutlich frühen Öffnung der Anlagen für das Publikum, was natürlich ständige Pflege und Reparaturen erforderte, auch wenn sich Gartenstil und Geschmack längst gewandelt haben. Hellbrunn, obwohl erzbischöflicher Lustort, war immer auch schon für Fremde und für die Bevölkerung offen. Er konnte jederzeit (gegen Trinkgeld) besucht werden. Die Tore wurden am Abend geschlossen. Streit gab es um 1680 mit dem Wirt in Hellbrunn, [...] *wegen der etwo liederlich einschleichenden Gösten.* Er meinte, man müsste jedem Gast *einenHüetter an die Seithen stöllen,* um Diebstähle zu verhindern. Der Salzburger Garteninspektor Franz Anton Danreiter argumentierte 1741 in einem Schreiben an die Hofkammer, dass die Schmiedgrotte (der Vorgänger des Mechanischen Theaters) unbedingt repariert werden sollte, denn sonst *ist zu beförchten, daß, so ein stuckh nach dem anderen eingehen sollte, der zufluß deren dahin zur recreation sich begebenden in, und ausländeren sich auch nach und nach ebenfahls verliehren würdte*[100].

Zu den Aufführungen im Steintheater *läuft* [das Publikum] *aus allen Richtungen herbei, aus der Stadt und den umliegenden Gegenden* (1759)[101]. Die Hofdiarien verzeichnen zum 12. August 1762 einen Ausflug des Hofes Sigismund von Schrattenbachs (1753–1771) ins Steintheater zu Hellbrunn, wo eine *Comoedie producieret wurde, wobei nicht allein die hoche Noblesse sondern auch eine große Menge Volks sich befande*[102]. Am 25. August 1765 wurde für den Hof abermals ein Schäferspiel im Steintheater gegeben. Domkapitulare, Damen und Kavaliere waren anwesend, *nebst einer unbeschreiblichen Menge Volks von der Stadt heraus, so anhero kommen seynt*[103]. Joachim Ferdinand von Schidenhofen verzeichnete in seinem Tagebuch zum Mittwoch, dem 26. Juli 1775 *abends nach Hellbrunn geritten. Wo ich Heffnerisch, Barisannisch, Mölckisch und Dauwrawaische Famille nebst einer Menge anderer von allen Ständen antraffe*[104]. Am Sonntag, dem 28. September 1777, fuhr er nach Hellbrunn, *wo* [...] *eine Menge Leute waren*, spazierte mit Bekannten durch die Anlage und begab sich um sechs Uhr nach Hause[105]. Johann Kaspar Riesbeck bestätigt 1783 diesen Eindruck von Hellbrunns Beliebtheit: *Einer der Haupttummelplätze der öffentli-*

Porträt des Erzbischofs Markus Sittikus von Hohenems, 1619, Ölgemälde von Arsenio Mascagni (Städtische Galerie in Polička, Foto: Městské muzeum a galerie Polička, Česká republika).

Gerhard Ammerer und Thomas Weidenholzer

RATHAUS, KIRCHE, WIRT

Stadtraum zwischen stadtherrlicher, geistlicher kommunaler und privater Nutzung

„Im Raume lesen wir die Zeit" überschrieb Karl Schlögel, ein Zitat des Antropogeographen Friedrich Ratzel entlehnend, seine Aufsatzsammlung über Zivilisationsgeschichte und Geopolitik[1]. „Ich kenne kaum eine zweite Stadt [...], aus der so viel und so deutlich Geschichte spricht wie hier", meinte Mitte des vorvorigen Jahrhunderts ein über den Salzburger Mönchsberg wandernder deutscher Tourist, „eure Stadt liegt da unten wie ein aufgeschlagenes Buch. Wer sich auf die Sprache der Steine versteht, kann da eine Menge interessanter Dinge herauslesen"[2].

Macht, Politik und Raum

In der Tat, ein Blick vom Mönchsberg, diesem mit seinen fast senkrechten, nicht natürlich gewachsenen, sondern zurechtgeschnittenen Felswänden, auf die Salzburger Altstadt verdeutlicht die Topografie vergangener Macht. Schon Adolf von Steinhauser, jener Spaziergänger, dem sich der deutsche Tourist anvertraute, waren die „zwei wesentlich verschiedenen und scharf abgegränzten" Gebäudegruppen Salzburgs[3] aufgefallen. Da sind die großen, mit Brunnen, Pferdeschwemmen und Denksäulen ausgestatteten Plätze rund um den Dom, die Residenz und die Neue Residenz. Sakrale wie fürstliche Macht bildeten den zentralen Raum der Stadt, einen großen, den größten Teil ihres Areals beanspruchend. An die Felsen des Mönchsbergs gedrängt, in dessen Schatten, befindet sich die klösterliche Gebäudegruppe des Stifts St. Peter (Beitrag Gerald Hirtner). Daran schließen, auf dem lange Zeit unbebauten Gelände des „Pomerium S. Mariae", des „Frauengartens", die repräsentativen Bauten der ehemaligen erzbischöflichen Pferdestallungen (heute Festspielhäuser) an und diesen gegenüber liegen die Universität und die Universitätskirche (vgl. dazu den Beitrag von Wilfried Schaber). Rund um den Kapitelplatz und im Kaiviertel befindet sich das Areal des Domkapitels mit seinen Kanonikalhöfen, mit der Domdechantei, dem Kapitelhaus und weiteren Bauten. Der Herrschaft, Verwaltung und Repräsentation dienend, beansprucht dieses Ensemble aus Palästen, Verwaltungsgebäuden, Ställen, Plätzen und Kirchen mehr als die Hälfte der (linksseitigen) Altstadt[4]. An diese „monumentale Baugruppe" fürstlicher und geistlicher Macht schließt sich, so die Beschreibung Steinhausers, „in langgestreckter Bogenlinie der Gürtel der Bürgerhäuser, ein lebendiges Gewimmel und Gedränge, Haus an Haus gepresst, in schmalen, gewundenen, luft- und lichtarmen Gassen" an[5]. Die alten Grundherrschaften der Klöster, des Erzbischofs und des Domkapitels steckten das Feld der Stadt ab. Außerhalb derer Grenzen, im schmalen Spatium zur Salzach hin, entwickelte sich die „Bürger"-Stadt. Heute bescheiden anmutend, in der Mitte dieses „bürgerlichen" Häusergedränges, befindet sich der Turm des Rathauses, angesiedelt in der Nähe des Flussübergangs, die Verkehrsachse Stadtbrücke/Alter Markt bzw. Judengasse/Getreidegasse überblickend. Die alte Peripherie, die früheren Vorstädte, aber auch das Hochgericht, das Symbol staatlichen Gewaltmonopols schlechthin, entzogen sich dem Betrachter auf dem Mönchsberg.

Die Physiognomie des Sozialen ist evident, ein enger Zusammenhang zwischen Architektur und Herrschaft kaum zu bestreiten[6]. Jeder „Art eines ‚Beisammen' von Menschen" entspreche „eine bestimmte Ausgestaltung des Raumes", formulierte Norbert Elias. „Und so ist der Niederschlag einer sozialen Einheit im Raume, der Typus ihrer Raumgestaltung eine handgreifliche, eine – im wörtlichen Sinne – sichtbare Repräsentation ihrer Eigenart."[7] Der raumgreifenden ‚Großzügigkeit' fürstlicher

Architektur steht die Kleinräumigkeit „bürgerlichen" Bauens gegenüber. Die Geschichte der Herrschaft ist (auch) eine Geschichte der Aneignung von Raum.

So augenscheinlich sich das Machtgefälle gleichsam in seiner versteinerten Form darbietet, damit ist noch nicht viel gewonnen. Eine Stadt und ihr Aussehen ändern sich, ständig. Man kann nicht zwei Mal dieselbe Stadt betreten (frei nach Heraklit). Zuweilen erzwingt Brachialgewalt eine neue Physiognomie. Die Salzburger Plätze, das Neugebäude und der Ausbau der Residenz gehen auf einen resoluten Eingriff fürstlicher Macht zurück. Etwa sechzig Bürgerhäuser fielen innerhalb von nur zwei Dutzend Jahren den gigantischen Bauvorhaben des „Gründers des barocken Salzburg" (so der Untertitel einer Salzburger Landesausstellung über Fürsterzbischof Wolf Dietrich von Raitenau[8]) zum Opfer. Dagegen brauchte es fast hundert Jahre, bis ein von der Bürgerschaft finanzierter Kirchenbau den erzbischöflichen Dom überragte und so, politische Macht symbolisch beanspruchend, das städtische Raumgefüge umfigurierte. Darauf, dass die architektonische Aneignung von Raum die „Form par excellence der ostentativen Zurschaustellung von Macht"[9] sei, wies Pierre Bourdieu hin. Aber es sind auch die performativen und ephemeren Änderungen, die Prozessionen, die Altarbauten zu Fronleichnam, die Leichenzüge, die Märkte, die Triumphbögen für die in die Stadt einziehenden neugewählten Erzbischöfe mit ihrem Bilder- und Figurenprogrammen und anderes mehr, die das städtische Raumgefüge jeweils neu figurieren, oft nur (auf den ersten Blick) marginal, dafür umso nachhaltiger. Diese ständigen Transformationen sind „von den handelnden Akteuren aller sozialen Schichten und Gruppen [abhängig], also von Nutzungen, Wahrnehmungen und Abläufen, die alles andere als synchron und linear ablaufen, sondern einer komplexen Verschränkung von Raum und Zeit unterliegen."[10] Es geht somit darum, zu verstehen, „wie Macht sich in der Stadt räumlich emaniert und wie sich die sozial hergestellten Machträume wiederum auf die Akteure auswirken, wie sie Gesellschaft ihrerseits strukturieren"[11].

Im Raum wird also Macht sichtbar. Bourdieu, der den Zusammenhang von Raum, Macht und sozialen Verhältnissen beschrieben hat, unterscheidet zwischen „physischem Raum" und „sozialem Raum" bzw. (nach dem Leibnizschen Begriffsinstrumentarium) „angeeignetem physischen Raum". Der „soziale Raum" ist vom „physischen Raum" geschieden, „realisiert sich aber tendenziell und auf mehr oder weniger exakte Weise innerhalb desselben. [...] Der in bestimmter Weise von uns bewohnte und uns bekannte Raum ist sozial konstruiert und markiert." [12] Der „physische Raum" lässt sich bei Bourdieu nur dann denken, wenn man davon absieht, dass er nur als „angeeigneter physischer Raum" existiert. Der „soziale Raum" beschreibt dagegen die Positionen von Personen oder Personengruppen nach ihren Möglichkeiten, über ökonomisches, soziales und kulturelles Kapital zu verfügen. Er bestimmt sich durch die „Verteilung unterschiedlicher Arten gleichermaßen von Gütern und Dienstleistungen wie physisch lokalisierter individueller Akteure und Gruppen mit jeweils unterschiedlichen Chancen der Aneignung dieser Güter und Dienstleistungen"[13].

Sowohl „sozialer Raum" als auch „angeeigneter physischer Raum" sind Räume von Beziehungen, sind also relational. Beide haben gleiche Entstehungsbedingungen und folgen gleichen Gesetzen[14]. Daher kann von der Position, die jemand im (angeeigneten) physischen Raum einnimmt, auf seine soziale Stellung, auf seinen Platz im „sozialen Raum", geschlossen werden. In den räumlichen Verhältnissen können daher die sozialen abgelesen werden. Die Ausstattung mit ökonomischem, sozialem oder kulturellem Kapital bestimmt die Position eines Akteurs im sozialen Feld und ermöglicht diesem, sich ein mehr oder weniger großes Stück Raum anzueignen. Die soziale Welt schreibt sich in die physische ein.

Dieses relationale Raumverständnis hat sich in der neueren historischen und kulturwissenschaftlichen Forschung weitgehend durchgesetzt und als produktiv erwiesen. Menschen und soziale Güter seien nicht von euklidischen absoluten Räumen umschlossen, entwickelt Martina Löw ihre Soziologie des Raumes, vielmehr entstünden Räume erst durch Handlungen und Wahrnehmungen. Ihre Entstehung ist ein soziales Phänomen und Veränderungen unterworfen. Löw definiert Raum als „relationale (An)Ordnung von Lebewesen und sozialen Gütern an Orten. Raum wird konstituiert durch zwei analytisch zu unterscheidende Prozesse, das Spacing und die Syntheseleistung"[15]. Spacing meint das Platzieren von Menschen und sozialen Gütern sowie das Anbringen symbolischer Markierungen. Durch die Syntheseleistung, „das heißt, über Wahrnehmungs-, Vorstellungs- oder Erinnerungsprozesse werden Güter und Menschen zu Räumen zusammengefasst"[16]. Spacing

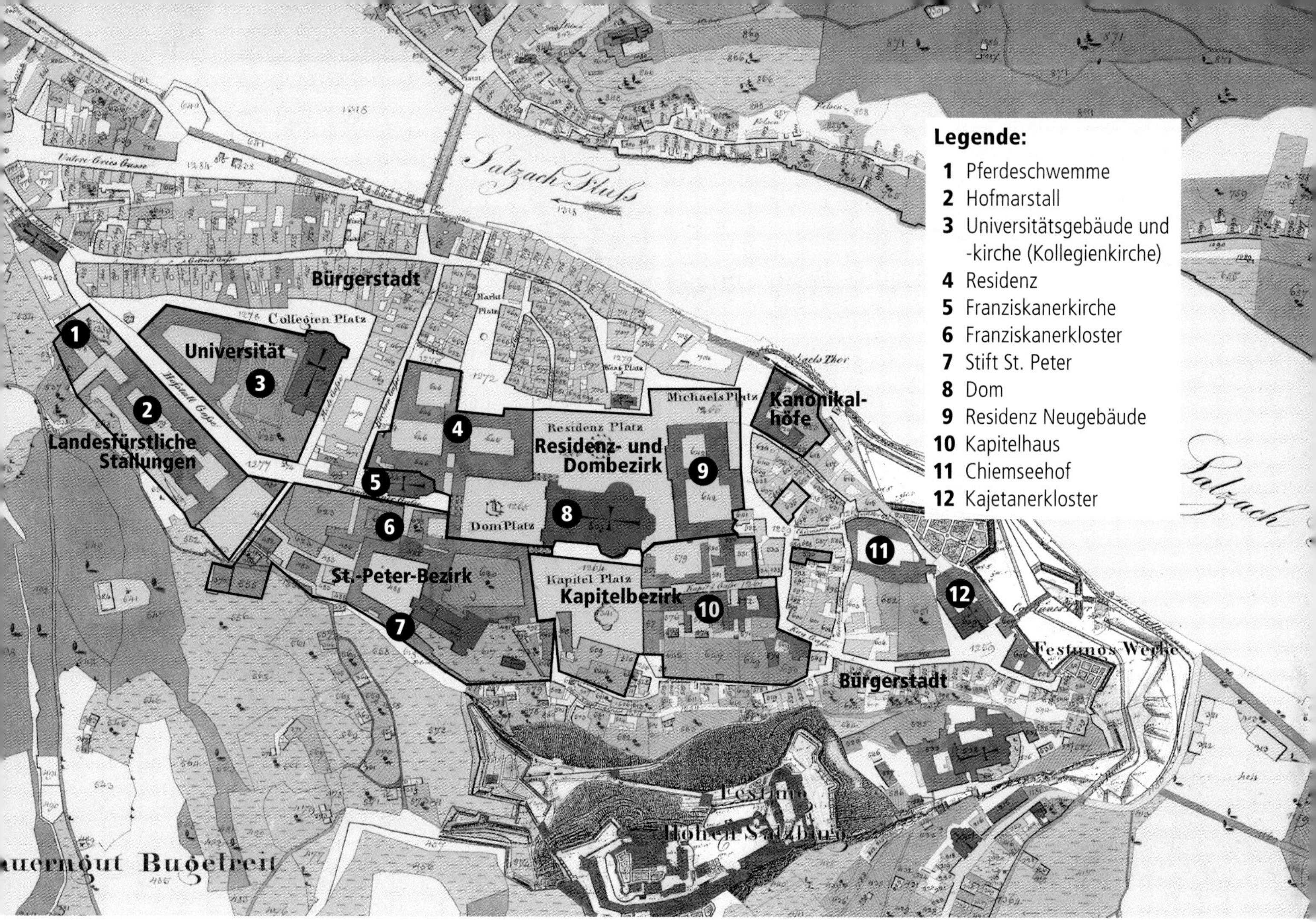

Schematische Darstellung von Grundherrschaften und „Bezirken" in der Stadt Salzburg, Plangrundlage Franzsizäischer Kataster, Stadt Salzburg, 1830 (Salzburger Landesarchiv).

und Syntheseleistung sind simultane Handlungsabläufe, daher sind Räume dynamisch und prozessual.

Räume haben spezifische Atmosphären. Es herrscht eine andere Atmosphäre, wenn Gläubige eine Kirche betreten, als wenn Bittsteller im Rathaus vorstellig werden. Den „Sitz" eines Wirtshauses erfüllt ein anderer Lärmpegel als die Stube im ersten Stock. Räume erzeugen eine bestimmte Stimmung, die einen ein- oder einen ausschließenden Charakter haben können[17]. Atmosphären können auch gezielt hervorgerufen werden, um Menschen – auch gegen ihren Willen – in eine bestimmte Stimmung zu versetzen. Im Supermarkt werden Waren drapiert und berieselnde Musik gespielt, um eine Atmosphäre des Einkaufens entstehen zu lassen. Das Aufstellen bestimmter Altäre in der Stadtpfarrkirche ist, so gesehen, ebenfalls ein Prozess des Spacings. Die notwendige Dekodierung der Altarprogramme, wie im Beitrag von Alfred Rinnerthaler unternommen, ist Teil der Syntheseleistung[18]. Dass mit Platzierungen immer auch Machtverhältnisse ausgehandelt werden, liegt auf der Hand[19]. Augenscheinlich wird dies etwa am Beispiel der Kontroverse um die „Platzierung" der Kanzel im Salzburger Dom. Über die Frage, ob die Kanzel näher bei den Laien oder näher beim Chor, der den Laien verwehrt war, aufgestellt werden sollte, entspann sich ein veritabler Interessenskonflikt, den Peter Keller in seinem Beitrag beschreibt. Das Beispiel zeigt, dass es neben der Aneignung von Raum auch um den Anteil an Information geht, oder, wenn man so will, um die Position im Feld einer bestimmten Öffentlichkeit. Auch

Öffentlichkeit, welche Form von Öffentlichkeit auch immer, ist Ergebnis sozialen Handelns. Demnach werden auch oder gerade in den Feldern der Öffentlichkeit Machtfragen abgehandelt.

Die Ansätze von Bourdieu und Löw sind sich durchaus ähnlich, sie unterscheiden sich jedoch in einem Punkt: Martina Löw kritisiert an Bourdieu, er habe bei seiner Konzeption des physischen Raumes einen „absolutistischen" Raumbegriff verwendet, der ihn dazu zwinge, das Soziale dem Räumlichen einseitig strukturierend gegenüber zu stellen[20]. Während sich für Bourdieu soziale Strukturen in räumliche transformieren, sieht Löw Räume nicht nur als Ergebnis sozialen Handelns, sondern auch als Vorsetzung für Handlungsabläufe.

Welche Öffentlichkeit?

„Raum" und „Öffentlichkeit" sind zwei eng verschränkte Begriffe. Gerd Schwerhoff hat zu Recht darauf hingewiesen, dass sich Kohorten von Historikern mit den von Jürgen Habermas in den 1961 vorgelegten Konzeptionen von Öffentlichkeit abgearbeitet hätten, ohne je zu einem wirklich befriedigenden Ergebnis gekommen zu sein[21]. Habermas entwickelte seinen Begriff der bürgerlichen (räsonierenden) Öffentlichkeit als Analyseinstrument in Abgrenzung zur „repräsentativen Öffentlichkeit", die nichts anderes als die öffentliche Repräsentation von Herrschaft sei[22]. Sein Öffentlichkeitsbegriff ist ein idealtypischer und gleichzeitig ein emphatischer, dem eine hohe normative Aufgeladenheit zukommt. Eine „politisch fungierende" Öffentlichkeit sei demokratisches Gebot[23]. Öffentlichkeit ist für Habermas der „Inbegriff derjenigen Kommunikationsbedingungen, unter denen eine diskursive Meinungs- und Willensbindung eines Publikums von Staatsbürgern [nicht Stadtbürger!] zustande kommen könne"[24]. Vorbild war der Begriff einer räsonierenden Öffentlichkeit im Sinne der Aufklärung, in deren Licht in einem nie abzuschließenden Prozess Rechtes und Richtiges ermittelt werden sollte. Die Analyse der Entstehung bürgerlicher Öffentlichkeit durch Habermas spitzte sich auf die Gegenüberstellung von räsonierender und repräsentierender Öffentlichkeit zu, also auf die Konfrontation der bürgerlichen Gesellschaft mit dem absoluten Staatsinstrumentarium. Habermas hat die „Öffentlichkeit" als autonome Sphäre der zum Publikum versammelten Privatleute definiert[25], die sich in der politischen Auseinandersetzung mit der staatlichen Gewalt des Räsonnements bediente. Er reformulierte damit letztlich die kategorische Bestimmung Immanuel Kants über den öffentlichen Gebrauch der Vernunft.

Das Analyseinstrument „bürgerliche (räsonierende) Öffentlichkeit" ist allerdings, und das zeigen die Artikel dieses Bandes schlüssig auf, kaum für die Stadt der Vormoderne verwendbar. Weder die zeitliche Rückverlegung der Entstehung der bürgerlichen Öffentlichkeit, noch die Erweiterungen der Begriffsbestimmung um eine plebejische Öffentlichkeit oder um wie immer konstruierte „Gegenöffentlichkeiten" entsprechen den Bedingungen der Vormoderne. Dafür greift dieses bipolare Modell nicht oder zu kurz, das somit stark modifizierungs- und erweiterungsbedürftig ist. Denn „bürgerliche Öffentlichkeit" im Sinne von Habermas setzt den souveränen, selbst bestimmten Privatmann, den Staatsbürger voraus, dessen Aufstieg erst zu Ende des 18. Jahrhunderts einsetzt[26].

Im Mittelalter und der frühen Neuzeit begegnet uns Öffentlichkeit in unterschiedlichen Bedeutungsfeldern, meist räumlich und zeitlich beschränkt.

Schon die Salzburger Landesordnung von 1328 verbot, Gericht unter freiem Himmel zu halten. Jedoch auch dann, als die zunehmende Verschriftlichung des Strafprozesses den allmählichen Rückzug des Gerichts aus dem integralen Gefüge der kommunalen Gemeinschaft ermöglichte und sich die Urteilsfindung (durch erzbischöfliche Beamte) hinter die Mauern des Gerichtshauses zurückgezogen hatte, stellte die kommunale Öffentlichkeit noch immer ein (konstitutives) Medium der Rechtsprechung dar[27], wie im Beitrag von Gerhard Ammerer über das Hochgericht beschrieben. Ersatzweise musste nun vor der Ausführung der Todesstrafe eine zweite, symbolische Urteilsfindung durch die Standesgenossen vorgenommen werden. Normiert in der Malefizordnung von 1664 geschah das zunächst noch durch das Stadtgericht, das die Entscheidung des (erzbischöflichen) Hofrats wiederholen und bestätigen musste. Bald verzichtete man auch darauf und verkündete das Urteil nur noch mündlich. Nonverbale und symbolische Akte wie das Stabbrechen oder die Übergabe des Delinquenten an den Scharfrichter vor den Augen „aller" – diese wurde zudem auch performativ verbalisiert – auf dem Waagplatz, dem alten Markt- und Gerichtsort, unterstrichen jedoch dessen Bedeutung. Erst die publikumsbezogene Öffentlichmachung und Kenntnisnahme durch die Bürger und Inwohner der Stadt legitimierten das Urteil. Dieser Modus der Herstellung von Öffentlichkeit diente dem judikativen Machtanspruch nicht zuletzt als Strategie der Vermeidung von Dissens. Die Sozialität der Vormoderne war durch das Gebot der Performanz geprägt. Mittels Kollektivierung des Urteilsspruches wurde dieser allgemein verbindlich. Kommunikation und Öffentlichkeit ermöglichten somit den weitgehenden Verzicht auf offene Gewalt.

Der Aspekt einer kommunikativ konstruierten Öffentlichkeit bietet sich daher für die Beschreibung der mittelalterlichen und neuzeitlichen Stadt(geschichte) als Analyseperspektive an, vor allem, wenn es um Handlungen und Ereignisse, um Rituale, Riten, Symbole, Prozessionen, Ratsversammlungen und dergleichen geht. Die Identitätsbildung und -erhaltung der städtischen Schwurgemeinschaft, aber auch von Bruderschaften, Zünften oder anderer urbaner Gruppen und Netzwerke mit politischen, ökonomischen, sozialen oder karitativen Funktionen bis hin zur Armenfürsorge (Alfred Stefan Weiß) oder der Totenmemoria (Michael Skotschek) bedurfte verschiedener Formen der symbolischen öffentlichen Inszenierung[28]. Das konnte durch gemeinschaftsstiftende Anwesenheitsrituale bei Einzügen von Erzbischöfen in die Stadt, durch Prozessionen, Begräbnisse oder ähnliches geschehen, aber auch im Rahmen von Teilöffentlichkeiten wie der Abhaltung von (obrigkeitlich kontrollierten) Zunftjahrtagen in der Stadttrinkstube (siehe die Beiträge von Birgit Wiedl und von Thomas Weidenholzer). Die Zugehörigkeit zu einer „Netzwerk"-Gruppe bedurfte einer kontinuierlichen Dokumentation[29]. Rudolf Schlögl hat darauf hingewiesen, dass in dieser Form der ostentativen Zurschaustellung keine repräsentative Öffentlichkeit zu beobachten gewesen sei, sondern eine „exemplarische, bei der Ereignisse zum erlebbaren Symbol für Partizipation und Konsens als Grundprinzipien einer (stabilen) politischen Ordnung gestaltet wurden"[30]. Die Erfahrung dieses gemeinsamen Ereignisraumes der Sozialrituale konnte dem Einzelnen eine sinnliche Erfahrung, ein Gemeinschaftsgefühl, vermitteln, das schließlich auch ordnungsstabilisierend wirkte. Bis ins 18. Jahrhundert war die Kommunikation durch Face-to-face-Strukturen durch Körper und Sprache, durch Zeichen und Bilder, bestimmt, wofür Rudolf Schlögl den Begriff der „Vergesellschaftung unter Anwesenden" geprägt und diesen ausführlich begründet hat[31]. Erst die quantitative Zunahme, thematische Ausdifferenzierung und inhaltliche Säkularisierung von Druckwerken veränderte die Kommunikation(struktur) nachhaltig – in Salzburg in der Zeit der Spätaufklärung unter Erzbischof Colloredo sogar ganz außerordentlich[32]. Der Verdichtung der Informations- und Kommunikationsprozesse zur Seite standen die zunehmende Öffnung privater Adels- und Gelehrtenbibliotheken – die traditionellen Bibliotheken folgten diesem Trend nur zögernd – (siehe den Beitrag von Thomas Weidenholzer), aber auch das quantitativ wie qualitativ beachtliche öffentliche Leseangebot im Kaffeehaus, wie das Beispiel des Café Staiger zeigt, oder im Lektürekabinett, trugen zur Erweiterung der kommunikativen Strukturen bei. Erst in dieser letzten Phase des Alten Reiches kam es zum öffentlichen Diskurs der bürgerlichen Privatleute und durch die neuen Kommunikationsmedien zu fundamentalen Transformationen des Gesellschaftssystems[33]. Beschränkt auf diese Zeit und die Sphäre der Stadt ist das Modell von Habermas zur Beschreibung der Vergesellschaftungs- und Diskursformen nach wie vor von überzeugender Stringenz, wenngleich die neueren Forschungen die Bipolarität repräsentativer und räsonierender Öffentlichkeit stark aufgeweicht haben und die Politik der dialogischen Kommunikation zwischen Obrigkeit und Untertanen einen neuen Stellenwert erhalten hat[34], wie in diesem Band anhand der Einladungen zu den Hoftafeln exemplifiziert wird (siehe Beitrag Katharina Karin Mühlbacher). Gerd Schwerhoff hat in Abkehr von der früheren einseitigen Betonung der bürgerlichen „Gegenöffentlichkeit" von einem „konsensualen Politikmodell"[35] gesprochen, wobei man jedoch vermeiden sollte, von modernen Demokratievorstellungen auszugehen.

„Öffentlichkeit" in der spätmittelalterlichen Stadt

„Öffentliche" Räume sind für verschiedene soziale Gruppen prinzipiell zugänglich und stehen für eine allgemeine Nutzung offen, wie etwa Gaststätten, Straßen, Plätze oder Märkte. In „öffentlichen Räumen" werden Meinungen ausgetauscht, Kritik geübt und Entscheidungen getroffen, kurz, Machtfragen ausgehandelt. Im Spätmittelalter zentrierte sich in Salzburg die „Öffentlichkeit" der kommunalen Gemeinschaft rund um den Waagplatz – daher auch unser wohlüberlegter Griff nach der Abbildung dieses Platzes auf dem Buchumschlag. Hier befanden sich die Pfarrkirche und das Gericht, hier wurde gestraft, gewogen und Markt gehalten.

Das Areal lag außerhalb des Eingangs zum Bischofshof, unmittelbar an der Porta, die den Übergang zweier unterschiedlicher Sphären markierte. Die politische Ordnung korrespondierte mit der räumlichen Ordnung der Stadt. Bischofshof und „bürgerliche" Ansiedlung waren jedoch nicht nur zwei topographisch und sozial unterschiedliche Sphären, sie waren auch zwei andersgeartete Rechtsgemeinschaften. An diesem Ort, dem Waagplatz, war die kommunale Gemeinschaft präsent, ihre „Öffentlichkeit" war aber performativ und flüchtig, oder wenn man so will, nur latent stabil. Gerichtstage oder auch Markttage schufen spezifische Öffentlichkeiten, die schnell wieder verfielen.

Die kommunalen Gemeinschaften des Mittelalters waren Schwurgemeinschaften, die auf der „coniuratio"[36], der gegenseitigen eidlichen Verpflichtung Gleichrangiger beruhten. Gilden, Zechen und Zünfte waren solche Zusammenschlüsse, auch die Bürgergemeinde[37]. Ihre Angelegenheiten wurden coram publico verhandelt und verlangten die Anwesenheit der Beteiligten. Zur Gemeinschaft gehörte also derjenige, der in einer bestimmten Situation an einem bestimmten Ort anwesend war[38].

Soziales Handeln konstituiert Räume, aber das Räumliche wirkt auch strukturierend auf das Geschehen zurück. Es ist (nicht nur im Spätmittelalter) keineswegs gleichgültig, wo Öffentlichkeit entsteht. Es macht einen wesentlichen Unterschied, ob ein kontroverses Thema von der Kanzel gepredigt, im „Sitz" eines Gasthauses debattiert, in der vornehmen „Stube" im ersten Stock erörtert oder im Rat verhandelt wird[39]. Kommunale Aufgaben wie das Wiegen und Abmessen, die Garantierung eines gerechten Maßes, die Aufrechterhaltung der (vorausgesetzten) Gleichheit der Mitglieder der Gemeinschaft, bzw. die Wiederherstellung solcher Gleichheit, des Richtens also, benötigte die „Öffentlichkeit", die nur durch die (potentielle) Anwesenheit der Beteiligten erreicht wurde.

Das noch kaum unterscheidbare Potpourri kommunaler Aufgaben war integraler Bestandteil des städtischen Raumes[40]. Auch nach der Ausdifferenzierung kommunaler Funktionen und Aufgaben zu spezifischen Tätigkeiten wurden diese zunächst noch rund um den Waagplatz ausgeführt. Aber selbst dann, als mehrere dieser Tätigkeiten neue Standorte zugewiesen erhielten, blieb der Waagplatz ein symbolisch hoch aufgeladener Platz, wie anhand der Gerichtsverhandlungen und der Proklamation des Urteils coram publico bereits beschrieben wurde. Auch der städtische Pranger stand weiterhin hier. Auf dem Waagplatz, der alten kommunalen Mitte der Stadt, wurden Missetäter und -täterinnen „öffentlich", das heißt vor den Augen aller, herabgewürdigt und damit die Gleichheit der kommunalen Gemeinschaft rituell und symbolisch wiederhergestellt.

Mit dem Kauf des Keutzlturmes durch die Stadt 1407 rückte das („bürgerliche") Zentrum Salzburgs vom Waagplatz mit all seinen wichtigen Funktionen flussabwärts. Durch diesen Kauf erhielt ein das städtische Treiben kontrollierender Patrizierturm „öffentliche" Aufgaben. Vom Turm – das ist auch heute noch nachvollziehbar – kann man die wesentlichen Verkehrsachsen der „Bürger"stadt, die Achse Stadtbrücke/Alter Markt bzw. Juden-/Getreidegasse einsehen. Der Turm überblickte aber damit nicht nur die städtischen Verkehrsachsen, sondern definierte durch seine Funktionen und seine topographische Ausprägung Örtlichkeit und Raum. Das Rathaus war ein multifunktionales Gebäude, das eine ganze Reihe „öffentlicher" Aufgaben bediente[41], wie im Beitrag von Peter F. Kramml beschrieben. Im Laufe des 15. Jahrhunderts separierten sich zunächst alle jene Tätigkeiten, die mit dem Schriftgebrauch zusammenhingen. Städtische Privilegien und normierende Rechtstexte wurden an separaten Orten aufbewahrt, deren Zugang streng geregelt war. Ihnen wurde so besondere Bedeutung zugewiesen[42]. Mit der Adaptierung des Keutzlturmes zum Hauptgebäude der Kommune erhielten Schreibstube und Archiv eigene Räumlichkeiten.

Das Rathaus und das Gericht blieben selbstverständlich wichtige urbane Räume. Selbst ein in absolutistischer Manier in kommnale Angelegenheiten eingreifender Landesfürst wie Erzbischof Wolf Dietrich von Raitenau benutzte diese „öffentliche" Aura des Rathauses für seine Zwecke. Die Regulierung des städtischen Gastgewerbes erlangte erst durch den „öffentlichen" Anschlag im Rathaus allgemeine Wirkung und damit rechtliche Wirksamkeit. Das „schwarze Brett" informierte über in finanzielle Schwierigkeiten geratene Mitbürger, über Gantfälle, wichtige Proklamationen u. a. m.

Dem Öffentlichkeitscharakter von Gerichten, Rathäusern und Residenzen entsprechen aber auch Tendenzen der Exkludierung[43]. Das Gericht drängte das Publikum durch Schranken zurück, war gleichwohl auf dieses angewiesen. Auch andere öffentliche Einrichtungen entfalteten teilweise exkludierende Wirkung: Der sakrale Raum etwa war in Männer- und in Frauenbereiche geteilt und unterschied zwischen Laienräumen und Bereichen, die Priestern vorbehalten waren (Beitrag Alfred Rinnerthaler). Die Stadttrinkstube und andere Wirte der Stadt staffelten die Zugänglichkeit ihrer Räumlichkeiten nach sozialen Kriterien[44].

Vom Bischofshof zur Residenz

Die Residenz, das „Gehäuse der Macht"[45], repräsentierte in der Frühen Neuzeit die Würde und Stellung des Herrschers der Öffentlichkeit gegenüber und zeugte besonders deutlich beim 1587 gewählten Salzburger Erzbischof Wolf Dietrich von Raitenau von dessen Selbstverständnis[46]. Unmittelbar nach seinem Regierungsantritt begann der neue Salzburger Landes- und Stadtherr die Residenzstadt grundlegend umzugestalten. Die zwischen 1588 und 1611 durchgeführten rund 70 Bauvorhaben wirkten trotz des Fehlens eines schlüssigen Raumkonzeptes äußerst nachhaltig und prägen bis heute das Aussehen der Salzburger Altstadt[47].

Die gewaltige bauliche Umstrukturierung der Stadt ist jedoch nur eine Ebene des raschen und nachhaltigen Wandels vom mittelalterlichen feudalen Gemeinwesen zum modernen Verwaltungs- und Wirtschaftsstaat und anderer gesellschaftlicher und politischer Veränderungen. Gerade bei Wolf Dietrich zeigt sich die mit dem Ausgang des Mittelalters beginnende steigende Bedeutung des Geldes, die einen tief greifenden Wandel der sozialen Beziehungen mit sich brachte und einen Ausbau des Gewalt- und Herrschaftsapparates ermöglichte. Herrschaft erlangte damit eine bis dahin nicht gekannte Effektivität[48]. Die Generierung neuer, vor allem kontinuierlicher Einnahmen[49] sowie die Professionalisierung der Behörden bildete die Basis für den entstehenden Verwaltungsstaat und ermöglichte die ausgedehnte und kostspielige Bautätigkeit[50]. Wolf Dietrich gelang es, die Stände weitgehend zu entmachten[51], den Einfluss des Adels und des Klerus zurückzudrängen und das gebildete Bürgertum als Beamtenschaft für die Verwaltung heranzuziehen[52]. Die dadurch erreichte finanzielle Autonomie ermöglichte es ihm erst, seine Souveränität und seine absolute Unabhängigkeit als Landesfürst nicht zuletzt durch seine Bauten ostentativ zur Schau zu stellen.

Während die Areale der geistlichen Grundherrschaften über genug Grund und Boden verfügte, waren Eingriffe in den bürgerlichen Baubestand aufwendig und nur bedingt möglich. Den Prinzipien moderner Architektur, die Wolf Dietrich in Rom kennen und schätzten gelernt hatte[53], sowie den gehobenen Repräsentationsbedürfnissen eines der bedeutendsten geistlichen Fürsten des Heiligen Römischen Reiches entsprach diese topographische und architektonische Situation keineswegs. Die immensen Umbaumaßnahmen durch Wolf Dietrich machen deutlich, dass durch die Schaffung von Eigenräumen in Form von repräsentativer Herrschaftsarchitektur und die (noch wesentlich weiter ausgreifenden) Baumaßnahmen die Stadt zur Bühne des Hofes wurde, der Residenzplatz zum verlängerten Arm der Residenz, auf dem die fürstliche Autorität prachtvoll und ostentativ vorgeführt und in Form der Ausfahrt, der Parade, der Prozession etc., öffentlich in Szene gesetzt werden konnte[54]. Der Zusammenhang von öffentlichen Räumen und deren Aneignung sowie von institutionellen Ordnungen wird damit deutlich. Dass die absolutistischen Eingriffe in ihren Lebensraum bei der Stadtbevölkerung ein gewisses Maß an Irritationen hervorriefen, braucht nicht weiter betont zu werden. „Das Verhältnis zwischen Hof und Stadt in Spätmittelalter und Früher Neuzeit [… war] durch ein komplexes Wechselspiel von Konfrontation, Koexistenz und Integration geprägt"[55], so die Anmerkung Werner Paravicinis, die für die meisten Städte in dieser Zeit Gültigkeit hat.

Die Aktualität des öffentlichen Raumes

Die Fragen, wer, wann, wo und wie über den urbanen Raum verfügen darf und damit in der Lage ist, das Raumgefüge zu definieren sowie auf dessen Entstehung und Gestaltung Einfluss zu nehmen, sind hochaktuell. Das „Öffentliche" und der „öffentliche Raum" sind zu Recht Gegenstand gegenwärtiger, kontrovers geführter Diskussionen[56]. So genannte „künstlerische Interventionen"[57] bemüh(t)en sich in emphatischer Weise um den „öffentlichen Raum" und um seine Rettung[58]. Auch in Salzburg setzten sich Kunstprojekte[59] mit dieser Thematik auseinander. Anstoß dafür war – wie schon für Jürgen Habermas – die Vorstellung des Verfalls des „Öffentlichen". Dabei geht es aktuell um nichts weniger als um die „Diskursivisierung von städtischen Räumen und ihren Potenzialen für eine Bildung von Öffentlichkeiten" [60]. „Räume (Denkräume ebenso wie Artikulationsräume)" sollten als „Begegnungsräume und als Orte der Auseinandersetzung" verstanden werden, „an denen antagonistische und konfliktuelle Interessen verhandelt werden", ohne diese zugleich zu nivellieren oder zu harmonisieren[61]. Ziel war und ist nicht, städtische Räume mit Kunst anzureichern oder ästhetisch aufzuladen, sondern für eine öffentliche Nutzung zurückzuerobern. Raum soll „praktiziert" werden[62]. Der das Urbane reduzierende Mechanismus der Privatisierung hätte (auch, oder unausweichlich) in Salzburg Einzug gehalten, ein Prozess, der mit „Disneyfizierung der Städte"[63] oder mit „Festivalisierung der Stadtpolitik"[64] beschrieben worden ist. Die „unsichtbare Hand des Marktes" habe „faktisch wie symbolisch" begonnen, das „Öffentliche" zu okkupieren. Der Verfall „kommunaler Autorität" (im Sinne von öffentlich?) würde öffentliche Räume „inhaltlich entleeren" und „entpolitisieren", so die Kritik an der jüngsten Entwicklung der Nutzung und Vermarktung von Räumen in der Stadt Salzburg[65]. Diese würden zunehmend zumindest temporär für Events wie Marathonläufe, Open-Air-Konzerte, öffentliche Verkehrsflächen für gebührenpflichtige Parkplätze oder für Schanigärten „privatisiert" und damit partiell der allgemeinen und öffentlichen Nutzung entzogen. Sponsoren und Mäzene (der Festspiele) würden sich, dem internationalen Trend der Privatisierung folgend, in die „barocken Herrschaftsräume" einkaufen[66].

Allen Klagen über den Verfall des Öffentlichen und die Erodierung der öffentlichen Sphäre wie des Urbanen zum Trotz sind die kontroversen Debatten über diesen Trend sehr emotional(isierend) und Gegenstand heftiger (nicht nur) kommunalpolitischer Auseinandersetzungen.

Im Frühsommer 2006 blockierten im Rahmen des Kunstfestivals Kontracom[67] – um nur ein Beispiel von vielen zu nennen – nackte Holzbretter eines künstlerischen Bauzaunes von Hans Schabus den gewohnten, millionenfach fotografisch festgehaltenen Blick vom Mirabellgarten zur Festung Hohensalzburg. Im Gegenblick gewährte der Bauzaun durch eine Öffnung einen gerahmten Einblick in den barocken Mirabellgarten[68]. Schabus veränderte nicht nur ironisch-reflektierend gewohnte Sichtachsen und spielte dadurch mit dem Gegensatz zwischen öffentlich und privat, sondern er definierte somit auch Räume neu.

Nichts anderes hatte Erzbischof Wolf Dietrich von Raitenau im Sinn, als er vollkommen neue und (bis dato) ungewohnte Sichtachsen durch das spätmittelalterliche Gassengewirr Salzburgs schlug und der familialen, kleinräumigen Struktur der alten Bischofsstadt großzügige neue Residenzbauten aufzwang. Die absolute Fürstenmacht hatte das überkommene Gewohnheitsrecht nicht nur mit der Klarheit des römischen Rechts überzogen, sondern sie definierte auch die räumliche Struktur der Stadt mit repräsentativer Entschlossenheit neu. Der Unterschied zur künstlerischen Umdefinierung bestand allerdings darin, dass die fürstliche Attitüde nicht ironisch-reflektierend vorging, sondern absolut real.

Beide „Interventionen" evozierten kontroverse Öffentlichkeit. Weil der Domfriedhof den repräsentativen Bedürfnissen des Stadtherrn weichen musste, wurden Schmähgedichte in Umlauf gebracht und es entstand *nit ein klaines Murmellen* (vgl. die Beiträge von Katharina Karin Mühlbacher und Gerhard Plasser). Erregung und Erregung über die Erregung machten das Kunstwerk von Hans Schabus und seine Platzierung zum Gegenstand öffentlichen Räsonements[69]. Der viel besuchte barocke Garten der ehemaligen Sommerresidenz Wolf Dietrichs und dessen Nutzung wie auch der spezifische (touristische) Blick zur Festung Hohensalzburg, städtische Räume schlechthin also, bildeten das Thema der Erregung. Inwieweit eine „massenmediale Skandalisierung" eine differenzierende Diskussion des Themas „Öffentlicher Raum" verhindert hat, sei dahingestellt[70].

Einkaufszentren an den Peripherien der Städte strukturieren seit den 1970er Jahren das Salzburger Raumgefüge in mehrfacher Hinsicht ebenfalls radikal um. Während sich das altstädtische Zentrum in touristisches Einerlei auflöste, entstanden an der Peripherie neue „urbane" Zentren. Sowohl die Umdeutung der Innenstädte durch ihre „Disneyfizierung" und „Eventisierung" wie auch ihre (versuchte) Duplizierung in den Einkaufszentren sind Szenarien verkaufsästhetischer Inszenierungen[71]. Die Einkaufszentren sind als „Kathedralen des Konsums" beschrieben worden, sie seien deswegen so erfolgreich, weil sie erlauben, „to escape from everyday reality by offering the opportunity to image worlds and participate in fantasies"[72]. Mit dem Slogan „Da ist die Welt noch in Ordnung" wirbt denn auch ein Einkaufszentrum in der Nähe Salzburgs um Kundschaft. Das Shopping-Center macht vorgeblich alle gleich. Es erscheint als Realisierung einer sozialen Utopie, in der jede und jeder ein Flaneur sein kann.

Seit dem ausgehenden 19. Jahrhundert dringt die Werbung in immer massiveren Wellen in den öffentlichen Raum vor. Großplakate erobern die Blicke potentieller Kunden. Der akustische Raum, ehedem strukturiert etwa durch den Klang der „Bierglocke" des Rathauses oder die Signalsysteme des Glockenspiels, ist besetzt durch unausgesetzte Einstimmung auf Kauflaune. Waren wurden zu Marken und Auslagen zu ästhetischen Reizflächen[73]. „Öffentlichkeit inszeniert sich zunehmend als Kauföffentlichkeit"[74].

Die Vergleiche mögen etwas weit hergeholt und damit nicht unproblematisch sein, sie verweisen aber auf die Aktualität und die Nützlichkeit von Fragen nach dem Entstehen und der Strukturiertheit von Öffentlichkeit, nach der Beschaffenheit von Räumen und wer wie über diese verfügt. Der Blick in die Geschichte öffentlicher Räume kann den Blick auf die Zustände aktueller Räume schärfen helfen.

Anmerkungen

1 Karl Schlögel, Im Raume lesen wir die Zeit. Über Zivilisationsgeschichte und Geopolitik, Frankfurt am Main 2006.

2 So der Bericht des Salzburger Lokalhistorikers Adolf von Steinhauser über einen deutschen Touristen, der einmal nicht nur die Schönheit der Landschaft und Natur Salzburgs bewundert habe: Adolf von Steinhauser, Ueber den Profanbau in Salzburg und das altsalzburgische Bürgerhaus, in: MGSL 28 (1888), S. 202–226, hier S. 203; berichtet auch bei Robert Hoffmann, „Deutsches Rom". Umstrittene „Italianità" des Salzburger Stadtbildes, in: Monika Sommer und Heidemarie Uhl (Hg.), Mythos Alt-Wien. Spannungsfelder urbaner Identitäten, Innsbruck-Wien-Bozen 2009, S. 77–98, hier S. 83; dazu auch: Karl Schlögel, Stadtlesen, Stadtpläne, in: Derselbe, Im Raume lesen wir die Zeit (wie Anm. 1), S. 304–331; auch eine Dissertation über die Geschichte der Plätze Salzburgs nannte sich „Stadt lesen": Gerhard Plasser, Stadt lesen. Salzburger Plätze, Gestalt und Funktion, Diss., Salzburg 1995.

3 Steinhauser, Profanbau (wie Anm. 2), S. 204.

4 Thomas Weidenholzer, Das „öffentliche" Salzburg um 1800, in: Historischer Atlas der Stadt Salzburg, hg. v. Peter F. Kramml, Erich Marx und Thomas Weidenholzer (Schriftenreihe des Archivs der Stadt Salzburg 11), Salzburg 1999, Bl. IV/7.

5 Steinhauser, Profanbau (wie Anm. 2), S. 205.

6 Wolf-Dieter Narr und Alexander Schubert, Weltökonomie. Die Misere der Politik (Edition Suhrkamp), Frankfurt am Main 1994, S. 262.

7 Norbert Elias, Die höfische Gesellschaft. Untersuchungen zur Soziologie des Königtums und der höfischen Aristokratie (Suhrkamp Taschenbuch. Wissenschaft), 5. Aufl., Frankfurt am Main 1990, S. 70 f.

8 Fürsterzbischof Wolf Dietrich von Raitenau, Gründer des barocken Salzburg. Katalog der 4. Salzburger Landesausstellung, 16. Mai–26. Oktober 1987 im Residenz Neugebäude und im Dommuseum zu Salzburg, Salzburg 1987.

9 Pierre Bourdieu, Physischer, sozialer und angeeigneter physischer Raum, in: Martin Wentz (Hg.), Stadt-Räume, Frankfurt am Main 1991, S. 25–34, hier S. 26.

10 Christian Hochmuth und Susanne Rau, Stadt – Macht – Räume. Eine Einführung, in: Dieselben (Hg.), Machträume in der frühneuzeitlichen Stadt (Konflikte und Kultur. Historische Perspektiven 13), Konstanz 2006, S. 13–40, hier S. 23.

11 Ebenda, S. 27.

12 Bourdieu, Raum (wie Anm. 9), S. 28.

13 Ebenda, S. 29.

14 Markus Schroer, Räume, Orte, Grenzen. Auf dem Weg zu einer Soziologie des Raums (Suhrkamp Taschenbuch. Wissenschaft), Frankfurt am Main 2006, S. 87.

15 Martina Löw, Raumsoziologie (Suhrkamp Taschenbuch. Wissenschaft), Frankfurt am Main 2001, S. 271.

16 Ebenda, S. 159.

17 Martina Löw, Von der Substanz zur Relation. Soziologische Reflexionen zum Raum, in: Jürgen Krusche (Hg.), Der Raum der Stadt. Raumtheorien zwischen Architektur, Soziologie, Kunst und Philosophie in Japan und im Westen, Marburg 2008, S. 30–44, hier S. 38.

18 Will Coster und Andrew Spicer (Hg.), Sacred Space in Early Modern Europe, Cambridge 2005.

19 Löw, Raumsoziologie (wie Anm. 15), S. 164.

20 Ebenda, S. 183.

21 Zuletzt: Stadt und Öffentlichkeit, 15.–19. Jahrhundert. 39. Kolloquium des Instituts für vergleichende Städtegeschichte und des Kuratoriums für vergleichende Städtegeschichte, http://hsozkult.geschichte.hu-berlin.de/tagungsberichte/id=2659 (25. 6. 2009).

22 Jürgen Habermas, Strukturwandel der Öffentlichkeit. Unterschungen zu einer Kategorie der bürgerlichen Gesellschaft. Mit einem Vorwort zur Neuauflage, 2. Aufl. (Suhrkamp Taschenbuch. Wissenschaft), Frankfurt am Main 1991, S. 58–67.

23 Ebenda, Vorwort, S. 33.

24 Ebenda, S. 38; vgl. auch: Udo Bermbach, Plädoyer für eine ungeteilte Öffentlichkeit. Anmerkungen zum ‚normativen' Begriff der ‚Öffentlichkeit' von Jürgen Habermas, in: Gerhard Göhler (Hg.), Macht der Öffentlichkeit – Öffentlichkeit der Macht, Baden-Baden 1995, S. 25–37.

25 Habermas, Strukturwandel (wie Anm. 22), S. 86.

26 Vgl. z. B. Hannes Stekl, Ambivalenzen von Bürgerlichkeit, in: Gerhard Ammerer und Hanns Haas (Hg.), Ambivalenzen der Aufklärung. Festschrift für Ernst Wangermann, Wien-München 1997, S. 33–48; Gerhard Ammerer, „Mozart ist Österreich". Überlegungen zur jüngsten nationalen Vereinnahmung und zur Frage der ‚Staatsangehörigkeit' Wolfgang Amadeus Mozarts, in: Gerhard Ammerer und Joachim Brügge (Hg.), Mozart interdisziplinär. Beiträge aus den Salzburger Ringvorlesungen zum Mozart-Jahr 2006 (Wort und Musik. Salzburger akademische Beiträge 64), Anif-Salzburg 2007, S. 30–44, hier S. 40 f.

27 Arié Malz, Der Begriff „Öffentlichkeit" als historisches Analyseinstrument. Eine Annäherung aus kommunikations- und systemtheoretischer Sicht, in: Romy Günthart und Michael Jucker (Hg.), Kommunikation im Spätmittelalter. Spielarten – Wahrnehmungen – Deutungen, Zürich 2005, S. 13–26, hier S. 13.

28 Rudolf Schlögl, Vergesellschaftung unter Anwesenden. Zur kommunikativen Form des Politischen in der vormodernen Stadt, in: Derselbe (Hg.), Interaktion und Herrschaft. Die Politik der frühneuzeitlichen Stadt (Historische Kulturwissenschaft 5), Konstanz 2004, S. 9–60, hier S. 11.

29 Gunther Hirschfelder, Wirtshäuser, Cafés und Hotels. Brennpunkte und Schauplätze städtischer Volkskultur im 18. Jahrhundert, in: Ruth-Elisabeth Mohrmann, Städtische Volkskultur im 18. Jahrhundert (Städteforschung. Veröffentlichungen des Instituts für vergleichende Städtegeschichte in Münster. Reihe A: Darstellungen 51), Köln-Weimar-Wien 2001, S. 83–98, hier S. 83.

30 Schlögl, Vergesellschaftung unter Anwesenden (wie Anm. 28), S. 37.

31 Vgl. als jüngste Publikation: Rudolf Schlögl, Kommunikation und Vergesellschaftung unter Anwesenden. Formen des Sozialen und ihre Transformation in der Frühen Neuzeit, in: Geschichte und Gesellschaft 34, 2008, S. 155–224.

32 Ludwig Hammermayer, Die Aufklärung in Salzburg, in: Dopsch/Spatzenegger, Bd. II/1, S. 375–452, hier S. 434–452.

33 Schlögl, Kommunikation und Vergesellschaftung (wie Anm. 31), S. 157 u. S. 161.

34 Georg Mölich und Gerd Schwerhoff, Die Stadt Köln in der frühen Neuzeit. Kommunikationszentrum – Kommunikationsraum – politische Öffentlichkeit, in: Dieselben (Hg.), Köln als Kommunikationszentrum. Studien zur frühneuzeitlichen Stadtgeschichte (Der Riss im Himmel), Köln 2000, S. 28.

35 Gerd Schwerhoff, Öffentliche Räume und politische Kultur in der frühneuzeitlichen Stadt: Eine Skizze am Beispiel der Reichsstadt Köln, in: Schlögl, Interaktion und Herrschaft (wie Anm. 28), S. 113–136, hier S. 114.

36 Gerhard Fouquet, Trinkstuben und Bruderschaften – soziale Orte in den Städten des Spätmittelalters, in: Derselbe, Matthias Steinbrink und Gabriel Zeilinger (Hg.), Geschlechtergesellschaften, Zunft-Trinkstuben und Bruderschaften in spätmittelalterlichen und frühneuzeitlichen Städten (Stadt in der Geschichte 30), Ostfildern 2003, S. 9–30, hier S. 12.

37 Otto Gerhard Oexle, Max Weber und die okzidentale Stadt, in: Albrecht Cordes, Joachim Rückert und Reiner Schulze (Hg.), Stadt – Gemeinde – Genossenschaft. Festschrift für Gerhard Dilcher, Berlin 2003, S. 375–388; Franz-Josef Arlinghaus, Genossenschaft, Gericht und Kommunikationsstruktur. Zum Zusammenhang von Vergesellschaftung und Kommunikation vor Gericht, in: Praxis der Gerichtsbarkeit in europäischen Städten des Spätmittelalters (Rechtsprechung. Materialien und Studien 23), Frankfurt am Main 2006, S. 155–186, hier S. 157–168.

38 Schlögl, Vergesellschaftung (wie Anm. 28), S. 41.

39 Ebenda.

40 Franz-Josef Arlinghaus, Raumkonzeptionen der spätmittelalterlichen Stadt. Zur Verortung von Gericht, Kanzlei und Archiv im Stadtraum, in: Bruno Fritzsche, Hans-Jörg Gilomen und Martina Stercken (Hg.), Städteplanung – Planungsstädte, Zürich 2006, S. 101–123.

41 Schwerhoff, Öffentliche Räume und politische Kultur (wie Anm. 35), S. 118–126.

42 Arlinghaus, Raumkonzeptionen (wie Anm. 40), S. 116.

43 Karl-Siegbert Rehberg, Die „Öffentlichkeit" der Institutionen. Grundbegriffliche Überlegungen im Rahmen der Theorie und Analyse institutioneller Mechanismen, in: Göhler, Macht der Öffentlichkeit (wie Anm. 24), S. 181–211, hier S. 183.

44 Zur starken sozialen Ausdifferenzierung der urbanen Gaststätten vgl. Gunther Hirschfelder, Wirtshäuser, Cafés und Hotels. Brennpunkte und Schauplätze städtischer Volkskultur im 18. Jahrhundert, in: Mohrmann, Städtische Volkskultur (wie Anm. 29), S. 83–98, hier S. 86; Derselbe, Zwischen Öffentlichkeit und Privatsphäre. Bemerkungen zum Kölner Gastgewerbe in der Frühen Neuzeit, in: Mölich/Schwerhoff, Köln als Kommunikationszentrum (wie Anm. 34), S. 321–336.

45 Werner Paravicini (Hg.), Das Gehäuse der Macht. Der Raum der Herrschaft im interkulturellen Vergleich. Antike, Frühe Neuzeit (Mitteilungen der Residenzen-Kommission der Akademie der Wissenschaften zu Göttingen. Sonderheft 7), Kiel 2005.

46 Gert Melville, Herrschertum und Residenzen in Grenzräumen mittelalterlicher Wirklichkeit, in: Hans Patze und Werner Paravicini (Hg.), Fürstliche Residenzen im spätmittelalterlichen Europa, Sigmaringen 1991, S. 9–73, hier S. 9.

47 Vgl. Georg W. Seunig, Das Werden einer Barockstadt. Salzburgs städtebauliche Entwicklung unter Wolf Dietrich von Raitenau, in: Dopsch/Spatzenegger, Bd. II/4, S. 2161–2182, hier S. 2161.

48 Schlögl, Kommunikation und Vergesellschaftung (wie Anm. 31), S. 202.

49 Zur Neufestsetzung und Vermehrung der grundherrlichen Abgaben sowie der Einführung neuer Steuern vgl. Katharina Karin Mühlbacher, „... damitt meiner Stifft vndt mier von den ganzen Hoffgesindt ... ordentlich gedient werdt" – Hof und Hofstaat im Erzstift Salzburg unter Erzbischof Wolf Dietrich von Raitenau (1587–1611/12), Dipl.-Arb., Salzburg 2008, S. 26–35.

50 Vgl. dazu Christian Hesse, Städtisch-bürgerliche Eliten am Hof. Die Einbindung der Residenzstadt in die fürstliche Herrschaft, in: Werner Paravicini und Jörg Wettlaufer (Hg.), Der Hof und die Stadt. Konfrontation, Koexistenz und Integration in Spätmittelalter und Früher Neuzeit. 9. Symposium der Residenzen-Kommission der Akademie der Wissenschaften zu Göttingen, veranstaltet in Zusammenarbeit mit der Historischen Kommission für Sachsen-Anhalt, dem Institut für Geschichte der Martin-Luther-Universität Halle-Wittenberg und dem Deutschen Historischen Institut Paris, Halle an der Saale, 25.–28. September 2004 (Residenzenforschung 20), Ostfildern 2006, S. 471–486, hier S. 473.

51 Die Landschaft verlor dabei unter Wolf Dietrich vollends ihre politischen Funktionen. Nur ein einziges Mal während der Regierungszeit des Raitenauers, am 12. Oktober 1592, einberufen, bewilligte sie die Finanzierung der kriegerischen Auseinandersetzungen mit dem Osmanischen Reich; vgl. dazu ausführlich: Josef Karl Mayr, Die Türkenpolitik Erzbischof Wolf Dietrichs von Salzburg, 1. Teil, in: MGSL 52 (1912), S. 181–244, hier S. 184–207. Die so genannte Türkensteuer wurde auch von den Mitgliedern des Domkapitels, der gesamten Geistlichkeit, dem einheimischen Adel und Ausländern mit Besitz im Erzstift Salzburg eingehoben.

52 Vgl. Klaus Margreiter, Die Bedingungen der sozialen Aufstiegsmobilität in der Salzburger Bürokratie des Absolutismus, in: MGSL 139 (1999), S. 39–86, hier S. 44.

53 Vgl. Walter Schlegel, Beiträge zur Baugeschichte von Residenz, Neugebäude und Kapitelhäusern, in: Fürsterzbischof Wolf Dietrich (wie Anm. 8), S. 207–213, hier S. 207.

54 Vgl. Patrick Boucheron, Hof, Stadt und öffentlicher Raum. Krieg der Zeichen und Streit um die Orte im Mailand des 15. Jahrhunderts, in: Paravicini/Wettlaufer, Der Hof und die Stadt (wie Anm. 50), S. 229–248, hier S. 238–241.

55 Werner Paravicini und Andreas Ranft, Über Hof und Stadt, in: Paravicini/Wettlaufer, Der Hof und die Stadt (wie Anm. 50), S. 13–17, hier S. 13.

56 Uwe Lewitzky, Kunst für alle? Kunst im öffentlichen Raum zwischen Partizipation, Intervention und Neuer Urbanität, Bielefeld 2005.

57 Der Begriff wird als Zitat verwendet und steht daher unter Anführungsstrichen. Ihm ist ein gewisses Quantum martialischer Anmaßung eigen.

58 In den Debattenbeiträgen wurden „Öffentlichkeit" und „Urbanität" nicht ganz korrekt beinahe synonym verwendet.

59 Öffentlicher Raum. Public Space Salzburg Lehen. Ein Projekt von Galerie Fotohof, Galerie 5020, Initiative Architektur, Internationale Sommerakademie für bildende Kunst, Salzburger Kunstverein, Salzburg 1998; Thomas Edlinger, Amadeus, Amadeus! in: Dérive. Zeitschrift für Stadtforschung, Ausgabe 21/22, 2006, http://www.derive.at/index.php?p_case=1 (18. 5. 2009); www.initiativearchitektur.at/download.php?item=334 (4. 6. 2009); Salzburg 1998. Öffentlicher Raum/Public Space. Ergebnisdarstellung der Begleitstudie (masch.), Wien 1998; kritisch zum Projekt: Michael Hauffen, Das Unbehagen im öffentlichen Raum, http://www.mhauffen.de/meta.php?p=1 (18. 5. 2009).

60 Hildegard Frauneder, „... ein auf der Oberfläche schöner, aber unter dieser Oberfläche tatsächlich fürchterlicher Friedhof der Phantasien und Wünsche ...", in: Jolanta Bielańska u. a. (Hg.), (Urban Potentials). Konzepte und Handlungen. Ideas and Practice, Berlin 2008, S. 27–33, hier S. 30.

61 Ebenda, S. 31.

62 Hildegard Frauneder, Stadt nutzen, Raum praktizieren, in: Moira Zoitl und Ralf Hoedt (Hg.), Salzburg. Booklet mit Erläuterungen und Erzählungen über individuelle Stadtnutzungen. Ein Projekt im Rahmen von Urban Potentials Salzburg, Salzburg 2007, S. 6–9.

63 Frank Roost, Die Disneyfizierung der Städte. Großprojekte der Entertainmentindustrie am Beispiel des New Yorker Times Square und der Siedlung Celebration in Florida (Stadt, Raum, Gesellschaft 13), Opladen 2000, S. 141–156.

64 Hartmut Häussermann und Walter Siebel (Hg.), Festivalisierung der Stadtpolitik. Stadtentwicklung durch große Projekte (Leviathan. Sonderheft), Opladen-Wiesbaden 1993.

65 Roman Höllbacher, Europäismus, in: Salzburg, erschienen im Rahmen von „Urban Potentials. Perspektiven europäischer Stadträume in gegenwärtiger Kunst", Salzburg 2006, S. 3–8, hier S. 5.

66 Vgl. Norbert Mayr, Innerstädtische Räume in Salzburg, in: Reinhard Bachleitner und Martin Weichbold (Hg.), Kunst – Kultur – Öffentlichkeit. Salzburg und zeitgenössische Kunst, München-Wien 2008, S. 38–46, hier S. 40.

67 http://www.kunstaspekte.de/indexphp?tid=22463&action=termin (18. 5. 2009); vgl. auch: Ulrike Kammerhofer-Aggermann, Melanie Wiener-Lanterdinger und Cornelia Maier, Gerahmte Sehnsucht: inszeniert, demoliert, in: Salzburg Archiv 33, Salzburg 2008, S. 417–438, bes. 419 f.

68 Dazu: Margit Zuckriegl und Harald Waitzbauer, Der inszenierte Blick. Barock und Moderne, in: Kunst in Salzburg. A Modern Art Guide, Salzburg 2008, S. 42–56, hier S. 45 f.; Reinhard Bachleitner, Wolfgang Aschauer und Mynda Schreuer, „Kunst im öffentlichen Raum". Die vergessene Sicht der Öffentlichkeit, in: Bachleitner/Weichhold, Kunst – Kultur – Öffentlichkeit (wie Anm. 66), S. 47–91.

69 Vgl. etwa: Hildegund Amanshauser, Kunst in der Stadt. Was mögen die SalzbürgerInnen (nicht)?, in: Hildegard Frauneder und Toni Stoos (Hg.), Amadeus steht Kopf. Ein Symposion zu Kunst und Öffentlichkeit. Publikation zum Symposion im Museum der Moderne, 8. und 9. Juli 2006, Kirchberg bei Mattighofen 2008, S. 43–49, hier S. 43.

70 Hildegard Frauneder und Gerhard Plasser, Alte Plätze sonnig schweigen? Bühnen und Szenen in der Salzburgs Altstadt, in: Kunst in Salzburg. A Modern Art Guide, Salzburg 2008, S. 16–33, hier S. 19.

71 Monika Popp, Die Privatisierung von Konsumräumen und die Gefährdung des öffentlichen Raumes. Ein Vergleich von Einkaufszentrum und Fußgängerzonen, in: Claus-C.

Wigandt (Hg.), Öffentliche Räume – öffentliche Träume. Zur Kontroverse über die Stadt und die Gesellschaft (Schriften des Arbeitskreises Stadtzukünfte der deutschen Gesellschaft für Geographie 2), Berlin 2006, S. 105–120; Manfred Prisching, Die zweidimensionale Gesellschaft. Ein Essay zur neokonsumistischen Geisteshaltung, Wiesbaden 2006, S. 96.

72 George Ritzer, zit. n. Kai-Uwe Hellmann, Das konsumistische Syndrom. Zum gegenwärtigen Entsprechungsverhältnis von Gesellschafts- und Identitätsform unter besonderer Berücksichtigung der Raum-Konsum-Relation, in: Derselbe und Guido Zurstiege (Hg.), Räume des Konsums. Über den Funktionswandel von Räumlichkeit im Zeitalter des Konsumismus, Wiesbaden 2008, S. 19–50, hier S. 38.

73 Wolfgang Fritz Haug, Kritik der Warenästhetik. Warenästhetik im High-Tech-Kapitalismus, überarb. Neuausg. (Edition Suhrkamp), Frankfurt am Main 2009.

74 Manfred Prisching, Die zweidimensionale Gesellschaft (wie Anm. 71), S. 96.

Abkürzungsverzeichnis

AES	Archiv der Erzdiözese Salzburg
Anm.	Anmerkung
ASP	Stiftsarchiv der Erzabtei St. Peter
AStS	Archiv der Stadt Salzburg
Aufl.	Auflage
Bd.	Band
Bde.	Bände
Bearb.	Bearbeiter/in
bes.	besonders
Bl.	Blatt
Dipl.-Arb.	Diplomarbeit
Diss.	Dissertation
d. J.	der Jüngere
EB	Erzbischof
ed.	ediert
Erg.-Bd.	Ergänzungsband
Erg.-H.	Ergänzungsheft
f.	folgende
fl	Gulden
Fasz.	Faszikel
fol.	folio
Hg.	Herausgeber/in
hl.	Heilige/r
hll.	Heiligen
Hs.	Handschrift
hs.	handschriftlich
Inv.-Nr.	Inventarnummer
Jg.	Jahrgang
Jh.	Jahrhundert
neubearb.	neu bearbeitet
NStA	Neuere Städtische Akten
Nr.	Nummer
o.	ohne
o. J.	ohne Jahresangabe
PA	Privatarchive
P.	Pater
R	Rubrik
^{r}	recto
Red.	Redaktion
S.	Seite
SLA	Salzburger Landesarchiv
Sp.	Spalte
St.	Sankt
T.	Teil
UBS	Universitätsbibliothek Salzburg
^{v}	verso
v.	von
verb.	verbesserte
vgl.	vergleiche
xr	Kreuzer
ZA	Zunftarchiv
Z.	Zeile

Abgekürzt zitierte Literatur

DOPSCH/SPATZENEGGER
HEINZ DOPSCH und HANS SPATZENEGGER, Geschichte Salzburg. Stadt und Land, Bd. I: Vorgeschichte, Altertum, Mittelalter, 3 Teilbände, 2. verb. Aufl., Salzburg 1983; Bd. II: Neuzeit und Zeitgeschichte, 5 Teilbände, Teilbände 1–4: Salzburg 1988; Teilband 5: Salzburg 1991.

MGSL
Mitteilungen der Gesellschaft für Salzburger Landeskunde, Salzburg 1860 ff.

SUB I
WILLIBALD HAUTHALER (Bearb.), Salzburger Urkundenbuch, 1. Bd.: Traditionscodices, Salzburg 1898.

SUB IV
FRANZ MARTIN (Bearb.), Salzburger Urkundenbuch, 4. Bd.: Ausgewählte Urkunden 1247–1290, Salzburg 1928.

LThK
MICHAEL BUCHBERGER (Hg.), Lexikon für Theologie und Kirche, 2. neubearb. Aufl. des Kirchlichen Handlexikons, 10 Bde., Freiburg im Breisgau 1930–1938.

Autorinnen und Autoren

Gerhard Ammerer, a.o. Univ.-Prof. am Fachbereich Geschichte, Universität Salzburg, Rudolfskai 42, 5020 Salzburg, gerhard.ammerer@sbg.ac.at.

Gerald Hirtner, Archivar am Stiftsarchiv der Erzabtei St. Peter, Postfach 113, 5010 Salzburg, archiv@stift-stpeter.at.

Peter Keller, Direktor des Dommuseums zu Salzburg, Postfach 62, 5010 Salzburg, peter.keller@museum.kirchen.net.

Peter F. Kramml, Leiter von Stadtarchiv und Statistik Salzburg, Haus der Stadtgeschichte, Glockengasse 8, 5020 Salzburg, peter.kramml@stadt-salzburg.at.

Katharina Karin Mühlbacher, wissenschaftliche Mitarbeiterin am Residenz-Projekt Salzburg, Fachbereich Geschichte, Universität Salzburg, Rudolfskai 42, 5020 Salzburg, katharinakarin.muehlbacher@sbg.ac.at.

Gerhard Plasser, Leiter der Bibliothek des Salzburg Museum, Alpenstraße 75, 5020 Salzburg, gerhard.plasser@salzburgmuseum.at.

Alfred Rinnerthaler, a.o. Univ.-Prof. am Fachbereich Sozial- und Wirtschaftswissenschaften der Rechtswissenschaftlichen Fakultät, Universität Salzburg, Churfürststraße 1, 5020 Salzburg, alfred.rinnerthaler@sbg.ac.at.

Wilfried Schaber, Bauhistoriker im Magistrat Salzburg, Auerspergstraße 7, 5020 Salzburg, wilfried.schaber@stadt-salzburg.at.

Michael Skotschek, Student der Geschichte, der Katholischen Fachtheologie und der Katholischen Religionspädagogik in Salzburg, Rettenpacherstraße 32a, 5020 Salzburg, m.skotschek@gmx.at.

Thomas Weidenholzer, Archivar am Archiv der Stadt Salzburg, Haus der Stadtgeschichte, Glockengasse 8, 5020 Salzburg, thomas.weidenholzer@stadt-salzburg.at.

Alfred Stefan Weiß, Ass.-Prof. am Fachbereich Geschichte, Universität Salzburg, Rudolfskai 42, 5020 Salzburg, alfred.weiss@sbg.ac.at.

Birgit Wiedl, wissenschaftliche Mitarbeiterin am Institut für Geschichte der Juden in Österreich, Dr.-Karl-Renner-Promenade 22, 3110 St. Pölten, birgit.wiedl@injoest.ac.at.